科 特 勒 营 销 系 列
PHILIP KOTLER

MARKETING STRATEGY
IN THE
DIGITAL ERA

数字时代的营销战略

[中] 曹虎 王赛 乔林 [美] 艾拉·考夫曼 ◎著

机械工业出版社
CHINA MACHINE PRESS

图书在版编目（CIP）数据

数字时代的营销战略 / 曹虎等著 . —北京：机械工业出版社，2017.1（2023.2 重印）
（科特勒营销系列）

ISBN 978-7-111-55638-1

I. 数⋯　II. 曹⋯　III. 市场营销学　IV. F713.50

中国版本图书馆 CIP 数据核字（2016）第 297734 号

数字时代的营销战略

出版发行：机械工业出版社（北京市西城区百万庄大街 22 号　邮政编码：100037）	
责任编辑：董凤凤	责任校对：董纪丽
印　　刷：北京宝隆世纪印刷有限公司	版　次：2023 年 2 月第 1 版第 9 次印刷
开　　本：186mm×240mm　1/16	印　张：24
书　　号：ISBN 978-7-111-55638-1	定　价：99.00 元

客服电话：（010）88361066　68326294

版权所有 • 侵权必究
封底无防伪标均为盗版

营销战略本质上只有两个时代：

实体时代与比特时代，

在新旧时代变迁与融合处，

CEO与高管需要从数字战略转型的本质洞见、

顶层设计到实施蓝图，

进行系统升维。

此书写作的目的，

即为企业决策者提供营销导向型战略的数字升级，

与你携手，

进入比特时代。

作者简介

Dr. Tiger Cao
曹虎博士

曹虎博士是科特勒咨询集团（KMG）中国区CEO及全球合伙人、营销战略专家、知名天使投资人、加州大学UCLA博士，师从营销学之父菲利普·科特勒。长期致力于企业营销战略、品牌战略、创新产业转型咨询和投资，服务过的企业超过100家，涉及行业包括：人工智能、航空航天、医疗健康、新型半导体、新材料、金融技术等。曹博士也是《金星上的营销》的合著者。

Dr. Sam Wang
王赛博士

王赛博士是科特勒咨询集团（KMG）中国区合伙人、数字市场战略咨询业务领导人。王先生是巴黎大学（九大多菲纳）博士，并曾在哈佛商学院、巴黎HEC商学院进修，他为多家领袖型公司与创新型企业的CEO提供市场战略咨询服务，亦是《中欧商业评论》《清华管理评论》《管理学家》等多家商业杂志的特约撰稿人，并曾担任多家公司高管，王博士也是一位足迹遍布全球的旅行者。

Collen Qiao
乔林先生

乔林先生是科特勒咨询集团（KMG）中国区合伙人、企业市场与品牌咨询业务的领导人。乔先生持有荷兰瓦格宁根大学理学硕士学位，在哈佛商学院完成专业服务公司领导力课程。他是市场战略与量化管理有机结合的积极实践者、B2B企业数字营销及品牌战略提升的领先推动者。乔先生为诸多领先企业提供市场战略、商业模式及品牌战略咨询，并担任多家企业的外部顾问。他也是《中欧商业评论》等杂志的特约撰稿人。

Dr. Ira Kaufman
艾拉·考夫曼博士

艾拉·考夫曼是科特勒咨询集团（KMG）资深顾问、美国Entwine Digital公司总裁。考夫曼先生是凯洛格商学院营销学博士、营销学之父菲利普·科特勒早期的合作者。他在1971年于凯洛格商学院的博士论文 *Creating Social Change* 与菲利普·科特勒合作，他是全球营销领域第一位研究社会营销的博士。艾拉·考夫曼是美国多家公司的数字战略顾问，他还在凯洛格商学院教授高管数字营销战略的课程。

赞 誉

每一代人都需要突破，营销亦如此，在此推荐我的合伙人及友人的数字营销战略作品。

——（美）菲利普·科特勒

营销学之父、科特勒咨询（KMG）首席顾问

本书可谓揭开了数字营销话题领域中"皇帝的新衣"，清晰、务实地让读者理解数字化背景下企业到底需要采取什么举措来驱动增长。

——（美）大卫·爱德曼（David C. Edelman）

麦肯锡数字（McKinsey Digital）部门全球联合领导人

营销的终极驱动力是不断提升的消费者价值，科特勒团队长期致力于发掘消费者价值变迁之道。因此，本书是一本关于新技术、新战略和新价值的集大成之作，适合在转型之路上彷徨的企业家和经理人仔细研读！

——吴光权

中航国际 CEO

未来不管是"互联网+"还是"+互联网"，这是想要在数字时代赢得一席之地的企业都要阅读的"新孙子兵法"。

——（美）查尔斯·许（Charles Tsu）

麻省理工大学校董、台湾 EBO 基金 CEO

这是中国市场上最系统的，也是最具实操性的写给高管的数字营销战略的书，非常受启发。

——谢少毅

惠普 Hewlett Packard Enterprise 全球副总裁
兼企业服务集团中国区总经理

这是一本极具思想性的书，是数字时代战略转型下关于数字市场战略的最佳作品之一。

——（法）杜桑·皮（Doussaint P.）

巴黎 HEC 高等商学院教授

营销进入了数字时代，进入了人与人连接的时代，进入了大数据驱动的时代，作者的核心观点是要建立新时代下的营销思维，并拥抱新的营销技术。本书是难得的佳作。

——戴耀华

德勤管理咨询大中华区主管合伙人

精彩绝伦！数字化转型的议题向来众说纷纭、错综复杂，而本书从世界级专家的视角出发，给出了实用且全面的指南，尤其推荐传统行业的从业者阅读本书。

——（韩）申明澈

MCM 集团行政发展负责人、KingsBay 资本联合创始人

这本极具跨界思维的书将带领你开启一次破解数字营销迷思的启迪之旅。

——（克罗地亚）维利米·赛瑞卡（Velimir Srića）

萨格勒布大学管理学教授、领导力顾问

本书为管理者必读佳作，为中国的管理者提供了洞察与实践并行不悖、全面的数字营销战略地图。

——（阿拉伯联合酋长国）穆罕默德·卡迪克（Muhamed Ćatić）

董事会高级顾问、IFFCO 国际集团

一部让人过目难忘的作品，企业在移动互联网时代取胜的营销必读书。

——（法）雅克·让雷诺

法国 ESSEC 商学院营销实践兼职教授、施乐公司（法国）前副总裁

一本全面概括互联网助推营销创新的好书。大数据时代的企业在营销工作中进行创新的必读书目。

——（印度）拉马钱德兰（Ramachandran）

印度商学院（ISB）工商管理教授

推荐给高管、EMBA 们阅读的数字时代市场竞争战略作品。

——任建标

上海交大安泰经济与管理学院 EMBA 教授、主任

推荐序
数字时代,再造营销战略

□ 菲利普·科特勒博士

本书的四位作者,皆是我的学生、咨询合作伙伴与朋友,也是我吸收养分的源泉之一,很高兴收到他们的新作。

营销作为管理学和经济学融合的分支,近十年来与心理学、计算机科学、数据科学、社会学等连接越来越紧密,使得我所言的"营销的科学与艺术的区间"同时在呈指数级扩大。同样地,在企业界,营销越来越扮演企业战略规划中最核心的功能,从产品定位上升到企业定位,从业务品牌上升到公司品牌,从渠道变革上升到商业模式的改造,从品牌资产上升到客户资产的管理。毫无疑问,营销已成为企业最重要的市场驱动力和CEO战略变革的核心发动机。我所接触过的商业领袖,从郭士纳、贝佐斯到扎克伯格、理查德·布兰森、雷富礼,他们无一不是杰出的CEO,同时也是杰出的营销管理者。这也是我的另外一位合伙人赫马温博士,劝服印尼总统赞助在巴厘岛建立世界上第一个营销博物馆的原因。营销的战略功能和社会功能在呈指数级放大。

与我1965年写作第1版《营销管理》时面临的世界情境不同,当前的世界进入了一个"数字化的社会"。这轮从基础设施到社会心智的变革,发生在美国、欧洲,也同时发生在中国甚至是非洲大陆。于是"数字化转型"的概念被抛出,很多企业迫切需要找到和互联网结合的方式。然而正如作者在书中所说,互联网、移动互联网最大的特质是实现"人与物、人与信息、人与人"之间的连接。在连接中如何思考战略的变化，在连接中去进化营销的功能，在连接中去拥抱新的科技工具与数据思维，是摆在每个营销高管和 CEO 大脑中的问题。

本书的作者试图对以上这些问题进行解答。我很高兴地看到，作者不仅洞察到今天数字化环境下战略的变化，而且更深入地讨论"数字环境下营销中的哪些部分没有变"。对于企业高管，这是非常本质的问题。数字化战略的实施并非是对原有营销的颠覆，两者之间要互补、融合，实现共进。最根本的，需求管理永远是营销核心中的核心。忘记本源，忘记目的，再多的技术、再多的数据也是无用的输入。与几位作者和合伙人交谈的过程中，他们给我提到 150 多年前，中国面临西方文化的冲击，中国士大夫也在讨论究竟是"中学为体、西学为用"，还是"西学为体、中学为用"，这真是个有趣的问题。数字化情境下的今天，营销和数字技术，哪个为"本"，哪个为"用"，我很惊喜地看到作者在书中给出了具体的探讨和实践性的分析。

几位作者长期活跃在咨询界，也有极好的理论功底，他们提出的新的框架建立在多年与 CEO 的互动中，建立在科特勒咨询上百个战略咨询案例之上。所以和一般的"数字营销"之类的书的不一样之处在于，我更愿意将本书称为"写给 CEO 的数字营销战略"，从战略思维到实施框架，都给出了详尽的阐述。当然，这是个世界变化大于理论变化的时代，希望不远的未来，本书的内容、实施框架也能跟随变化而变化。这期间唯一不变的，还是我所坚持的——营销的本质。

Philip Kotler

序 言

每一代人都需要新的革命

大约从五年前开始，我注意到菲利普·科特勒在全球各地给500强的高管授课时，开头和结尾总是引用同样的两张幻灯片，第一张是"市场变得比市场营销更快"（market changes faster than marketing），最后一张是"如果五年内你还用同样的方式做生意，你将要关门大吉"（Within five years, If you're in the same business you are in now, you're going to be out of business）。所言不虚，五年后，很多企业已经在数字化的时代丧失了竞争优势，被逐出了利润区，新的营销方式对原有的营销模式进行了升级甚至是颠覆，在这个数字化的时代，原有的市场标杆型企业已无当年夺目之锋芒，甚至连传统时代的"消费品营销之王"宝洁，也面临着创新者的窘境。

这是一个转型与变革共存的时代，迈克尔·波特话语体系中的"竞争优势"一词似乎变成了理论幻象，流行互联网焦虑症让很多企业家寝食难安。互联网+，社交媒体，大数据，社群，VR，很多概念、理论、科技应用不断被抛出，我们既需要思维宏大、叙事版的转换，又需要实操的工具和可以"落地"的武器。数字化转型，转什么，向哪儿转，如何设计路线图？互联网+，加什么，减什么，如何计算？

一直以来，我感兴趣的研究与咨询领域是"竞争战略"，我发现让企业在市场的演进中落后、被颠覆掉的因素有很多种，如竞争对手对企业顾客资源的夺取、如企业运作效率的降低，但是还有另一种更重要和不可逆转的因素，就是整个市场出现了"转折点"。如果我们把洗牌按照另一种维度来细分的话，会发现存在企业对企业的洗牌、行业对行业的洗牌、时代对时代的洗牌。而这次，在数字革命的时代下，是第三种洗牌——时代对时代的洗牌，这意味着，你所有的战略方法论都需要升级。

管理学上很多概念都是基于大时代背景下特定的"问题"产生的，基于"问题导向"对管理实践的困惑进行回馈，再形成理论去指导企业家的商业运作。如"目标管理"（management by objectives，MBO），是德鲁克于 1954 年针对第二次世界大战后美国公司规模迅速扩大、经理人责任意识缺位、福特汽车公司濒临倒闭的背景提出的概念；如"战略管理"（strategic management）一词，由原为俄罗斯籍，后在第二次世界大战后转入美国兰德基金会任研究员的"战略管理之父"伊戈尔·安索夫（Igor Ansoff）提出，其核心是解决 20 世纪 70 年代以来美国企业面临外部环境震荡如何有序成长、实现组织协同的问题；如"盈利模式"一词，虽然很早也有专家如亚德里安·斯莱沃斯基（Adrian Slywotzky）提出，但真正变成流行的概念也是在 20 世纪末互联网浪潮与随之而后的泡沫期，那时每个融资的企业创始人或 CFO 都需要向投资人说明他将如何盈利。换句话讲，任何时代真正有价值的理论都是对时代问题凸显的折射与反思，而当今，可能最需要解决的问题则是"数字时代企业如何实现互联网 + 的转型"。

当然，解答上面"互联网 + 转型"的书，已经出版了不少，但遗憾的是，从数字营销战略上讨论的书目前还没有看到，这是我身边大量的咨询客户——CEO、CMO 的需求，也是我和我的合伙人之所以考虑撰写本书的原因。

数字革命，更是思维的革命

重新定义"数字营销战略方法论"似乎是一项责任与使命，这也让我们异常兴奋。近期科特勒咨询集团（KMG）的一项针对 CEO 和 CMO 的调研显示，81% 的企业认为数字营销是自身数字化转型的关键；68% 的企业宣称自己无系统数字营销战略，更重要的是，58% 的企业宣称数字营销绩效没有达到预期效果，如同战略大师理查德·鲁梅尔特在《好战略，坏战略》中说的，也许没人会否认自己不拥有战略，但是你的战略未必是好的战略。当我们深入与诸多企业的营销决策层进行交流的时候，发现背后的问题出在战略思维的缺失，或者称之为"好的战略思维"的缺失上。数字营销绝对不是微信、微博、Facebook、DSP、LBS 营销各种工具的低维组合和几何叠加，正如人类战争史以来枪炮从来是领军将相的"器物"一样，更为上者乃为"兵法"，从春秋时代孙子的《孙子兵法》到普鲁士时代冯·克劳塞维茨的《战争论》，中西皆如此。

根据我们的咨询经验，CEO、CMO 和其他企业高管考虑的问题与困惑有：
◎数字营销如何与公司的互联网 + 战略相结合？数字营销战略在整体数字战略中发挥何种功能？

◎数字营销战略究竟解决的是品牌与渠道的升级问题，还是整个营销模式的颠覆？

◎和传统营销相比，数字营销在营销的战略环节上，究竟哪些变了，哪些没有变？

◎营销如何和数据进行结合，在哪些维度上结合？

◎数字时代品牌应该如何建立？有没有快速有效的"快品牌"方式？

◎是否要建立新的营销组织，如果是，如何建立？如何与传统的职能有效融合？

◎数字营销号称 ROI 可追踪，那么作为高管应该如何衡量数字营销的绩效呢？……

问题是最好的养分

以企业高管面临的问题为导向，结合我们在咨询中总结的大量实践以及反馈，我们从系统理论到工具架构出数字时代营销战略升级的整体操作方法。首先让问题回归本质，我们认为无论营销如何变化，营销战略的本质有三点是不变的，即需求管理、建立差异化价值、建立持续交易的基础。无论在传统时代还是数字时代，这三点都是营销战略或者市场战略的功能指向点。

在确定不变的基础上，我们再来谈"变"或者说谈"变化中核心的核心"，也就是我们在第 2 章中提到的"营销数字化的本质"，从工具层面，也许大家都使用了类似的工具，然而做出来的结果却有天壤之别。在很多情况下，这是因为使用这些数字工具时没有指向"本质"。我们认为，以下五点可以判断此营销战略是否真正实现了"数字化"，它们是：连接（connection）、消费者比特化（bit-consumer）、数据说话（data talking）、参与（engagement）、动态改进（dynamic improvement）。移动互联网、万物互联网（internet of every thing）使得人与人、人与产品、人与信息可以实现"瞬连"和"续连"，这种高度连接产生了可以追踪到的数据轨迹，使得消费者被比特化，营销的每个环节可以用数据来说话，并在连接中实现消费者的参与，实现企业的动态改进。这一切的一切，都是前数字时代无法想象的。

以上五个要素拼合在一起，我们可以说数字时代的营销真正可以实现"贯穿式顾客价值管理"（synchronizing customer value management，SCVM）。SCVM 是继 CRM 之后的革命性营销范式。它的核心理念是：基于客户生命周期，协同组织各部门实现闭环式客户价值管理和增值管理。在数字时代，由于客户消费场景化、渠道多元融合化、服务和产品一体化、品牌传播实时化，因此企业就必须打通研发、营销、销售和服务，以顾客价值为核心带动公司的销售收入与利润增长。其中，关于顾客的全方面洞察和全生命周期管理成为关键，而获得更多优质客户，提升顾客钱包份额，提升顾客终生价值就是实现业绩增长的具体手段。过去，企业关于顾客的营销决策和数据是分散在各个品牌单元、渠道部门和区域营销机构的，企业缺乏集中的数据管理和全方位的顾客视角，导致无法实现深入洞察顾客，提升顾客终生价值，扩大顾客钱包份额，实现交叉销售和向上销售。如今，SCVM 解决了这些营销挑战：通过建立 CMO 为主导的"顾客价值中枢"型营销组织，利用营销协同平台和集中的顾客数据仓库，企业可以在组织层面把分散的顾客知识、数据集中进行管理与分析，而各个品牌和渠道可以按需要获得及分析数据支持其营销活动。

SCVM 的整合架构简化如下：顾客数据平台—商机挖掘—联系管理—洞察引擎—内容定制—互动分发—多式协同—营销指挥板。在 SCVM 营销体系中，企业可以集中而又灵活地跨部门、跨渠道、跨品牌地识别和深入挖掘客户价值。

从战略思维的切换到落地

基于思维的切换，我们再看如何落地，我和我的合伙人将实施系统分为以下两个层面：一个我们称之为"数字营销战略模式与实施系统"，另一个称之为"数字营销支撑系统"。

在第一个系统中，我们具体讨论的是以前的营销战略"STP+4P"应该如何升级，如产品策略走向了共创导向；价格策略变得动态化、情境化、免费化；数字化使得物理渠道和虚拟渠道之间的界限消失，多渠道整合成为关键；品牌出现了价值观品牌，RTB、DMP、DSP 的投放策略兴起，在书中我们一共谈了 30 多个变化维度。

在此基础上，我们提出了数字化战略平台的营销实施框架，我们将其总结为 4R

◎ Recognize 是第一步

前数字化时代我们主要谈的是目标消费者的整体分析，大多通过样本推测与定性研究，而数字化时代最大的变化在于可以通过大数据追踪消费者的网络行为，如对 Cookie 的追踪、SDK 对移动数字行为的追踪、支付数据对购物偏好的追踪，这些行为追踪的打通可以形成大数据的用户画像，这些技术手段与营销思维的融合是数字时代最大的变化，这里我们会介绍方法、案例以及在中国的实践。

◎ Reach 是第二步

它也是绝大多数参与数字营销游戏企业所实施的一步，以前触达消费者的手段在数字时代发生了变化，现在如 AR、VR、社交媒体、App、搜索、智能推荐、O2O、DSP 等各种触达手段，是前数字时代所完全不具备的。那么，该如何基于消费者画像来实施触达，这是我们在这部分系统论述的。

◎ Relationship 是第三步

它应该作为 Reach 的后续步骤，因为我们发现，仅仅做完前两个 R，并不能保证数字营销的有效性，因为它们只解决了瞄准、触达的问题，没有解决如何转化客户资产。其中最关键的一步在于你的数字营销"是否建立了持续交易的基础"，而很多社群的建立，可以保证企业在"去中介化"的情境中与客户直接发生深度联系、互动。这是目前提到的企业 2.0 形态，也是菲利普·科特勒在东京会议上提到的"营销 4.0：帮助客户来自我实现"。

◎ Return 是第四步

它也是最后一步，解决了"营销不仅是一种投资，而且是可以得到直接回报"的问题，很多企业建立了社群，吸收了很多品牌粉丝，但是如何变现，这是这部分要解决的问题。我们提出了很多方法，如社群资格商品化、社群价值产品化、社群关注媒体化、社群成员渠道化、社群信任市场化等操作框架，变现客户资产。

以上 4 个 R 形成一个操作循环，非常适合 CEO 和 CMO 来理解、应用、实施、反馈。在 4R 的基础上，我们在本书第三部分谈数字营销实施系统。我们认为，数字营销首先要拥抱数据，应用大数据来对营销进行决策，比如对于地产或者零售行业来讲，可以通过 SDK 追踪消费者线下的行为轨迹，并可以通过 SDK 扫描到客户手机中的 App 种类，通过建模以及机器学习进行用户画像。由于去中介化，媒介渠道从购买变成自己可以建媒体发布，可以赚钱、采购，于是"内容"变得空前重要，"内容营销"又变成一个热门的话题，甚至在中国市场有种说法叫作"一个好的内容编辑等于1000个销售人员",因此,在此部分中,我们也会谈到"内容营销"怎么做。另外,数字时代的"去中介化""去中心化"使得组织开始变化,平台型组织、海星型组织开始兴起,营销组织如何适应公司战略、公司层面组织的变化,既保持弹性,又"统一意志",这是我们在"数字营销组织"中讨论的。最后,所有的营销投资离不开关键绩效考核指标(KPI)、投资回报率(ROI),如何衡量这些指标,数字时代使得"消费者行为比特化",以前传统时代衡量不了的维度,现在都可以获得,但是考核必须与战略协调,这是我们在本书最后一章将要讨论的内容。

我开玩笑地对菲利普·科特勒说,也许天资有限,但是我们在试图模仿你半个世纪前架构"现代营销管理"的野心与努力。数字营销战略范式的形成,得益于过去五年中我们在诸多领袖企业获得的各种层次的实践和验证。咨询是一种贯穿理论与实践的工作,在帮助客户解决问题的咨询项目和工作坊中,与客户的深度互动给了我们以"企业家问题导向"的研究机会,我们在此基础上,用理论的深度去审视、洞见,并打磨我们的数字营销方法论范式。

本书也得益于与诸多全球顶级营销大师或顶级顾问,包括菲利普·科特勒、大卫·艾克、凯文·凯勒的深度交流中所获得的灵感与启示。当然,在这个过程中,科特勒咨询集团及我们优秀的同事也为本书付出了巨大的努力,提供了极大的支持,在此特别感谢邓淋峰、袁川琉、陆玥灏、李阜东这些才华横溢的咨询顾问,同时也感谢周边的师友包括清华大学的朱武祥教授、上海交通大学的任建标教授、巴黎大学的巴纳德·费尔南德斯教授以及长江商学院鲍坦同学的鞭策。

科特勒咨询集团合伙人
Kotlerdigital 总经理
wangsai@kotler.com.cn

Contents
目录

作者简介
赞誉
推荐序
序言

第一部分　数字化基础审视

第 1 章　数字化转型下的营销环境 /002

这是一个走向数字化的时代。我们以更多的方式接入互联网，将更多的信息放到了互联网上，我们也更多地从互联网上获取信息。我们将原本现实中的活动转移到互联网上，例如社交、购物，仿佛我们已经成为数字化的动物。在这样的背景下，营销的数字化势在必行。我们需要理解这个数字化的营销环境，理解数字化消费者的行为特征，并学习领先的数字营销企业的数字化布局。然后，我们还需要对自己当前的数字营销成熟度进行评估，这将是我们开展数字化变革的第一步。

◎ 数字环境
◎ 数字消费者行为
◎ 领先者的数字营销布局
◎ 企业数字化成熟度的审计

第二部分　数字营销战略的升级

第 2 章　营销战略的升级
数字营销战略平台 /050

很多 CEO 和 CMO 问：数字时代营销战略和传统的营销战略究竟有何不同？营销战略的各个环节，哪些有变化，在数字时代如何变化？哪些没有变化，不变的东西又是什么呢？只有从思维和框架层面切入，只有从 CEO 和 CMO 等高层的维度切入，我们才能做好更顶层的设计与布局。我们需要理解营销的本质，理解数字化时代营销最大的特质，理解在数字化技术下，细分、目标市场选择、定位、品牌策略各有哪些升级，以及依据这些升级建造企业的数字营销战略平台。

◎ 营销的进化：
　从营销1.0到营销4.0
◎ 对传统营销战略模式的升级
◎ 数字时代对营销研究的升级
◎ 数字时代对营销战略STP的升级
◎ 数字时代对产品战略的升级
◎ 数字时代对价格与渠道策略的升级
◎ 数字时代对品牌策略的升级
◎ 数字时代对客户服务策略的升级

第 3 章　4R 之 Recognize
消费者的数字化画像与识别 /126

Recognize 是第一步，前数字化时代我们主要谈的是目标消费者的整体分析，大多通过样本推测与定性研究，而数字化时代最大的变化在于可以通过大数据追踪消费者的网络行为，如对 Cookie 的追踪、SDK 对移动数字行为的追踪、支付数据对购物偏好的追踪，这些行为追踪的打通可以形成大数据的用户画像，这些技术手段与营销思维的融合是数字时代最大的变化。

◎ 数字营销战略模式与
　4R实施框架
◎ 什么是消费者画像
◎ 大数据消费者画像的优势/特点
◎ 消费者画像的商业价值转化
◎ 客户旅程地图

第 4 章　4R 之 Reach
数字化信息覆盖与到达 /164

Reach 是第二步，也是绝大多数参与数字营销游戏的企业所实施的一步。在清晰描绘了数字化消费者的画像之后，我们需要触及与连接消费者，这里称之为"数字化信息的覆盖与到达"。在这个过程中，企业需要自我深剖：我该如何系统、科学地进行数字触及的布局，而不是成为被动且零散的随机性活动？我们将其划分为主动推送型、主动展示型、信任代理型和资产互换型四个类别，并对每一种工具的特质进行了解读。

◎ 数字化信息覆盖与到达
◎ 数字化信息覆盖与到达的方法
◎ 从自有媒体、付费媒体、赚得的媒体到聚合媒体

第 5 章　4R 之 Relationship
建立持续关系的基础 /203

仅仅做完前两个步骤，并不能保证数字营销的有效性，因为前两步只解决了瞄准、触达的问题，没有解决如何转化客户资产。这其中最关键的一步在于你的数字营销"是否建立了持续交易的基础"，而很多社群的建立，可以保证企业在"去中介化"的情境中与客户直接发生深度联系、互动，使其广泛参与。这也是目前提到的企业 2.0 形态。企业在数字时代，需要构建立体的关系网络，建立并持续维护多维度的品牌社群，才能在数字时代与顾客建立持续的关系，进而实现持续的交易。

◎ 数字化：建立持续关系的基础
◎ 在数字时代构建"关系"
◎ 明确关系策略的目的
◎ 建立持续关系基础的行动

第 6 章　4R 之 Return
实现交易与回报 /238

Return 是第四步，它解决了"营销不仅是一种投资，也是可以得到直接回报"的问题，很多企业建立了社群，吸收了很多品牌粉丝，但是如何变现，这是本章要解决的问题。我们提出了很多方法，如社群资格商品化、社群价值产品化、社群关注媒体化、社群成员渠道化、社群信任市场化等操作框架，变现客户资产。

◎实现交易与回报
◎实现交易与回报的方法
◎社群资格商品化
◎社群价值产品化
◎社群关注媒体化
◎社群成员渠道化
◎社群信任市场化
◎社群信息数据化

第三部分　数字营销实施系统

第 7 章　大数据营销平台
大数据在营销上的应用 /262

消费者比特化使得数据赋予营销无穷的活力。如何将营销活动数据化？大数据如何与营销进行结合？大数据是否颠覆了营销的逻辑？未来的营销是营销思想、技术与数据三者之间的融合，从目前的技术基础来看，有哪些可以移接到营销活动中，直接将你的进攻武器升级？我们提出了很多可以融合的维度，帮助企业进行"营销数据化"转型。

◎大数据vs.数字营销
◎大数据下的数字营销的商业应用
◎数据源来自何处

第 8 章　数字营销的内容策略 /288

数字时代营销竞争的焦点是如何通过具有阅读、实用和社交价值的内容吸引与持续获得顾客的主动注意力。而内容的创造也由企业单方面单向地制作，向品牌社群成员共创和共享转变。更需要企业关注的是，在数字时代，内容不是简单的软文，内容创作更不是一项单纯的成本性活动。未来，企业需要坚定的信念是，内容本身具有经济价值，企业应该将自身设定为"内容创造者"，从媒体公司的角度看待内容的生产和各类内容分享平台的运营。

◎内容营销是什么
◎内容营销的实施要点
◎内容营销的实施步骤
◎内容营销如何实现"疯传"

第 9 章　数字营销的组织平台 /308

战略决定组织，组织跟随战略。数字时代就是一个"企业变形记"的时代，敏捷型组织、流程型组织、绩效型组织要求我们重塑营销的组织架构，营销要拥抱 IT，拥抱数据，这对首席营销官以及整个营销团队都提出了能力素质与组织氛围上的挑战。作为高管，如何形成一个"营销达·芬奇团队"，我们给出了我们的咨询建议。

◎理解数字连接时代的组织
◎奥德赛之旅：营销组织的变迁
◎让营销发生：新营销组织设计的三个原则
◎重组营销架构

第 10 章　数字营销的绩效管理与测量 /332

数字营销兴起的重大意义之一在于，企业得以进行真正精确化的营销分析与管理。越来越多的企业开始认识到，有必要采取系统的办法来衡量或者评估营销过程中"信息泛滥"的数据，并把这些数据合理地加工为战略目标和组织目标所需要的专业"好数字"。为了更好地进行数字营销绩效测量，我们有必要浏览时下最流行、常用的指标，并根据组织真正的目标导向来进行简化与"去虚荣"。特别地，在数字时代，营销者需要重点关注基于社交媒体、基于消费者购买行为的营销测量，最终得到精准的营销投资反馈。

◎数字营销测量，测量什么
◎数字营销考核的指标：如何做到不"虚荣"
◎数字营销的绩效管理与测量

科特勒咨询集团简介 /358

第一部分　数字化基础审视

MARKETING FUTURE

第 1 章
数字化转型下的营销环境

KMG 数字化营销战略路径图

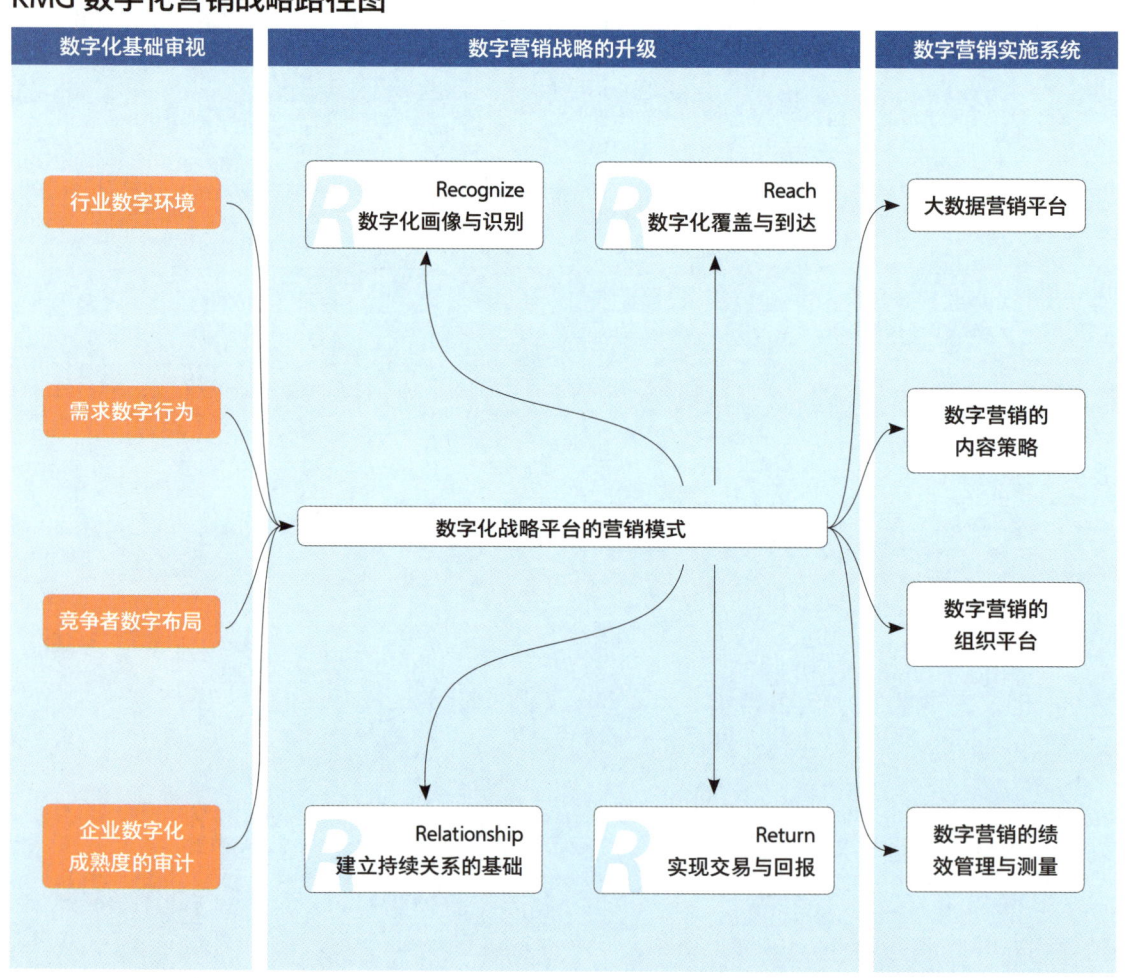

数字环境

如果你的首席营销官在给你提交年度营销计划时,依旧没有包含数字化的内容,也许你应该重新审视企业的营销工作是否需要强烈的变革。如今,无论哪个行业的企业家,大概都会认同这样一个观点:数字化变革迫在眉睫。在传统行业中还存在一种"变革恐慌",如果企业当下依旧没能进行数字化转型,下一次不景气的时期就要面临倒闭的风险。数字营销的浪潮袭来,其核心的原因就在于,当今的社会环境正处于沧海桑田的变化中:数字化犹如分子一样不断地覆盖现代社会中的每一个角落,现代化的商业环境对企业来说更是如此,当今新技术盛行且被快速应用,消费者乐于拥抱数字时代的到来,以消费者为导向的企业开始极速加快"互联网+"的步伐,走向商业的未来。

当今的商业已经进入了实时时代,客户决策流程、动态的市场竞争、消费者反应的时间单位已经从原来的以日、小时计算,跳转到以分钟、秒钟的碎片化计算;"瞬时+竞争优势"在新时代下看似矛盾的一对词语开始融合使用,如果企业在这一瞬间没有即时地响应客户的需求,就要面临客户流失、竞争失败的情境(见图1-1)。移动互联网的"瞬连"使得用户场景的重要性凸显,连接方式使得"人和机器可以合一",社群汇集使得商业模式中众包、众创、众推得以涌现;思维模式、组织激励模式,从战略到运营再到管理,都在巨变之中,我们需要重新定义这个时代,重新定义商业与商业模式,重新定义营销战略。

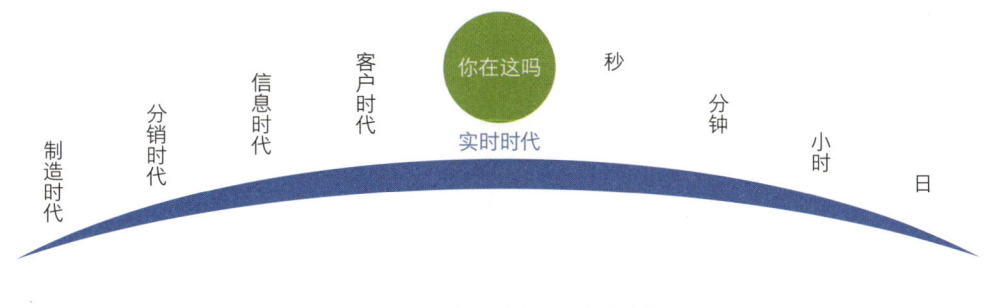

图1-1 当客户时代遇见实时时代

资料来源:Forrester Research.

2012年，谷歌在发表的《多屏世界报告研究》中提出：在各种屏幕，包括手机、个人电脑、平板电脑、电视等新兴数字媒体上的互动已经构成了消费者日常媒体互动的主要部分。相比传统的广播、报纸、杂志，新兴数字媒体的互动占比已经达到了90%。上班时间之外，人们平均每天要用4.4个小时使用各种屏幕（见图1-2）。消费者的世界很大一部分被比特世界占领，耐克最近宣称"现在，一切皆数字"，最优秀的企业与机构不再单独谈论数字，它们将数字与营销放在一起讨论。在最近几年的"互联网+"的浪潮中，许多企业声称要做互联网转型和数字转型并且更换CIO，试图完成从IT到DT（digital technology）的转型，也有企业从商业模式、组织架构切入。然而在所有手段中，最直接有效的、最具落地有实操性的、最能在实时时代使得"价值可视化"的，第一就是"数字营销战略"。正如德鲁克所言，营销和创新是企业中唯一创造利润的来源。当然，数字营销战略是本书即将谈到的内容，也是KMG的解决方案。

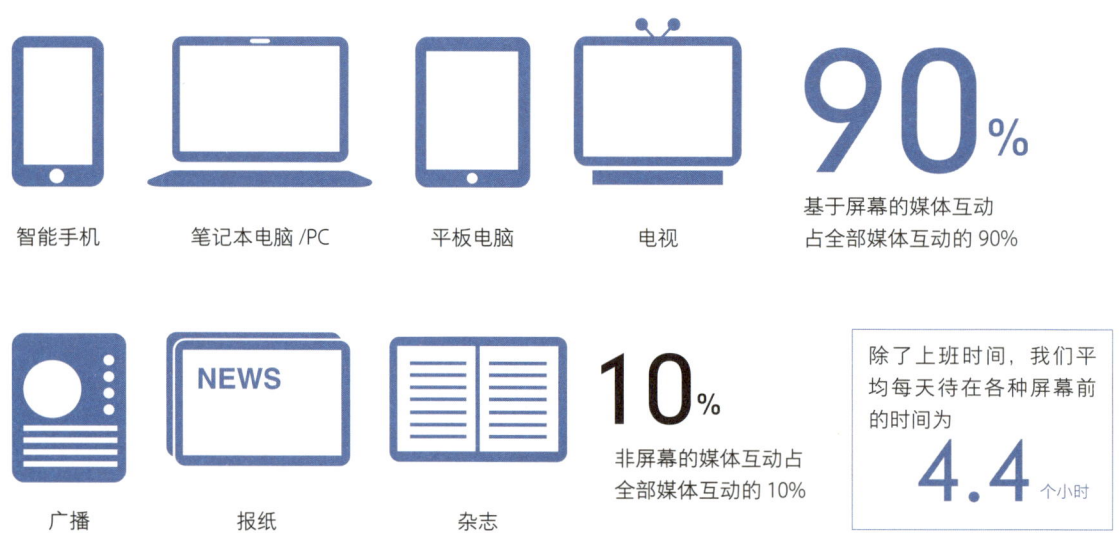

图1-2 消费者的多屏互动

资料来源：Google, The New Multi-screen World, 8/2012.

在变革时代，从来都是消费者、市场快企业一步，市场的巨变推动竞争的升级，推动"企业供给侧"的改革。当今时代，消费者已经转变为"数字为先的消费者"，数字已经贯穿于消费者购买

定义
- 在进行购买决策时,会首先考虑使用数字媒体来获得所需信息
- 不仅仅只包括"数字原住民"(伴随数字设备成长起来的消费者)
- 既适用于 B2C,也适用于 B2B

数字为先的消费者特征
- 90% 的人在屏幕前进行消费
- 90% 的人会连续使用多个屏幕
- 65% 的人的首次购物经历始于网购
- 61% 的人在智能手机上使用社交媒体
- 59% 的人在智能手机上进行他们的首次理财
- 58% 的人在开始进行个人理财决策时会使用搜索引擎

> "如今的市场营销与 30 年前、10 年前甚至与去年都不一样了,消费者期望值的转变、技术的更新,以及竞争的变化使得市场环境日新月异。"
> Cristene Gonzalez Wartz IBM 管理合伙人 Associate Partner

图 1-3　数字为先的消费者
资料来源:KMG 研究。

行为和决策的全程。这样的消费者不仅包含伴随着数字设备成长的新消费群体(比如 90 后、00 后),而且包括其他原本不采用数字媒体的消费者。越来越多的消费者已经在新兴技术的发展中找到了"甜蜜点",开始转变传统的消费行为链:90% 的人在屏幕前进行消费;90% 的人会连续使用多个屏幕,如个人电脑、平板电脑、手机、电视,从互联网的一个节点跳到另一个节点;65% 的人首次购物始于网购,造就了阿里巴巴、京东销量与 IPO 的神话;61% 的人在智能手机上使用社交媒体,微信、微博等数字媒体在人与人之间的交往中发挥了很大的作用;59% 的人尝试用智能手机做理财,因为支付宝中余额宝的功能与天弘基金做绑定服务,使该公司从中小型的基金公司瞬间变成中国在资产管理方面最大规模的基金公司;58% 的人在开始个人理财决策时会使用搜索引擎(见图 1-3)。数字已经入侵和融入到不同行业、不同层级的消费者,数字、移动互联网已经从一种商业工具、一种渠道革命变成了商业的"水与电",你拒绝谈它、拥抱它,你就会远离消费者,远离未来。

在当今数字时代环境下,新技术层出不穷。在信息交换、客户互动以及数据存储方面拥有许多新的技术,对传统的商业环境造成了新的冲击,我们将其总结为"三化":信息交换数字化、客户互动数字化、数据存储数字化(见图1-4)。

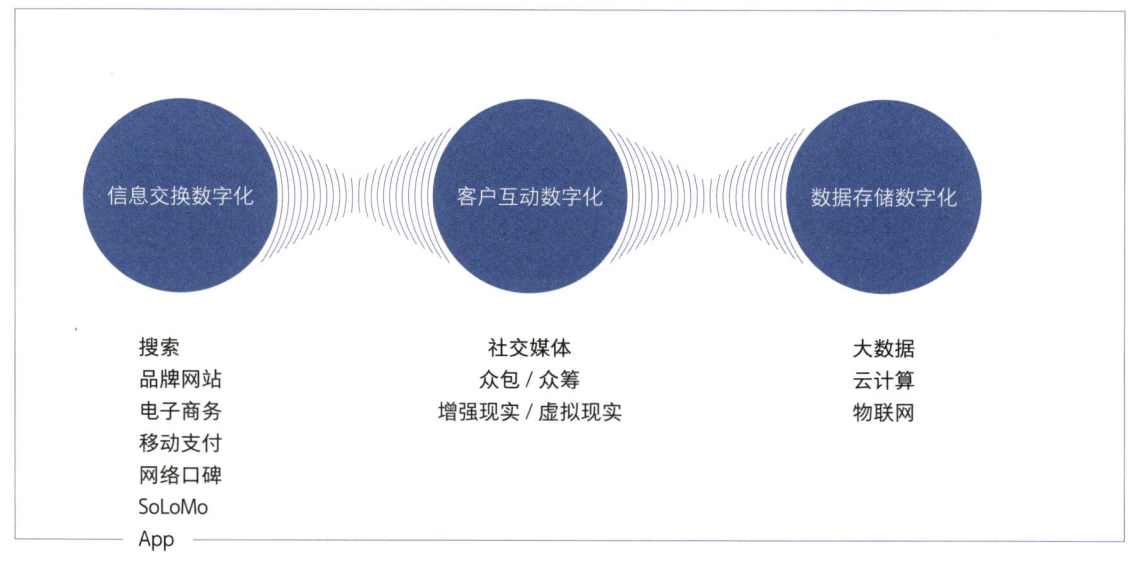

图1-4 数字化环境

资料来源:KMG研究。

信息交换数字化

搜索

搜索是互联网最基础的信息工具。借助新的搜索引擎技术,使用数字化信息的便利被极大地增强了。通过搜索引擎查找能够在几秒钟内帮助企业与消费者找到目标信息，极大地提高了业务效率。通过关键词来搜索是最基础的搜索应用，但现时代的计算能力、存储能力以及网络速度已经能够让我们采用更为高深的方法来进行搜索，比如现在用户可以通过语音或者视觉搜索进行查询，结合个人的搜索历史以及定位等信息提供定制化的搜索结果。

从企业的角度讲，许多年来数字营销人员一直在持续推进搜索引擎优化（SEO）的成效。实际上，搜索引擎优化始终是企业增加访问流量的重要工具之一，然而随着更快的计算机处理能力以及机器学习技术、搜索技术的提升，搜索引擎服务商（谷歌、百度等）逐步加大了语义搜索等高阶搜索技术的比重。对用户而言，他们能够获得更精准、更符合自身需要的信息。但是对企业 SEO 工作而言，传统的优化网页、购买关键字的方式可能效果在减退。

语义搜索技术源于 2012 年 5 月，谷歌推出了其"知识图谱"服务，这是具备一定人工智能的语义搜索引擎。与传统搜索相比，它搜索的对象从"字符串"转变为真正的"事物"，而且知识图谱能够从用户的搜索行为中探索信息之间的联系，它已经拥有 5.7 亿多个实体和超过 180 亿个事实之间的联系，因而能够持续提升搜索体验。值得注意的是，语义技术并不局限于外部搜索引擎像谷歌或必应，也被用于社交媒体。图片搜索是 Facebook 的一个类似于谷歌知识图谱的搜索引擎系统，它进一步模糊了搜索和社交之间的界限。当搜索引擎可以识别并理解一个人所提出的问题时，它就可以给出个性化的结果。总之，搜索引擎也开始像人类一样思考和行动了。

云计算、语义搜索技术以及数据积累的发展，让计算机的学习能力获得了飞跃发展。它对用户意图的理解越来越深，也越来越快。在某些环境下，计算机甚至能够预测用户的搜索需求，无须用户输入更多的信息。

移动技术、语音识别和大数据能帮助计算机访问大量的互联网、社交、地理定位数据。基于这些数据的过滤和分类，它可以更准确地预测未来的需求和行为。

品牌网站

品牌网站（企业官网）是品牌在互联网上的核心阵地。通过搜索等方式导入的流量，大多数都会指向品牌网站，品牌网站已经成为数字消费者最主要的信息来源，还具有帮助企业做客户吸引、客户营销、客户服务的实体业务功能。作为商业组织的数字旗舰店、信息展示中心以及在线分销体系，品牌网站必须扮演多种角色，培养新的销售线索，维护现有客户。

电子商务

作为品牌网站（企业官网）的延伸与补充，电子商务能够进一步加深企业数字化变革，给客户提供非常便利的方式了解、比较、购买商品并获取服务。在过去，可能许多企业都认为，电子商务只是一个补充渠道，但是最近几年的蓬勃发展以及在电商大潮中形成的新商业巨头阿里巴巴，已经让企业难以忽视这样一个事实：电子商务已经颠覆了传统的业务模式，是对传统模式的一种升级改良。

如今客户期待在企业的所有渠道获得高度一致、强关联、易于相互转换并且便利的用户体验。在这种背景下，企业必须确保它们的电子商务平台不仅提供在线交易的服务，而且整合电子商务、社交媒体以及移动平台形成一个统一的体验。或者更进一步，将线下线上渠道统一或者说整合起来，为客户提供全方位的购买体验。

拥有良好视觉表现手段的电商网站能帮助用户搜索最合适的产品，在短时间内既能对比不同产品的价格方案，又能提供安全、迅速的支付手段。用户通过它可以很方便地评论购买体验。同时它还能帮助企业建立品牌信任。一般被认为是电商的消费者可能只是数字化程度更高的年轻群体，

消费者在使用移动支付

但事实是电子商务的用户在几乎所有的消费群体中获得了迅速扩张。

电子商务的一个新方向就是移动电商,这得益于最近几年中智能手机、平板电脑的迅速普及。2015年,超过一半的手机用户享受过一次移动端的购物。移动电商的交易额第一次超过PC端口,这说明移动端的电子商务将成为主要的交易渠道之一。到2015年年底,在中国移动购物使用者的人数将达到3.64亿,增长23.8%,到2018年这一数字规模有可能接近5亿。对于企业而言,这个变化意味着电子商务用户出现在不同的屏幕之前,而且时常在不同的屏幕之间进行转移。甚至,许多用户会在实体渠道交易时,采用移动手段来进行交易比较。具备前瞻性的企业开始主动运用移动电商手段来提升实体交易体验,首先获得推广的是基于近场通信技术(NFC)的移动支付。国内移动支付巨头微信与支付宝在培养用户使用移动支付习惯方面投入了大量的资源,而现在它们还需要应对全球领先企业苹果公司的移动支付产品——苹果支付(Apple Pay)的竞争。

移动电商帮助实体商店收集了更多的交易数据,从而能够进一步优化用户体验,提供更具个性化的购买建议,这缩小了线上线下交易的交易体验差距。移动电商模糊了物理世界与虚拟世界之间的界限，推动线上线下交易的融合，最终形成高度集成、全渠道的购物体验。

移动支付

即使才刚刚起步的移动支付，目前也已经受到了极大的关注和欢迎。Adobe2015 年的移动消费者调查数据显示，18% 的消费者在使用移动支付，其中年轻人的比例更高。83% 的受访人认为移动支付比采用信用卡更方便。移动支付给消费者提供了以下两个优势：方便和安全。消费者通过手机就能够实现支付功能，而且消费者的财务信息并没有保存在一个物理实体上，而是在高度加密的云端服务器中。

移动支付拥有多种技术实现方式，其中短信验证码、二维码以及近场通信支付技术是最常见的三种方式。近场通信支付技术允许商家通过信用卡刷卡机贴近消费者手机来完成一次信用卡支付。国外的 Square 和 PayPal、国内的支付宝以及微信是比较常见的近场支付方案提供商，当然我们无法忽视苹果公司 Apple Pay 的迅速普及。这种虚拟卡支付的方式实际上是实体信用卡的数字版本，当用户发出一个支付指令，手机 App 就会识别这一指令，提供一个可以扫描的条码或者通过近场通信完成刷卡消费。

网络口碑

网络口碑是指基于互联网所分享的企业或者品牌的正面及负面信息。企业的口碑一直存在，然而在数字时代，它变得极为重要而且无法忽视。互联网的匿名性，让客户更自由地分享对企业的看法，而不再担心分享行为对现实行为的不利影响。互联网的传播效率，使现实社会中分散的、片段的口碑变得更为集中和一致，并能以指数级的速度迅速扩散。企业在某个区域市场中的失误，很可能会在几个小时内被传播到世界的每个角落。互联网的信息类型丰富，能够让口碑的接受者获得更多、更丰富、更贴近真实体验的信息。网络口碑帮助用户更深入地了解企业信息，降低交易的不确定性，因此也可以提升交易的可能性。企业需要时刻关注网络口碑中的形象，并积极利用这一渠道提升营销传播的效率。

在消费服务型市场中，大众点评网就是典型的基于口碑商业模式的公司，它吸引消费者在进行服务体验之后提交一份公开的服务体验表，给还未尝试服务的消费者提供消费参考。大众点评网从2003年成立开始，已经收集了1400多万家商户的信息，基本覆盖了全国2500多个城市，还有一部分境外的国家地区，每月活跃用户超过2亿。基于海量口碑数据，大众点评网如今已经成为中国领先的本地生活信息及交易平台，为其进一步发展O2O业务奠定了雄厚的基础。开店之前就要在大众点评网上建立信用页面并通过联合活动获取正面口碑评价已经成为消费服务企业的共识。

SoLoMo

在传统模式里，企业的社交媒体营销（social marketing）、区域营销（local marketing）以及移动营销（mobile marketing）基本上是相互独立的。社交媒体营销部门在企业中单独负责线上的社交媒体营销。不同区域的团队共同完成区域营销，并举办大量线下的营销活动，而移动营销更多的像短信营销，通过发送短信来发展业务。智能手机以及平板电脑的普及改变了这一切。这些移动设备强大的性能让消费者获得了许多新的功能和选择，让他们能够在任何时间、任何地点获得他们需要的任何产品与服务。

SoLoMo是三种概念混合的产物，即social(社交的)、local(本地的)、mobile(移动的)，连起来就是SoLoMo，即社交加本地化加移动。SoLoMo的一个例子，如智能手机应用大众点评网可以确定用户当前的位置，并提供附近消费商家的评论与评级，而且允许用户发布自己的评论，上传照片进行社交互动。

SoLoMo是一种日益增长的营销趋势。消费者根据当前的位置获得与之相关的内容或促销活动，并通过社交网站进行分享。2013 年 Adobe 的调查显示，71% 的手机用户通过移动设备访问社交网络。70% 的受访者使用移动设备搜索周边的信息、地图以及商家评论，其中 1/3 的人表示有商家用优惠来鼓励他们这么做。尼尔森在 2012 年的一项研究中也表明，78% 的受访者会通过手机来发现自己感兴趣的商店，63% 的人会通过手机了解价格，22% 的人会查看商店评论。通过这些数据可以发现，SoLoMo 的应用功能对于移动消费者关于地理位置的评论已经非常重要。

当潜在消费者出现在附近时，商业企业需要确保消费者能够很容易地通过手机找到自己。无论采用的是短信、区域搜索引擎优化、区域折扣优惠或者区域交易信息，都要促使消费者到店消费。这些基于定位的营销技术都能在 SoLoMo 模式下获得良好的效果。

Geofeedia 是一家美国的社交媒体企业，它运用社交定位以及地理围栏技术的程度已经达到了一个很高的境界。Geofeedia 开发了一系列工具，允许开发者标注并追溯来自个人社交媒体的地理信息。运用复杂的定位以及地理围栏技术，它们能够显示出某一个具体区域，比如体育场、公共场所内正在发布哪些社交媒体内容。企业可以利用 Geofeedia 的技术获取公开发布的社交媒体信息，帮助企业进行市场研究以及数据挖掘工作。

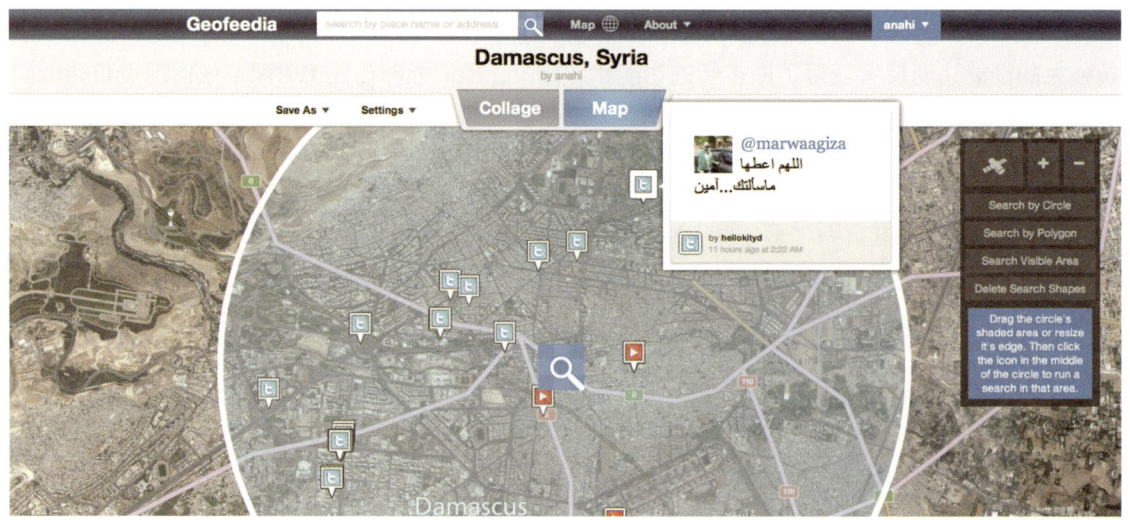

Geofeedia 显示一个区域内不同位置发布的社交媒体内容

App

智能化移动设置的数量激增,使用户越来越依赖移动搜索功能。通过谷歌的数据可以看出,94% 的用户会搜索位置信息。除了社交应用程序和本地搜索应用程序,零售企业的移动应用程序(App)在今后几年将变得更加普遍。当然,微信作为一个大型的 App 已经可以替代很多单应用 App,这也是企业决定是否投资 App 之前应该权衡的因素。

专用 App 能提供更为明确的行为目标,以及简单、直接的用户体验。在 2013 年尼尔森的研究中,53% 的美国手机用户会使用零售企业的 App。App 已经开始主导移动生态。2013 年,消费者平均每天会使用 2 小时 31 分钟的移动设备,包括智能手机与平板电脑。其中 80% 的时间(2 小时 7 分钟)在使用 App;20% 的时间(31 分钟)在使用移动网络。数字营销人员以前倾向于不断生产基于网页的营销内容以吸引消费者,不妨考虑一下将部分资源转移到你的专属 App 上。

客户互动数字化

社交媒体

社交媒体是数字技术给企业提供的一个能够更深入、更便利地与客户进行沟通的渠道,是数字时代培养品牌忠诚的工具。在如今的数字时代,企业必须超越依赖于信息传递的客户关系,建立能够相互沟通、相互理解、相互信任的社交关系来培养品牌亲和力。

社交网络和社区将人们联系起来,让他们共享和实时传输消息。社交媒体可以被视为虚拟市场的在线文化交流与接触。

数字时代的营销战略

◎ 互联网用户有 27% 的时间在使用社交媒体。
◎ 70% 的 B2C 公司表示,它们通过社交媒体渠道获取客户。

传统营销方式的传播速率更接近于匀速增长,而社交媒体营销的传播速率可以达到指数级的程度。社交媒体能放大企业的品牌影响力,帮助企业更有效地运用自己的营销内容来获得更好的效果。企业发布营销内容,关注该企业的用户会进行转发或评论,如果这个营销内容能获得不断的转发,即使是那些还没有关注该企业的用户也能通过他关注的人群而接收到这一信息。通过这样的方式,社交媒体能帮助品牌获得难以想象的关注度,本书的后面我们还会谈到如何在社交媒体上"疯传"。

但是仅仅看到、关注是不够的,企业还需要鼓励用户参与进来。数字技术提供了一个前所未有的机会,企业可以与客户及潜在客户进行更具深度的沟通,建立更紧密的品牌关系。企业应该运用更丰富的互动手段来培养品牌亲和力。为了解决提升客户参与程度的问题,谷歌的研究团队开展了一个研究项目。研究成果发现,从曝光到参与的全过程包括用户选择、互动、分享、转化四个步骤。他们认为提升客户参与的关键点如下:"在信息爆炸的背景下,那些关注社交参与度的企业会比只关注曝光的企业更容易获得成功。正如在中国的社交媒体投入上,微博是在做广度,微信是在做深度。传统的营销方式会对目标人群做大量的传播,但这些企业会采用完全相反的方式,它们会首先关注那些对于品牌传播来说最关键、最重要的人,

常用社交媒体

通过他们的观点与建议来放大他们的品牌影响力。"他们建议，过去基于销售漏斗的假设采用的大范围的传播方式需要更新，企业需要关注最关心自己品牌的意见领袖，将绝大部分的资源来维护这个群体，并通过这个群体的影响力以及社交账号覆盖其他的所有客户。具备强大社交媒体营销能力的企业比如星巴克、亚马逊、小米、特斯拉采用的都是这个方法。

对营销人员而言，这意味着原来以消息发布以及传播为主的工作角色开始转向运营领域。在客户服务中，会产生很多与客户进行的关于品牌的互动机会。客户服务是一个很好的传播工具，精明的营销人员正在寻找充分发挥其作用的方法。营销活动的新重点已经转变为如何理解并管理客户与企业的社交互动，并将客户变为品牌传播的媒介。

在现今的社交时代，社交媒体给消费者提供了可以自由发布个人观点的方式。企业要合理运用组织促使消费者分享有助于自身品牌的观点。
◎ 90% 的消费者会在与别人进行社交互动后推荐品牌。
◎ 83% 的消费者表示用户评论经常或有时会影响他们的购买决策。
◎ 80% 的消费者在阅读负面在线评论之后会改变购买产品的意向。

社交媒体的特别之处在于它是用户自发性的内生行为，并不是企业在外部强加的结果。品牌能够适应这种真正以客户为中心的方法。产品极致化、客户服务、用户产生内容（UGC）、客户忠诚管理以及企业粉丝管理改变了传统的品牌营销方法。社交媒体赋予了消费者一种能够影响周边人产生品牌偏好的能力，而这些都是传统的营销行为做不到的。

众包 / 众筹

众包类似于云计算技术，但聚集的并不是服务器，而是通过网络聚集许多人来更有效地迎接挑战或者解决复杂的问题。无论是组织头脑风暴以产生新的方案,还是为具体的项目进行融资(也被称为众筹),众包已经成为一种不可忽视的社会现象与商业工具。实质上,众包这种模式推动了新商业模式的产生,个人或者组织运用这种方式更有效、更低成本地创造新思想,创造更有竞争力的产品和服务。

众包甚至影响了出版业。出版业以前是一个典型的垂直生产体系,从写作、拿出刊号,到出版,再到营销,而现在这些垂直系统可以"水平化"操作,营销的4P(产品、定价、渠道、促销)可以同时展开,可以将书中的许多章节放在网上供人阅读、评论以及批判,并在这个过程中圈定粉丝,对作品进行迭代。通过数字化的方式,获知大众共同的关注点,并能用低廉的成本提供高效的解决方案,众包是拥有无限潜力的工具。

网络公开课(MOOC)正在用众包来改变高等教育的商业模式。传统的高等教育模式都是填鸭式学习,学生需要支付越来越高的成本来获得死板的课程。新的在线学习模式鼓励自由互动和开放的信息交换,并且对课程的选择权力在学生手上,而不是在学校。MOOC更高效、更富有合作性、更低价,它用更低的价格给学生提供了更好的教育。除了对教育领域的影响,网络公开课对商业企业也有明显的影响。举个例子,组织可以利用远程访问,获得多种高质量的网络培训课程,以较低的成本为员工提供持续的培训。通过网络公开课,员工只需要有一台电脑就可以获得著名大学教授的课程和服务。企业应该与员工共同制定最行之有效的促进个人目标与组织目标实现的课程计划。许多领先的在线课程平台鼓励学生参与社交,并利用数字文化的协作精神来促进更深入的学习。在可见的未来,在线教育平台能够帮助高校以更精益、更精简的方式聚焦于自己擅长的教育领域。

虚拟现实 / 增强现实

如今的市场营销从业者开始积极地关注提高数字体验的方式。增强现实(augmented reality,AR)

能够帮助营销人员将现实赋予数字化能力，提升用户体验，成为真正意义上的数字营销。研究公司的数据显示，2014年有超过6000万用户通过智能手机、平板电脑和智能眼镜使用了增强现实技术的应用软件。预计这一数字在2018年将超过2亿。这个数据表明，增强现实技术毫无疑问将对主流商业环境造成影响。

增强现实是在虚拟现实（virtual reality，VR）的基础上发展起来的新兴技术，是一种通过传感器、显示设备，以数字化的图片、声音、数据来增强现实体验的技术。AR技术是为了使原来屏幕上显示的虚拟世界与现实世界结合后进行互动，使真实世界与虚拟数字世界的边界变得模糊，增强用户在现实世界的体验，因此增强现实可以被理解为现实世界的外部数字接口。相比之下，虚拟现实是一种使用户完全浸入式的数字环境。这种先进的技术可以使用户在虚拟世界里获得视觉、听觉、触觉甚至嗅觉。虚拟现实用很逼真的方式让用户深信自己身处另一个空间中。因此，虚拟现实可以被理解为虚拟世界的内部接口。

基于增强现实的外部特性，几乎所有的AR工具都是通过移动设备如智能手机、平板电脑、可穿戴设备的应用程序（App）来实现的。增强现实为我们的生活和日常交流提供了增强的数字体验。为了实现这一效果，需要一个传感器或者摄像头获取现实世界的图景或信息。当前许多增强现实的创业公司都在为谷歌眼镜开发应用程序，因为谷歌眼镜拥有增强现实所必须的传感器和摄像头。在中国，地产的建筑设计和观房体验、航空工作人员培训，正在使用VR和AR技术来升级，KMG也为中国诸多企业引入了美国尔湾的顶级科技合作伙伴。

数据存储数字化

大数据

"大数据"这一术语指的是一组数据集太大,因而很难用传统的软件进行收集、图形化以及分析。而且,这些数据通常是非结构化的。对企业以及营销人员而言,"大数据"带来的最大的挑战是如何在海量的信息中获得准确的、相关的而且可执行的观点。

2010年8月,谷歌的埃里克·施密特(Eric Schmidt)提供了以下见解,完美地总结了数据及其指数增长带来的挑战:"自这个世界诞生到2003年,人类创建了五个艾字节(exabytes,数据的计量单位)的信息。但如今,我们每两天就能创建五艾字节。所以你能明白在信息市场是多么痛苦。"数据科学家Jake Klamka说:"数据科学不仅仅是数字运算,而是关于人的科学。数据来源于人的行为,大数据科学家拥有理解人的能力。最理想的结果是大数据能帮助人们。"在一个充斥着数据的时代,企业和营销CMO最大的挑战不在于数据本身,而在于如何提出有意义的数据解释。

技术和数据手机的进步让营销人员能追踪、审查并完善数字活动的方方面面。快速比较营销活动与现实结果的能力可以帮助企业不断完善它们的品牌信息和营销活动,通过营销内容更好地与客户和潜在客户建立联系。大数据是矿、是石油,大数据营销是矿和石油的商业化应用之一,而数字营销是"(内容平台+数字平台)× 大数据运营 × 营销战略思维的升级",客户、数据、技术需要融合,本书后面专门有一章来谈这个问题。

云计算

美国国家标准与技术研究院(NIST)的彼得·梅尔(Peter Mell)和蒂姆·格兰切(Tim Grance)在2009年提出,云计算是一种能够通过网络获取的计算资源(包括网络、服务器、数据存储、软件

应用和软件服务等），它能够以便利的方式满足客户的个性需求，而且无须专人干预和维护。对企业而言，云计算通过第三方外包的方式，提供了企业计算基础设施建设以及站外托管服务。这让企业能够将资源和能力投入到更核心的领域，而不需要在企业内部搭建 IT 基础设施与人员团队。与传统的内部计算系统相比，云计算的优势在于全天 24 小时的可接入性、较高的安全性以及更低的成本。

◎ 根据 IDC 的调查，2011 年企业已经在第三方或者公有云方面投入 280 亿美元，2015 超过 700 亿美元。

◎ 63% 的受访商界领袖认为，云计算可以使整个组织更敏锐、反应更快。

◎ 2013 年，80% 的大型北美企业正计划使用或已经使用云计算来取代本地计算。

云计算的三种主要服务模式为：

◎ Software-as-a-Service（SaaS）软件服务　SaaS 软件安置在互联网上，企业可以从 SaaS 云服务的相关企业获取使用许可。企业通过网络获得软件服务。客户端不需要执行软件的安装、更新升级等。

◎ Platform-as-a-Service（PaaS）平台服务　PaaS 是一个计算平台，允许企业通过互联网快速开发软件及应用程序，而不需要购买并维护复杂的软件平台。PaaS 与 SaaS 很类似，不同之处在于 PaaS 并不只是提供一款软件，而是一整套的开发环境与发布平台。

◎ Infrastructure-as-a-Service（IaaS）基础设施服务　IaaS 提供云计算的一整套基础设施（服务器存储、网络接入以及操作系统），按需提供服务。IaaS 可以是公有云、私有云或者两者结合的混合云。公有云是部署在互联网上，包含所有特性的计算系统，注册用户都可以使用；私有云是建立在私有网络（公司内部网）上具备独特性能的计算系统。很多云计算服务的供应商会提供混合的云服务，就是结合传统服务器与公共 / 私有云服务。

云计算服务对于个人用户来说同样拥有和企业用户相类似的优势：全天 24 小时接入服务、便宜的订阅价格（比如 Netflix 的包月视频服务）、更高的安全性（基于云计算的网上银行加密算法）、更低的硬件投入成本。用户不再需要自己建立本地服务器来存储图片、视频以及其他数据，他们可以将这些数据存放到云服务企业提供的网络硬盘中，比如谷歌、亚马逊、百度云等。

物联网

物联网可能是这个时代最具影响力的技术发展趋势，它指的是世界上的所有物体，包括人，通过无处不在的一个或多个微型计算机或智能传感器，将所有的数据源源不断地上传到互联网进行流通。在物联网中，任何物体或者人都可以分配一个网络IP，与互联网联通进行交换信息。汽车轮胎、咖啡壶、人体的肝脏、内衣，几乎所有的东西都能连入网络。迄今为止，物联网已经在较大型的行业比如制造业、公共事业中实现了机器对机器（M2M）的信息联动。海量的数据处理是建立在成熟的云计算和计算基础设施的完善上。

在商业层面，由相互连接的设备组成的世界对企业而言是一个将自身业务推广到世界每个角落的重要机会。为了拥抱物联网，企业营销高管面临的重要挑战在于，他们不仅需要为每一个潜在的客户创造富有吸引力的营销内容与社交互动，而且需要与这些客户的智能设备进行互动。可穿戴设备被认为是物联网生态系统中的一个组成部分，从谷歌眼镜到苹果手表，可穿戴技术涵盖了所有人类可以穿戴的设备。

物联网创业企业Evrythng计划配置大量的传感器收集数据，为消费者以及企业提供服务。Evrythng的联合创始人安迪·霍布斯鲍姆在一次采访中这么总结他们公司提供的价值："Evrythng是一种新型的服务，我们为产品或者其他物品提供一个数字身份。通过这个数字身份，我们能够帮助企业或者消费者管理世界上的所有物品。"

为了应对新的数字化环境，更好地采用数字化工具，企业需要建立数字为先的范式：

1. 数字营销为先

企业应当以数字营销为先，以传统营销工作配合数字营销工作，才能适应当前以数字为先的消费时代，才能在消费者进行消费决策的系列过程中，在正确的地点、正确的时机输出正确的营销信息以吸引他们。

2. 构建数字营销路径

企业必须构建一个以数字为先的营销路径，形成以数字网络为主的营销网络。通过已经大规模普及的智能手机、平板电脑等数字设备，数字消费者永远在线，并且通过这些设备与数字世界发生互动。企业如果不能构建数字营销路径，就无法在数字消费者的生活中抢占时间与注意力。

3. 创造富有吸引力的数字营销内容

企业还需要构建专门团队、投入专业资源以创造富有吸引力的数字营销内容。这些内容必须具有实用性，能够获得消费者关注，吸引消费者参与网络社区，并鼓励他们分享到各自的社交网络中，形成以消费者为核心的传播网络。

21 世纪的社会商业模式

美国对信息浪潮带来的生产力作用做过一个大致的推演：在个人计算机时代，信息技术对美国生产总值的贡献达到 40%；在互联网和 Web1.0 时代，美国总体生产率增长 2.75%，而信息技术对生产总值的贡献增至 50% 左右；在 Web2.0 与移动互联网时代，将使生产总值提高到 60%。这种新社会浪潮下的商业模式是怎样产生的呢？

哈佛商学院的约翰·戴顿教授将 20 世纪的商业模式归结为三种力量，它们共同塑造了 20 世纪实际消费者的购买行为，它们分别是：交通工具、购物中心以及电视网络。我们可以看到，19 世纪后期美国铁路的扩张连接了城市与村庄，交通工具的畅通带来了购物中心繁荣的可能性，将分散的大量人群有效地集合在一个点。1892年，明尼苏达的一名火车代理商理查德·西尔斯看到了北美铁路的容量与其商业潜力，开始向农民以及其他不便到市区购物的人们提供商品，最终富有远见地帮其创立了著名的西尔斯零售。

而电视广告的兴起又一步刺激和塑造了人们的购物行为。不谈美国，就中国而言，20年前有多少企业重复标王模式，曾经广告一响，黄金万两，一夜间把产品铺满了全中国。电视网络、购物中心和交通工具好比三位一体的工作：电视网络刺激欲望和塑造品牌的群体性行为；购物中心的广泛布局解决购买的丰饶性，消费者可以一站购齐；交通工具解决商品与人流之间的分离。实质上，这三者都是通过连接消除商品与消费者之间的距离，促成交易的达成。

21世纪的商业模式有何不同？约翰·戴顿也将其归结为另外三种力量，它们分别是：移动搜索、社交网络和电子商务。移动搜索解决了消费者对于信息的主动性抓取，随时随地获得以前无法获取并比较的资源；社交网络实现了消费者对于商品和服务的评价，消费者不再依赖原有的电视广告，而更多从口碑效应、社区效应，从连接的群体中获得更真实、准确的信息；电子商务实现了物品和人流之间的分离，人们可以在线上比价、看评论、征询意见，这三种力量重构了21世纪的商业模式（见图1-5）。

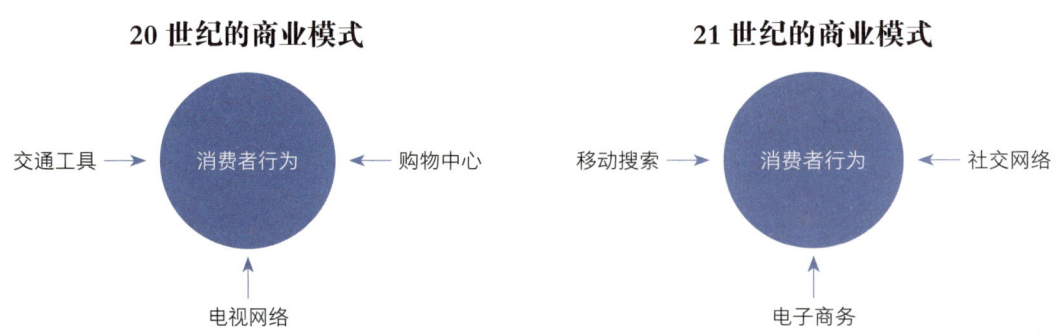

图1-5　商业模式对比

资料来源：约翰·戴顿教授，哈佛商学院课堂讲义。

数字消费者行为

消费者研究是营销战略的基础,然而在数字环绕的时代,消费者行为究竟发生了哪些显著的变化,这些变化之间是如何相互影响的呢?我们可以通过消费者决策旅程(customer decision journey,CDJ)来解读,以上路径最早是 2007 年由戴维·埃德尔曼和马克·辛格提出的,初衷是为了取代传统的销售漏斗模型,建议企业将营销资源投入到消费者所有的消费决策链当中,而不仅仅是投入到大量的终端传播环节中(见图 1-6)。但在数字化的今天,这个 9 年前的模型也需要升级。2015 年,他们把 CDJ 升级成数字消费者决策流程。这个新的消费者决策流程认为,传统的消费者决策旅程在数字化的影响下,将会加速传统的考虑以及评估阶段,品牌不再是被动地对消费者的决策旅程施加影响,而是能够在数字营销工具的帮助下主动重塑消费者的决策旅程,压缩消费者考虑以及评估阶段,让消费者基于品牌喜爱度决定再次购买。这个数字化的自动过程不但能够提升客户的忠诚度,而且能够在规模化以及定制化之间取得平衡。企业为了打造出色的数字消费者决策旅程,需要掌握以下四项关键能力:自动化能力、前瞻性定制能力、情景互动能力以及决策旅程创新能力。

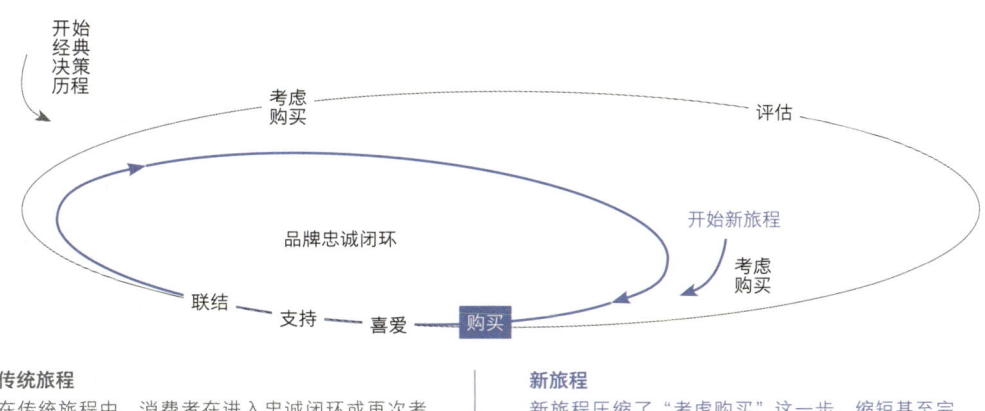

图 1-6 数字消费者的决策旅程

资料来源:戴维·埃德尔曼,马克·辛格《设计客户旅程》,《哈佛商业评论》2015 年第 11 期。

1. 自动化能力

自动化是指将过去手动操作的客户旅程自动化和简化。比如，客户以前需要到银行或者ATM机才能存入支票，但有了数据自动化，你只需用手机拍一张支票的照片就能通过App将其存入银行。以前Kantar为了做消费者行为的研究，在世界各地培养了一个百万人的大样本库，让消费者将在零售商店购买东西的购物单寄到Kantar，而现在只用通过App直接扫描就可以实时获取。同样，客户在网上购买电视时，搜索、购买和安排送货的过程，现在可以通过数字化一步到位。

自动化加快且简化了此前复杂的旅程，为更具黏性的旅程打下了坚实的基础。出色的自动化工具能将复杂的后端运营变为简单、有互动、基于App的前端体验。

2. 前瞻性定制能力

在自动化的基础上，企业应当从过去或现在的用户互动中搜集信息，前瞻性定制即时用户体验。我们熟悉的两个例子是亚马逊的搜索引擎和再订购智能算法。但请谨记，了解用户偏好只是开始，真正的定制能力要拓展到客户旅程的下一步。当用户参与时（比如回复信息或下载了某个App），公司必须分析用户行为，据此定制下一步互动。Pega和ClickFox等公司提供了多渠道追踪用户动向的应用，可将多个来源（比如转账和浏览历史、客服互动及产品使用）的数据混合在一起，以便了解用户行为及后果。这些工具帮助企业随时掌握并分析用户行为，从中找出可以影响用户的时刻，实现定制化信息或功能（例如为某位很有价值的乘客升舱）。

零售商肯尼思·科尔（Kenneth Cole）根据用户长期的网页浏览情况——一些用户更喜欢看产品介绍，一些则更喜欢看图片、视频或促销信息，重新设计了网站。网站会根据每位用户的情况不断调整内容和配置，为用户实时更新网站页面。

3. 情景互动能力

利用用户在购买旅程的实际位置（进入一家酒店）或虚拟位置（阅读产品介绍）等信息，吸引其进入下一步互动。比如,在旅程某关键步骤后改变屏幕内容,或者根据用户当下的情景提供一条相关信息。例如,一款航空公司的 App 也许会在你进入机场时显示你的登机牌;或者当你登录某零售商的主页时,获知你最近的订单状态。更复杂的情况是进一步引发互动、塑造和强化客户旅程。喜达屋酒店设计了一款 App,可以在客人进入酒店时将房间号发给他,通过手机指纹识别办理入住手续;在他到达房间时,手机变成能够打开房门的虚拟钥匙,这款 App 还会在适当的时机为客户发送个人化的娱乐和餐饮推荐。

4. 决策旅程创新能力

为了找到机会和用户建立关系,企业要不断测试,并对用户需求、技术和服务进行有效分析,这一过程中需要创新能力。企业的最终目标是为公司和用户找出价值的新来源。最优秀的企业会设计出能够进行开放式测试的旅程软件。它们会不断进行 AB 测试,比较不同版本的交互界面和消息副本,之后选出更好的一种;做出新服务原型,分析各种实验结果,并加入优异的步骤或功能,其目的不仅仅是改进现有旅程,还要对其进行拓展。

数字化时代背景也影响了企业的销售方式。在传统的销售过程中,销售漏斗工具是用来管理消费者行为的。现在企业则将更多的精力投入到利用数字化方式构建更深度的客户关系上。销售漏斗是用来反应、解释消费者行为的 AIDA 模型(了解、兴趣、需要、购买)的,它假设消费者会考虑对许多品牌进入了解阶段。通过一系列的输入和与消费者的互动,消费者对这些品牌进行筛选,一直前进到"购买"阶段,销售才能进行。

如图 1-7 所示,销售漏斗实际上是一个数字游戏。企业利用各种渠道和工具(如销售人员、电子邮件、呼叫中心、网站)引导客户不断进入下一层级漏斗。模型聚焦于短期互动,并建立在假设前提上:"如果我能获得 X 数量的联系方式(客户),我就能获得 Y 数量的销售线索,并最终实现 Z 数量的销售订单。"

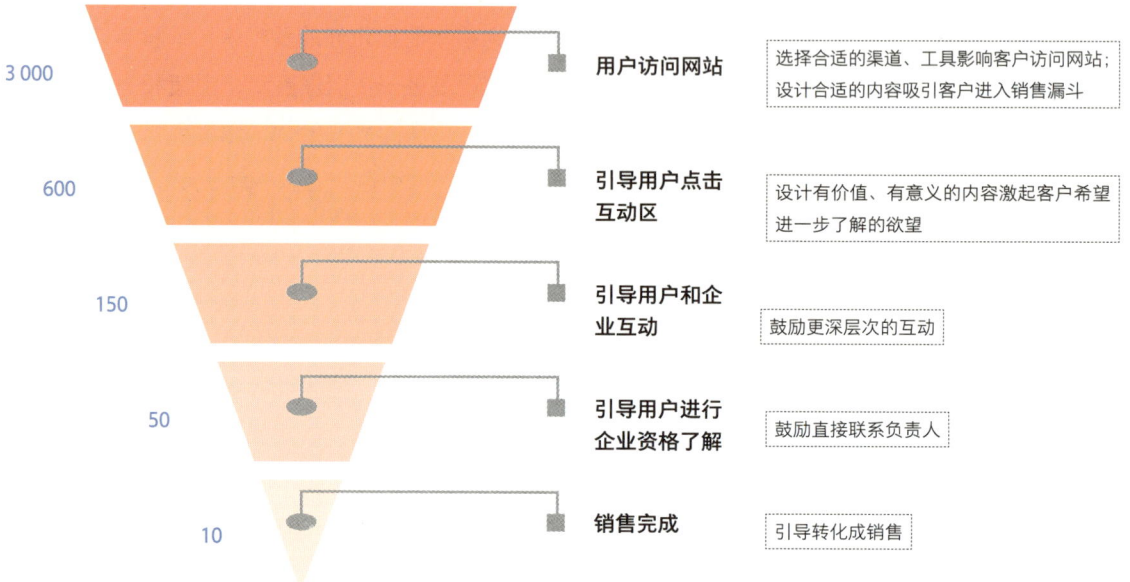

图 1-7 传统销售漏斗

资料来源：Ira Kaufman，Chris Horton，*Digital Marketing*.

数字参与周期（digital involvement cycle）更准确地反映了现有客户决策过程。客户从初步了解阶段到承诺购买阶段，然后从承诺购买阶段到支持拥护阶段。在数字环境中，客户会穿越周期中的每一个阶段，在众多的网络互动接触点搜索、了解不同方案的区别，然后评估他们的方案。在数字参与周期的这种方式下，数字客户决策过程不再是以往传统的线性的，而是迭代的。在每一次进入和移动过程中，他们逐渐地建立对品牌的认知，直到最后他们做出购买决策。此时就会开启一个次级循环，一个新客户变为忠诚客户，他通过社交媒体分享他的购物体验以及对品牌的观点，向他人推荐品牌。

和销售漏斗不同，数字参与周期的目的是在市场当中发展长期客户资产和"社交资本"，关注重点从实现短期收益转移到发展可持续的、互惠的客户关系。

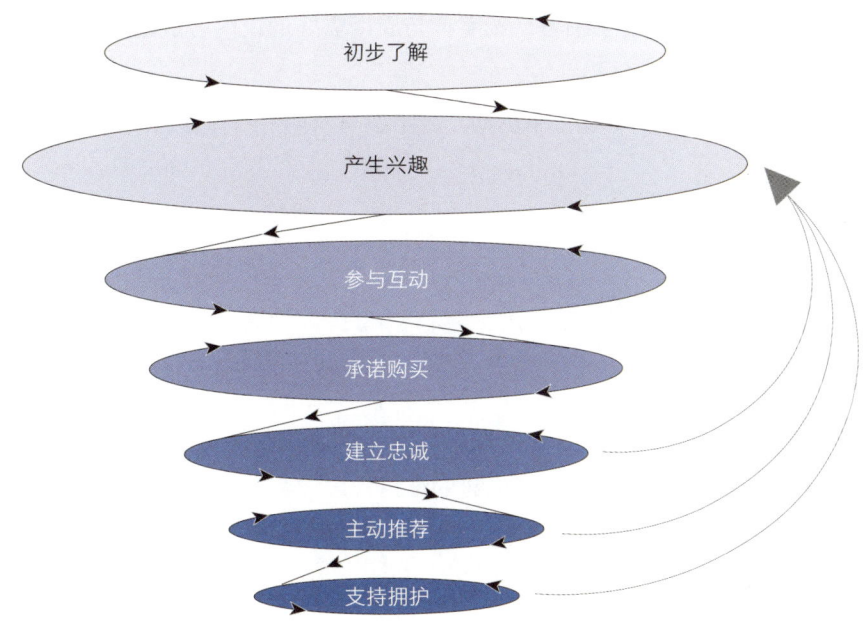

图 1-8 数字参与周期

资料来源：Ira Kaufman，Chris Horton，*Digital Marketing*.

数字参与周期与销售漏斗有何不同？

◎ 销售漏斗的客户发展是单线向下、线性和固定的；数字参与周期包含了大量的互动，在承诺购买阶段的前后都存在多个接触点形成循环往复的过程。

◎ 销售漏斗的客户行为结束于承诺购买阶段；数字参与周期在承诺购买之后还有建立忠诚、主动推荐以及支持拥护阶段。

◎ 销售漏斗的潜在客户在传统的流程中，只能从初步了解开始；数字参与周期的客户可以在任何阶段进入循环周期。

◎ 销售漏斗的营销关键在于初步了解阶段，争取客户进入销售漏斗；数字参与周期的关键在于需要关注客户在循环周期的每个阶段。

◎ 销售漏斗的传播策略专注于销售；数字参与周期需要通过内容战略战术来接触、吸引潜在客户，提供价值并建立忠诚。

◎ 销售漏斗的目标受短期目标和订单驱动；数字参与周期的目标受长期目标和客户价值驱动。

领先者的数字营销布局

在数字化转型的浪潮中，不少企业从不同维度涉入，理特咨询公司（Arthur D. Little）于 2015 年发表《数字转型报告研究》，按照全球调研的结论，数字导向战略（digital oriented）和以数字为中心战略（digital centric）的企业并不多，占不到整体样本的 3%。不同的企业有不同的数字布局，有些企业侧重在组织中转型，将以前科层制的组织架构改革为"大平台、小作战分队"的阿米巴组织，也有些企业侧重于内外部流程的改造，我们曾在企业内部看到过很多咨询公司提交的 DT 转型流程实施方案。这里聚焦谈营销与战略转型，我们收集了一些样本，按照"工业品—消费品""传统企业—互联网企业"的标准分为了四类数字营销战略布局的企业，并从以下每个象限中选择出一家领先企业，共计四家公司，来介绍它们的数字营销布局情况（见图1-9）。

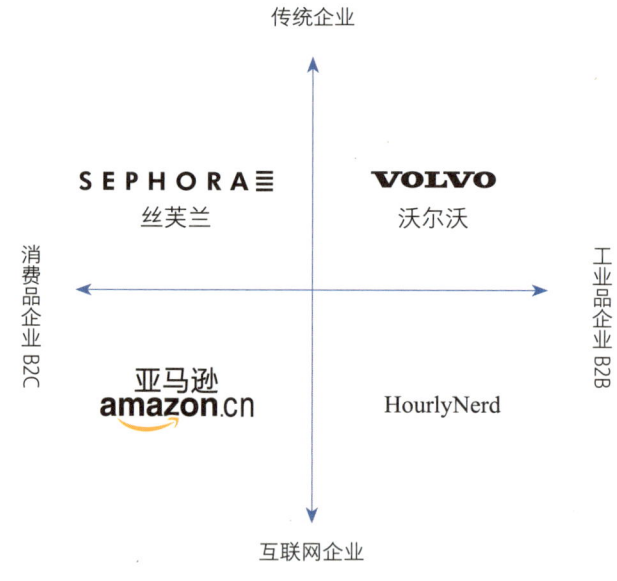

图1-9 领先者的数字营销布局
资料来源：KMG 研究。

传统 B2C 企业：丝芙兰

丝芙兰是全球第一奢侈品集团 LVMH 旗下的化妆品牌，是一家极具创新能力的全球性企业。

为了能够持续给消费者提供最好的购买与使用体验，丝芙兰推出了自己的社交平台 the Beauty Board。类似于 Facebook 一样，用户可以在平台上分享自己的照片，并在照片下方标出自己所使用的产品，这些产品名称会直接链接到丝芙兰官方的平台上，这样就建立起一个从社交平台到商务平台的对接，图片上标记品牌产品的功能借鉴了 NICE 这个热门的图片社交媒体（见图 1-10）。

除自建的社交平台以外，丝芙兰在全球各大社交类网站也保持相当高的活跃度，而且有能力做到社交渠道的全面覆盖（见图 1-11）。在全球范围内，覆盖了 Facebook、Pinterest、Twitter、Instagram、YouTube 和 Google +。

图 1-10　丝芙兰 the Beauty Board
资料来源：丝芙兰网站。

图 1-11　丝芙兰社交平台布局
资料来源：丝芙兰网站。

基于数据分析的前提，丝芙兰在推出新网站的同时，不断地提高移动端和网站体验：

◎ 建立自己的内部数字团队，融会传统业务部门和数字部门。

◎ 网站方面增加了美容聊天室，可实现匿名问答，提供一个安全的私人环境设计问答引擎。

◎ 增加在视频网站方面的投入。

◎ 在移动端使用订阅短信向消费者推广信息。消费者还可以用苹果的 Passbook（iPhone 手机的一个管理会员卡的应用程序）查看会员卡的余额。在支持 Passbook 后，丝芙兰的 App 软件的下载量超过百万。通过这种方式，可以提高消费者对于线上、线下相结合的购买体验。

◎ 丝芙兰在数字媒体方面新增加了四大服务板块，在潜移默化的过程中，让客户习惯于自己的丝芙兰生活，以此来保持客户对品牌的忠诚度。

数字营销给丝芙兰带来的是：近 500 万 Facebook 粉丝、90 万 Twitter 的追随者、App 周下载第四名、Web 日均 PV930 万次、Keyword Searches 占谷歌总搜索的 80.3%、O2O 用户体验排名第一。

传统 B2B 企业：沃尔沃

沃尔沃的销售网络来自全球 100 多个国家中的大约 2300 个当地经销商。从 1927 年到现在，沃尔沃深刻地意识到数字技术、数字营销对于企业商业模式转换以适应时代发展的重要程度。与传统的 B2B 企业相同，沃尔沃过去的营销精力都放在了如何与渠道伙伴以及购买客户保持良好的关系上，如今它期待通过数字化转型来实现与终端用户——车辆驾驶员创建直接联系，即 B2B+B2C 模式（见图 1-12）。

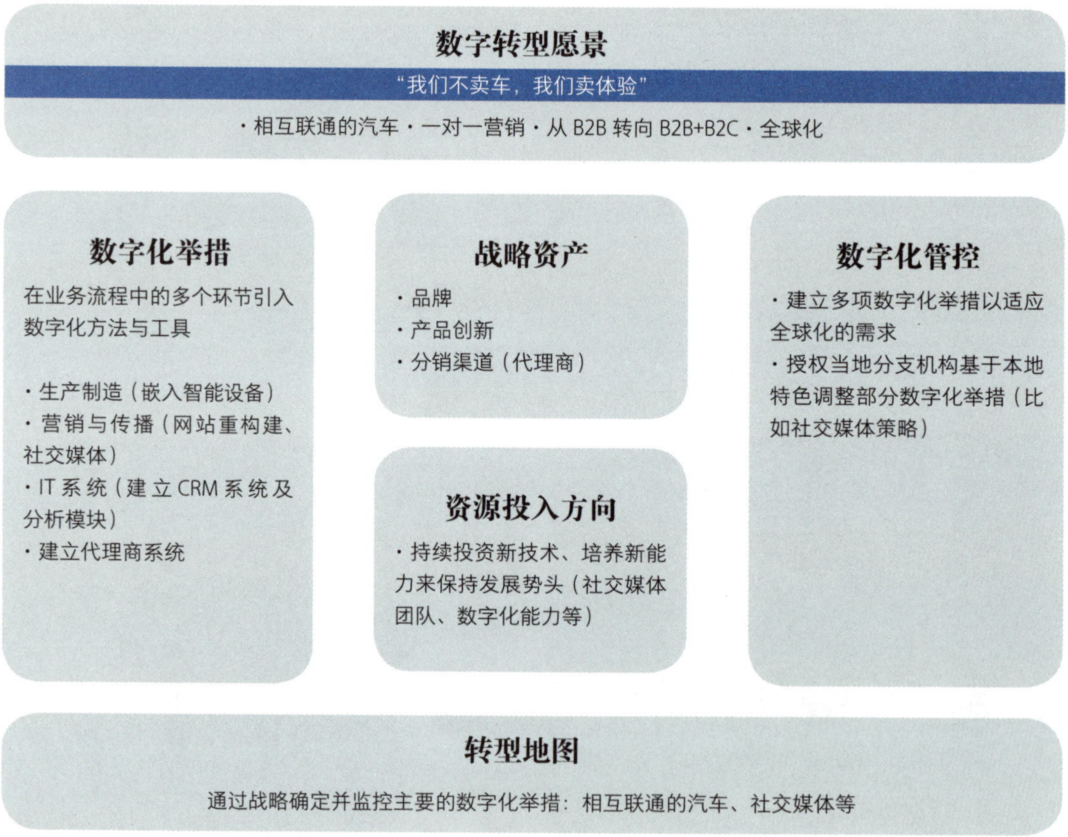

数字转型愿景

"我们不卖车，我们卖体验"

·相互联通的汽车·一对一营销·从 B2B 转向 B2B+B2C·全球化

数字化举措

在业务流程中的多个环节引入数字化方法与工具

·生产制造（嵌入智能设备）
·营销与传播（网站重构建、社交媒体）
·IT 系统（建立 CRM 系统及分析模块）
·建立代理商系统

战略资产

·品牌
·产品创新
·分销渠道（代理商）

数字化管控

·建立多项数字化举措以适应全球化的需求
·授权当地分支机构基于本地特色调整部分数字化举措（比如社交媒体策略）

资源投入方向

·持续投资新技术、培养新能力来保持发展势头（社交媒体团队、数字化能力等）

转型地图

通过战略确定并监控主要的数字化举措：相互联通的汽车、社交媒体等

图 1-12　沃尔沃数字转型战略

资料来源：Mael Tannou，George Westerman，《沃尔沃汽车公司：从 B2B 企业到 B2B+B2C 企业》。

提供新的数字化服务和在全球层面构建动态数字功能是沃尔沃在数字营销策略上主要的两大方向。

（1）**数字化服务方面**：沃尔沃建立完善的社会媒体渠道与客户通过网络方式直接沟通，它拥有独立的客服门户网站，把 Facebook、Twitter、YouTube 作为品牌传播的主要平台（见图 1-13）。

图 1-13　沃尔沃社交平台布局

资料来源：沃尔沃。

在移动端，沃尔沃开发了两大独特的功能：实现远程控制和电话呼叫，用户可以通过手机来使用这两个工具：

◎ **实现远程控制**　沃尔沃的客户可以通过手机来实现远程控制汽车的功能，比如启动空调、控制门锁、查看驾驶仪表盘、定位汽车位置等。这极大地提升了用户体验。

◎ **电话呼叫**　沃尔沃通过当地的呼叫中心提供公路急救服务，沃尔沃的客户可以通过车上的急救按钮或者手机 App 直接与沃尔沃呼叫中心通话获取服务。通过车内的 GPS，呼叫中心能够提供很多系列式的服务：找到附近的代理商、呼叫拖车或者报警。一旦发生交通意外，电话呼叫服务可以自动启动。

注重增值服务也使得沃尔沃可以更好地增加客户黏性与忠诚度，同时加大代理商与客户间的联系，其服务可以更接地气、更了解区域化客户的独特需要。

（2）全球层面构建动态数字功能：收集、汇总全球的客户数据，把客户关系管理（CRM）系统升级为全球化。沃尔沃创建了统一的存储数据库，整合现有的数据（大部分来自区域代理商），并设置一个数字流程以不断丰富和更新这些数据。沃尔沃高级品牌经理保尔森（Paulsson）表示："我们从代理经销商那里获取了海量的数据。如果我们能够把我们的产品、我们的经销商以及我们的客户数据都收集起来，我们就能获得对业务的全局性的了解。分析这些数据能够帮助我们找到未来的发展方向。我们已经获得了非常关键的成果，已经知道谁是我们的客户，他们购买了我们的哪些产品，购买年限是多少，多久他们会进行售后服务，他们会花费多少钱来购买产品。与传统的根据产品的细分不同，我们已经具备了根据客户进行市场细分的能力。这样我们就拥有了把大众化营销转变成个性化营销的能力。"

沃尔沃的数字营销期待达到这样一个目标："我们不卖车，我们卖体验。"在数字化转型战略的驱动下，沃尔沃成功从一家单纯的 B2B 企业发展成为 B2C+B2B 的模式：在全球统一平台上连接沃尔沃的每一辆车，获得更好的品牌传播效果以及更强的客户关系。

互联网 B2C 企业：亚马逊

亚马逊（Amazon）公司基本上是电子商务的代名词，它是最早的电子商务企业之一，也是如今最大的电子商务网站。亚马逊以图书网络销售业务起家，如今已经进入了几乎所有的品类和世界上主流的国家市场。

然而亚马逊更喜欢将自己定义为一家数据公司。因为亚马逊在获取用户购买信息的同时，还把每个用户在亚马逊网站上的所有用户轨迹也记录了下来，比如页面停留时间、用户查看过多少评论、搜索关键词、浏览过的商品及信息等。这种对数据的敏感程度以及在数据挖掘上的持续投入，赋予了亚马逊最顶尖的数据能力，使得它有别于其他竞争对手，构建了以数据为基础的商业模式。下面是体现亚马逊数据能力的三个方面。

1. 最精准的推荐能力

只要在亚马逊上有过购物体验，就一定能发现亚马逊独特的商品推荐能力。基于购买或者浏览行为推荐商品是所有电子商务网站的功能，但是亚马逊拥有足够的自信比别人的推荐方案更精确。因为其他的竞争对手大多只能推荐浏览过的同类商品，而亚马逊拥有更多的推荐逻辑：相同的价位、相互搭配使用的商品、接近的品牌偏好。在亚马逊核心的图书品类中，这个区别尤为明显。为什么亚马逊能够知道，购买了 A 图书的读者会对 B 图书有潜在的阅读兴趣？这背后的计算逻辑非常复杂，其他企业很难简单模仿。

2. 不断进化的预测能力

亚马逊通过历史数据能够预测用户的重复购买行为，尤其是一些耗材，比如打印机墨水、日化用品、米面粮油。它建立了多个模型来了解每一个用户在每种商品上的使用频率，因而能够知道他什么时候会重新采购，然后通过邮件等方式提醒用户购买，这自然就让亚马逊成为了用户的第一选择。有些时候，还有一些粗心的用户在亚马逊发出提醒邮件之前，都没有发现其实家里的洗发水已经快用完。基于这么可怕的预测能力，亚马逊顺理成章地提供定期购买的服务，只要绑定支付方式，选定商品，亚马逊就会根据用户的使用频率，定期将商品送到客户的指定地址，而这整个过程，都基于强大的数据系统，不需要任何人力的参与。

3. 不断演进的体验

亚马逊非常关注用户的页面体验，因而会不断更新自己的页面以进行用户测试。提供什么样的信息能够提升用户的转化率？网站所采用的布局、颜色、大小、按钮分布都是经过多次用户测试形成的方案。其他的互联网企业在进行用户体验测试时，往往采用用户邀请的方式，在旁边观察以分析用户行为，而亚马逊强大的数据基础确保了它无需单独设置这么一个流程，只需要在用户实时浏览时提供测试方案，就能直接通过用户的最终行为获知哪个方案的体验更佳。强大的数据能力让亚马逊拥有了实时改善用户体验的能力。

强大的数据能力不但让亚马逊在传统的电子商务业务中获得数据优势，而且能在其他领域帮助亚马逊建立业务优势，比如企业云计算服务。亚马逊推出云计算服务之前，其实并没有涉足过企业服务业务，也没有与企业首席信息官和 IT 部门建立用户联系的经验，更没有同世界 500 强级别的公司达成长期的关于云计算的授权协议。亚马逊还没有建立企业业务的营销团队，自然也没有相应的售后体系，但是亚马逊拥有支持复杂数据收集、数据挖掘与分析的计算基础设施。如果亚马逊的计算能力能够帮助亚马逊完成精妙和深奥的数据存储与运算，那么帮助其他企业完成相应的计算服务自然也不在话下。

通过亚马逊的财务报表，企业计算业务每年可以为其带来 60 亿美元以上的营收，可以达到 10 亿美元左右的利润。与 B2B 云计算服务的传统巨头微软以及 IBM 相比，亚马逊丝毫不落下风。

互联网 B2B 企业：HourlyNerd

这家企业之所以引起我们的兴趣，是因为我们和此企业可以算是同行——战略咨询公司，或者称之为"专业服务公司"，这个行业有很多甜蜜点，亦有很多痛点。为中小企业提供短期咨询师匹配服务的创业公司 HourlyNerd 成立于 2013 年，是一家互联网公司。该公司将有咨询需求的企业和兼职/自由职业的顾问、专家对接起来。企业可以在 HourlyNerd 的平台上提交项目需求，咨询师通过该平台提供包括商业计划、竞争分析、市场分析和研究、SWOT 分析、定价策略在内的咨询服务。此平台上的大多数顾问是由哈佛商学院、沃顿商学院、斯坦福商学院等著名商学院的毕业生组成。在 HourlyNerd 的帮助下，企业解决了与咨询公司之间的信息不对称问题，以较低的成本找到能帮助解决问题的咨询顾问，而咨询顾问也能脱离对咨询公司的依赖，自由地向企业提供咨询服务（见图1-14）。

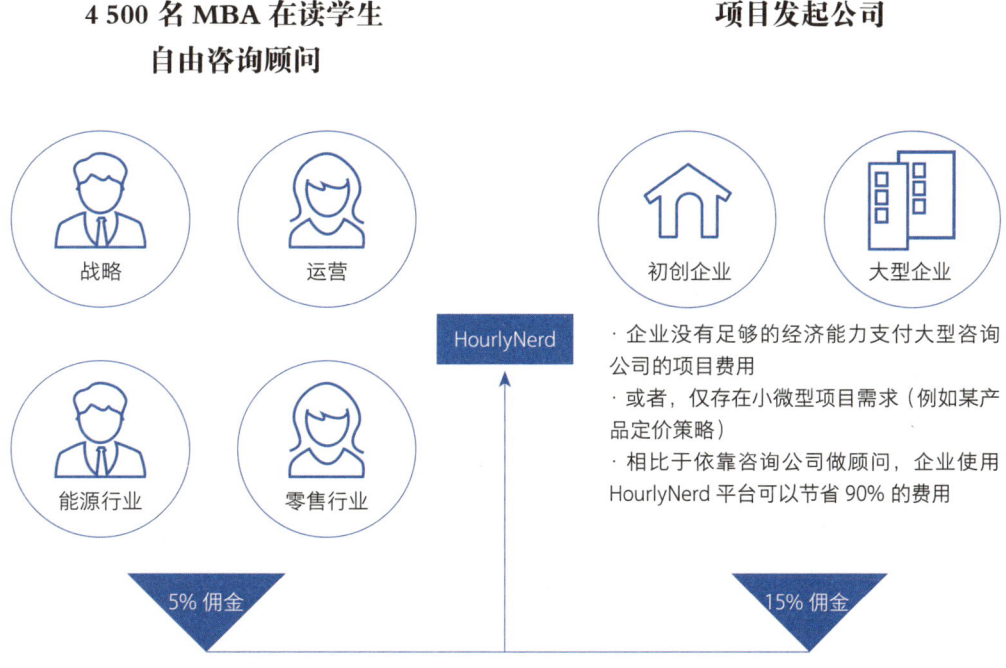

图1-14 HourlyNerd商业模式

资料来源：KMG研究。

这个模式针对当前企业在采购咨询服务方面所面临的几个困难：
◎ 不是每一家企业都有足够的经济能力支付大型咨询公司的项目费用，在主流的咨询市场之外有大量的中小企业需要咨询服务。
◎ 不是每一个项目都需要完整的咨询服务，有很多微小的咨询服务在传统的咨询项目方式中得不到满足，比如单个产品的定价策略。
◎ 企业在咨询服务上的花费远远满足不了所有需求，而通过HourlyNerd平台可以帮助它们节省90%的费用（见图1-15）。

数字时代的营销战略

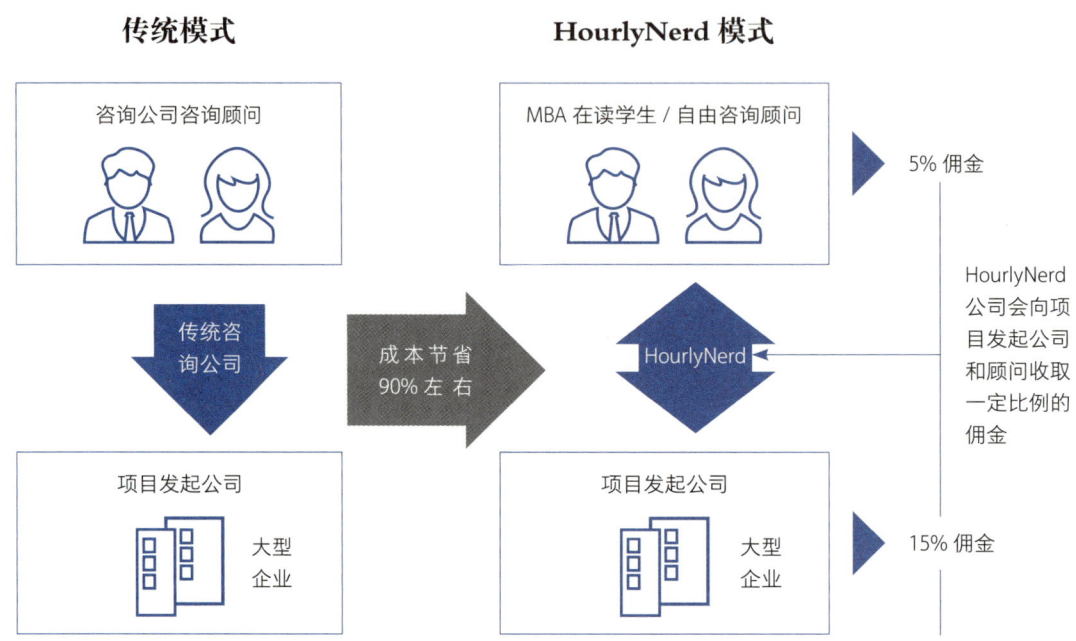

图 1-15 HourlyNerd 营收分成

资料来源：KMG 研究。

HourlyNerd 在重构咨询行业商业模式的同时，如何让战略落地，保持这些咨询顾问的活跃度就成了关键的问题。HourlyNerd 一方面在"圈层营销"上下功夫，让已经成为种子客户的咨询顾问进行推荐，另一方面直接去咨询顾问来源的顶级商学院做活动，并按照咨询顾问的咨询领域、特长来自动匹配咨询项目，每做完一个项目，项目方都会收到一个结构化的列表对项目制中每个咨询顾问的各项能力进行评价，使得这些专业服务人员以前"看不到的能力"尽可能量化。HourlyNerd 还针对顾问采取 Email 营销，以巩固与咨询顾问之间的关系，使得这种并非经常性购买的业务也能建立持续交易的关系。

企业数字化成熟度的审计

数字营销成熟度审计

为了制定完善的数字化营销战略,企业需要完成的第一步就是对自身原有营销工作的数字化程度有一个清晰的认识,这需要依靠数字营销成熟度审计来重新评估当前的营销工作。KMG建议可以通过四个步骤来完成这项工作,以下四个阶段代表了我们数字化咨询服务中接触到的四类企业:正在起步与尝试期的企业,这部分企业占70%左右;第二类即开始体系化与战略化的企业,无论偏颇与否,它们已经开始形成自己的操盘体系,这种企业占15%;第三、四类企业很少,它们已经搭建出成熟的数字营销平台,并且会熟练地运用数据技术进行营销,将客户资产比特化,进行进一步战略化管理与激活(见图1-16、图1-17)。

图1-16 数字化成熟度
资料来源:KMG研究。

	数字营销成熟度审计		
1	起步与尝试	启动	·暂且不用关注复杂的关键绩效指标，把重点投入到提高网络流量的工作中
		扩散	·通过布局数字渠道并投放内容，获取最大化的访问量 ·着眼于如何实现有效的内容重复使用——创造内容，并将其通过多个数字渠道的推动来呈现最佳效果
2	体系化与战略化		·将数字营销的目标与组织战略目标进行协同和统一 ·建立完善的数字分析系统，关注从定量结果逐渐转移到定性结果 ·不断考虑数字营销战略中有哪些属性或元素可以达到更高的用户参与度 ·实现内容个性化
3	营销自动化		·掌握用户的行为特征，在特定渠道中监测社交媒体 ·与客户进行直接的互动和连接 ·跨渠道对话 ·自动触发机制
4	客户数字资产化管理	转化	·与用户之间的互动更直接和定制化 ·实现线上、线下同步监测用户行为
		终生客户	·基于已形成的大数据，通过数据分析进行预测与判断 ·数字营销敏感度赋予组织对市场变化的快速适应能力，通过测试和个性化，自动化的数据分析将会自动提供最优化营销的建议

图 1-17 数字营销成熟度审计清单

资料来源：KMG 研究。

1. 第一阶段：起步与尝试

1）起步

在起步阶段，需要关注的几个问题可能是：网站广告是什么样的？谁在浏览我们的网站？转化率怎么样？可以量化用户参与度吗？可以轻松应用数字化营销渠道吗？这些问题将会派生出许多与访问流量相关的衡量指标。

但在这一阶段，我们可以暂且不用关注复杂的关键绩效指标，而把重点投入到提高网络流量的工作中。此时，数字营销的内容尚在摸索中，要做的很可能只是大批量的信息群发和扩散，但这对整体性的数字化营销非常重要。

2）扩散

扩散是指通过布局数字渠道并投放内容，获取最大化的访问量。此时我们应关注如何实现有效的内容复用——创造内容，并将其通过多个数字渠道的推动来呈现最佳成果。眼下我们尚且无须为不同的渠道设计不同的内容，大可在多个渠道进行内容的重复推送。此阶段的另一个重点是轻度社交的引入和整合，如通过分享机制的增加，访问者可以通过分享和"点赞"来助力进一步的信息扩散。

台湾地区的网站 Giga Circle 借用直销机制，让用户在 Giga Circle 上发布内容并分享至其他社交媒体时获取收益，通过一整套利益机制驱动的人海战术，实现了爆炸式的流量激增。

2. 第二阶段：体系化与战略化

在体系化与战略化阶段，我们应做到将数字营销的目标、KPI 与组织的战略目标进行协同和统一，所有的数字营销工作只有在精准地指向某个清晰的既定目标时才会产生真正的价值。所以，到这个阶段时，我们应已建立完善的数字分析系统，并开始把注意力从定量结果逐渐转移到定性结果中，对定性的关注也使得我们可以甄别出哪些流量是真正产生效果的。

同时，尽一切可能去优化、提升和强化。在具体的运营工作中，需要不断地考虑数字营销战略中有哪些属性或元素可以达成更高的用户参与度。

此外，这个阶段一个至关重要的成功要素是用户社区的建立，我们需要了解我们的用户是哪些人，确保社区与营销组织之间的连通方式以及社区内部的互动方式，并最终利用对用户社区的趋势观察反馈并提升组织的战略。

此时应该利用短时间内的最佳机会使内容的个性化成为现实，比如借助数据分析，为用户赋予"关键字"，并基于关键字提供个性化内容推荐的服务，例如 Pandora 中的个性化音乐推荐、今日头条中的个性化新闻推送和 BookLamp 中的个性化图书推荐。

当此阶段结束的时候，营销组织应当对用户行为有了更好的认知，并对怎样的测试环境 / 元素可以达成最佳转化率也了如指掌。

3. 第三阶段：营销自动化

社交媒体的应用将变得尤为关键，因为我们已经开始掌握用户的行为特征。组织或者企业可以通过特定的渠道监测社交媒体，同客户建立互动和连接。

数字营销成熟度模型中的每一环节本质上都致力于为客户服务，而在营销自动化阶段，这样的本质达到了最大化，企业将会和客户进行最直接的沟通，并树立自己的观点。

而此时，内容个性化将逐渐向行为定向演变，这样的演变使得客户行为中所潜藏的力量成为数字营销的驱动力。而更重要的，我们将为客户的不同行为设计如同多米诺骨牌般的自动化触发。例如，当我们的客户在购物车中加入了产品而放弃了付款，多米诺将会倒下——自动邮件将会发出及时的提醒。

4. 第四阶段：客户数字资产化管理

1）转化

到了这一阶段，组织将通过全力打造优势资产，以在竞争中取胜；组织与用户之间的互动也将变得更为直接和定制化，并实现线上、线下同步监测用户行为，线上的部分我们已经非常熟悉，而线下的部分会让我们对我们的用户有更为全面的了解。唱吧通过移动端聚集了海量的粉丝用户，目前开始与钱柜联合开线下 KTV，与电视厂商合作开发电视版唱吧，旨在打通线上、线下。Shopify 原本只是一家电商网店解决方案公司，基于线下零售店 POS 项目的部署以及线下体验店的开放，同样实现了线上、线下的融合。

经过数字内容在时间轴线上的积累，所有的客户资料将真正转化为大数据。我们将需要深入研究一些更为复杂的过程，例如线下活动的自动化，以及重复自动化与优化阶段中的内容。

2）终生客户

获取终生客户是每一家公司的梦想，也是数字营销成熟度的最高境界，但这将是一个不断持续的阶段，对长期利益的把控和决策至关重要。此时，大数据已经形成，只需通过数据分析进行预测与判断。

这一阶段的数字营销敏感度赋予组织对市场变化的快速适应能力，通过测试和个性化，自动化的数据分析将会自动提供最优化营销的建议。而决策者将通过未来收入预测判断组织应当关注哪一类营销活动。

当然，上面这种阶段性的分法，是 KMG 基于企业营销行动的表现特征来区分的，然而，行为背后是目的，目的的背后是对本质的理解，工具化之上是思维。工具永远只是"赋理念以发生"的落地手段，而背后我们更需要理解的，是数字化时代营销战略思维的升级。和传统营销相比，我们的 CEO、CMO 应该如何升级以前的思维，传统营销与数字营销如何在战略上融合，这就是本书第 2 章要回答的问题。

重新定义"数字营销"

我们有必要重新定义一下什么是"数字营销",以便进行下一步。根据美国市场营销协会(AMA)对数字营销的定义:

"数字营销"是使用数字技术来营销产品和服务,包含了很多互联网营销(网络营销)中的技术与实践,但它的范围要更加广泛,还涉及手机及数字展示广告等各种数字媒介。

然而,在作为高管咨询顾问服务客户的过程中,我们总结了如下一个简单的概念表述公式,我们认为对于 CEO、CMO 来讲,可能更有意义:

内容平台+数字平台 ✕ 大数据营销的运营 ✕ 营销战略思维的升级 = 数字营销

与美国市场营销协会不同的是,我们更强调数字营销不是一种渠道或技术,它首先需要营销战略思维的升级,同时拥抱技术,尤其是大数据技术来再看营销,这种大数据的跨界可以帮助企业获得多维的"上帝视角",但在实时过程中,需要建立内容平台和数字平台,整合这些新的工具与应用,数字平台好比左脑,内容平台好比右脑,将分析思维和艺术思维合一。

第二部分 数字营销战略的升级
MARKETING FUTURE

第 2 章
营销战略的升级
数字营销战略平台

KMG 数字化营销战略路径图

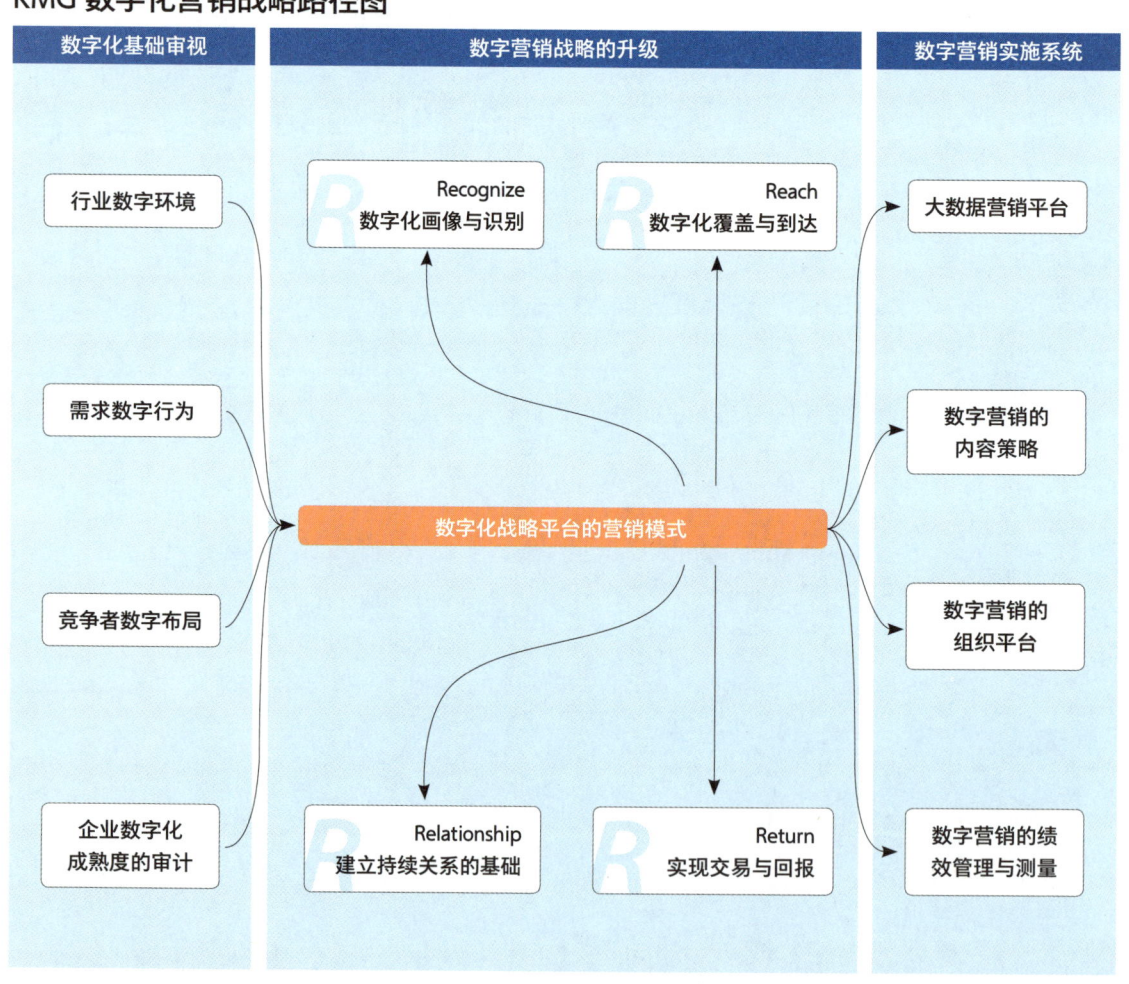

营销的进化：从营销 1.0 到营销 4.0

本章非常重要，一方面它把营销放在战略层面，同时也放在数字化转型的层面来进行解读，CEO 和 CMO 等高管能看到以前各项的"STP+4P"工作在数字时代是如何完成升级的，另一方面我们也加了菲利普·科特勒最近在世界各地会议以及我们内部会议中的一些对营销升级的观点。

营销发展历程

作为战略性的营销思想在过去 50 年发生了巨大的变化，最近在东京的世界营销峰会（World Marketing Summit）上，营销之父菲利普·科特勒博士将其中标志性的思想贡献结合西方市场的演进分为以下七个阶段：战后时期（20 世纪 50～60 年代）、高速增长期（20 世纪 60～70 年代）、市场动荡

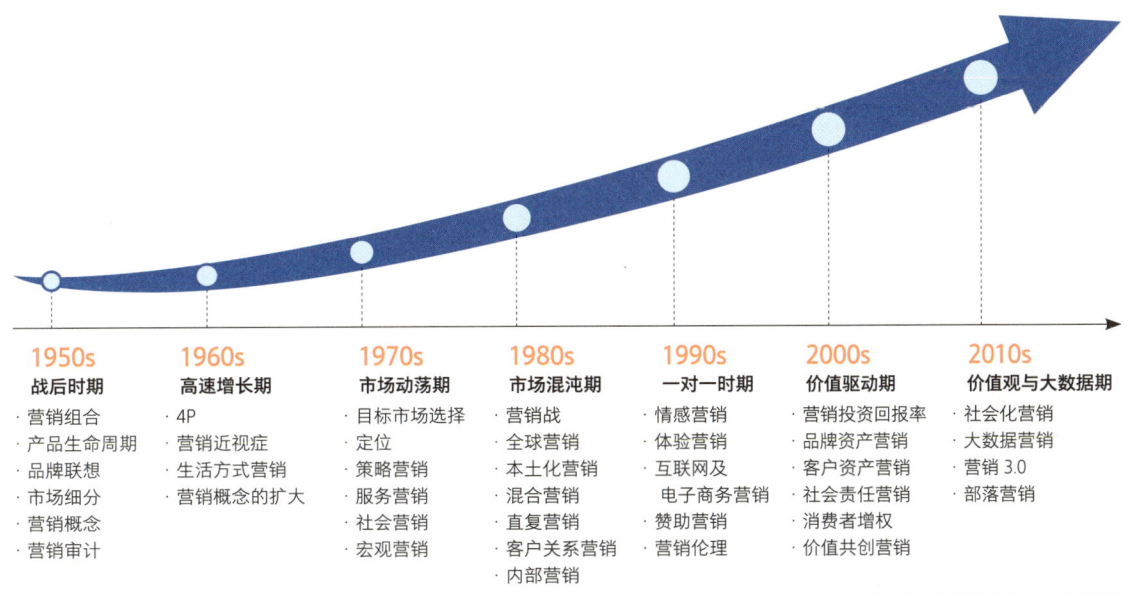

图 2-1 营销发展历程

资料来源：菲利普·科特勒 2015 年世界营销峰会演讲，东京。

期（20世纪70～80年代）、市场混沌期（20世纪80～90年代）一对一时期（20世纪90年代～2000年）以及最近五年所产生的价值观与大数据期（2010年～）。在不同的阶段，他都列出了重要的营销理念，比如我们熟知的市场细分、目标市场选择、定位、4P、服务营销、营销投资回报率、客户关系营销以及最近的社会化营销、大数据营销、营销3.0。

首先，从营销思想进化的路径来看，营销所具有的战略功能越来越明显，逐渐发展成为企业发展战略中最重要和最核心的一环，即市场竞争战略，帮助建立持续的客户基础，建立差异化的竞争优势，并实现盈利；其次，50年来营销发展的过程也是客户逐渐价值前移的过程，客户从过往被作为价值捕捉、实现销售收入与利润的对象，逐渐变成最重要的资产，和企业共创价值，形成交互型的品牌，并进一步将资产数据化，企业与消费者、客户之间变成一个共生的整体；最后，营销与科技、数据连接得越来越紧密，企业中营销技术官、数字营销官这些岗位的设置，使得相对应的人才炙手可热，这些高管要既懂营销，又要懂如何处理数据、应用数据、洞察数据，并了解如何应用新兴科技将传统营销升级。

战略营销导向的转变

营销理论把市场营销的导向分为生产阶段、产品阶段、推销阶段、销售阶段、营销阶段和社会营销阶段。而作为企业高层视野的实践导向来看，从战略性的营销导向来分，菲利普·科特勒最近将其分为产品导向、客户导向、品牌导向、价值导向以及价值观与共创导向（见图2-2）。

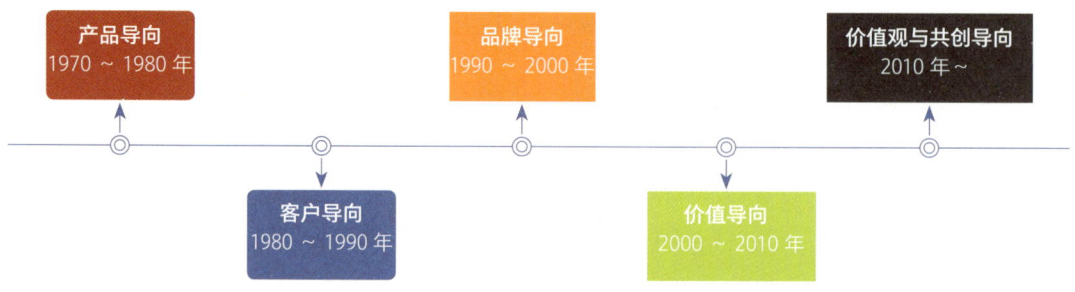

图2-2 战略营销导向的变化

资料来源：菲利普·科特勒2015年世界营销峰会演讲，东京。

产品导向将产品本身作为市场战略的核心，它的前提假设是企业的产品和技术都是已定的，而购买这种产品的顾客群体以及要迎合的顾客需求却是未定的，有待于企业寻找和发掘，产品本身的竞争力就是市场竞争力的反应，这种导向由于割裂了客户需求与产品之间的关系，逐渐在20世纪80年代被客户导向替代。但是值得注意的是，近几年由于移动互联网的兴起，大家纷纷谈论"产品时代不需要营销，只需要产品"，这是目前流行的错误意识。产品必须以客户为基础，才有可能获得市场的成功，营销是贯穿价值识别、价值选择、价值沟通和价值再续的整体过程，而不是一些短期战术。客户导向是指企业以满足顾客需求、增加顾客价值为经营的出发点。品牌导向强调与目标顾客持续互动的过程中进行品牌识别的创造、发展及保护，以达到竞争优势。价值导向将客户与竞争看作一个整体，针对客户需求形成差异化的价值。而最近五年，菲利普·科特勒认为营销战略已经进入了价值观导向与共创导向阶段，的确我们也看到，以价值观为引导的、实现客户共创的企业成为新时代的先锋，星巴克、小米、GE都在营销实践中贯彻了这一点。

从营销1.0到营销4.0

科特勒将营销分为营销1.0、营销2.0、营销3.0以及最新的营销4.0（见图2-3）。营销1.0就是工业化时代以产品为中心的营销，营销1.0始于工业革命时期的生产技术开发。当时的营销就是把工厂生产的产品全部卖给有支付能力的人。这些产品通常都比较初级，其生产目的就是满足大众市场的需求。在这种情况下，企业尽可能地扩大规模、标准化产品，不断降低成本以形成低价格来吸引顾客，最典型的例子莫过于当年只有一种颜色的福特T型车——"无论你需要什么颜色的汽车，福特只有黑色的"。

营销2.0是以消费者为导向的营销，其核心技术是信息科技，企业向消费者诉求情感与形象。20世纪70年代，西方发达国家信息技术的逐步普及使产品和服务信息更易为消费者获得，消费者可以更方便地对相似的产品进行对比。营销2.0的目标是满足并维护消费者，企业获得成功的黄金法则就是"客户即上帝"。在这个时代里，企业眼中的市场已经变成有思想和选择能力的聪明消费者，企业需要通过满足消费者特定的需求来吸引消费者，正如宝洁、联合利华等快速消费品企业开发出几千种不同档次的日化产品来满足不同人的需求。

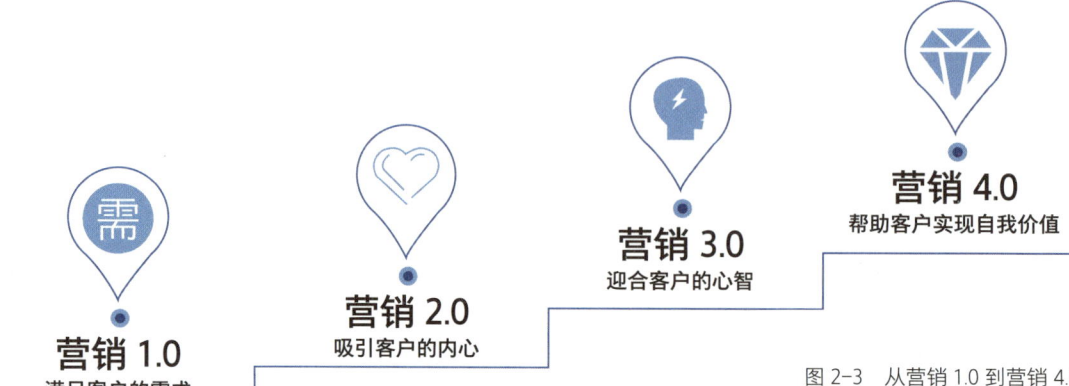

图 2-3 从营销 1.0 到营销 4.0

资料来源：菲利普·科特勒 2015 年世界营销峰会演讲，东京。

营销 3.0 是合作性、文化性和精神性的营销，也是价值驱动的营销。和以消费者为中心的营销 2.0 时代一样，营销 3.0 也致力于满足消费者的需求。但是，营销 3.0 时代的企业必须具备更远大的、服务整个世界的使命、远景和价值观，它们必须努力解决当今社会存在的各种问题。换句话说，营销 3.0 已经把营销理念提升到了一个关注人类期望、价值和精神的新高度，它认为消费者是具有独立意识和感情的完整的人，他们的任何需求和希望都不能忽视。营销 3.0 把情感营销和人类精神营销很好地结合到了一起。在全球化经济震荡发生时，营销 3.0 和消费者的生活更加密切相关，这是因为快速出现的社会、经济和环境变化与动荡对消费者的影响正在加剧。营销 3.0 时代的企业努力为应对这些问题的人寻求答案并带来希望，因此它们也就更容易和消费者形成内心共鸣。在营销 3.0 时代，企业之间靠彼此不同的价值观来区分定位。在经济形势动荡的年代，这种差异化定位方式对企业来说是非常有效的。因此，科特勒也把营销 3.0 称之为"价值观驱动的营销"（values-driven marketing）。

营销 4.0 是菲利普·科特勒最近提出的观点的进一步升级。在丰饶的社会中，马斯洛需求中的生理、安全、爱和归属感、尊重的四层需求相对容易被满足，但是客户对于处于较高层级的自我实现形成了一个很大的诉求，营销 4.0 正是要解决这一问题。随着移动互联网以及新的传播技术的出现，客户能够更加容易地接触到所需要的产品和服务，也更加容易和那些与自己有相同需求的人进行交流，于是出现了社交媒体，出现了客户社群。企业将营销的中心转移到如何与消费者积极互动、尊重消费者作为"主体"的价值观，让消费者更多地参与到营销价值的创造中来。而在客户与客户、客户与企业不断交流的过程中，由于移动互联网、物联网所造成的"连接红利"，大量的消费者行为、轨迹都留有痕迹，产生了大量的行为数据，我们将其称为"消费者比特化"。这些行为数据的背后实际上代表着无数与客户接触的连接点。如何洞察与满足这些连接点所代表的需求，帮助客户实现自我价值，是营销 4.0 所需要面对和解决的问题，它是以价值观、连接、大数据、社群、新一代分析技术等为基础进行的。

表 2-1 对营销 1.0～营销 4.0 时代进行了综合对比。

表 2-1 从营销 1.0 到营销 4.0

	1.0 时代 产品中心营销	2.0 时代 消费者定位营销	3.0 时代 价值驱动营销	4.0 时代 共创导向的营销
目标	销售产品	满足并维护消费者	让世界变得更好	自我价值的实现
推动力	工业革命	信息技术	新浪潮科技	价值观、连接、大数据、社群、新一代分析技术
企业看待市场方式	具有生理需要的大众买方	有思想和选择能力的聪明消费者	具有独立思想、心灵和精神的完整个体	消费者和客户是企业参与的主体
主要营销概念	产品开发	差异化	价值	社群、大数据
企业营销方针	产品细化	企业和产品定位	企业使命、远景和价值观	全面的数字技术 + 社群构建能力
价值主张	功能性	功能性和情感化	功能性、情感化和精神化	共创、自我价值实现
与消费者互动情况	一对多交易	一对一关系	多对多合作	网络性参与和整合

资料来源：KMG 研究，菲利普·科特勒在凯洛格商学院的讲义。

那些没有变的营销的本质

没有变化的是营销的本质。数字技术是对营销手段和营销方法的升级，但是它没有替代营销的本质。营销的本质是什么？营销战略是什么？

下面是一些关于营销战略的定义：

◎ 营销战略是企业选择价值、定义价值、传递价值等一系列活动的组合（麦肯锡）。

◎ 把营销战略作为企业创造客户价值组合的战略性工作，所有的工作围绕价值创造展开，营销战略是公司围绕目标客户的细分、定位以及在此基础上提供的营销组合4P工作，包括营销的市场细分、目标市场选择、市场定位（STP），以及相关的价格、渠道、促销和产品的工作组合（美国市场营销协会，AMA）。

◎ 营销战略包括机会识别、客户吸引与保留、品牌创造、营销管理，公司应该关注外部机会在哪里，如何深挖客户价值、建立营销管理架构，并在此基础上创立品牌（菲利普·科特勒）。

然而，从企业与咨询实践的角度来看，如果简化并直指核心，我们认为**营销战略的本质有三点核心内容：需求管理、建立差异化价值、建立持续交易的基础。**

（1）**需求管理**：需求管理的核心是作为"较少弹性"的企业对"不断变化"的市场的根源——需求的不确定性进行有效控制和导引。市场机会就在于未被充分满足的需求（包括反需求）和一切需求之间的失衡状况，而营销管理的主要任务是刺激、创造、适应以及影响消费者的需求。100多年来，宝洁其实只专注于做一件事，那就是挖掘消费者最本质的需求，以精益求精的态度打造满足消费者需求的创新产品。宝洁在公司内部设立消费者学习中心，在那里还原迷你超市、客厅、卧室等消费者真实的生活场景，几乎每天都有消费者来到这里，参与各种各样的调研、测试。研发中心还设有试点工厂，生产用于消费者测试的小批量产品，从而快速得到消费者的反馈，这些对消费者细致入微的洞察都真切地融入宝洁的产品中。需求产生产品，产生渠道实现的方式，指导定位。

（2）**建立差异化价值**：生态学中的有一个"生态位"（niche）的概念，它是指"恰好被一个物种或亚物种所占据的最后分布单位"（ultimate distributing unit），生物要想生存，就需要发生趋异性进化，在不同的生态位上分布。通俗点讲，即生物要想活下来，最首要的一条就是做到如何和别的生物不一样，就是要"差异化"。这与企业在营销上的策略思想极其相似，如果企业能够形成差异化，产品就会变成"商品"（commodity）；没有形成差异化，就意味着企业发展的营销策略是无效的，这就是 Intel 要做要素品牌（B2B2C branding），建立"Intel inside"的根源，赛斯·高汀（Seth Godin）甚至直接造了一个新词——紫牛（purple cow）。正如紫牛在一群普通的黑白花奶牛中脱颖而出一样，他认为真正的营销应该是让人眼睛会为之一亮的、可以把人们的注意力恰到好处地引向我们的产品和服务的一门艺术。

深入一步来讲，"差异化价值"应该是整个竞争战略建立的核心。哈佛商学院的迈克尔·波特教授讲了一个有趣的"差异化制胜"的故事：据说居住在加拿大东北部拉布拉多半岛的印第安人靠狩猎为生。他们每天都要面对一个问题：选择朝哪个方向进发寻找猎物。他们以一种在文明人看来十分可笑的方法寻找这个问题的答案：把一块鹿骨放在火上炙烤，直到骨头出现裂痕，然后请部落的专家来破解这些裂痕中包含的信息——裂痕的走向就是他们当天寻找猎物应朝的方向。令人惊异的是，在这种可称之为"巫术"的决策方法下，这群印第安人竟然经常能找到猎物，故而这个习俗在部落中一直沿袭下来。波特教授认为，这些印第安人的决策方式包含着诸多"科学"的成分，这些"科学"的成分背后揭示出来的核心即"差异化"：正是因为半岛上的其他部落都精心规划，科学分析，结果造成了"竞争合流"，科学分析过的地方反而猎物被猎完，这个靠"巫术"的部落却获得了"差异化的生存"。没有实现差异化价值的营销，只是拼成本的血战而已。

（3）建立持续交易的基础：能否建立持续交易的基础，是从战略上衡量营销是否持续的核心。苹果公司就是一个例子，早期（20 世纪 80 年代）的苹果是一家以产品本身来凸显优势的公司，当时乔布斯很倔强，苹果电脑从硬件到软件全部设计，全部包办，小众的定位、封闭的系统使得苹果在 80 年代败给了 IBM 和微软。而乔布斯重新回归苹果后，通过 iPod、iPhone 和 iPad 实现了翻身战，除了高性能的产品、性感的工业设计之外，苹果最大的不同是将系统开放，通过 iTunes、App Store 等渠道平台，让使用者能够不断更新服务，这个时候的苹果就已经不是一部手机、一台 PC，而更多的是一个服务终端，使用者成为 iPhone 社区的一员，有共同的兴趣、爱好，有群体认同，而没有买 iPhone 的人就没有归属感。苹果公司从一家极端品牌导向的公司变成与消费者建立关系的样本，这就是"建立持续交易"的营销思路。

乔布斯曾经对诺基亚与苹果所代表的两种模式做了一个有趣的区分："客户"与"用户"。诺基亚做的是"客户"，是产品思维，产品卖出去和客户之间的联系就基本断裂了，而苹果做的是"用户"的生意，机器不过是一个与消费者建立关系的接口，通过接口进入使用社区后，苹果的"关系管理"营销才开始发力，消费者变成苹果服务产品反复使用的"用户"。没有实现持续交易基础的营销，都是短期行为，不可能实现战略性的持续。

需求管理、建立差异化价值、建立持续交易的基础，无论是传统时代还是现在的数字时代，营销的本质没有变化，它们依然是有效营销、可持续性营销的核心。

你的公司有数字营销战略吗

很多公司宣称自己需要或者有数字营销，KMG 调研了中国 200 多家企业，有 1/3 的企业属于所在行业中的领导者，我们与它们的营销总监、CMO、CEO 深度交流，询问他们在数字营销上实践的想法与效果。基于 240 家企业的数字营销调研数据和访谈，结果显示：在这 240 家中，81% 的企业认为数字营销是自身营销转型的关键，它们都看到了数字化时代消费者的需求、渠道的各项转移与转型；72% 的企业宣称自己实施了数字营销，但是这些数字营销主要还停留在社交媒体工具、网络营销等层面；68% 的企业宣称自己无系统数字营销战略，但由于对"系统战略"的理解不一致，在实际访谈中我们发现这个比例可能超过 90%，更重要的是，58% 的企业宣称数字营销绩效没有达到预期效果（见图 2-4）。

我们发现在营销实践中，大多数企业高管对数字营销还处在"跟随式"的思路中，这种跟随反映在以下两个维度：第一是依据行业领袖做法跟随，比如说小米依据社交媒体传播，强化客户的参与感，建立起 MIUI，于是大量的跟进者也采取同样的方案来布局，但是布局完后未见到小米式的效果；第二是依据互联网基础建设和工具的升级来布局，如微博兴起时布局微博，微信来了布局微信，网络视频流传时又开始做企业的网络视频片，总是追着社交工具的更新而更新，却只见

企业容易迷失在
数字营销的丛林之中

树木不见森林,更不见效果。所以阿维纳什·卡希克(Avinash Kaushik)有一句挖苦社交媒体营销的名言:"社交媒体就像是青春期的性行为,每个人都想去尝试一把,而当你试过之后,却发现并非比之前好很多。"

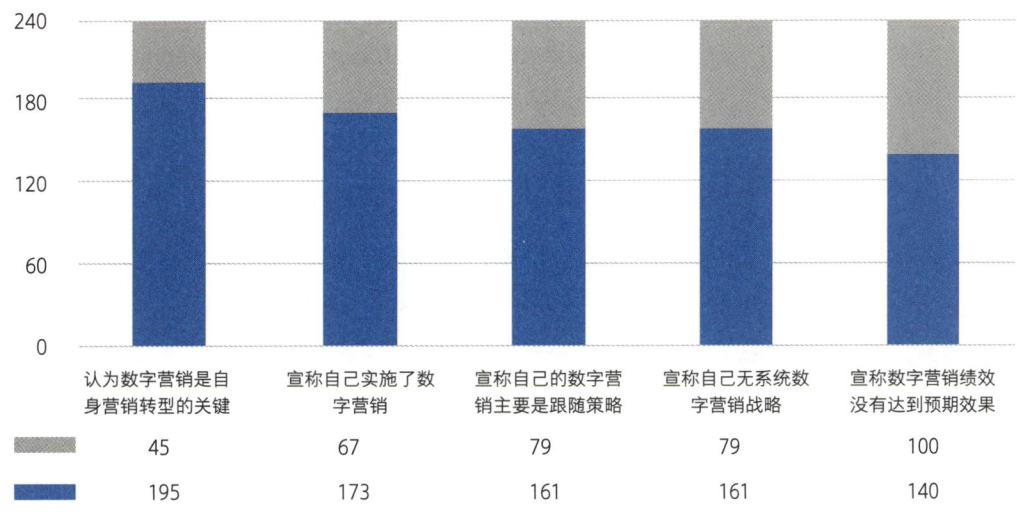

	认为数字营销是自身营销转型的关键	宣称自己实施了数字营销	宣称自己的数字营销主要是跟随策略	宣称自己无系统数字营销战略	宣称数字营销绩效没有达到预期效果
■	45	67	79	79	100
■	195	173	161	161	140

图 2-4 KMG 对 240 家企业的数字营销调研

资料来源:KMG 研究。

我们将这种跟随布局、缺失蓝图的做法称为"战略碎片症"。在与大量企业的营销高管的访谈中，我们发现当前的数字营销战略设计就像"盲人摸象"一般，缺失整体数字营销战略的布局，微博营销、微信推广这种战术性的概念似乎成了数字营销战略的代名词。当这些名词性的热潮过后，回归到企业家和营销管理者工作的本身，他们会问：如何形成全面的、系统的数字营销战略，蓝图何在？如何整合性地运用数字营销工具，逻辑何在？如何从高管的视角审视、规划、运营、管理数字营销显得尤为重要。这些才是我在日常做咨询顾问的过程中，碰到首席市场官、市场总监甚至是 CEO 时思考最多的问题，企业的位置决定了看待问题的视角，企业高层更应该关注高屋建瓴的系统、顶层如何设计以及如何全面实施蓝图。

好的数字营销战略、坏的数字营销战略

作为咨询顾问，我们深知，没有哪家企业的 CEO 或者 CMO、CSO 会宣称自己没有战略，哪怕他们把经营计划、规划文件等同于战略。如同战略大师理查德·鲁梅尔特在《好战略，坏战略》中所说，也许没人会否认自己不拥有战略，但是你的战略未必是好的战略。他在书中说："战略的目的就是选择一条推动创新、实现抱负的道路，确定领导力和决心应该服务于哪些目标，采用哪种方式以及为什么要服务于这些目标。"

好战略通常具有下列基本的内在结构：第一，诊断，即解释挑战的性质。好的诊断会把所处形势的某些方面确定为关键点，从而将通常极为复杂的现实化繁为简。第二，确立指导方针，即针对诊断中所确定的问题难点选择应对总方针。第三，形成有条理的行动，即相互协调的、为支持指导方针顺利执行的若干步骤。

同样地，落实到数字营销层面的战略，也有好的数字营销战略与坏的数字营销战略之分。从工具层面，也许大家都用了类似的工具，然而做出来的结果却有天壤之别，很多情况下是因为使用这些数字工具时没有指向"本质"。我们认为，以下五点可以判断此营销战略是否真正实现了"数

字化"：连接（connection）、消费者比特化（bit-consumer）、数据说话（data talking）、参与（engagement）、动态改进（dynamic improvement）（见图2-5）。

连接（connection）
消费者比特化（bit-consumer）
数据说话（data talking）
参与（engagement）
动态改进（dynamic improvement）

图2-5　数字化程度模型
资料来源：KMG研究。

1. 连接

如果我们把互联网的进程按照典型的历史阶段或者参照地质年代来进行划分（如寒武纪、侏罗纪、白垩纪），可以总结为以下五个进化阶段：第一个阶段叫作数字（digital）化阶段，其开启是1969年使用包交换技术的真实网络的诞生，这一时代单体的电脑之间在少数机构（如实验室、大学）中进行连接。第二个阶段是数字媒体（digital media）阶段，这个阶段从20世纪90年代开始，1995年网景浏览器推出以来，随后10年间我们见证了约5亿台电脑以工作场所、家庭为基础，在全球不断增加互联。作为门户网站，Google当时以专业的信息搜索工具的身份出现，信息的传送、抓取和获得变得容易，而这个时代互联网更多的是作为信息变革的工具，于是第三个阶段——数字商务（digital business）开始兴起，1994年贝索斯（Bezos）提出了20种他认为适合于虚拟市场销售的商品，包括图书、音乐制品、杂志、PC硬件、PC软件等。最后，在图书和音乐制品中，他选择了图书，20年后，亚马逊变成了一家超级电子商务公司，其2013年净销售额年达到了744.5亿美元。第四个阶段我们把它叫作社会化网络阶段，从起始点来看，它其实与互联网的第二、三个阶段差不多同时起步，国外最典型的是ICQ，中国国内有QQ。然而这些应用工具真正发力是在第四个阶段，即2006年后至今，社会化媒体网络开始兴起，包括Facebook、Twitter、国内当年的开心网以及现在微博、微信。这个时候的互联网更多的是基于手机端开始发力，所以也被称为"移动互联网时代"，《连线》杂志的专栏作家克莱·舍基（Clay Shirky）将其称为"人人时代"。而现在，我们已步入一个"社交化商业"（social business）时代，由于社会化媒体（social media）的发展和成熟，企业能够在这一环境的基础上进行商业活动，传统的社交网络转变能为商务活动提供底层沟通支持，使得基于社会化媒体的商务模式——社交商务出现。社交商务某种意义上就是今天以社群为基础的营销，它可以深化客户关系，甚至让客户参与到企业的产品创造与运营中去（见图2-6）。

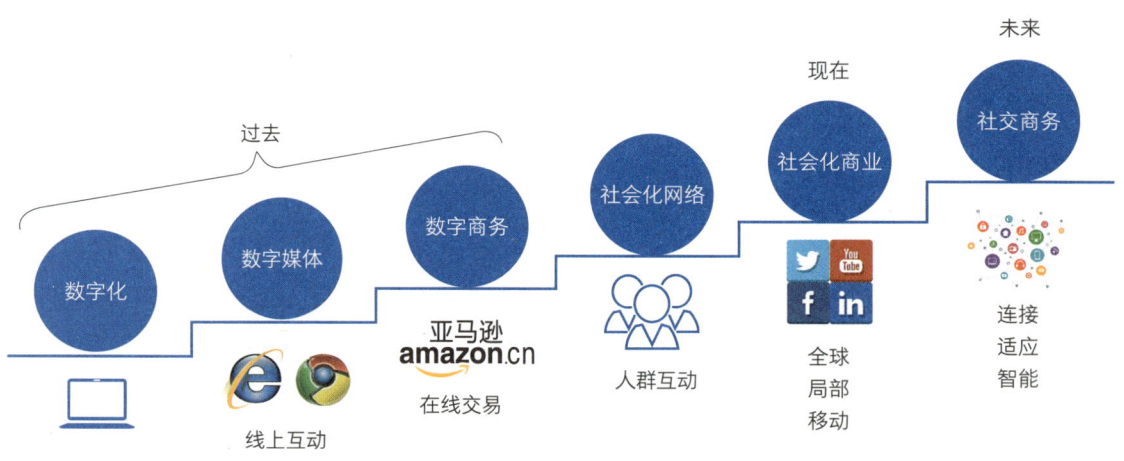

图 2-6　互联网进化阶段

资料来源：KMG研究，菲利普·科特勒凯洛格商学院讲义。

从互联网的进化史中，我们不难看出一条主线若隐若现地贯穿其中，如果我们要找一个关键词概括这条主线，就是：连接。在这个进化的过程中，人与人连接在一起，连接得越来越紧密，速度越来越快，广度、深度与丰满度越来越强。在任何时候（anytime）、任何地方（anywhere），任何事情（anything）都在这条进化的路径中被连接起来，突破了时空的边界。连接成为整个人类的生存状态。

"连接"是我们互联网、数字时代的本质之本质。如果说互联网＋的时代、数字时代有100个特点，那么其原定律一定是连接，只有在连接的基础上才可以谈"免费的商业模式""社群""去中介化""粉丝经济"以及"平台战略"。新经济的本质就是以互联网为基础，把所有的事物连接在一起，在此基础上进行业务模式与业务运营的创新。正如在线视频网站 Maven Networks 创始人希尔米·奥兹古奇（Hilmi Ozguc）所说："互联网解放了我们的时间，给予我们选择的自由。现在，又让我们摆脱了空间的束缚，而这种自由的获取，是在连接的基础上产生的。"

互联网的未来正是连接一切。连接型公司的重要目标是创造更多的连接点，成为一个开放平台，继而围绕着这个开放平台构建起一个大的生态链。如腾讯所言：传统互联网时代，腾讯连接的是人与人、人与服务。但在移动互联网时代，连接变得更加复杂，超越了单纯的人与人、人与服务之间的连接，融合进了人与线下、线上与线下等连接因素。那么当面对 CEO 和 CMO 时，我们会问：你的数字营销战略，是否有效实现了"连接"？

2. 消费者比特化

在数字营销时代，所有的消费者行为都可以被记录并跟踪。企业在制定数字营销战略时需要考虑如何有效地获得核心消费者的行为数据，并时刻关注这些行为数据的变化，更好地把握消费者动态。Facebook 的实习生保罗·巴特勒（Paul Butler）利用数据完成了全世界 Facebook 用户以及用户之间的联系可视化后，形成了图像。具体来说，就是将每座城市登录 Facebook 的用户数量和用户之间的关联频度用暗蓝色到白色的线段来表示，到当年夏天，Facebook 的活跃用户数已经超过了5亿，不夸张地说，只需要像这样描绘一下用户的关联情况图，你就能得到一幅比较完整的世界地图，在图中你甚至可以清晰地看到美国和欧洲的大城市与人口状况，而图中用户少的地区代表当地人口也相应的少。由于互联网可以通过数据来储存、描述和追踪人以及人群的行为，可以说我们变成了一堆可以连接到的数字。每天我们的身后都拖着一条由个人信息组成的长长的"尾巴",我们点击网页,乘坐轨道交通,驾车穿过自动收费站,在银联商户上支付,使用手机,而阿里巴巴、Google这样的公司,正在以平均每人每月2500条信息的速度,捕获我们的详细数据,令人震惊的是,这些信息几乎已经等于我们的真实行为。

由于我们变成了一堆可以连接的数字,我们的生活形态完全可以通过数据来重现,甚至现今世界出现了"数字遗产"的问题,英国已经出现了保管数字遗产的服务,用户过世后,保管人就可以凭借死亡证明和相关账户名及密码,向相应的机构要求获取用户留给他们的数字遗产。这些数字遗产包括:虚拟货币、社交媒体用户账号、密码、游戏装备。

每个人的性格、偏好、个人资料甚至梦想都可以通过其数字资产来解读。我们有一位朋友在耶鲁读社会心理学,其博士论文就在研究社交媒体上的卡通形象、个性签名对用户性格指向的识别性,其实还有更多用户已经在互联网上体现真实的生存感受。也许在不远的将来大学会新设一个"数据考古"的研究专业,未来我们的子孙研究我们这个时代发生了什么,靠的核心工具也许不再是铲子、碳12和碳14的衰变,而是对研究对象的全部数字资产以及这些账号与他人之间交往数据的挖掘与解读。我们所有的信息都变成了一堆数字,可以追踪的数字、互联的数字已经可以揭示人类社会发展的轨迹。

未来10年内,全球的数据和内容将增加44倍。大数据时代扑面而来,凭借大数据收集、分析和决策,营销的过程可以透明化,能否将自己的消费者与客户比特化,并进行追踪与分析尤为关键。很多零售店已经开始进行"消费者与消费行为比特化"的改造和升级,以普拉达(Prada)的零售店为例,已经可以做到将所有的衣服都贴有新型条码标签。有了新型条码标签之后,每件衣服被消费者拿起、放下或者试穿的信息都会被准确记录,并传递到后台的管理系统中。这样试穿过多少件,甚至衣服被拿起、放下多少次,这些数据都将通过分析为服装企业下一步的产品开发、设计或者进货提供精确的方向。

3. 数据说话

数字营销的核心之一就是数据的诞生、采集与应用，数据是在真实的互动行为中产生的，这些数据包括基于用户的用户属性数据、用户浏览数据、用户点击数据、用户交互数据等，和基于企业的广告投放数据、行为监测数据、效果反馈数据等。这些数据可以让企业更加了解顾客，也可以让企业自身更加清楚地监测自身数字营销战略是否有效，从而及时进行调整。大数据曾被人们称为新的"石油"，看似多维多样的数据通过科学的分析解读，使得企业能够通过分析结果得到行业发展现状以及提高预测行业发展趋势的能力，通过无形的数据创造有形的财富价值。在2015年腾讯全球合作伙伴大会"互联网+微信"的分论坛上，微信官方第一次公开了微信用户数据：

◎ 60%的微信用户是年轻人（15～29岁）。
◎ 年轻人平均有128个好友，工作后好友会增加20%。
◎ 58%的异地通话发生在年轻人之间。
◎ 年轻人的购物高峰是在早上10点和晚上10点。
◎ 在城市渗透率方面，一线城市渗透率达到93%，二线城市为69%。在三到五线城市，微信渗透率不到50%，仍有较大的增长空间。
……

数据说话就是运营决策数据化，在数据积累、数据互通阶段，数据化运营并不迫切，但当数据源建立起来后，以用户为中心的跨屏互通后，如何分析、如何实现智能型的、可视化的数据呈现尤其重要。数据说话要跨越决策者和营销管理人员的主观判断，建立一套数字说话系统。

4. 参与

让消费者参与到企业营销战略中。在数字营销时代，消费者所反映的数据成为企业制定营销战略过程中最重要的一环，那么消费者在企业的营销过程中理应具有更重要的话语权。消费者可以被看成非企业管辖的，却同时保证企业正常、高效运转，推动企业决策的外部员工。从产品设计、品牌推广、活动策划、渠道选择等方面参与到企业中，能够让消费者对企业产生归属感。这样的企业提供的产品和服务更容易满足客户自身的需求，同时为企业赢得更多信赖和市场。

维基百科的形成是典型的客户参与案例。目前维基百科的英文版已经创建了 385 万个条目，全球 282 种语言的独立运作版本则具有 2100 多万个条目，登记用户超过 3200 万人，总编辑次数超过 12 亿次。维基百科在全球前 50 大网站中排名第五，并且是唯一一个非营利性机构运营的网站。维基百科月均页面浏览量达到 190 亿次，而网站的运营预算费用却远低于其他网站。

参与也可以在组织的内部产生，去收集内部成员和相应圈层成员的智慧。IBM 采用的方式是两年一次的即兴创新大讨论（Innovation Jam）。在最开始三天的时间里，高管会设定议题，并展开在线头脑风暴会。这些创意点子会被上传到线上，被讨论、延伸，美国和亚洲分公司成员会同时在线讨论。在 2008 年 10 月的 Innovation Jam 上，一共有 5.5 万名 IBM 员工参加，并有 5000 名特别邀请的客户和员工家属参加，以共同寻求新的创意与解决方案。Innovation Jam 第二阶段的讨论更聚焦于可行性分析。最后，IBM 会从中选出 10 个最好的想法，投资 1 亿美元支撑这 10 个想法的执行，而这 10 个想法也正是 IBM 未来要发展的 10 项新商业计划，比如智能医疗支付系统、智能基础设施网络、整合大众交通信息系统、数字化的我、3D 互联网等。

5. 动态改进

企业在获得消费者行为数据之后，首先需要对数据进行分析，然后根据分析的结果调整自身策略。由于现在消费者数据更新频率非常快，企业在自身战略调整的时候也需要快速迭代、动态改进,以万变应万变,保证当下的数字营销策略与当前的消费者行为时刻吻合。

朝阳大悦城在零售营销上的动态改进,是以客流量和消费者动线等大数据为基础来部署的,所有的营销、招商、运营、活动推广都围绕着大数据的分析报告进行,它的具体策略包括:

◎根据超过100万份会员刷卡数据的购物车清单,将喜好不同品类、不同品牌的会员进行分类,将会员喜好的个性化品牌促销信息精准进行投放。

◎朝阳大悦城在商场的不同位置安装了将近200个客流监控设备,并通过Wi-Fi站点的登录情况获知客户的到店频率,通过与会员卡关联的优惠券得知受消费者欢迎的优惠产品。

◎经过客流统计系统的追踪分析,提供解决方案,改善消费者动线。4层的新区开业之后,客人总是不愿意往新区走,因为消费者熟悉之前的动线,所以很少有人过去,该区域的销售表现一直不尽如人意。为此,招商部门在4层的新老交接区的空区开发了休闲水吧,打造成欧洲风情街,并提供iPad无线急速上网休息区。在整体规划调整后,街区新区销售情况有了显著的改观。

要获得动态改进,CMO、CEO和CIO还可以一起建立管理驾驶舱(management cockpit,MC),管理驾驶舱是基于ERP的高层决策支持系统。通过一个系统的指标体系(类似股市操盘图),实时反映企业的运行状态,将采集的数据形象化、动态化、系统化。管理驾驶舱融合了人脑科学、管理科学和信息科学,以决策者为核心,为高层管理层提供"一站式"(one-stop)决策支持的管理信息中心系统。

作者之一曾经在担任高管期间负责建立管理驾驶舱,这种驾驶舱的建立核心是确立有效的指标体系,顶层指标越简化,越容易管理。驾驶舱可以通过各种常见的图表(速度表、音量柱、预警雷达、雷达球)标示企业运行的关键指标,直观地监测企业运营情况,并对异常关键指标预警和挖掘、分析。当企业高层管理人员步入管理驾驶舱时,所有与企业营运绩效相关的绩效指标都将以图形方式显示在四周的墙壁上。这种动态改进的方式可以使得决策从周过渡到天甚至是小时。

对传统营销战略模式的升级

营销管理的框架与升级

科特勒系统建构了营销管理框架,经过 50 年的思想发展与 500 强企业的实践,总体来讲,目前我们可以将现代营销管理分为两个阶段(见图 2-7)。第一阶段是分析与策略,即我们熟知

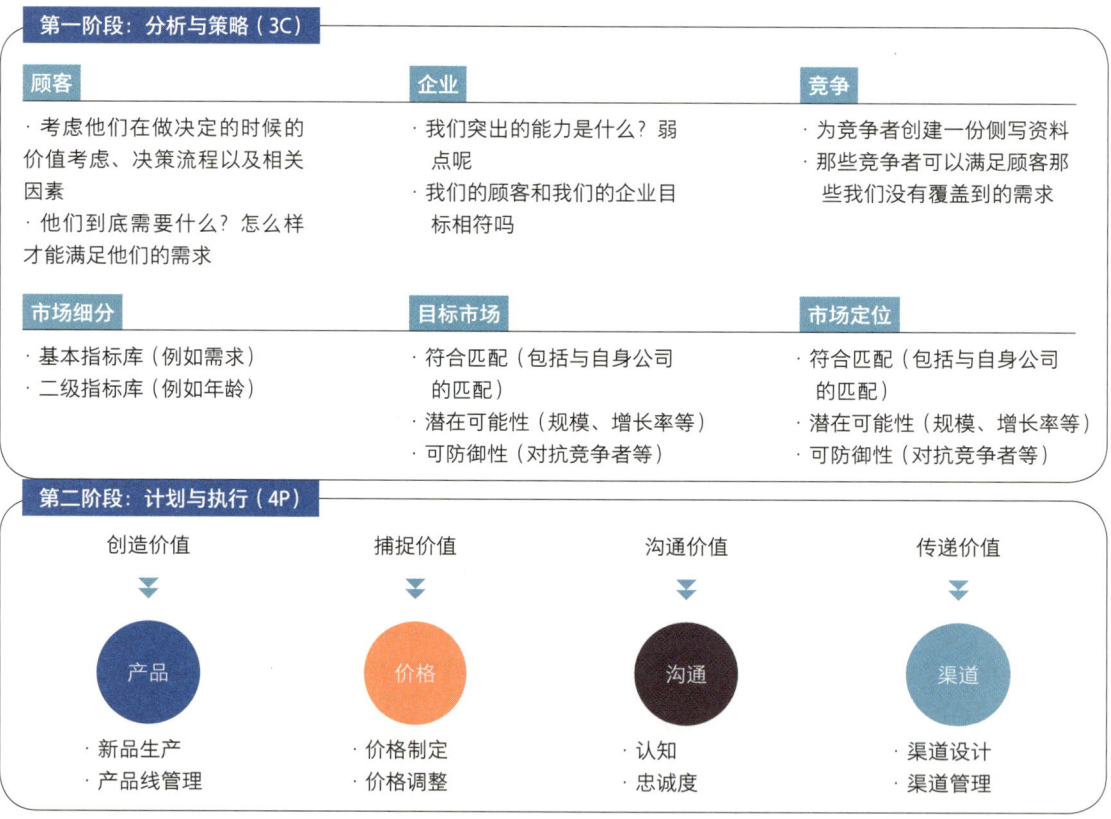

图 2-7 营销管理框架

资料来源:KMG 研究,菲利普·科特勒在凯洛格商学院的讲义。

的"3C+STP"阶段,"3C"是战略分析的基础,即企业(corporation)、顾客(customer)、竞争(competition),在制定战略时企业应充分利用其相对竞争优势,更好地满足顾客需求,努力与竞争对手形成绝对的差异化。一个好的战略必须使公司自身、公司的顾客和竞争对手三者之间的相互关系匹配,并动态地把握它们的演化趋势。只有这样,企业才有机会赢得这场利益战争。

STP是营销学中营销战略的三要素。在现代市场营销理论中,市场细分(market segmentation)、目标市场(market targeting)、市场定位(market positioning)是构成公司营销战略的核心三要素,被称为STP营销。

市场细分是指营销者通过市场调研,依据消费者的需要和欲望、购买行为和购买习惯等方面的差异,把某一产品的市场整体划分为若干消费者群的市场分类过程。每一个消费者群就是一个细分市场,每一个细分市场都是由具有类似需求倾向的消费者构成的群体。

目标市场就是通过市场细分后,企业准备以相应的产品和服务满足其需要的一个或几个子市场。

市场定位就是企业根据目标市场上同类产品的竞争状况,针对顾客对该类产品某些特征或属性的重视程度,为本企业产品塑造强有力的、与众不同的鲜明个性,并将其形象生动地传递给顾客,求得顾客认同。市场定位的实质是使本企业与其他企业严格区分开来,使顾客明显感觉和认识到这种差别,从而在顾客心目中占有特殊的位置。

我们将第二阶段称为营销4P,或者称为创造价值、捕捉价值、沟通价值和传递价值的过程,具体包括产品策略,决定开发哪些新产品,如何开发,产品线应该如何整合,在数字时代如何做出一款"感染性"的产品,实现市场引爆;价格策略,包括价格制定方针、如何针对市场需求动态调整定价;沟通策略,指的是沟通目标、渠道、媒介的组合,以及如何建立品牌形象、品牌认知和忠诚,进一步建立品牌资产;最后一个是渠道策略,包括渠道设计、渠道管理,以及相应的销售策略。

"3C+STP+4P"是营销管理的框架,是50年来经过实践检验的理论成果,虽然有人提出4C、4V之类的,但从本质上讲只是从其他的角度进行阐释,并没升级传统营销战略与管理的框架。

在技术融合、客户融合及数据融合的背景下,前面我们谈到数字营销战略的特质在于以下五点:连接、消费者比特化、数据说话、参与、动态改进,这五点可以判断此营销战略是否真正实现了"数字化"。营销和技术、大数据进行交叉,当我们把这些因素放进去,在企业实践中在去升级"STP+4P"时,会形成如下挑战:
◎如何从僵化规划转变为敏捷适应?
◎如何将战略速度与运营速度进行提速?
◎如何从过去企业单向的低频发布转变为持续进化的用户体验?
◎如何更直接地与受众进行互动?
◎如何拥抱试验与试错?
◎如何规避不断增加的复杂性?
◎如何与组织内部深度融合?
◎如何推动以创新驱动的成长?
◎如何将过去集权的制度进行开放化转变?

下面我们回归到营销管理的架构,去看在数字时代对传统营销每个模块的升级。作为CEO、CMO和企业高管或者顾问,应该思考每个模块应该做何种升级,这种升级既要落实在思维模式、方法论上,也要落实在技术工具、大数据的拥抱上(见图2-8)。

过去十年,针对市场营销所有方面的巨大变化,我们寻找到一个包罗万象的概念——市场营销新常态去重新定义数字时代下的营销服务。尽管市场营销学中一些重要的分项已经被认为是永恒存在的(比如市场细分、品牌、消费者行为、销售过程),但是近年来这些分项本身也在从根本上发生着变化。

以下是六个核心营销组件,有必要在数字时代的背景下进行重新定义。数字时代,每一个消费

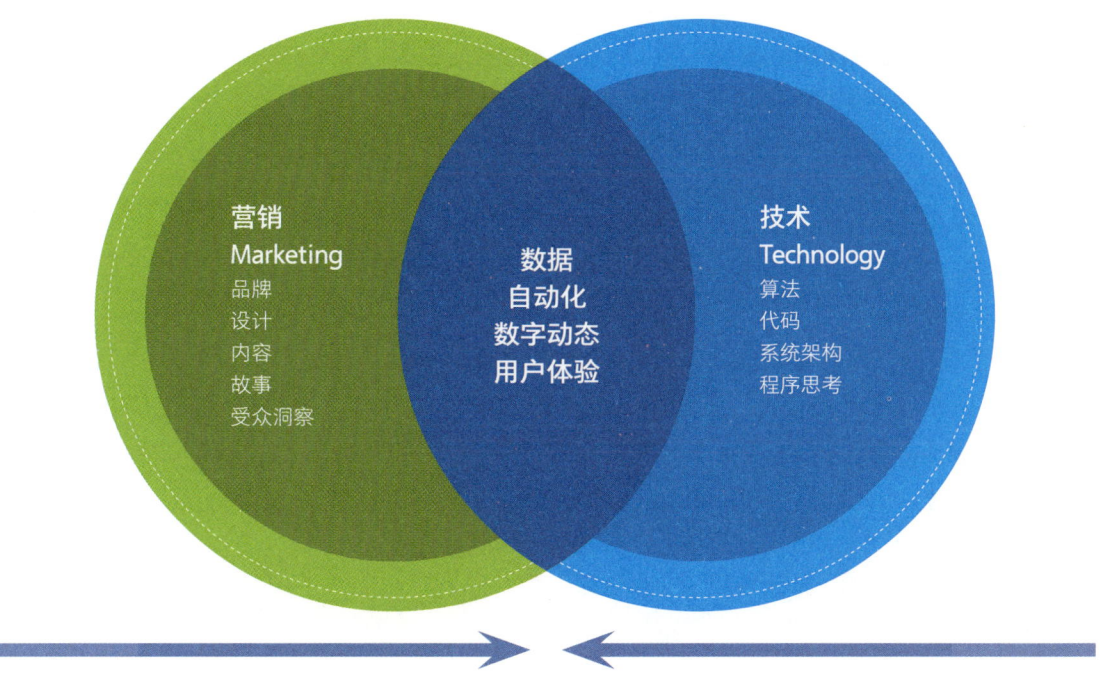

图 2-8　营销范畴与技术范畴间的重叠日趋增加

资料来源：KMG 研究。

者的行为都会被迅速产生反应（比如，买车前去阅读网上的帖子或者问 Facebook 上的朋友和当地信任的汽车经销商关于车的信息），总的来说，这些构成了"数字时代市场营销新常态"的基础。

1. 数字时代对营销研究的升级

◎ 从常规调研到碎片化研究。
◎ 从文本观察到行为跟踪。
◎ 众包模式对市场调研的颠覆。
◎ 从市场研究到"泛数据分析"。
◎ 神经营销学的应用：探测大脑的黑箱。
◎ 大数据的文本抓取。

2. 数字时代对营销战略 STP 的升级

◎ 市场细分：从目标消费者到消费者网络。

◎ 营销细分的"超细分"与"动态精准化"。

◎ 目标市场选择战略：从小众演进。

◎ KOL：目标用户的圈层选择。

◎ 天使客户与技术采用周期曲线：目标客户的迭代与升级。

◎ 定位：战略逻辑、品类逻辑、连接逻辑。

3. 数字时代对产品战略的升级

◎ 从洞察主导到循证主导与 MVP 模式。

◎ 产品升级依赖于"边界扩展"，要变成"产品＋社区"。

◎ 从大创想（bigidea）走向大数据（bigdata）。

◎ 产品服务化：从拥有到共享。

4. 数字时代对价格、渠道策略的升级

◎ 从收费到免费、补贴组合策略。

◎ 从无差别定价到动态与场景定价。

◎ 从单渠道、多渠道到 O2O、O2M。

◎ 触点与渠道的合一。

5. 数字时代对品牌策略的升级

◎ 从价值导向到价值观导向。

◎ 从劝服者到互动者与赋能者。

◎ 从硬性广告到内容与数据营销。

◎ 品牌性格更重要：魅力经济。

6. 数字时代对客户服务策略的升级

◎ 从客户关系管理到社会化客户关系管理。

◎ 从客户服务代表到全员工参与。

◎ 从以流程为核心到以对话为核心：体验管理。

◎ 从客户分层管理到核心圈层与社区管理。

数字时代对营销研究的升级

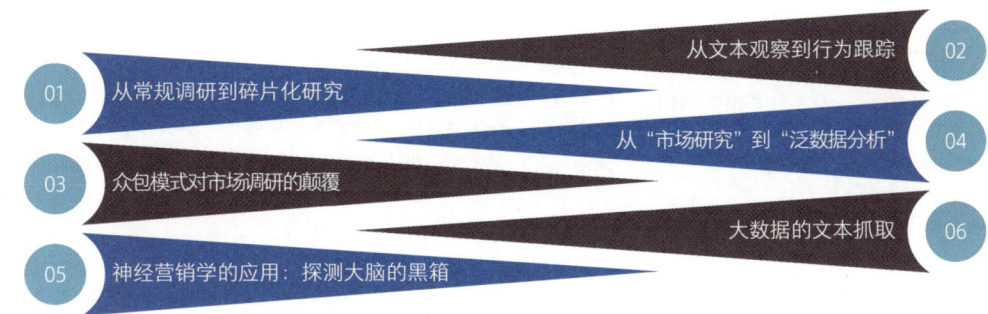

从常规调研到碎片化研究

传统的市场调研，一般要耗费人力，需要一定的时间周期。若涉及的调研面较小，则会出现信息疏漏，而调研面较大，成本和周期不可控；另外，在传统的市场调研中，企业不可能针对不同的消费者提供不同的调查问卷，无法尽可能地细化调研条件；消费者面对企业的调查，反应和回复也并不热情。在数字网络时代，市场调研基于超级发达的网络和海量大数据，可以使得调研节省大量的人力、物力，同时结果会变得更加精准。

数字时代的营销战略

在大数据时代，低廉的调研接入成本、智能化的信息处理技术使低成本、大样本的定量调研成为现实，可以只通过网络上基于调查对象的评论、看法等信息，推导得出消费者真实的态度，这将使得研究消费行为及消费心理变得更加容易、精确，帮助企业更为精准地捕捉商机（见图2-9）。企业可以通过主动投放网络问卷或者在网络上直接采集碎片回复的方式来收集数据，甚至可以使得企业在新产品尚处于概念阶段就利用互联网技术进行产品设计和模拟测试。通过与消费者互动，让其参与到产品研发中，变成需求共创的模式。

图 2-9　市场调研进入数字时代

资料来源：KMG 研究。

从文本观察到行为跟踪

随着技术的进步，智能手机、平板电脑逐渐占据了人们日常生活的大部分时间。企业也正在尝试通过智能手机、平板电脑等移动设备收集用户数据，再通过大数据技术用特定的算法加以分析，就可以得到相应的结论。现在市场调研不再仅限于分析文本中所包含的用户信息，新的技术和普及的移动设备使得企业可以进一步实时跟踪用户的行为数据,这是传统调研无法比拟的。例如,在商业零售、地产、旅游等行业,利用位置数据、音频识别技术可以帮助企业更加了解用户的真实需求。

零售商对顾客购买的商品乃至顾客在商店内的走动都了如指掌,但无法了解顾客在营业场所以外的行为。而这种信息又非常实用,如果可以了解顾客在其他场所的行为方式,这将对企业改变营销方式起着至关重要的作用。西雅图创业公司 Placed 就是利用了这些数据为各种零售企业提供商业服务的。

对于应用程序和移动零售网站,Placed 推出的首款产品就可以告诉它的用户在何处使用其产品。该公司并不满足于此,又推出了 Panels 服务,可让企业全天追踪应用用户的地理位置(通常以小额赏金作为交换)。通过了解这些信息可以知道哪些百货商店最受那些人欢迎,哪些类型的商家流量增加最多,哪些商家之间的关联性最强或最弱(例如,访问某家店的人也会访问另一家店)。Placed 建立了地理位置、商业类型、人口统计等细分的相关营销数据。例如,某高端零售商发现进店的年轻女性很多,但很少购买东西。然而,她们去的下一家店通常是 Ross 等折扣零售店。结论很明确:这些顾客仅仅需要了解哪些衣服正流行,然后以较少的支出购买不错的类似商品。那么,如何才能让顾客更多的从自己的店铺里消费?答案可能是降价,因为很多年轻女性可能对时尚要求高,对价格的敏感度更高。

位置数据有时候结合其他数据,价值可能会更高,比如说声音。例如,收听率调查公司 Arbitron 只能知道听众在听什么电台,而电台在放什么歌曲则毫不知情。这就好比你在健身时听一小时的动感电台,并不表明你真的在听或喜欢听它们。然而,车内播放的歌曲最有可能反映你的真实喜好。音乐数据公司 Gracenote 就利用了这一点,它的产品利用智能手机和平板电脑内置的麦克风识别用户电视或音响中播放的歌曲,并可检测用户是否调高了音量。

广播电台可能永远无法像私人订制那样个性化,但是 Gracenote 可以通过这种技术研究用户真正喜欢的歌曲、听歌的时间和地点,帮助电台更好地了解听众的需求,从而提升电台的收听率。

Gracenote 能识别用户更喜欢听哪些音乐作品

众包模式对市场调研的颠覆

所谓众包模式是在外包模式的基础上发展而来的一种新的企业合作模式，是在数字互联时代，借助互联网技术发展起来的（见图 2-10）。外包通常是一对一，例如一家物流公司把物流业务外包给第三方物流企业，是企业对企业的关系。而众包则是一对多，将个人或企业的需求通过互联网平台，汇聚众人的力量、智慧来完成一项工作。假设某企业想要做调研，收集这些店铺的门牌号、地址、联系方式等相关信息，就可以直接在平台上发布任务。每成功获取一个店铺的信息，兼职用户可获得一定数额的任务奖励。用这种平台化的方式，在 3 周时间内可以收集到全国 80 个城市 4 万家门店的渠道信息，通过 GPS 定位功能，确保每一份信息的真实性。众包不但效率极高，而且成本更低，还可以不断迭代。

在美国，众包模式已经对一些行业产生了颠覆性的影响：过去要数百美元一张的专业水准图片，现在只要一美元就可以买到；一家跨国公司耗费几十亿美元也无法解决的研发难题，被一个小团队在两周的时间内圆满解决了。而在中国，众包也正在悄悄地对市场调研行业带来影响。

图 2-10　众包模式示意图

资料来源：KMG 研究。

拍拍赚是一个移动劳务众包自助平台，针对 O2O 业务中的数据采集和产品推广，为各种商业检查与消费者调研提供兼职劳务。客户企业可以在 PC 端发布任务，平台会员通过手机端 App 接收任务通知，执行并提交到平台。企业可随时看到执行情况，然后通过支付宝给合格完成任务的会员发放任务金。通过众包平台，切实满足了会员和企业双方的需求。

从"市场研究"到"泛数据分析"

对于传统市场研究而言，很多营销咨询公司或者研究公司都是用焦点小组访谈的方式去获取信息，它们运用调查问卷和面访的方式获取消费者洞察以及体验；设置各种标准以及"短问卷"估计消费者品牌认知度；跟踪网站数据和点击进入率，试图更好地理解消费者的内心。然而，现在消费者越来越习惯于数字媒体以及电子购物。以往的这种获取信息的方式变得越来越落后，越来越难以跟得上信息的更新速度。换句话说，通过传统方式获得的信息在现在这个时代背景下可以说是缺乏时效性的市场信息，从而也使企业错过了很多市场机会。

现在进入了新市场营销模式,可以通过对实时信息或者近乎实时的消费者体验信息的采集以及分析来制定相应的市场策略和战术。在新市场营销模式中,市场分析和广泛数据分析将会从策略调整与市场预测的方方面面改变营销决策活动,更能通过尽可能减少猜测和假设,使营销机构更加接近真实的营销目标。

数字技术已经深刻而久远地影响了目标客户进行决策的进程,改变了我们发现消费者信息的方式。当我们试图了解一个新的产品时,我们的第一反应可能是"百度一下",或者直接在社交网络上发布我们的问题,阅读其他消费者的用后体验,抑或下载一款专门的App,在我们的智能手机或者平板电脑上直接用语音识别技术进行搜索。我们每一个人都可以如此简单地在网络上分享我们的用户体验。我们通过网络交换的每一条信息都是一个与信息接触的点,每一封邮件都可能包含关键的信息。所有的这些回复、动作、反馈,现在都可以被实时地监测到并立即对其做出调整。我们可以通过这些信息为消费者服务机构建立预警系统,以防止不必要的风险发生。所有的这些数据可以理解为我们经常所说的大数据,或者更准确地说是"泛数据"。

百事可乐旗下的品牌山露汽水(Mountain Dew)已经进行了几轮以"DEWmocracy"为主题的网络社区营销,目的是通过公众全程参与决策的方式推出新口味汽水。但其并没有将钱花在超级碗的电视广告上,而是将200万美元用在了社区媒体营销上。

Mountain Dew 通过社区媒体营销推出新口味汽水

2007年，山露汽水开始做网络营销，由消费者在线选出新品的口味、颜色和包装设计。最终通过47万人的投票选出了山露最新口味汽水——Voltage。之后的销量一直很好。于是在2009年7月，"DEWmocracy"开始第二次网络营销。这次山露汽水让消费者从入选的7款汽水中选择1款。其间使用的社交媒体平台包括12seconds.tv、Twitter、Facebook和YouTube。第二次网络宣传由4000名"露"实验室成员组成，并通过网络选出三种口味的汽水，每种汽水都有相应的粉丝团。这三种口味的汽水上市后，三个粉丝团会在官方网络社区及各种网络媒体平台上为其所代表的口味造势，从而决出可以加入山露家族的永久产品。

这种多阶段的网络营销策略使得企业内部的产品创新过程被公开化。每个环节都有公众的参与，从口味、名称的挑选到广告创意，每个参与者都是企业的营销人员，这让参与其中的消费者对产品产生了强烈的归属感，使得这些产品在未上市的时候便赢得了很多潜在客户的心。

神经营销学的应用：探测大脑的黑箱

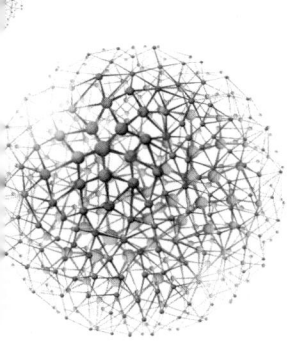

神经营销学（neuromarketing）基本上是神经消费行为学、神经营销策略和神经广告学的范畴，运用神经学方法来确定消费者选择背后的推动力。运用核磁共振造影，研究者可以画出被测试者的脑部图，研究他们是如何对特别的广告或者物品产生反应的。而后这一信息可以被用来作为广告与品牌推广的重要参考信息。

2009年，亚特兰大埃默里大学的神经科学家格雷戈里·伯恩斯（Gregory Berns）和他的孩子在沙发上看《美国偶像》，其中一首曲调忧伤的歌吸引了他的注意。这首歌是由一个独特的摇滚乐队OneRepublic演唱的，歌名

为 *Apologize*，他几年前曾经使用这首歌做同辈压力的神经机制研究。当时，OneRepublic 尚未签署唱片合约。伯恩斯回到实验室，收集了 120 首来自名不见经传的歌手的歌曲，想知道是否可以通过脑部扫描收集数据，预测歌曲是否会火。

伯恩斯通过核磁共振搜集了被测试者在听不同歌曲时的大脑活动情况的相关数据。通过对比被测试者在听这 120 首新歌时大脑区域的活动数据和之前听其他已经很畅销的歌曲时产生的活动数据，发现被测试者在听到其中某些歌曲的时候，大脑活动有相似的反应。歌曲 *Apologize* 就在其中，伯恩斯把这些反应类似的歌曲列入可能会在未来畅销的歌曲名单中。在后续的研究中，*Apologize* 和一些当时预测可能畅销的歌曲都成为了畅销歌曲。

但是，运用神经营销学来预测歌曲在未来的销量的方法还不够成熟，一方面是做核磁共振的成本太高，不可能大规模地进行研究；另一方面是针对大脑区域活动的研究还不够深入，没有形成一套行之有效的评判体系。就正如格雷戈里·伯恩斯研究中预测的成功率只有 10% 左右。

大数据的文本抓取

随着互联网技术的发展，市场研究中所需要的数据可以通过很多新的方式获取，像爬虫抓取等。数据抓取系统通过自动抓取电商网站、媒体网站、微博、论坛、社区等网站的页面公开数据，帮助企业对网络舆情、广告投放效果等数据进行分析和监控。这些数据获得之后，可以通过进一步对其中的文字进行语义分析，从而得出相应趋势或者结论。例如，可以通过分析得出网上就食用油都在谈论些什么，消费者最看重食用油的品质、价格，还是包装？有什么潜在的担心，比如安全性？对于转基因产品持什么态度？这些信息都为企业在产品上市策略上提供了巨大的帮助。

众所周知，对于汉语言文本语义分析一直是一件比较困难的事情，这也是目前很多网络数据抓取公司所面临的困难：可以搜集到信息，但是无法高效率地整合、分析信息。而大数据分析技术开始被用于解决这个问题，它能够对现在互联网上所有可以查看到的公开信息进行搜索和抓取，并且在搜集信息的基础上对其中的汉语含义进行分析，相对智能地获得网络上网民对某种产品或者某个时间的态度和看法，并即时从中挖掘出具有价值的重要信息，帮助企业在大数据时代找到关键决策信息。

通过大数据分析，大数据文本抓取可以做到：①通过核心词汇的词频分析，帮助品牌定位更好地切合目标受众的需要。②通过词频检测进行品牌舆情检测，帮助企业品牌公关危机。

数字时代对营销战略 STP 的升级

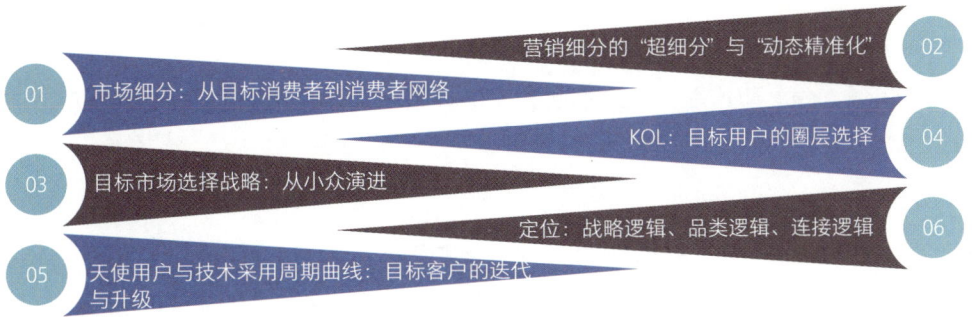

市场细分：从目标消费者到消费者网络

市场细分是一个营销核心环节，根据人们的共同愿望和需求划分成一个或更多的小组，然后围绕最有可能的接触点和各种媒体渠道，设计和实现营销测量。市场细分使企业找到更有针对性的产品和服务，在聚合潜在买家团体（分类别）的前提下，把产品在正确的时间里卖给正确的客户，这些客户有共同的需求，可能会响应类似具体的营销活动。

数字营销扩展了这一做法，数据将此变化加速，营销者可以从搜索引擎、移动设备和社交网络上得到相应信息，研究出更深层次的基本人口状况和地理细分。今天的数字营销人员可以利用大量的位置信息，包括从社会、社区、移动端（地理位置墙、社交标签、地区性有针对的广告、手机应用程序）的行为互动和行为指标、移动搜索和浏览数据、SMS 文本、用户评论、网络和社会内容以及微观电子邮件活动，重新定位营销目标人群。和以前不一样的是，这种细分关注消费者互动的网络联系和更微分的单元。

传统上，市场营销是专注于有高潜力的小部分的转换，但是大量的数据已经改变了这种做法，它允许营销者对目标进行许多微小的分类，并且通过网络、搜索、社会和移动端传递相同的信息，进行实时交互，本章后面我们专门会谈到"小众营销战略"。

基于网络的市场细分数字媒体和数据生产。形成一种新的消费者或其他群体的共同利益和价值观，这些人被地理、文化和隔代分歧分裂后，数字技术把他们带到了一起。这种亲和力来自细分市场的沟通、分享和识别，通过不断扩大彼此认同的连锁和相交的消费者网络推进数字技术。

因此，在"市场营销新常态"下流行的市场细分是在每一个目标群体网络里，吸引、激励、激活有影响力的人，他们会传播相互支持的消息给他们的社会接触者。我们可以问自己，在过去三年中，组织在市场细分方向的处理方式上有变化吗？
◎ 你真的理解在不同目标分类中你的客户（他们的语言、他们的行为模式）吗？你的理解是基于已经过时的信息或者误解？
◎ 你是针对消费者的社会或社区吗？
◎ 你是根据消费者的何种维度进行的分类？
◎ 你在目标分类中有积极监测变化吗？

营销细分的"超细分"与"动态精准化"

自20世纪50年代以来,营销学中的市场细分概念与划分标准经历了多次演变:从50年代的人口统计学特征、60年代的区域人口统计学与行为特征、七八十年代的心理统计特征数据(个性与生活方式)、90年代的客户忠诚度与收益数据,直至时下使用经济学数据,进展到一对一用户画像。精准营销甚至是一对一营销在今天大数据挖掘与分析技术的支持下可以得到最大程度的落地与应用,我们可以结合细分模型与客户调研对细分的客户进行精准化描述(见图2-11)。

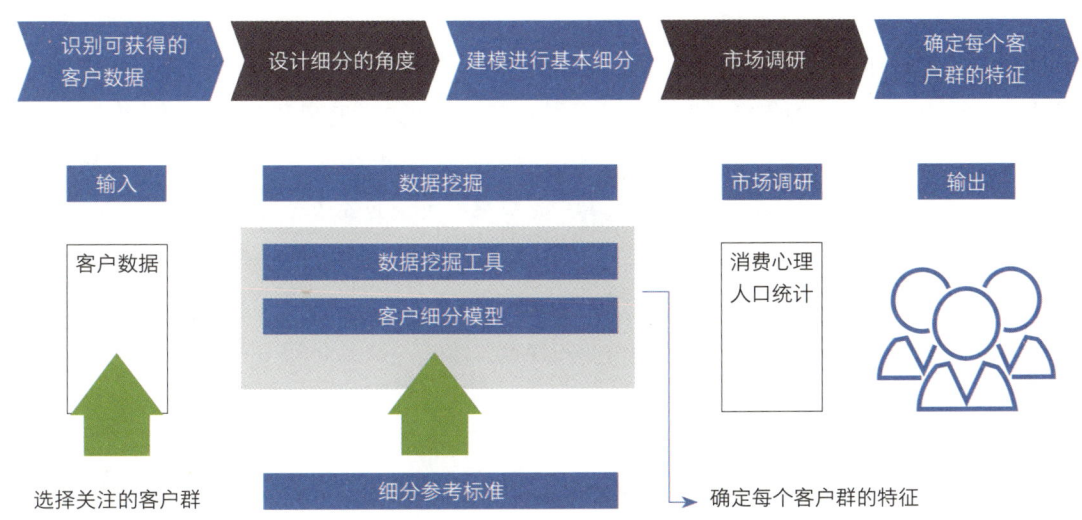

图2-11 数字时代的客户细分

资料来源:KMG研究。

"千人千面"是淘宝在2013年提出的新的排名算法,是排名算法的一个外号统称。对于"千人千面",淘宝网站给出的解释是:"定向推广依靠淘宝网庞大的数据库,构建出买家的兴趣模型。它能从细分类目中抓取那些特征与买家兴趣点匹配的推广宝贝,展现在目标客户浏览的网页上,帮助其锁定潜在买家,实现精准营销。"例如,有一个买家喜欢波西米亚蕾丝花边连衣裙,那么当此买家来到定向推广页面时,系统就会在连衣裙类目里选出具有波西米亚、蕾丝、花边特征的宝贝展现给此买家。具体到如何进行用户画像,本书的第3章将有详细说明。

目标市场选择战略：从小众演进

在商业世界的诸多领域中，颠覆式的分裂与解体也正在悄然发生，在今天供给趋向无限可能的时候，伴随着传媒业的碎片化，消费者的各类原始需求几乎都能得到及时的满足，但派生性的超细分需求开始凸显。与之对应的是过去曾拉住主流缰绳的商业巨头及其所代表的大众市场背后的经济优势正在逐渐消失，我们真切地观测到一个愈发多元化、部落化的社会，使得我们在进行目标市场选择的时候，开始出现新的变化，比如选择小众作为目标市场的营销正在兴起。

小众市场的营销战略可以形成一个新的营销战略体系，KMG 提出了小众营销战略实施框架。我们认为，选择小众作为目标市场战略需要"深潜"与"想象力"的结合。所谓"深潜"，就是要比以前更深入地靠近消费者，企业要成为"客户拥有者"，贴近客户，以减少成本，以客户增长取代以前的市场扩张。通过与客户对话、让客户参与来扩大企业的边界，提供更深度的内容。所谓"想象力"，就是在"深潜"的垂直思维下，以水平思维来进行补充，增加营销的创造力，小众在"深潜"成功的基础上，要通过想象力打开新的市场空间。关于小众营销的战略实施框架，我们将其分为七大步骤，它们是：特定客群——快速连接——产品众创——圈层推介——跨群扩散——分项衍生——附加盈利（见图 2-12）。

图 2-12 小众营销战略实施框架

资料来源：KMG 研究，全文见《小众营销》，王赛、陆玥灏。

(1)**特定客群**：小众营销第一步就是要找到特定客群。最近香港地区一个非常热门的网站 Giftwell，其创始人看到消费者在赠送礼物时困扰于礼物过于大众、重复的问题，于是把机会转化为"小众礼品平台"的独特定位，然后把香港独特、精致的小众产品信息归总，在网上搭建交易平台。在 Giftwell，送礼者可轻易获得馈赠挚爱亲朋以及合作伙伴的独特礼物服务，例如可以在 The Principal 和 The Press Room 享受一顿美味佳肴的礼物卡。Giftwell 上市后发展迅猛，品类已经从食品、餐饮扩展到水疗服务、定制旅行等。

(2)**快速连接**：找到特定客群后，企业要充分利用移动互联网与特定人群进行连接，迅速与目标客户形成可以产生持续交流与交易基础的社区。由于第一步精准地界定了特定客群，企业可以通过多种渠道迅速实现连接，比如进入"水平鱼塘"，即从别的同等诉求的社区中找到客户，如计划登乞力马扎罗山的客群可以通过马蜂窝、豆瓣来连接，也可以自建社区，还可以通过搭载到平台的方式建立自身的社群，比如将产品放在 Kickstarter 上，观察先锋人群对其产品的反馈，再将支持者转移到自身建立的社群中。我们一位朋友的沉浸式数字 3D 虚拟眼镜，放在京东众筹平台上，第一天上线就众筹了 1000 万元，立即形成了自己的产品发烧友社群。

(3)**产品众创**：越是精准的特定客群，在实现快速连接后越可以更"深潜"地实施产品众创。只要企业能与小众用户产生持续交流与交易基础的社区，后期就能实现各种将消费者从"消费者"（consumer）变成"参与生产的消费者"（prosumer）的手段。以上提到的手段，包括之前谈到的众筹、众推，都是众创手段之一。众创可以有效地帮助企业在产品生产出来之前，测试到小众消费者的需求。意大利企业 Wowcrazy 自 2012 年年底以来，一直推动其 crowdfunding portal 门户，承诺给合作者和支持者带来"无尽的时装周"（endless fashion week）。Wowcrazy 采用"预先购买模式"，其中项目的支持者可以合作帮助时装设计师推出新的作品上市，基本上，支持者承诺会预先购买他们所选择的衣服，参与其中提出设计意见，并投资一些钱，如果整个新品上市的经费全部收集好，他们就会享受设计师作品的特别折扣。如果整个新品上市经费收集失败，支持者则不会享受到衣服的折扣。

（4）圈层推介：圈层推介和产品众创可能是同步展开的，也可能在产品众创之后。从某种意义上讲，众创的参与感本身就是圈层推介的一种手段。在移动互联网时代，营销策略很大的不同之处在于一步接一步的次序性策略可能同时平行开展。圈层推介的核心目的在于最大化地实现小众产品对小众客群的渗透率，即使之高度认同、深度占有、具有高的客户推荐度。同时，圈层推介是实现小众营销走到大众市场的一个过渡，很多企业都是先通过小众营销切入到客户的生活场景中去，然后再扩大消费群，小米手机最开始的定位是"为发烧友而生"，也是在小众群体中获得影响后，再逐步向品牌广度传播，占领大众市场。

（5）跨群扩散：正如我们在前文中谈到的，并非所有的小众营销都需要走入大众，但是不排除很多企业的决策人有这样的抱负与需求。面对越来越注重健康的现代人，可口可乐公司于2013年推出了更加低糖的饮品——可口可乐生命（Coke Life），它包装在绿色的罐子里，罐子上有小树叶标志。可口可乐公司承诺，它比标准的可乐更健康，本来是针对小众群体的产品却在健康风潮兴起的时代下一举变成2013年可口可乐在北美市场最畅销的新品。还有一个典型的案例就是《侣行》，张昕宇拍摄这个节目后最开始在探险旅行的极客中传播，后来上传到优酷后在不同的社群圈中扩散，目前点击量过亿。从扩散的基础来看，沃顿商学院的教授乔纳·伯杰（Jonah Berger）写了著名的《疯传》一书，而 KMG 采取了同样的研究目的，却从不同的视角提出了另外跨群扩散的五个要素，这些内容的传播更能帮助企业从小众影响走向大众影响：

◎ **价值观点**（value proposition） 强调独特的价值观点，可与公司业务无直接关系。
◎ **社会价值**（social value） 公司业务所能创造的可感知的社会价值。
◎ **情境互动**（interaction） 基于特定情境下的互动感体验设计。
◎ **随流设计**（grafting） 跟随社交媒体热点，带动自身切入。
◎ **背后起底**（unclose） 对公司或行业内幕的起底，或公司夸张化的功能表达。

在本书第 8 章中，我们会进行详细介绍。

（6）分项衍生：无论有没有从小众营销走到大众营销，分项衍生都是企业需要考虑的战略布局。产品或服务对客户的需求"深潜"越深，越窄众，就越需要通过想象力增加分项产品的供给来扩大企业的供给规模，以扩大企业的利润区。2014年，360公司推出了测谎项链，可穿戴360测谎仪通过强大的音波感应功能可以自动鉴定半径5米范围内20～2000Hz的声波，并对声波进行特殊化的分析，配合手机中的测谎仪应用，就可以轻松辨别和你交流的人是否在撒谎。当然，分项衍生存在风险，如果品类关联范围过大，原有小众客群会质疑原有的价值观连接，形成核心客户群流失，这可能是小米未来所碰到的核心挑战。

（7）附加盈利：附加盈利是实现分项衍生的下一步，也是小众营销战略生态圈的最后一步。它要在连接和为小众群体提供产品与服务的基础上，通过分项衍生性的产品或者构建更广泛的生态圈形成附加性的盈利。这个盈利是建立在小众生态圈基础上的盈利，而非原有的产品/服务提供所获得的利润。比如飞常准App早期是一款监测航班是否准时的软件，后来在此基础上开发出了订机票、买航空保险的服务，未来更可以通过大数据向常旅客售卖航空延误保险，基于不同的场景实现附加盈利。

KOL：目标用户的圈层选择

意见领袖(key opinion leader，KOL)指的是在人际传播网络中经常为他人提供信息，同时对他人施加影响的"活跃分子"，他们在大众传播效果的形成过程中起着重要的中介或过滤作用。由他们将信息扩散给受众，形成了信息传递的两级传播。我们谈论KOL的意义在于，市场与品牌具有折射与涟漪效应，KOL所具备的社会话语权将对其周围的人产生影响，因此，信息从企业/媒体到意见领袖再到公众的这个过程被称为两级传播。营销人员在选择目标市场的过程中，以前很大程度上会将受众与购买者统一（当然也有分离的，比如B2B组织营销中决策人和购买者的分离），而现在由于互联网造成的"品牌声量"，我们需要把KOL进行有效管理，甚至将他们纳入到我们的目标客户管理中。图2-13对KOL进行了分类。

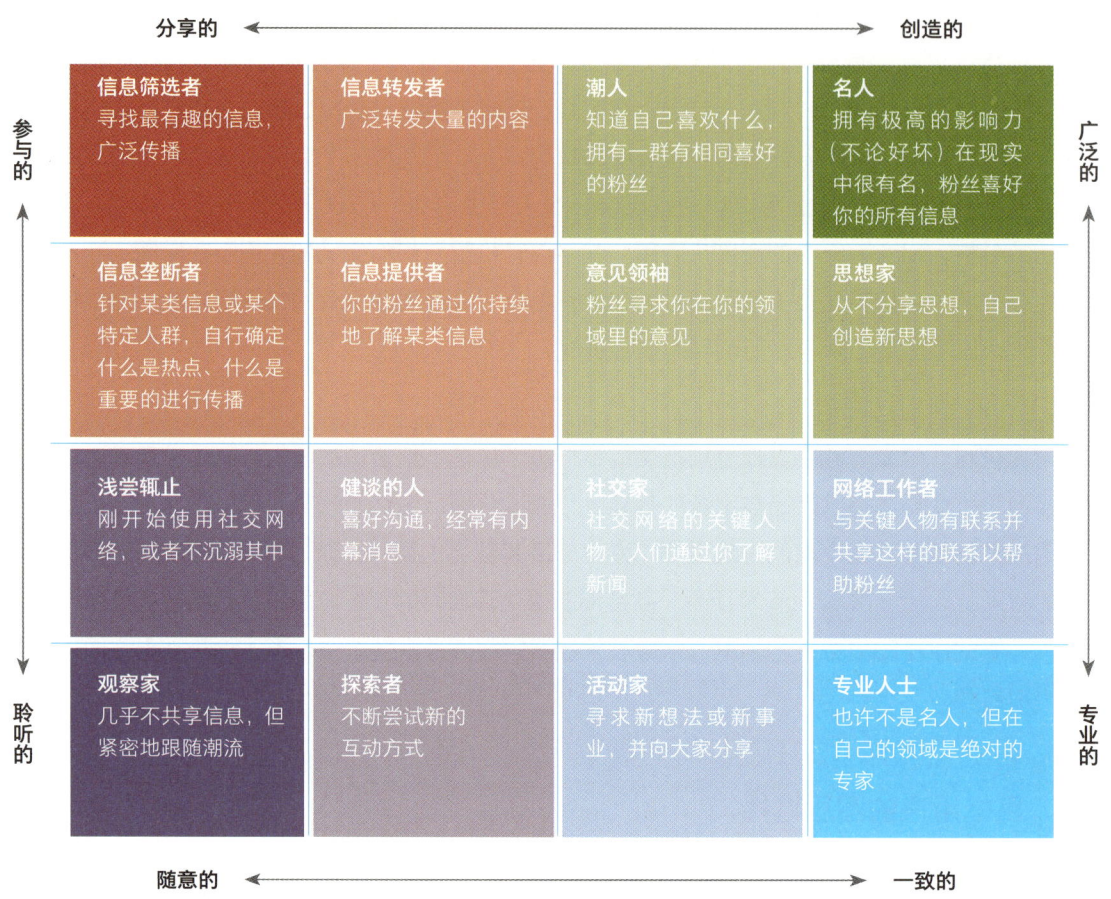

图 2-13 社交媒体的影响力矩阵

资料来源：Klout's Influence Matrix 研究。

◎ KOL 可以迅速扩大品牌传播的密度与广度。从国外玩到国内、从体育界玩到科技界、从科技界玩到艺能界的冰桶实验，就因为众多一线明星与知名人士的积极参与而在极短的时间内获得了病毒式的传播与关注度的急剧上升。

◎ KOL 直接影响或塑造商业模式。从服装、美妆到美食，我们发现不少创业者正在尝试从达人角度出发，打造基于个人信用背书的移动电商平台或品牌。瑜伽柠檬从 PGC 瑜伽练习视频切入，聚集和打造一批瑜伽 KOL，通过 KOL 的影响力集聚一批瑜伽爱好者，形成瑜伽社区。

瑜伽柠檬的目标客户是瑜伽小白，为他们提供以视频为主的定制化在线瑜伽课程。"企鹅团"是一个聚合 KOL 的吃喝电商品牌，这些 KOL 可能是研发了某种调味料的匠人、红酒名庄的酿酒师或者把清酒文化带到中国的一个使者。通过与这些 KOL 合作，团队可以获得一家电商公司所需要的四种核心资源：流量、供应链、营销策略、品牌。

天使客户与技术采用周期曲线：目标客户的迭代与升级

硅谷咨询顾问杰佛里·摩尔认为，技术采用周期中的五个组成部分分别对应着不同形态的群体，在高科技产品市场的开发过程中，最危险并且也是最关键的一点就是由早期采用者所主宰的早期市场向由实用主义者占支配地位的大批顾客所占据的主流市场的过渡，这也是各个组成部分中最大的鸿沟。

技术采用周期为一条钟形曲线，该曲线将消费者采用新技术 / 新产品的过程分成五个阶段，分别包括创新者、早期采用者、早期从众者、晚期从众者与落后者。上述五个阶段占整体使用人数的比例分别为 2.5%、13.5%、34%、34% 与 16%。根据研究，上述五个不同阶段的使用者具备不同的特点，包括：
◎ 创新者（innovators）占 2.5%，他们属于消费型的冒险家。
◎ 早期采用者（early adopters）占 13.5%，他们常常属于意见领袖。
◎ 早期从众者（early majority）占 34%，他们一般是深思熟虑者和长于社交者。
◎ 晚期从众者（late majority）占 34%，他们怀疑、保守，对节省有考虑，这些人大都是传统百姓。
◎ 落后者（laggards）占 16%，他们是落伍者，但又害怕从众者的嘲笑。

对于掌握新兴技术 / 产品的企业而言，对早期采用者群体的识别以及与其建立深度关系尤其具有战略意义，可以帮助企业跨越"鸿沟"，而这个群体即为我们时下经常谈论的"天使用户"。天使用户通常指的是一个产品最早期使用者中最认同产品并希望更多人认同这个产品的

用户群体。他们可以是几个人，也可以是几千人，其共性是热爱这个产品，并从口碑推广、产品改进等角度成为一个产品从小众走向大众的基石。对于创业者来说，天使用户就像天使投资一样，对产品、对组织有着至关重要的意义。

也许很多人都曾听过乔布斯的一句名言"苹果不进行市场调查"，但很多人并不知道苹果多年来对"天使用户"战略的坚持。在诺基亚、摩托罗拉等手机巨头还在努力迎合并满足大众市场的时期，苹果率先将目光瞄准了对技术革新趋势最敏感的技术发烧友人群，深度渗透这部分天使用户的需求，这样的思路奠定了今天苹果的传奇色彩式的市场领军地位。

定位：战略逻辑、品类逻辑、连接逻辑

"定位"这个词目前是营销中出现次数最多，但也是最被混用的词语之一。KMG 认为，商战平时所提及的"定位"概念，其本质上包含三层含义：资源定位、业务定位、品牌心智定位，然而大部分 CEO 和 CMO 谈论的不是一个概念。在数字时代，定位仍然重要，当然也有一些改变。我们抓住最重要的三个方面：战略逻辑，即我们帮助 CEO 和 CMO 理清楚"当我们在讨论定位时，我们在讨论什么"；品类逻辑，这是定位的精华，是里斯晚年对于定位理论的升级，在今天的数字时代仍然重要；连接逻辑，这是数字时代的升级，在构建完品类并成功在市场上取得胜利后，是可以迭代、延伸甚至是可以构建生态圈的，这是传统时代定位理论所忽略并否定的。

首先我们看定位的"战略逻辑"，究竟何谓定位，我们认为从公司战略上看，定位 = 价值链定位 + 业务模式定位 + 品牌心智定位。特劳特和里斯的定位仅指第三层，即"品牌心智定位"。

1. 价值链定位

价值链指的是企业在顶层资源配置的逻辑与取向，它决定了企业进入哪些领域参与竞争、价值链如何分布与延伸、在价值链的每个模块如何布局资源等。

2. 业务模式定位

第二层含义是业务模式定位,它最核心地解决企业"我究竟是什么"(即德鲁克"what is your business"之问)。在数字互联网时代,根据业务定位的不同,我们可以将企业分为以下四种类型,如图 2-14 所示。

图 2-14 业务模式定位图

资料来源:KMG 研究。

(1)**价值点企业**:这类企业将业务聚焦在价值链的某一环节,最典型的代表是"隐形冠军"企业,它们主要是一些中小型企业,却往往是某一个细分市场的世界领导者,通过高度创新与专业化精准定义细分市场,并有效制造市场准入壁垒。

(2)**价值链企业**:通过并购或自建等方式打通价值链上下游,实现产业链的资源整合与布局,从而充分提升企业战略自由度与行业话语权。例如康美药业正是通过上游掌控地道的药材资源、中游掌握中药材交易命脉、下游深耕渠道,完成中医药全产业链的整合和布局,从而奠定了行业龙头地位,百丽也正是通过成功的产业链一体化整合实现规模经济效应,成为新派制造的代表。

(3)**平台型企业**:平台型企业采用平台经济与共享经济的思路,通过搭建资源平台,以促成双方或多方供求之间的交易,收取恰当的费用或赚取差价而获得收益,同时也促进资源的最大化整合与优化。例如,在家电行业,海尔、美的、格兰仕等几家龙头企业已经纷纷启动平台化战略。

(4)**生态型企业**:指的是企业将自身的核心资源,例如客户资源和网络资源进行输出与分享,并在此过程中进行投资参股,从而完成生态经济的建立与持续。小米近年来的战略重点已从手机向生态链投资转移,雷军宣布小米投资的 55 家创业公司当中的 29 家属于零基础孵化项目,生态链投资就是由小米输出做产品的价值观、方法论和已有的资源，包括电商平台、营销团队、品牌等，围绕自己建立起一支航母舰队，小米对生态链的支持除了投资，更渗透到创业公司产品价值观、品牌营销、渠道、供应链管理等各个层面。

不同类型的企业，顶层设计不一样，格局不一样，受益不一样，当然，每个层级都有做到卓越的企业。

3. 品牌心智定位

回到营销上的品牌定位，为了更凸显本质，我们将其称为"品牌心智定位"，它是艾·里斯与杰克·特劳特所提出的定位理论，指的是通过设计公司的产品和形象，在目标市场中占据一个独特的位置，实现区隔化，目标是要将品牌留在消费者的心中，以实现公司的潜在利益最大化。定位的结果就是成功地创立以顾客为基础的价值主张，即给出为什么目标市场应该购买这种产品的一个令人信服的理由。

里斯将定位升级到品类战略，才说到了"定位"的本质，即品类逻辑，品牌 = 品类 + 品牌名。

品牌定位战略中的品类逻辑指的是，品牌应通过有效的差异化与区隔，开创新品类，或成为某个品类的代言词，品牌和品类一旦产生捆绑，就完成了品牌的创建。其核心以成为潜在客户心智中的品类代表为目标，通过把握商业发展趋势，发现品类机会，成为心智中的品类代表，并推动品类发展，不断进化，最终主导品类，创建真正强大的品牌。

品类逻辑在数字时代仍然有效。下面我们谈谈需要连接逻辑。

连接逻辑：如果说品类逻辑是纵向深潜，那么连接逻辑指的是横向生长，在深潜的垂直思维下，以水平思维进行补充，增加营销的创造力，通过想象力打开新的市场空间。以豆瓣为例，豆瓣一直坚持着最初起家的"书影音"媒介基因，成了所谓"中国文艺青年"的大本营。进入移动互联网时代,豆瓣的几个有想象力的动作都在有效地横向扩大产品边界:"豆瓣东西"用创意商品导购来进军电商,"一刻"迈入媒体化,降低姿态占据大众用户碎片化时间。正如我们在第 2 章中所言,数字化时代实现的是"连接红利",品类是成功的第一步,但是可以再升级,用连接的基础扩展,甚至变成一家生态型的企业,当然,这是更高层面的战略思维。

数字时代对产品战略的升级

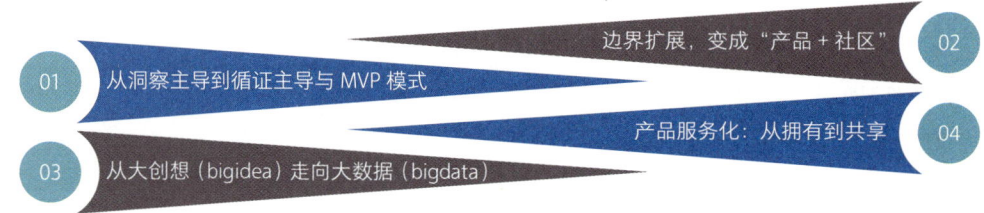

从洞察主导到循证主导与 MVP 模式

产品开发洞察的营销技术不断完善,从最开始宝洁进入消费者家庭的"浸入式调查",到后来购物者营销兴起后的消费者反应调查,再到现在欧洲兴起的视觉性图片、影视调研,技术会增强消费者洞察的精确性。然而,以上这些东西都不能完全保证产品的成功,数字时代的反馈经济使得"循证"成为可能。

所谓循证,其实是一个医学名词,表示某种方法能够被循环证实,比如战略这类东西,要看长周期,无法做循证,然而产品战略却可以。数字时代,我们谈智慧营销(smart marketing)最关键的就是要迅速抓住客户的问题,推出产品,不断做尝试、验证,这种思维就是最几年硅谷产品管理所奉行的精益创业(the lean startup)的思维。

精益创业的产品管理思维的本质是，强调市场测试而不是细致的策划，强调顾客的反馈而不是自己的感觉，强调反复的设计和改进，而不是前期大而全的产品开发，在开发产品时候强调 MVP（最小可行性产品）。我们现在看的美剧其实就是典型的 MVP 操作方式，导演投资剧组先排出前几集，如果市场反应不对，导演立即就改，如果市场反应不好，就放弃启动第二个剧目，通过不断的测试找对市场的感觉。

Dropbox 也是典型 MVP 操作的产品思维，Dropbox 的创始人德鲁·休斯敦在产生产品构想后，在硅谷到处找风险投资人，然而没人愿意投资。后来德鲁·休斯敦编写了一个 3 分钟的视频，这个视频详细、生动地描述了此产品的功能，并设置观看者的评价和询问他们是否愿意使用此款产品，结果一天内有 75 000 人回信，于是德鲁·休斯敦才决定开始做此款产品。目前 Dropbox 公司市值已增至 40 亿美元。MVP 的思维帮助他们先去证实市场，然后再做产品开发与调整，以"实证"的思维提高产品的成功概率，直接颠覆了以前从商业计划书到产品开发、产品上市的思维。MVP 模式会让你的产品管理同时具备想象力与落地性。

边界扩展，变成"产品 + 社区"

移动互联网正将我们带入社交红利时代，在海量同质化产品共存的当下，单靠产品升级已无法有效地增强用户黏性，利用产品开发社区进而聚合社群才能持续获利。百词斩通过图片联想和句子真人读音，动用了用户各方面的感官来帮助背单词，聚集了各个年龄层的英语学习者，形成英语学习社群，随后出售英语学习书籍，进一步有可能进入新型的英语培训。罗辑思维打造了当下中国最大的一个知识社群，利用自身的内容产品黏性来影响以及聚合兴趣相符的粉丝，然后通过限额会员制（收取会费）形成基于共同价值观的交流社区，再以社群基础衔接商家，为品牌提供社会化的推广合作。从这些例子中都可以看到，传统营销的产品已经超越了产品本身的边界，变成了一个" offering+ community"的模式。数字化技术、物联网的兴起，使得产品可以差异化的维度增多，原有的产品和服务之间的边界模糊，使得产品力可以在跨界与想象力的拼接中爆发，如 Google 可以进入汽车行业，耐克和苹果共同生产出新一代跑鞋，辉瑞的药丸也可内置程序。

从大创想（bigidea）走向大数据（bigdata）

产品以前依赖于"大创想"，即营销战略家的有效洞察，但是消费者的比特化痕迹让大数据开始取代大创想发力。Express Scripts Holding 公司发现那些需要服药的人常常也是最可能忘记服药的人，因此，它开发了一个新产品：会响铃的药品盖，并且会自动进行电话呼叫，以此提醒患者按时服药。Infinity Property & Casualty 开始研究黑暗数据（dark data），黑暗数据的定义是，那些针对单一目标收集的数据，通常用过之后就被归档闲置，其真正价值未能被充分挖掘，在特定情况下，这些数据可以用作其他用途。该公司用累积的理赔师报告来分析欺诈案例，通过算法挽回了 1200 万美元的代位追偿金额。

美剧《纸牌屋》于 2013 年 2 月第一季开播以来迅速风靡全球，并保持持续的热播热议。实际上，提供商 Netflix 当初在并未看到这部电视剧任何一个画面的情况下，已经订购了《纸牌屋》的两个完整剧集（共有 26 集）。为什么 Netflix 会如此笃定呢？原因就在于这家公司拥有由 2900 万名订阅用户的收看习惯和偏好所组成的庞大数据集，得以利用数据挖掘和算法来为自己提供一种优势，因此 Netflix 深知有多少人正在观看凯文·斯贝西和大卫·芬奇的电影，也知道有多少人喜欢看政治惊悚片。如果受众人群足够大的话，那么获得《纸牌屋》的独家首播权就是很有意义的。

产品服务化：从拥有到共享

全球前 10 大创业企业中有 3 家是共享经济领域的企业。共享经济全球市场规模几乎每年都以接近 90% 的速度增长。美国是共享经济的最早实践者和最成功的应用者，以一家房屋共享企业 Airbnb 和一家汽车共享企业 Uber 为例，这两家企业被认为是美国共享经济模式最成功的代表。它们诞生后的飞速发展，给传统酒店业、出租车业带来了革命性的推动和颠覆性的改变，也让人们看到了共享经济在未来的巨大潜力。据 AC 尼尔森统计，2014 年全球共享经济的市场规模已达到 150 亿美元。预计到 2025 年，这一数字将达到 3350 亿美元，年均复合增长率达到 36%。从狭义上讲，"共享经济"是指以获得一定报酬为主要目的，基于陌生人且存在物品使用权暂时转移的一种商业模式。共享经济是对"沉没"闲置资源的社会化再利用，是将熟人之间的共享关系推向陌生人的经济形式。"零"边际成本、商业化信任和社会化互联是共享经济的三大驱动要素。

移动互联网是共享经济之所以得到释放的重要前提。这些背后的支撑要素主要反映在：第一，全民移动化，尤其是服务提供者开始接入移动互联网，打开共享经济的前端供给；第二，移动支付的普及性，移动支付随着移动互联网的应用而普及，支付的全面应用成为保证共享经济平台的便利性、中介性的最重要条件；第三，动态的反馈机制对管理的支撑，共享经济平台提供了供给方与需求方的互相评价机制、动态定价机制，成为共享经济发展的最佳注脚。共享经济平台作为移动互联网的产物，通过移动 LBS 应用、动态算法与定价、双方互评体系等一系列机制的建立，使得供给方与需求方通过共享经济平台进行交易。

目前就全球范围来看，以"共享经济"的思维做得比较成功的要属 Uber 和 Airbnb，主要体现在出行和住宿两个维度。实际上，依照共享经济的思维，我们认为还有不少商业领域存在可以实现战略创新的机会。我们将这些可以共享的资源分为六类，它们分别是：设备共享、空间共享、技能共享、品牌共享、信用共享、时间共享。

第一类是设备共享。这里大家自然想到的是以交通设备为基础的 Uber，其实还可以包括高端的摄影器材、游艇甚至是私人飞机，这些都可以被纳入共享的范围。我们的一位朋友目前正在健身房这个领域进行创业，持有他公司发行卡的客户只需一张卡，便可以在与其联盟的所有健身房进行健身，将闲置的资源使用最大化。

第二类是空间共享。在酒店式的租赁业方面，由 Airbnb 在市场上占据主导地位，而共享经济同样正在渗透办公租赁业，它主要满足的是办公短租租赁者的需求，其中提供办公场地租赁服务的 WeWork 刚获得 3.55 亿美元融资，估值高达 50 亿美元。WeWork 做的事是用折扣价格租下整层写字楼，然后分隔成单独的办公空间，出租给愿意挨着办公的初创企业。除了办公场地，WeWork 还可以为小型初创公司提供办公设施、协作服务，以及其他便利服务。

第三类是技能共享。App"在行"就是共享经济下培训业的具体体现，任何一个在某方面有所建树或有所见解的人都可以在"在行"注册成为行家，这些行家是自由的、不依附于任何培训机构的，而任何想在某方面获得指点的人都可以在"在行"找到自己合适的交谈对象，专业人士可以在闲暇时间将技能和经验出售。另外，最典型的以技能为核心的咨询行业也面临共享颠覆，在本书第 1 章中，我们也谈到了 HourlyNerd，一家成立于波士顿的咨询服务互联网公司，各个公司的咨询顾问可以将自己的技能简历进行上传，当客户有需求的时候，可以依赖你的数据背景有效、直接地找到此顾问，进行业务洽谈和咨询服务。

第四类是品牌共享。品牌共享即公司在品牌做得足够有市场号召力或者大量的品牌粉丝的时候，可以将品牌资源进行一定条件下的共享，实现品牌资产使用的最大化，比如海尔目前扶植创客的新商业模式，品牌本身就对创客以及客户产生吸吸作用。此类商业模式还包括小米，目前以小米品牌为基础，做小米生态圈，让生态圈中的产品共享小米品牌。

第五类是信用共享。目前在金融行业的互联网 P2P 金融更多地是把信息从线下放到了线上，再辅以大数据的手段。实际上金融行业最大的不对称来源于信用不对称，即越不需要贷款的人、资信越好的人信用额度可能越高，但是他们反而可能产生信用闲置，未来完全可以探索如何将这批闲置信用激活，这是未来 P2P 创新的重要方向。

第六类是时间共享。目前快递业的模式大部分是由快递公司雇用全职快递员进行商品配送，这是一个重资产的模式，人力一旦紧缺就会导致快递的延误，影响用户体验。达达快递是基于众包和移动互联网，提供同城即时配送服务的平台，已经开通上海、北京、深圳等数十个城市。采用"人人快递"的模式，每个人可利用每天的行动轨迹，兼做快递员，来解决同城背景下的快递运送，目前已经有 10 万人在平台上活跃，其 C 轮融资 1 亿美元。

数字时代对价格与渠道策略的升级

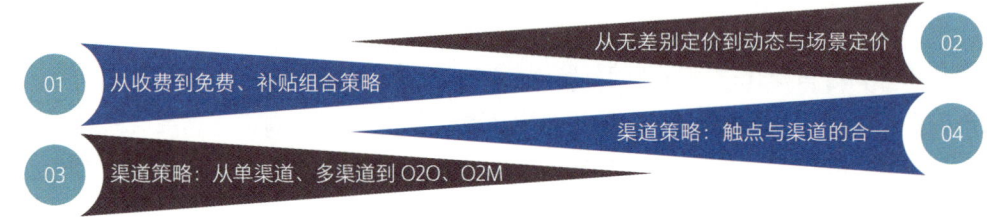

从收费到免费、补贴组合策略

"免费"这一概念的提出者虽然是《长尾理论》的著者克里斯·安德森,但是 20 世纪 90 年代硅谷大量的互联网科技企业早已使用,安德森把企业可以使用的"免费"策略分为六种模式,分别是:免费增值模式(freemium)、广告模式(advertisement)、交叉补助模式(cross-subsidies)、零边际成本模式(zero marginal cost)、劳务交换模式(labor exchange)以及礼品经济模式(gift economy),实质上这六种模式可以简化为三种,即前三种:免费增值模式——最典型的是 360 杀毒软件,对全体客户免费,但对增值服务收费;广告模式——最典型的是 Google、百度、腾讯,收取注意力经济的费用或点击费;交叉补助模式——最典型的是吉列的刀架与刀片,刀架已贴近成本价卖出,但是刀片变成盈利池。

安德森虽然提出了免费的各种模式,但是并没有直接揭示出"免费"策略的本质,"免费"策略的本质是什么?我们认为一句话可以概括——"基于客户资产的商业模式创新",所谓客户资产(customer equity),就是企业所有客户终身价值折现现值的总和,即客户的价值不仅是当前通过顾客而具有的盈利能力,而且包括企业将从客户一生中获得的贡献流的折现净值,把企业所有客户的这些价值加总起来并折现。基于客户资产,企业可以通过深挖、转卖、合作、交易等各种经营方式来变现价值,增值模式、广告模式、交叉补助模式只是客户资产的一种经营方式。

互联网时代是一个"融合经济"的时代。在融合经济下，行业、企业之间的边界越来越模糊，造成了只要你拥有客户资产，可以通过自身延伸和合作的方式向其他行业、企业渗透，腾讯渗入电商、阿里渗入金融都是这个道理。在这个战略本质的指导下，"免费"就是很好地吸纳客户资产的方式，一旦吸纳成丰厚的客户池，就可以用商业模式的创新来盈利，比如说抓住长尾客户以及在原有客户资产的基础上采取"阻隔式嵌入"，即排他性地推出自身的盈利业务，如吉列的刀片。

在这个"基于客户资产的商业模式创新"的策略的指引下，企业可以做的何止是"免费"，甚至可以"倒付费"，最典型的莫过于滴滴出行，倒付给客户打的费用。

我们看到的大多数涉及"免费"行列的企业为互联网行业，这源于互联网属于"边际非稀缺产品"，即一个产品一旦用一个起始固定成本生产出来后，就可以无穷复制而不需要追加任何成本，也就是边际成本趋于零。那对于传统企业，有无可能完全"免费"，或趋向于"免费"？

我们觉得传统企业完全"免费"，还是要回归上面提到的本质：有没有可能在基于客户资产的前提下创新？具体来讲，传统企业可从如下四个维度进行策略思考。

思考维度1：免费后，我们可以把客户变为用户吗？

"用户"与"客户"最大的区别是"用户"能与厂商奠定持续交易的基础。如果企业能把客户变为用户，则可以考虑使用"免费"策略，比如IT行业，已经形成了"三驾马车"式的拉动方式：硬件开始趋向低盈利甚至是零盈利，以附件加软件作为高盈利点。在互联网行业，资本界对企业的估值一般参考用户数量，比如一个用户按30美元算，优质用户大概在120美元，这意味着企业如果能捕获到用户，120美元成本下的硬件可以免费送给客户，从其他附件、软件中挣钱，这些是传统家电行业可以采取的转型方向。通过"免费"把"客户"转为"用户"还有一个典型的案例是西湖，西湖景区免费对公众开放后，游人增多了游览次数，2012年旅游总收入为1392亿元，比开放前增长5.64倍。

思考维度 2：免费后，我们可以把自己变成平台或端口吗？

当我们回顾商业史上的争夺，最核心的争夺一直在于"端口"或"平台"。商业地产本质上卖的是"人流"，然后过渡到"点击量"时代 PC 互联网，再到争夺"用户时间"的移动互联网、可穿戴性设备。一旦变成"平台"或"端口"，可以做各种深化客户价值的经营活动。以云南省经济拉动策略为例，云南政府圈出了 7 个省的人群作为目标消费者，对团队旅的航班进行补贴，扣掉成本后基本等于免费，但是正是采取这种策略，2013 年云南接待游客 2.44 亿人次，其相关的各种总收入逾 2000 亿元。最近拜访一家著名的连锁经济型酒店集团，我们也商讨过这个问题，是否可以将其覆盖目标人群进行价值深化，做成一个酒店对周边零售、餐饮、旅游各项活动的平台接口，从酒店转换为"生活商圈接口商"，一旦有后面作为利润补给，酒店的房价可以更"经济化"，实现共赢。

思考维度 3：免费后，我们可以形成信息载体吗？

这种思维的本质是企业把自身产品和服务媒介化。比如一家生产打火机的企业，每个打火机的平均生产成本为 0.6 元，其售价定为 1 元。它可在打火机上为一家餐馆打上广告，然后把打火机同时卖给餐馆和打火机的最终消费者，每个打火机向餐馆和打火机的最终消费者各收 0.5 元，或者每个打火机收餐馆 1 元，再由餐馆免费送给打火机的最终消费者。Kidzania 是一个新儿童社会乐园，儿童在这个乐园中可以体验社会中的角色，如医生、交通警察。Kidzania 的盈利模式目前正在从门票收入转向广告收入，每个社区中的设施如飞机模型都需厂商提供赞助费以展示。

思考维度 4：免费后，我们可以形成阻隔型嵌入吗？

"阻隔型嵌入"指通过免费形成其他竞争者进入的障碍，在此基础上获得排他性，然后推出自身的盈利业务。除了吉列之外，比较典型的案例还有瑞典利乐公司，在设备上利乐将其免费赠与或租给消费品厂商，获得排他资格后，其利润区在单个使用的利乐包上。几年前，我们给龙腾卡做战略顾问时也采取了这种策略，龙腾卡是全球最大的机场贵宾厅服务的整合商，其主要的直接客户是银行，银行再推送给其贵宾客户。我们和龙腾卡共同设计出一套针对银行客户的用户数据系统，帮助它们数据化地分析其贵宾客户的使用状况、行为习惯。这套分析系统由龙腾卡免费提供

优步基于客户需求进行动态定价

给银行,一旦嵌入后,银行数据沉淀越多,对其高端客户的行为习惯就能越了解,就越能帮助银行开展深化高端客户服务的工作,龙腾卡通过增值服务与竞争对手形成战略壁垒。

在数字连接下,企业的定价方式要从以前的直接受益,转化到"直接受益、关联受益、延伸受益、衍生受益"这四个维度的组合,这不仅是定价模式、营销模式的改变,也是商业模式的改造。

从无差别定价到动态与场景定价

作为营销组合 4P 中的重要组成部分,定价是 4P 中唯一能带来收益的因素,而在传统的定价模式中,往往由企业依据内部定价政策单方面进行,价格具有一定的固定性和无差别性,但随着数字化时代背景下商业逻辑的不断演进,传统定价模式势必会给人一种单薄或片面的感觉,因为它无法满足日益变化的供求变化。为了满足因不同因素产生的需求变化,更多样化的定价策略就会随之产生与应用。由于移动互联网的随时可触性,"动态定价 + 场景定价"成为定价策略的新模式。

2012 年年初,出行平台优步(Uber)位于波士顿的研究组发现,每到周末凌晨时分便会出现大量的"未满足需求",这是因为此时大部分司机已退出系统,而恰恰同时有一批刚结束周末狂欢的乘客刚刚准备回家，于是造成了瞬间的供求关系不平衡，导致用户在最需要用车的时候却叫不到车。为了应对这类问题，优步尝试着在这样的时间段适当提高每次乘坐的单价，仅仅两周后，它就得到了正向的反馈，在供求关系不平衡时段的提价行为使得叫车服务的供应量增加了70%～80%，几乎满足了2/3的"未满足需求"，这说明出行叫车领域的供应量的弹性非常大，对价格进行提高后，司机确实更有动力守候在午夜时分。此后，优步将动态定价的算法（surge pricing）正式应用在任何高峰时段。

优步官网是这样解释它的定价机制的：当Uber平台上的车辆无法满足大量的需求时，将提升费率来确保用车的需要。若使用需求过高，Uber平台上的车辆较为有限，那么更多司机会由于提价及时加入。这样的定价背后其实是经济学中最基础的供求曲线模型：从供求曲线来看，需要与供给一直处于相对平衡又在持续变化的状态中，平衡点会随着空间、时间、地域甚至人的某种需求上移或者下降，而任何一个定价策略都是为了满足供求平衡而存在的，也只有在供求发生不平衡时，才产生商机。

换个角度看，优步定价法则的独特之处，同时也是最不同于传统定价法的地方在于，它做到了同时兼顾时间、空间、天气、路况等多重场景维度的变化，通过大量的数据提取、高速的数据加工、建立大规模的计量经济模型和数据库从而完全达到实时反应，从而实现不同场景下定价的"量身定制"。在场景中，所有可以进行定价的价格都不再是价格。

渠道策略：从单渠道、多渠道到O2O、O2M

从传统时代到数字时代，我们可以将渠道策略演进的轨迹总结为图2-15。

单渠道阶段：单渠道销售是指渠道宽度，它是选择一条渠道，将产品和服务从某一销售者手中转移到顾客或者消费者手中的行为。单渠道策略通常被认为是窄渠道策略，而不管这一条渠道是实体店，还是网店。例如以往，一台洗衣机的销售遵循着"工厂——一级批发—二级批发—三级批发—零售店—顾客"的单一渠道方式完成销售。

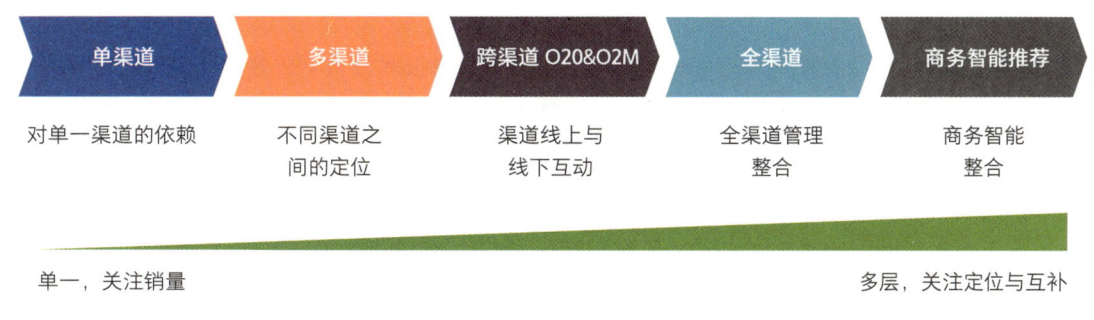

图 2-15 销售渠道演进图

资料来源：KMG 研究。

多渠道阶段：多渠道是指企业采用两条及以上完整的零售渠道进行销售活动的行为，但顾客一般要在一条渠道完成全部的购买过程或活动。例如老板烟机采取线下实体店和线上商城相结合的零售方式，部分型号的抽油烟机在线下进行销售，特定型号放在互联网商店零售，线上线下针对不同的人群特点，产品的定位、价格会有不同。

跨渠道 O2O&O2M：跨渠道指的是多种渠道交互完成销售流程，通常每条渠道仅完成销售的部分功能。在数字时代，更加突出的是线上和线下的互动合作，线下了解产品，线上订购，然后通过线下店铺自提或者快递完成销售。随着移动互联网和智能终端的普及，更直观的体现是移动端和线上的交互。例如，京东到家整合了多家连锁水果专卖店，客户可以在任一家水果店选择想要的水果，在手机 App 上下单，最终店铺把水果送到客户家中。

全渠道阶段：全渠道是指企业采取尽可能多的销售渠道类型进行组合和整合（跨渠道）销售的行为，以满足顾客购物、娱乐及社交的综合体验需求，这些渠道类型包括有形店铺（实体店铺、服务网点）和无形店铺（上门直销、直邮和目录、电话购物、电视商场、网店、手机商店），以及信息媒体（网站、呼叫中心、社交媒体、E-mail、微博、微信）等。例如，顾客在决定购买一部智能手机的时候，可能通过网络、线下门店、服务体验中心、社交媒体评价等方式了解产品，购买时可以选择官网、淘宝网店、线下购买等多种渠道，售后服务可以选择邮寄修理、线下门店等方式。

商务智能整合：商务智能整合指的是在高度发达的网络信息技术背景下，企业和消费者高度沟通，数据共享，沟通成本大幅下降。在这种情况下，销售的发起点可能不只是企业，而是消费者本身。消费者可以通过各种渠道将需求信息传递给对应的企业，企业为之生产出相应的产品，或者企业通过消费者共享的数据批量定制符合特定族群需求的产品。消费者和企业的选择将是相互的，主动权也进一步向消费者倾斜。

跨渠道和全渠道的设计给CMO对渠道的管理形成了巨大的挑战。在KMG的咨询实践中，大多数企业表示设计全渠道、多渠道其实并不难，真正的难点在于不同渠道之间的利益如何协调，尤其是拥有加盟商和经销商的企业，它们面临着"去不去中介化"的窘境。

与前些年线下与线上井水不犯河水的时代不同，当今电商的威胁直接带到了传统零售业的门口，如今有一个新词——商品展厅（showrooming）。商品展厅指的是消费者在零售店挑选商品，然后在网上购买的消费行为。对于传统零售来讲，不拥抱线上是逆时而行，拥抱线上又好像是背后受敌。在这种窘迫的情况下，作为传统零售行业，究竟如何实现线上和线下的共生呢？下面我们总结出四种典型的共生方式。

第一种：基于渠道的产品异化的融合（channel-specific assortments）

所谓产品异化，指的是线上、线下提供有区隔性的产品，防止产品让消费者产生直接的对比，从而产生严重的渠道冲突乃至渠道迁移。在这种模式下，通常线下多出售热门商品，线上销售补充线下的产品类，而不是与线下进行销售竞争。企业的这种产品差异化供应又可以通过多种形式发生，比如产品供应节奏的不同步、品类供应的区隔。从策略上看，基于产品异化的融合本质是通过不对称回避冲突,目前多被经销渠道层级较多的企业采用。

1. 产品供应节奏的不同步

我们以耐克为例,耐克自有的线上商店销售以过季、打折商品为主,线下实体店主推新季上市商品,二者正是互补关系。对于新上市的产品,耐克线上商店会有广告链接,但是在上市初期不会有线上零售。

Nike 线上商店

2. 产品品类供应的区隔

线上、线下产品品类区隔的方式,已经被众多商家采用并实施,能在一定程度上防止价格敏感型消费者从线下往线上转移以及缓和线下与线上的渠道冲突。例如,BENQ 在线上供应的品类就和线下有型号区隔,避免了消费者在实体店里用手机比价,它还专门对实体店中的手机比价客户设计出一系列防御性产品,这种产品的价格甚至低于线上。对于 BENQ 线下零售商来讲,最关键的策略是首先区分进店客户的类型(是价值客户还是价格敏感客户),然后用相关的进攻型或防御型产品促成当场的交易。

第二种：基于购物体验 / 消费附加值的融合 (in-store experience &value-added)

理智产生推论，情感制造冲动。线下零售要锁定客户并直接推动交易，就要提供与线上不同的购物体验，提供消费附加值。这种附加值可以是"消费者即时拥有"的情感价值，也可以是线下会员俱乐部、增值服务的理性价值。从策略上看，基于购物体验 / 消费附加值的融合的本质是"用即时体验助推即时交易"。

1. 服务附加值的彰显

苹果电脑的线上、线下价格差异为 5% ~ 8%，但是线下仍然是强劲的销售渠道，其关键在于相应的配套服务。Sephora 用科技手段把线上和线下的购物体验融合在一起，在其实体店内提供 Skincare IQ 服务为消费者测试皮肤，并基于消费者的肤质和关心点为其挑选适合的商品。此外，Sephora 还和 Pantone 合作制造了一款叫 Sephora+PantonerColor IQ 的设备，用 Pantone 的色彩捕捉和测量技术，扫描消费者的表层皮肤，然后匹配官方的 Pantone SkinTone 号码，进而从 Sephora 上千种不同品牌的粉底中科学、精准地选取粉底。Sephora 的这种系列服务使得线下变成顾问中心，卓越的线下即时服务体验能刺激消费者即时的购买冲动，从而弥补线下的价格劣势。

2. 店内利用数据驱动开展营销

店内利用数据驱动开展营销也是促成即时达成的方法。时装零售品牌 C&A 在巴西的一家专卖店开发了一个 Facebook 应用，消费者可以通过此应用浏览该品牌当季的款式，并对喜欢的款式点"赞"。这些"赞"与圣保罗的一家专卖店里衣架上的实时计数器同步，显示线上点"赞"的人数，因此消费者可以在线下看到哪些款式是线上评价最好的，共有 880 万人参与了这一活动，在刚开始的短短几个小时内就有 6200 条回复，并在网上被提及 1700 次，而在线下的实体店里，被"赞"次数较高的款式也比 C&A 以往任何的款式都售罄得更快。线下零售可以使用数字技术增强线下体验，让这种体验产生"乐得逛、乐得试、乐得购"的效果。

盖璞（GAP）最近推出了名为 "Reserve-in-store" 的服务，这种 O2O 模式让消费者在网上预订，而最近的实体店为其保留两天时间,以鼓励消费者到实体店试穿、取货,从而促使消费者多花时间在店内,当消费者进店后,往往购物比线上更多。

3. 增强店内分享的体验

增强消费者在终端的分享体验也是促成消费者情绪化决策的要点。LensCrafters 留意到消费者在试戴镜架时很难看清自己的模样,因为他们没有戴着合适度数的隐形眼镜。为此,LensCrafters 安装了数字镜子,根据消费者的高度,镜子从三个不同的角度拍照,甚至在消费者脸上打光。消费者可以通过触摸屏翻看照片,还可以通过 Facebook、Twitter 和邮件与亲友分享照片。对消费者而言,高质量和个性化的照片在服务体验中是很独特且很有价值的,这也大大提高了购买的可能性。独特的购物体验通过社交媒体迅速传播,消费者的即时体验感会增强且被放大,有效刺激当场交易。

第三种:基于方便获取性的融合 (convenient accessibility)

固定面积和位置的实体店具有一定的地域局限劣势,城市的交通问题和人们对时间的紧迫感,使得消费者对商品可获得性的要求越发苛刻,远距离的店铺和排长龙的结账队伍会大大降低消费者前往实体店购物的欲望。基于方便获取性的融合,是指在目标消费群集聚的场所充分利用消费者的碎片时间,如人们在地铁站等待乘车的两三分钟,为消费者提供购物的便利性。

1. 扫描即得

针对线上价格便宜、服务便捷的优势,线下实体商店必须缩短购物便捷程度上的差距。零售巨头沃尔玛(Walmart)在这方面就做得比较好,它为移动购物应用优化出一个"店内模式"(in-store mode),还在一些连锁店实施了"扫描即得"(scan-and-go)功能,该功能可以让消费者跳过结账的步骤,只需要用手机扫描商品即可。

作为传统零售企业,特易购(Tesco)和 Cencosud 率先在韩国和智利的地铁站里设立虚拟货架。

消费者只需在上下班的路上，在地铁站的虚拟货架上扫描商品的二维码，所选商品就会被添加到虚拟购物车中，并在购物结束后，用智能手机进行支付。当支付成功后，如果订单是在晚上 7 点前下的，市内某些区域可以保证商品当天到达。美国的线上杂货配送公司 Peapod 凭借一流的快递到家服务快速发展，于 2012 年年底也推出了二维码移动购物墙。沃尔玛和宝洁等公司也陆续采用二维码提高其销售的便利性。二维码手机购物大大迎合了工作忙碌的白领阶层的生活方式，而这种技术的采用也使营销中重要的两个 P——"推广传播"（promotion）和"渠道"（place）有效合一。

2. 实时地点技术 (leverage geo-point technology)
智能手机的普及使得消费者可以将自己的即时位置与周边商业零售结合起来，这种应用在未来有广泛的市场，可以帮助零售商走出被动等待的局面，对目标消费者进行主动出击。

2011 年第二季度，星巴克（Starbucks）在美国 7 大城市推出 MobilePour 服务。消费者在路上走着突然想喝咖啡了，只要通过 Mobile Pour 手机应用，允许星巴克知道其所处的位置，点好想要的咖啡，然后接着走到想去的地方，不一会儿星巴克的工作人员就会踩着滑轮车前来送上所点的咖啡。The North Face 针对超级粉丝群推出一个 App，消费者只要逛街时 500 米内有其零售店，该应用就会像闹钟一样响起，提示消费者可以进店体验，移动支付与移动电商会形成未来零售的一大亮点。

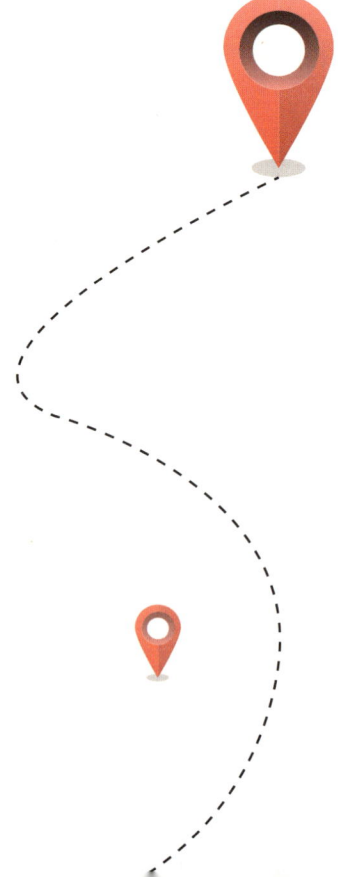

第四种：基于渠道功能互动的融合 (omni-channel integration)

过往零售商普遍把渠道区分运营，如今要走向全渠道融合。虽然常说线下为线上提供体验，但一些行业的线上销售，如传统的服饰和时装零售商，通常占整体业务较小的比例（约10%），反而有助于提高实体店的销量。网站和促销电子邮件不仅为线上产生业务，而且为其线下带来客流。基于渠道功能互动的融合，是指把所有渠道的功能结合起来，以提供更集中、更全面的消费者体验。

1. "网战 + 巷战"的组合

2013年年初，苏宁提出"店商 + 电商 + 零售服务商相结合"的云商模式，由集团统一采购，不再区分线上、线下。消费者可以在门店下单，由电商送货，或者在线上下单，到附近的门点提货。按照张近东的说法，苏宁要走"沃尔玛 + 亚马逊"的模式，这种模式要将苏宁打造成O2O平台，线上、线下同价，线上获取消费者线索，线下体验，利用全国1700多家门店，完成最后一公里的服务与配送。

其实美国的沃尔玛、百思买、家得宝等早在几年前就已经开始实现线上与线下渠道功能的融合，线上与线下两个平台共同销售。其中家得宝还在其官网上提供全国每家分店的库存信息，消费者在网上浏览后，输入邮编，可以查询指定产品在该邮编地址区域附近的所有分店的库存信息。

无论是平台型零售商，还是制造型零售商，如家电企业，都可在此基础上利用信息技术，形成"超级店 + 社区店 + 网点（PC+ 移动）"的渠道布局。

2. 融合真正的难点：利益调节

随着智能手机普及所带来的"即时商务"成为现实，在未来的零售中，线上、线下之间的边界会更加模糊，相互渗透融为一体，无商不电，无电不商。对于传统零售企业来讲，可以考虑的融合方式很多，最大的难点不在于技术，而在于渠道乃至模式背后的利益分割。对于自己拥有零售渠道的企业来讲，线上、线下融合，经销商的利益怎么保证？应该怎么设置合理的考核体系？价格体系如何设置？这些问题都是牵一发动全身，涉及企业资源配置与机制调整的转型。

零售商塔吉特（Target）推出了线上、线下的同价策略，同样这样做的还有百思买和苏宁。这些企业的实体渠道多为自己直接投资控制，因此实现同价相对容易。在难以实现线上、线下同价的时候，另一种办法是实现利益共享。在欧洲，C&A 鼓励线下店的员工提供卓越的服务，并让他们登记消费者的联系方式，该消费者随后在线上的所有购物都算入该实体店的额度，同时实体店给线上返还一定的点数。这种模式也叫网下联盟（offline affiliates）或"逆向 O2O"（Offline to Oline），凡是在线下通过拍摄二维码而访问线上所产生的购买，线上给线下的零售店进行分成，使得多方获益。调节好线上和线下的利益分配，是企业转型、线上和线下共生的真正开始。

3. 渠道策略：触点与渠道的合一

如果说传统营销时代注重的是渠道的选择，那么企业在数字营销时代则更应该关注如何获得更多与消费者接触的触点。因为在数字营销时代，渠道将会成为触点中的一部分，二者将渐渐合二为一。这意味着所有能够让消费者到达品牌的触点都可以直接变成购买触点，所有和消费者接触的点，无论是户外广告、网络视频，还是大 V 的微博、二维码，都可以成为直接的销售渠道。消费者对品牌、产品、价格、口碑等信息的获取，可以在不同时间、不同地点进行，可以不受限制地通过线上、线下或者"并存和双跳"的方式，这将打破现有线下实体店、线上网店的单行单选的状况。特别是移动互联网全面覆盖后，智慧城市、智慧社区、智慧楼宇的全域覆盖，使得消费者决策路径变得更加丰富、重叠和动态。社群触动、线下体验、社区服务、线上搜索、口碑验证等，每个环节都有支持无缝链接、多向互转的基础设施。这种基础设施必将进一步培养这种消费习惯。消费者要做的只有一项：在哪个环节或场景下单。场景即渠道，触点即渠道，数字化战略要保证与客户的 360 度接触点的畅通。关于数字化的到达，我们在第 3 章会进行深入的分析。

数字时代对品牌策略的升级

从价值导向到价值观导向

产品要有痛点,更要有观点,这就是营销 3.0。数字时代的产品,除了要能抚慰消费者痛点之外,更要有其自身独特、鲜明的观点。在个性化需求当中,消费者对产品品牌价值观的需求取代了以往对产品功能的需求。大量定制化产品进入市场,由消费者个人决定产品的特质,而在具有相同功能的产品中,消费者更倾向于选购其认同的价值观的品牌。美体小铺(The Body Shop)以五大核心理念(社区公平贸易、反对动物实验、唤醒自觉意识、维护人权、保护地球)闻名于世,以绿色、平等的原则获得了大量消费者的认可。传统时代,企业营销围绕着"价值"展开,营销以"选择价值、传递价值、交付价值"来形成一个系统,而在数字时代进行魅力管理,将以"营销价值观"展开,"价值观"比"价值"对消费者来讲更有意义。Roseonly 卖的还是花吗?它卖的是一种"价值承诺",用顶级的玫瑰和服务,承载专一的爱情,定制"一生只送一人"的理念,吸引了广大明星和高端消费群。

在商业世界中,热爱客户意味着企业必须为客户提供良好的价值,努力打动客户的情感和精神,只有这样才能赢得他们对品牌的忠诚。神经学家唐纳德·卡尔曾说过:"情感和理智之间的主要区别在于,情感会引发行动,理智会引发推论。"由此可见,消费者做出购买决策以及忠于某品牌的行为在很大程度上是受情感影响和支配的。

例如，金宝汤公司在乳腺癌宣传月中把产品包装改成粉红色，此举极大地增强了销售影响力。由于购买汤料的消费者主要是妇女，而乳腺癌又是女性在情感上非常关注的问题，因此公司针对女性消费者的销售取得了巨大成功。在营销过程中，强调消费者情感呼应远比强调理智分析更能产生销售回报。

从劝服者到互动者与赋能者

在 2010 年以前，品牌是在严格控制下被培养并保护的资产。在品牌战略中，CEO 与 CMO 可以通过定义、设计品牌，并将品牌的价值单向传递给客户。品牌给予目标客户巴甫洛夫式的刺激（条件反射）。数字进化改变了这一切，数字时代的品牌是将品牌转化为平台的合作而不是资产杠杆。社会性品牌与粉丝和追随者联合制作吸引人的体验让消费者参与。通过这种方式，社会品牌是一个互动的平台或开放的生态系统，消费者在持续进化中发挥着积极的作用。通过社会协作目标人群的实时反馈机制，社会品牌能够在市场中更有组织性、更有效。

2011 年，英国（社会品牌机构源头）开始发布其社会品牌排名 TOP100 榜单，涵盖了所有行业，也为品牌提供了基准的社会绩效。一个社会品牌采用以下三个基本原则进行排名：
◎ **双赢关系**　注重与所有利益相关者交流时的公平和价值公正。
◎ **积极倾听**　监视社交网站上的对话，然后采取及时的行动。
◎ **适当的社会行为**　提供一个一致的品牌，是令人信服的、诚实的、真实的和透明的，承认每个社会群体的特殊礼仪。

2013 年的社会品牌排行已经涵盖了很多行业，排名前 10 的都是著名的组织，比如美国航空和乐购，同时也有一些创新公司像果汁行业。我们可以从社会品牌排名前 100 当中学到很多帮助建立自己组织中的数字集成之路。

按照腾讯集团高级副总裁刘胜义的说法，移动互联网连接了人和一切，首先，品牌需要从说服者（persuader）向促成者（enabler）转变；其次，因为连接了各类服务，移动互联网已经让网络从"touch points"变成了"cash points"，品牌必须更多地关注用户的整个购买流程，形成营销闭环；最后，移动互联网进一步加剧了"去中心化"的趋势，营销渠道的运用变得更加灵活（agile in distribution），品牌必须具备更加敏捷的决策和执行流程，为用户提供更加快捷与定制化的服务。

从硬性广告到内容与数据营销

在信息泛滥的时代，受众可以接受并消化的信息是有限的，传统信息自上而下的传播方式已经难以打动消费者，相反，善于"讲故事"的方式，善于做内容营销，善于将社交媒体的热点与品牌信息进行"拼合"，则显得尤为重要。因此，从定位到"定位＋联想群管理"尤为重要。定位理论的产生源于一个核心假设：在工业化时代的信息爆炸、单向传播的背景下，企业要强化自己在客户心中的地位。它假设传播中企业是主体，因此定位的策略就是通过单一化的信息，不断地进行重复，以时间的函数在消费者的心智中形成其独特的定位。

而在数字时代，很多信息甚至是有魅力的信息都是客户自身产生的，可能是在特殊的时点从与企业不相连的事件中产生的，而高明的营销人员能将这些信息纳入自己的传播、互动中，形成企业自身的魅力点。试看一下索契冬奥会的开幕式上主办方节目中五环旗漏失一个环的乌龙，奥迪、小米、杜蕾斯用有趣的嫁接方式，将其做成了自身的传播信息。小米内部也有一个机制，就是每周员工坐下来讨论有哪些新的话题可以联想到小米品牌。数字社交时代，创造性地进行即时的"联想群管理"将是提升企业"魅力"、差异化竞争对手的重要手段。

除了内容层面，在数据营销驱动的传播层面，也要实现改变。在营销的广告投放决策层面，开始从经验驱动到算法驱动过渡。以前广告投放决策的关键在于预算分配和进程的管理，广告媒介的购买大多依赖于经验和仅有的单一数据。但如今，大数据技术开始全面进入展示广告领域，RTB、

PMP、DSP 都开始出现，此时机器学习和数据算法即将取代经验。营销人员可以建立模型，并用逻辑回归的方式建模预测；通过机器学习的方式，对模型进行参数调优和升级。建立 DMP 和 DSP 平台后，企业只要输入需求和预算，系统就可以自动进行程序化购买。当然，目前整个大数据程序化购买产业在中国兴起的时间不长，在购买质量上还存在不少问题，未来需要进一步提升算法与投入质量。

品牌性格更重要：魅力经济

魅力经济学，其用英文造成的新词是"likeonomics"。所谓"市梦率"，其本质是公司自身具有极大的人格吸附魅力，吸附大量的粉丝，构成对公司有选择偏好的强有力的客户资产。以前的互联网企业有一个估值逻辑，就是你如果拥有丰厚的客户资产，你的市值自然就高，最典型的如 Facebook、腾讯。而在如今社交网络盛行的时代，客户资产的多寡固然重要，但客户资产的质量，即客户成为公司产品的忠实粉丝、支持者、创造者、宣传者变得更为重要。相对于客户数量，这能够更清晰地判断顾客群的影响力范围和顾客群基于支付意愿的价值总和。在这个背景下，魅力本身就可以产生经济聚集效应。

做过系统品牌战略规划的企业都清楚，公司品牌规划里面有一个核心环节就是公司品牌的"拟人化管理"。通俗地讲，它就是问企业的消费者、利益相关者：如果把企业人格化，它会有一个怎样的特质？它的个性如何？它属于哪个阶层？通过对这些问题系统进行设计，勾勒出公司的人格化特质，形成品牌魅力，以方便与消费者在品牌上达成共鸣，典型的企业如哈雷·戴维森，有粉丝在其下葬时竟然也要拉上哈雷摩托一起掩埋。在数字时代，由于第一战略是"连接"，造成品牌个性、魅力经济更为重要，它直接反映到连接的节点多寡与效率上。

我们可以从企业品牌魅力管理中看到一个现象，那就是 CEO 走向前台。在数字时代，CEO 能否从组织内部走向组织外部，与客户直接沟通，也是魅力形成的关键。CEO 要变成客户 CPO（chief pleasant officer，惊喜官），要成为直接和客户打交道的人，CEO的个人魅力已经成为企业魅力的重要要素。乔布斯就是成功的CPO，很多消费者与其说是"果粉"不如说是"乔粉"，当然，对于新的苹果CEO库克来讲，其核心的挑战远远不在于产品，在于如何建立后乔布斯时代的CEO魅力。

企业如何寻找自身的人格化魅力？创造魅力最简单的方法是将企业当成人，为公司创造个性，持续不断地沟通，让企业具有差异性。根据社会心理学家荣格的研究，人类在历史的发展过程中存在着一种集体潜意识，这种社会性的集体潜意识寄托了人类社会早期的崇拜和吸引的图景源泉，荣格把这种集体潜意识叫"原型"（archetype），原型的作用力在于能够引发人们深层的情感。世界各地所发现的神话和原型之所以流传千百年，不断起作用，是因为它们反映了人类探寻生存意义的永恒道理。

彼得·沃尔什（Peter Walshe）基于对原型和企业人格相互关系的研究，按照"安乐（well-being）—挑战（challenge）"以及"稳定（stability）—改变（change）"将组织人格的原型划分为10种，包括朋友、母亲、国王、智者、英雄、叛乱者、性感女郎、逗趣的人、梦想家、少女（见图2-16）。举例来讲，LV、卡地亚所塑造的人格是一种典型的国王人格，整个沟通格调呈现出统治者的控制力；耐克、柒牌这类企业，它们所凸显出来的是一种"英雄"的人格魅力；宝洁于2011年后开始转向塑造"母亲型"的人格魅力；同样，叛乱者人格魅力的典型是维珍、乔布斯时代的苹果，无论是他那则著名的《1984》广告，还是后来回归后"再一次改变一切"的宣言，无不渗透着这种张力。

在数字时代，魅力点的选取与传统时代不一样。在传统时代，大部分企业都在"稳定""安乐"这两个指标渗透下的人格原型中发展魅力。比如玛氏、联合利华、可口可乐，它们锁定的人格中都有"朋友"这个关键词，比如我们上文中提到的"国王人格"的LV、卡地亚甚至是微软。而在数字时代，这些人格原型显得不够"湿"，不够"水平"，不那么"鲜活"，不那么"富有缺点的人

图 2-16　企业人格原型图谱

资料来源：Peter Walshe.

情味"。数字时代本身就是一个"颠覆式的时代",在这个时代中,我们会看到企业人格的魅力点将转向"挑战"和"改变"这两个维度,向其中一个维度靠拢的企业经过精心策划也许有少许魅力,但绝不会"魅力无敌",而向这两个维度同时接近并表现强烈则可能"魅力无穷"。罗辑思维的"有趣",特斯拉的"反叛",正好对应了这两个指标交叉下的"逗趣的人"和"反叛者"。

数字时代对客户服务策略的升级

从客户关系管理到社会化客户关系管理

传统的 CRM 策略已经不能适应现在的社会媒体,一个 CRM 系统要做到综合使用数字技术、自动化和同步销售营销、客户服务与技术支持。它允许公司管理的神经中枢与当前和未来的客户交互。20 世纪 80 年代末,CRM 已经成为一个营销组合的核心元素。它帮助组织管理其业务关系和与它们相关的数据及信息。CRM 使用销售、营销和客户服务将客户参与的生命周期及销售转换。

相比之下,社会化客户关系管理(SCRM)正处于起步阶段。图 2-17 强调了 CRM 和 SCRM 之间的一些差异。

鉴于其增强客户体验的能力,SCRM 是新的营销常态的一个重要组成部分。

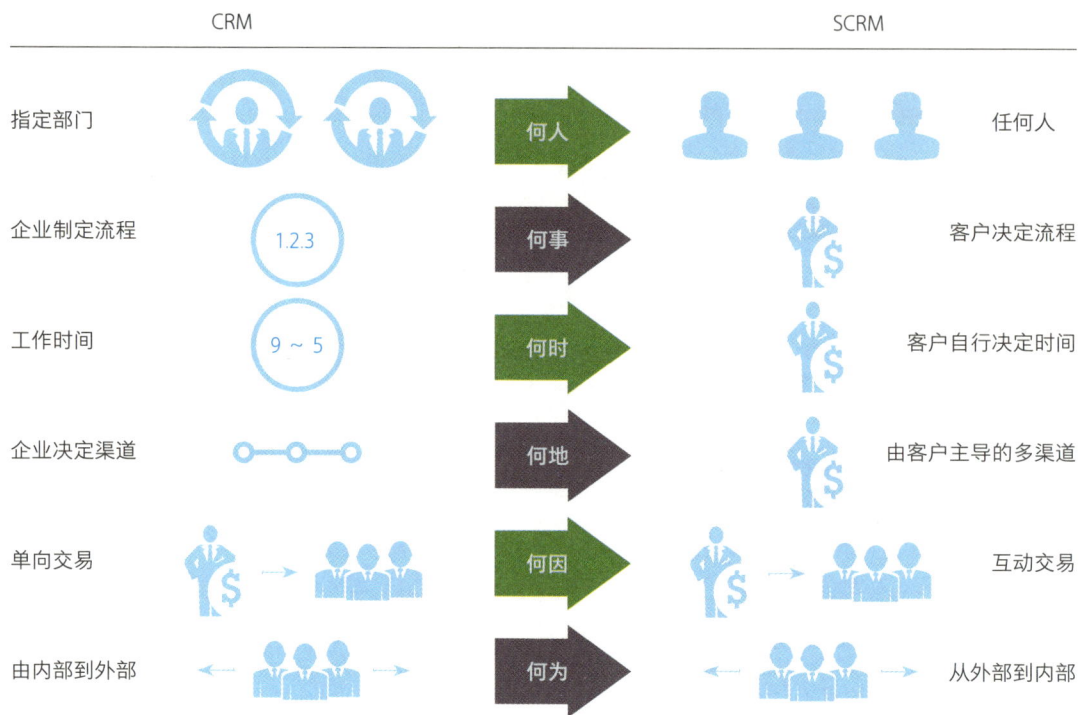

图 2-17 客户关系管理 vs. 社会化客户关系管理

资料来源：KMG 研究。

在传统的公司中，客户服务部只是一个部门，负责处理客户问题。SCRM 重视客户服务功能，提供卓越的客户服务的概念。SCRM 关注"正在做对的事"和计划"做对的事"。它是关于期待、倾听、快速响应客户需求的方式。SCRM 用这种方式帮助组织提高客户体验。

◎ 89% 的消费者已经停止和一家具有糟糕客户服务的公司做生意。
◎ 如果问题是关于价格和服务的，客户有四倍的可能去对手公司。
◎ 55% 的消费者将为给更好的客户体验支付更多。
◎ 客户保留水平增加 10% 导致公司价值增加 30%。

从客户服务代表到全员工参与

在传统营销时代,客户服务除了指在客户购买过程中所接受到的服务,剩下的可能最多的就是售后的电话客服服务,以及定期、不定期的 DM(direct mail,投递任务)。企业专门设有和客户对接的客服人员,即便如此,企业和客户在除销售以外的接触点是非常单一的。设计部门、研发部门、营销部门都无法直接和客户接触,无法知晓他们的体验和需求,各自为战。

在数字时代,发达的网络、移动设备和社交媒体,在为传统客服人员提供更多服务渠道方式的同时,也给企业的全员工参与到客户服务过程中提供了契机。例如,企业中的技术团队可以在社交媒体上建立个人微博,建立公众号,成为技术领域的意见领袖;可以为客户直接提供对应的技术问题解答,并同时通过自身的影响力发布与企业相关的微博,为企业提升知名度。

从客户服务代表到全员工参与这种转变的意义在于使企业的资源使用率可以最大化,使原本一小群人做的事情变成整个企业一起来做,将企业连接成一个整体,力量更加强大,用力点更加集中;从企业竞争防御角度来说,由于客户服务的全面性,使企业在面对竞争对手对客户营销时,由于和客户接触的员工更多,服务更加立体,防御手段同时也变得更加全面。

从以流程为核心到以对话为核心:体验管理

传统营销的核心关注的是如何高效、低成本地完成销售流程,企业更加关注的是如何用更好的产品满足现有客户已有的需求。关注流程可以使得这一目的更容易达成,但同时造成的问题是缺乏与客户的交流。这样的后果是,企业大多数时候只能解决已有的问题,而不能关注那些没有被满足的需求。数字时代的核心则从流程转移到了与客户对话上。企业将需要更加关注如何接触到它们的客户,如何与之建立联系,如何顺畅交流,从而更加了解客户那些未知的需求。

在当今以消费者为中心的数字时代，客户体验已经扩展至涵盖所有客户与供应商关于产品和服务的接触点，从最初的购买所有权到维修等。

对于组织，客户体验策略的原则是传递一致的价值给客户。这里有七个特征属性，有助于提高产品和服务的有利的客户体验：
◎ 目标　产品或服务是否帮助消费者解决一个想要或需要达到的目标？
◎ 功能　产品或服务的功能、价格和质量是否达到或超过预期？
◎ 可用性　客户使用产品或服务的难度如何？
◎ 情感　对个人有意义的是顾客的体验吗？
◎ 期望　相对于最初的品牌承诺与竞争对手，它能否满足客户的期望？
◎ 一致性　能提供一致的和可靠的价值吗？
◎ 员工互动　售后客户服务能够达到或超过期望吗？

从这七个特性中的一个或多个反馈中，可以反映出一个客户对给定的产品或服务的大概印象。

从 2010 年 TARP 数据分析可以发现有很大一部分 (40% ~ 60%) 的客户不满意，不是由于员工错误或态度产生的，而是因为产品和服务不符合预期、营销沟通不畅、设计不良等。此外，员工往往没有有效地帮助解决这些问题。

甲骨文公司针对全球 1300 名高管的调查信息显示：
◎ 93% 的高管表示，客户体验是他们未来两年的三大重点工作之一；81% 的高管认为如今传播一个好的客户体验需要有效地利用社会媒介工具。
◎ 是什么让客户爱上品牌？73% 的高管说友好的客户服务，55% 的高管同意这一观点。
◎ 89% 的高管在受到极差的服务后选择其他品牌，25% 的高管发表在 Facebook 和 Twitter 上，79% 的高管抱怨得不到解决。

客户体验变得越来越重要，其评价标准却不一。这里有三个流行的测量标准：

- 美国顾客满意度指数　美国企业年度调查客户投诉、忠诚、与产品相关的行业预期以及质量和价值。
- 净推荐分数　它是一个评级系统，公司的成绩如何取决于客户回答："有多大的可能性你会把我们的公司推荐给你的朋友或校友？"
- 客户影响指数　一项调查包括的相关问题如"需要多少必需的努力才能与某品牌产生同样的影响？"

如何通过对话化解危机

营销革命最核心的是在"社会化的关系互联"中聚合、发生、变革，换句话说，以前消费者更多地感觉企业的营销是企业对个人（group to person，G2P），而现在因为有数字媒体，如 Facebook、微博，使得消费者可以横向连接，企业营销变成了企业对企业（group to group，G2G），消费者对企业的讨价还价能力大幅增强，甚至消费者可以联合起来一起对抗企业，这就是公关环境改变的背景。

企业在社交媒体时代已经像渔网里的鱼一样，大部分都暴露了出来，企业发言人刚在主流媒体上否认，结果不到 1 秒钟微博上就有真相曝出来，内部人到处都是，突发性与爆破性太强，无法预测下一个炸弹在哪儿。对于这种信息趋向高度对称的时代，企业危机公关也要学会"利用消费组群"，投资与建立起自己的支持部落，把危机公关从"企业 vs. 消费者"转移到"支持力量的消费者 vs. 不满客户"。

菲利普·科特勒最近把一个案例引入他的新版教材，这个案例的主角是戴夫·卡罗尔，他在乘坐联合航空从加拿大去美国加州的时候，看到自己的吉他被行李员像"扔链球"一样装卸，导致损坏。为表达不满，他创作歌曲《联航损坏了吉他》并上传至互联网。短短几天内，这段歌唱视频的点击率超过 60 万次，它产生的巨大的社会影响力让航空公司不得不低头认错。在这个案例中，如果我们将情境复盘，联合航空应该怎么办？公开低头认错吗？那就是传统危机公关的思维。联合航空应该让自己的支持组群去做辩护者，让两个端口的消费者对话，引导"拥护者"站出来，同时也可以即时组织一首歌曲，嵌入损坏过程并进行幽默地道歉，以此回复那些不满的消费者，让整个回应过程变得"轻松有趣",这就是"湿营销时代的公关",要有趣,要引导自己的拥护族群说话、表达。这个时候,CRM 要变成管理实时客户(managing real-time customer,MRC),时时的互动非常重要。

这里引出了很重要的一点,传统营销向数字尤其社会化营销转型的关键是营销角色的转变——从"影响消费者"到"帮助消费者表达",从"品牌主体创造内容"(brand generated content)到"客户创造内容"(users generated content)。我们去很多企业中调研,看它们怎么做,结果它们做社会化媒体就变成了做微博,做微博就变成了每天固定发贴,见不到半点效果,因为它们的客户服务与品牌信息没有"对话"。

从客户分层管理到核心圈层与社群管理

传统的客户分层管理可以按照高价值客户、潜力客户、大众客户以及潜在客户四类进行划分,也可以按照年龄、性别、收入、社会阶层、文化程度、使用习惯、消费档次、地域、行业、风俗习惯、民族、国家、对某产品要素的敏感度(如价格)、使用周期等方式进行划分。这种客户分层管理的目的是通过不同指标对顾客价值进行归类,以方便企业做营销决策的时候能够更有指向性,更加高效地分配有限的营销资源,但是这一方法在数字营销时代因为核心圈层管理的出现,变得越来越不重要。

所谓"圈层"就是对特定社会群体的概括,有时候也称为"部落"。正如"物以类聚,人以群分",圈层就是某一类具有相似的经济条件、生活形态、艺术品位的人,在互相联系中形成的一个小圈子。而数字时代移动互联网使得相同属性的人可以更容易地进行彼此交流,从而加速圈层的形成,不同属性的圈层也越来越丰富。那么,圈层管理就是在众多圈层中,选择与企业自身营销定位最接近的圈层,定义为核心圈层,投其所好,进行精准营销。

一般来说,圈层管理的目的有以下三个:①品牌信息的有效传递和客户面的扩展;②借助口碑使得品牌认知度更趋于一致;③作为一种客户维系手段促进客户长期多次购买。企业要通过把原有

的点交易上升到线关系和面效率,通过一个拥有良好使用体验的消费者,形成对其周边购物人群的有效影响,即营销从"B-C 模式"转化为"B-C-C^n 模式"。

在圈层管理中,为了激发口碑与参与度,建立社群显得尤其重要。企业可以通过与其客户共同搭建交流社区,让客户成为这一社区的核心。引导客户在这个社区中发表意见,提出建议,这些观点都可以变成企业对产品、供应链、渠道选择的重要改革点。例如,小米公司在早期还没有手机的时候,建立了 MIUI 爱好者的社区,让用户决定 OS 的功能,一起改进 MIUI,打造了当时最好用的中文安卓系统之一,为后来的手机上市积累了大批的潜在消费者;小米手机上市后,也建设了基于各款手机的专属社区,吸引用户讨论,倾听用户对下一代手机的期待,牢牢地让消费者和企业连接在一起,保持高用户黏性。

再比如全球领先的专业航拍无人机制造商——大疆科技,在其社区的功能设置上除了包含一般企业社区所有的售后服务、问题反馈等功能板块之外,还设置了专门针对无人机航拍的专业教程以及定期的客户活动板块。用户可以在这里分享自己的航拍摄影作品,和兴趣相同的粉丝分享自己使用大疆无人机过程的经历、游记等;大疆还经常举行无人机航拍摄影比赛,在线下举行各种"以机会友"的官方活动,引导客户增加对无人机的应用场景,使之变成一个常用摄影设备,而不仅仅是一个"高级玩具"。这些服务都增加了用户与企业的交流,使企业未来设计出更符合用户习惯的无人机,同时让用户对企业更有身份认同感。

第 3 章
4R 之 Recognize
消费者的数字化画像与识别

KMG 数字化营销战略路径图

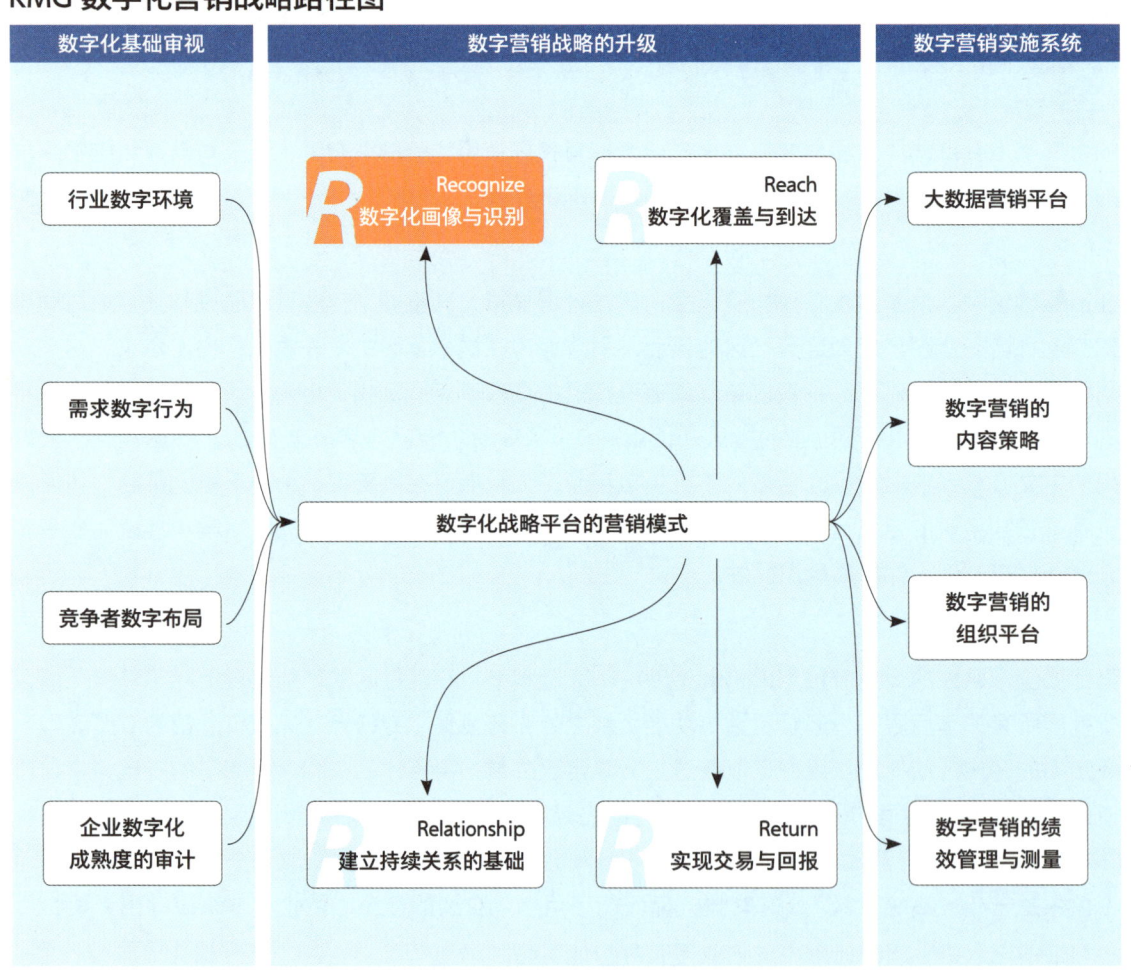

数字营销战略模式与 4R 实施框架

在第 2 章中,我们从 CEO、CMO 和其他高管的视角,结合 KMG 的实践经验,系统论述了数字化时代营销战略思维应该如何升级。我们从数字化战略平台的营销模式谈起,谈到传统 STP 战略的变化、4P 的变化,如产品策略走向了共创导向;价格策略变得动态化、情境化、免费化;数字化使得物理渠道和虚拟渠道之间的界限消失,多渠道整合成为关键;出现了价值观品牌以及媒介上 DSP 的投放策略兴起,我们仅在第 2 章中就谈了 30 多个变化的维度,以帮助高管适应数字时代的营销布局。

然而数字时代不仅要在"STP+4P"的思维模式上升级,我们亦需要帮助高管建立一套具备战略性的、可操作的,同时易于理解并精准概况数字营销战略的方法论,KMG 将这套方法论的核心,即数字化战略平台营销模式的核心,总结为 4R,分别是数字画像与识别(Recognize)、数字化覆盖与到达(Reach)、建立持续关系的基础(Relationship)、实现交易与回报(Return)。

◎ Recognize 是第一步,前数字化时代我们主要谈的是目标消费者的整体分析,大多通过样本推测与定性研究进行,而数字化时代最大的变化在于可以通过大数据追踪消费者的网络行为,如对 Cookie 的追踪、SDK 对移动数字行为的追踪、支付数据对购物偏好的追踪,这些行为追踪的打通可以形成大数据的用户画像,这些技术手段与营销思维的融合是数字时代最大的变化。

◎ Reach 是第二步,也是绝大多数参与数字营销游戏企业所实施的一步,以前触达消费者的手段在数字时代发生了变化,如 AR、VR、社交媒体、App、搜索、智能推荐、O2O、DSP 等各种触达手段,是前数字时代完全不具备的,那么如何基于消费者画像来实施触达,各种实施工具的特质是什么,这是我们在这部分要系统论述的。

◎ Relationship 是第三步,它应该作为 Reach 的后续步骤,因为我们发现,仅仅做完前两个 R,并不能保证数字营销的有效性,因为以上只解决了瞄准、触达的问题,没有解决上述营销投资如何转化为客户资产,这其中最关键的一步在于你的数字营销"是否建立了持续关系的基础",而很多社群的建立,可以保证企业在"去中介化"的情境中与客户直接发生深度联系、互动,并且使之广泛参与,这也是目前提到的企业 2.0 形态,亦是菲利普科·特勒在东京会议上提到的"营销 4.0:帮助客户来自我实现"。

◎ Return 是第四步,也是最后一步,它解决了"营销不仅是一种投资,也是可以得到直接回报"的问题,很多企业建立了社群,吸收了很多品牌粉丝,但是如何变现,这是这步要解决的问题。我们提出了很多方法,如社群资格商品化、社群价值产品化、社群关注媒体化、社群成员渠道化、社群信任市场化等操作框架,变现客户资产。

以上 4 个 R 形成一个操作循环,非常适合 CEO 和 CMO 来理解、应用、实施及反馈(见图 3-1)。

图 3-1　KMG 数字营销 4R 实施模式

资料来源:KMG 研究。

什么是消费者画像

本章我们主要谈第一个 R，即数字化画像与识别，它的内涵包括消费者画像以及将这些画像放入情境中，有效描述消费者的旅程。对这些元素的有效理解与深入洞察，能帮助 CEO 和 CMO 有效理解客户的需求、痛点、甜蜜点，为之后制定有效的营销战略打下坚实的基础。

概念起源

一直以来，如何更好地了解客户以实现可持续的销售、维护品牌的长久存在是营销者孜孜不倦追求的东西。消费者画像便是这种追求的产物。从用户画像（persona）概念的提出到今天的大数据消费者画像（customer profile），营销者从未停止对客户洞察方法的探索。[一]

用户画像的概念最早在 20 世纪 80 年代由交互设计之父艾伦·库珀（Alan Cooper）提出。用户画像是从真实的用户行为中提炼出来的一些特征属性并形成用户模型，它们代表了不同的用户类型及其所具有的相似态度或行为，这些画像是虚拟的用户形象。用户画像将人们划分成不同的群体，每个群体内都有相同或相似的购买行为，因为具有共同的价值观与偏好，所以他们对待某一品牌、产品或服务时也会体现出类似的态度。因此，用户画像所描述的是不同的客户群体最显著的差异化特点。最初，用户画像只是建立在少量用户的行为数据基础之上，随着数据技术的发展，作为调研对象的用户数量不断增加。如今，用户画像技术被广泛地应用于线上、市场营销和广告领域。

用户画像可简单可复杂，这主要基于客户使用画像的具体目的而定。无论简单还是复杂，用户画

[一] 消费者画像（customer profile）或用户画像（persona）经常都被译为"用户画像"并被视为同一事物，但为了论述方便，我们在本书中将以"用户画像"一词表示 persona，而以"消费者画像"一词表示 customer profile。

像最核心的功用在于帮助企业明晰是什么因素驱使不同的用户群体购买或使用该企业的产品与服务。在营销中，用户画像经常与市场细分（segmentation）的概念合用，代表着某一个细分市场的典型客户，它帮助企业或政府更好地理解用户及用户诉求，与其进行有效沟通。图3-2所示的是一个用户画像所包含的基本方面，有人口统计层面的，有个人兴趣爱好、行为习惯、相关的需求与目标等，通常也会借用一个真实人物的形象来代表该类典型形象。

图3-3所示是美国政府官网（USA.gov）的用户画像。USA.gov希望能更加了解民众的信息搜索行为以及信息需求，以更好地为民众提供服务。基于2014年的多方数据采集与分析，USA.gov将其用户分为四大典型类型并建立用户画像。基于用户画像以及民众在寻找信息帮助的过程中常遇到的问题，USA.gov制作出了客户旅程地图并在整个机构内部推广。USA.gov保持着对用户画像的更新，以不断改进服务，吸引更多的民众使用USA.gov。

不难发现，用户画像是为了更好地理解目标用户的行为与需求，它们更多是定性的（qualitative）客户形象。同时，用户画像还具有以下特点：
◎ 借用虚构的用户形象来代表或描述理想的（而非真实的）典型的用户。
◎ 用户画像或客户写真的结论是基于市场调研与已有用户的真实行为的数据搜集，通常会使用小组讨论或专题工作坊的方式，与用户本人直接沟通，进行数据搜集。
◎ 每个产品通常会形成多个不同的用户画像，每个画像描述了不同类型的用户。
◎ 用户画像或客户写真描绘了客户的目标、动机、习惯、喜好，如爱去哪里购物、时间花在哪里、使用何种科技、喜欢浏览哪些网页、是不是居家型等，二者描述用户并试图表述出用户的需求和欲望。

正因为其"定性"的特征，最初期的用户画像或客户写真，主要关注的是客户行为背后的原因而非行为本身，因此，它们更倾向于表达"为什么"（the why），而不是"是什么"（the what）。

基本信息
- 25 岁
- 创业者
- 与朋友合租公寓
- 喜欢发现与学习新事物
- 对新兴公司和新技术感兴趣

行为
- 通过上网（网站、App）来搜索答案
- 针对不同的问题找到专题内容并保持关注
- 会搜索他人的建议以帮助自己找到有用的内容
……

需求与目标
- 通过获得可靠的答案来缩短学习曲线耗时
- 发现非常有用的内容，以满足好奇心

图 3-2　用户画像所包含的基本信息示例

资料来源：KMG 研究。

詹姆士（James）
65 岁
家住得克萨斯州维科市
已婚并育有三个孩子

"我想免费得到关于我个人信用报告的一份打印文件，而不需要我去扫描这份文件。"

处理个人事务型

詹姆士（James）是一位退休教师，与妻子及长子卡洛斯同住。卡洛斯虽有一份稳定的工作，但也背负着不小的信用卡债务。卡洛斯需要买辆新车，想让父亲在贷款协议上为其担保。詹姆士认为他需要在签署担保之前先查一下自己的信用记录，因为几年前他的身份曾被盗用过
因为身份被盗用过，所以詹姆士对诈骗心有余悸。他更愿意直接从政府那里查取信息，因为那是官方渠道。但他不太清楚从哪里查，于是他按照老习惯，当他想要获得关于一个问题的全面的信息时，他会去图书馆。图书馆的工作人员建议他上USA.gov 的网站上去找找看

需求：
- 官方的、可靠的信息
- 关于一个问题的全面的信息
- 获取信用报告和评分的步骤

琳达（Linda）
50 岁
家住佛罗里达州塔拉哈西市
丧父，无子

"不太知道这是否对改善我的现状能有什么帮助。"

搜索或了解常见话题性

琳达（Linda）的丈夫两年前去世了，从那时开始她就需要精打细算以保证收支平衡。她是一个呼叫中心的电话客服，但最近公司裁员，她失业了。她为自己的生存感到担忧，在找到新工作之前她必须拼命地找到财务资助
琳达的一个朋友告诉她可以去寻求政府补助。虽然琳达平时用一台电脑收发 Email 以及上脸书，但她并不着于用其上网搜索信息。她从谷歌上搜索了"政府补助"并点击进入第一条结果。琳达不清楚她可以获得哪些补助

需求：
- 帮助其上网找到想要的信息
- 浅显易懂的信息
- 从政府而来的财政资助，以助其还款

珍妮弗（Jennifer）
28 岁
家住加州三藩市
已婚并育有一女

"我曾经找过政府类工作机会的信息以及如何获得这样的工作的建议。我发现很容易找到这些信息。"

就已知问题寻求详细信息型

珍妮弗（Jennifer）在一家大银行做财务分析，目前正在家休产假，照顾一个月大的女儿，她经常使用 iPhone 上网，搜索关于育儿方面的信息
珍妮弗对于要回到原有的工作环境感到有些恐惧，因为她厌倦了没日没夜地工作。她想找一份新工作，这样便于多些时间陪孩子。她听说联邦政府的工作比较符合她的需求。她在手机上打开谷歌，开始寻找与联邦政府工作机会相关的信息

需求：
- 从手机端便能轻松找到的信息
- 一个关于如何找到联邦政府工作以及雇用流程的简要介绍
- 找到在她所在区域的政府工作的机会

迈克（Michael）
38 岁
家住纽约州伊萨卡市
单身，无子

"我需要从国税局了解一个与税收相关的问题。如果没有人帮助我们解答问题（这些问题其实很简单，国税局的业务人员一句话就能解释清楚），我们怎么知道这些报税表格填得对不对？"

寻找特定机构联络信息型

迈克（Michael）是位汽车机械师，拥有一家本地的汽修店。最近他刚雇用了第一个员工，他想确保下一次报税时他所有的纳税和商业记录是没有问题的
下班后，他喜欢在他的笔记本电脑上打网游。他经常用电脑来玩游戏并处理生意上的事，所以他自诩为电脑技术能手。他通过谷歌来寻求所需要的税务信息，看了一堆结果后却因此而更加困惑了。迈克希望能直接向国税局的工作人员咨询，但他找不到最恰当的联络电话

需求：
- 容易找到并理解的信息
- 得到来自他人的帮助
- 得到他想要了解的税务问题的答案

图 3-3　美国政府官网 USA.gov 的四类用户画像

资料来源：DigitalGov.

概念进化：从"为什么"到"是什么"

消费者画像虽然与用户画像常被视为同一事物，但随着大数据技术的发展，消费者画像又衍生出与普通的用户画像所不同的功效，我们也称其为大数据消费者画像。

所谓消费者画像，即在已知事实或数据之上，整理出的每一个消费者／用户／客户的相对完整的档案。既然是档案，那么消费者画像会含有大量的数字、百分比、平均值、标准偏差、统计比较等。由于每一个抽象出来的用户特征会用一个相应的标签来表示，因此，消费者画像也常被看作关于用户信息的标签化的结果或各种标签的集合。大数据消费者画像带给我们的不是一个具象的人物类型，而是关于所有对象的不同类型的数据所呈现的总体特征的集合。图 3-4 正是对这个概念的一个图形化的表示。

消费者画像可以看成是普通的用户画像的升级。数字化画像与识别好比是美国伊拉克战争中对萨达姆军队的表述，对其军队各项数据的采集并建模，使得进攻行为直接、有效并协调一致。消费者画像是数字化画像和识别中重要的一环，在数字化画像中，既需要按照大数据的计算，通过各种标签还原出消费者的各种特质与轨迹，又需要把消费者放入情景化中，把这些特质的表现串联起来，这样营销战略既能够有数据化的精确，又能有效切入消费者的生活轨迹。

图 3-4 大数据消费者画像概念图
资料来源：KMG 研究。

定义： 数字化画像与识别指的是用数字化的技术表述消费者的各种特质以及这种特质在时间和场景下的集合，帮助营销管理人员精确定义目标消费者，并在此基础上设计营销战略。

画像数据维度的划分方法根据企业的使用目的而不同，但一个典型的消费者画像通常会采用以下这些维度，根据不同的划分角度，这些维度会有重叠的部分：

◎ 人口学特征　如性别、年龄范围、收入、家庭状况、所属行业等。
◎ 生活方式特征　如消费特征，包括消费状况、购买力、消费地点偏好等，还包括美食偏好特征、教育选择、设备使用偏好等。
◎ 线上行为特征　如上网行为特征，包括网站浏览行为特征、邮件使用、搜索行为等，还包括 App 的类型选择和使用特征。
◎ 线下行为特征　还可以是地理位置移动信息如出行规律、商圈级别、差旅习惯等，休闲行为如旅行的目的地、酒店选择偏好等。
◎ 社交行为特征　社交人群、社交习惯（包括线上线下的习惯）等。

图 3-5 展示的是不同品牌的汽车车主手机 App 的应用类型的画像，由此提炼、总结出其不同的特征。图 3-6 的热力图是上海的减肥人群周末线下画像的一部分，大数据画像技术能根据对象的位置移动，推测出其工作地点、居住地以及消费地等信息，企业可以根据这些移动的热力图来更精准地决定广告投放区域。图 3-7 展示的是不同的移动母婴用户线上应用的偏好，通过使用偏好能推测出该类人群的需求特征，企业可以根据这些特征分析分别制定不同的传播内容，选择不同的应用类型作为传播渠道。

数字时代的营销战略

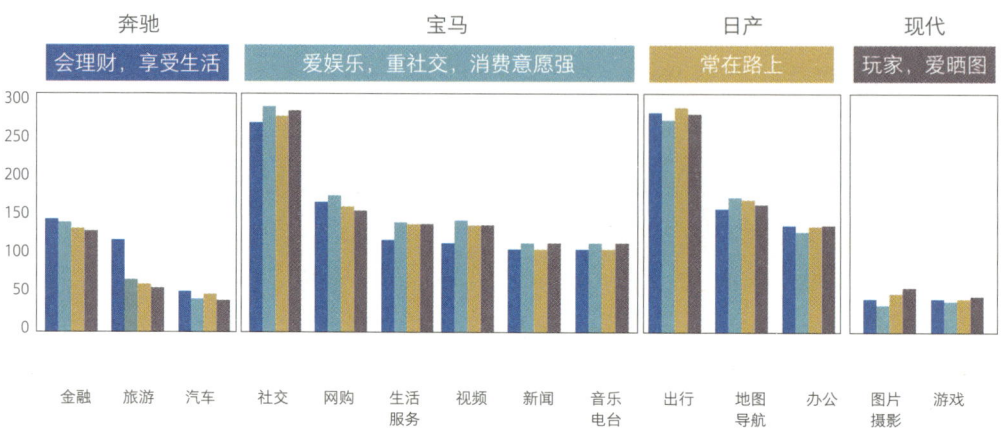

图 3-5　不同品牌汽车 4S 店到店人群应用类型偏好

资料来源：TalkingData.

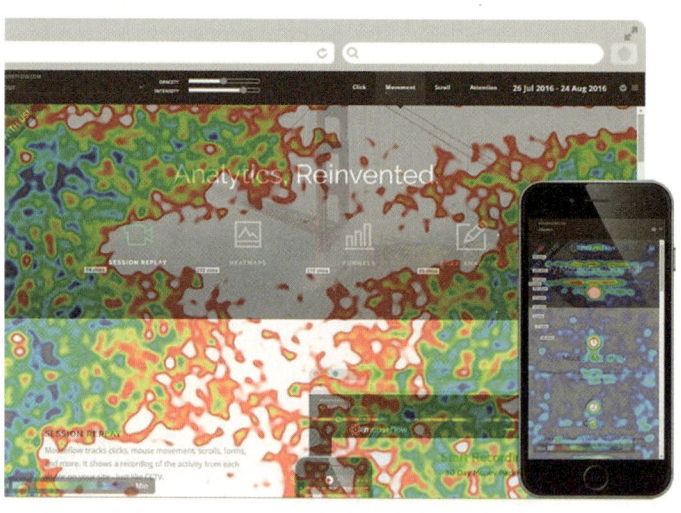

图 3-6　上海减肥人群周末线下活动区域热力图

资料来源：TalkingData.

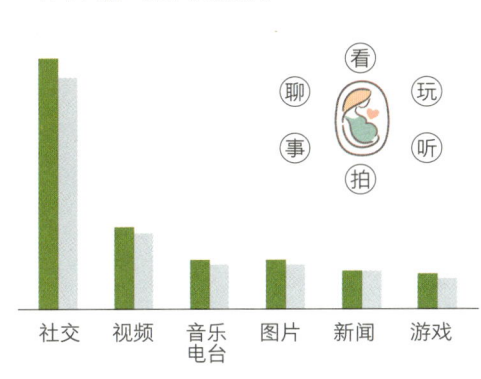 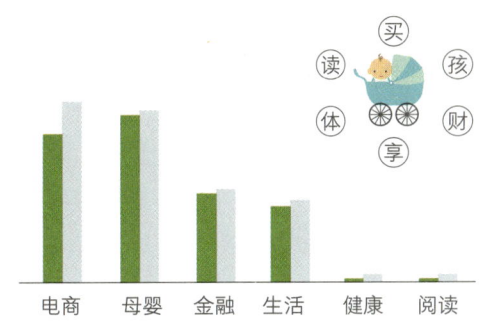

图 3-7　2015 年 11 月移动母婴用户的线上应用偏好

资料来源：TalkingData.

在无处不互联的今天，大数据消费者画像所搜集的数据类型之多、数据量之大，可以用"无孔不入"来形容。让我们将大数据消费者画像看作用户画像的一个进阶版，那么，大数据消费者画像的进化体现在以下几个方面：

◎ 消费者画像呈现的是真实用户抽象后的全貌，而用户画像呈现的是虚拟的典型客户模型。
◎ 消费者画像的数据量极其庞大，不仅样本量相比之前的用户画像上升了一个量级，几乎是全样本的，并且它汇集了每一个用户的各种数据，是方位的数据集合。
◎ 消费者画像的数据来源方式更为广泛，可以来自用户的网络行为数据、CRM 数据、商业数据或第三方数据，这些数据甚至涵盖了我们以前认为与营销根本不相关的方面。
◎ 消费者画像数据获得的方式也不再是以市场调研为主，企业甚至不需要组织小组调研或专题研究，不需要与客户面对面交流即可获得。
◎ 消费者画像不仅描述客户的样式或动机，并且直接展示客户正在做什么，它再现了客户的生活活动。
◎ 传统用户画像是静态的，而大数据消费者画像是动态的，可实时搜集用户数据。

消费者画像会尽可能完整地搜集每一个用户的各种不同类型的数据，因此，与传统的用户画像不同，它已具有了定量（quantitative）的特征，是数据化的，并且是海量数据。定量的特征使得消费者画像不再局限于起初的对行为背后原因即"为什么"的追求，大数据技术的进步使得我们可以回归到行为本身，即关注"是什么"。正是这个"是什么"，为我们提供了预测客户行为的可能性，也正是这个"是什么"，让我们能将潜在客户转化为真正的客户，这是大数据带给我们的"福利"。关于这一点，我们将在下面进行详细论述。

用户画像与大数据消费者画像二者的功用侧重点略有不同。如前面所提到的，用户画像技术可以有效提高企业与客户的沟通效果，该技术能帮助营销团队以及其他利益相关者更好地理解客户的动机与需求，在内部达成一致认知并对外形成具有一致性的沟通，有助于营销团队拟定准确的沟通信息。同时，用户画像还能帮助改善产品设计，提升用户体验。当企业需要找到新的客户或对现有客户进行追加销售时，则会用到消费者画像。基于对现有客户画像的理解，企业从潜在客户群体中便能找到与现有客户类似的"画像"群体，而这些分析都可以通过技术手段自动完成。表 3-1 展示了普通用户画像和大数据消费者画像的一些细微差别。

表 3-1 普通用户画像与大数据消费者画像的比较

	普通用户画像	大数据消费者画像
画像性质	是抽象后的典型特征描述	是真实客户的全貌展现
数据量	主要通过随机采样，数据量有限	可以做到全样本，并且是各方面的数据
数据来源	相对局限，以采样数据、经营数据和市调数据为主	来源广泛，除传统数据来源外，还包括用户的网络行为数据、第三方大数据
采集方式	需要与客户直接接触，以抽样调研为主	可以不与客户直接接触
重点展示内容	主要描述客户行为动机（为什么）	能展现客户行为本身（是什么）
静态与动态	静态	动态的，具有实时性
功用侧重点	设计沟通内容，提升用户体验	确定目标群体，预测营销结果

资料来源：KMG 研究。

大数据消费者画像：大数据时代对营销路径的重塑

根据维克托·迈尔－舍恩伯格与肯尼思·库克耶在《大数据时代》中的观点，大数据时代给人类思维带来的最重要的挑战之一便是：用相关关系而不是因果关系来理解这个世界，知道"是什么"比"为什么"更能有效地解决问题。过去，营销团队进行消费者洞察的主要目的是要找出消费者行为背后的原因，即为什么购买或不购买某个品牌的产品或服务，为什么喜欢或为什么不喜欢，消费者是基于怎样一种观念或态度来决策的，这样的因果推断会成为我们营销决策的重要依据。而以大数据为基础的消费者画像更多的是相关关系分析，在海量数据中发现隐含的相关性，这为我们提供了一种全新的消费者洞察路径。

例如，通过大数据消费者画像，我们发现了很多买了A商品的客户都会买B商品，那么，企业在进行营销活动设计的时候，就会向买了A商品的客户推荐B商品，实现有效的推荐，成功地将潜在客户转化为现实客户或进行交叉销售。沃尔玛就曾利用这种数据发现，将尿布与啤酒放在一起销售，因为销售人员发现年轻的父亲经常在下班后去超市买尿布，而其中三至四成的人也会顺手买上自己爱喝的啤酒；据称亚马逊销售额的1/3是来自其个性化推荐系统，个性化推荐系统便是建立在相关性分析基础之上的；埃里克·西格尔在《大数据预测》中提到，美国某知名订房网站通过用户分析发现，使用苹果电脑系统的用户比使用Windows系统的用户所订的酒店倾向于价位更高的酒店，于是该网站利用这种发现，使酒店排序显示因操作系统的不同而不同。

我们惯于以因果关系如A导致B这样的思考方式来理解外部世界，比如习惯性地将销售业绩好归因于销售和市场营销团队的努力，所以遇到旺年，两个团队可以收获很好的奖金。而第二年一旦业绩下滑，两个团队的奖金也就下降甚至没有。在销售好的年份，我们会说今年的市场推广很有创意、很有效，一旦遇上灾年，我们可能会觉得市场营销做得不够到位。但事实上，销售、市场营销团队在这两年中可能都不曾懈怠，或者都没有那么拼命。

大数据预测是建立在相关性分析基础之上的，因此对消费者画像数据进行相关关系分析，可以帮助我们捕捉现在并预测营销的未来。消费者画像对于营销的意义不仅在于它能帮助我们更深层地理解客户，建立与客户的有效沟通，更重要的是，它能帮助我们跳出原有的思考层面即对行为背后的原因进行探索，回到行为本身，从一个新的层面即相关性层面来认识和理解我们的客户。而预测是建立在相关性分析基础上的，因而，从客户的各类数据中发现隐藏的相关性能帮助我们更准确地找出潜在客户在哪里，客户的潜在需求是什么，并预测其购买行为，实现销售转化，这种分析也同样适用于针对老客户的持续销售。

消费者画像的生成过程

虽然现在有许多公司在开发不同的消费者画像技术，但消费者画像生成的基本过程大致可分为数据采集、数据挖掘、规则挖掘/数据建模、验证、形成画像五个阶段，如图3-8所示。

图3-8　消费者画像生成过程

资料来源：KMG研究。

◎ **数据采集**

首先要结合企业的战略需求和业务目标，找到合适的数据源，如CRM数据、商业数据或第三方数据，并进行数据采集。

◎ **数据挖掘**

（1）数据清洗，去掉不完整的或重复的信息。

（2）用户识别，即确认用户的唯一性。用以识别身份的数据类型包括三类：人口统计身份识别、设备身份识别、数字身份识别（见图3-9）。一个用户拥有多个现实中的身份标识如身份证号、手机号、车牌号等，一个用户一般也会使用多台设备，因此会具有多个设备身份如PC端的IP

地址、移动端的 UDID/IDFA（iOS）和 Device ID/AdID（Android），同时，这个用户还会在网络上为获取各种产品与服务而建立不同的账号，如新浪微博用户名、QQ/微信号、论坛用户名、电子邮箱账号等。因此，需要辨识出不同身份背后是不是同一个用户，将多个身份进行"归户"。用户识别是非常基础而重要的步骤，完成这个步骤，才能实现基于个人、基于场景的个性化营销。

（3）对有效数据进行分类，这是对数据的第一层分类，目前比较多的分类是静态数据（或事实性

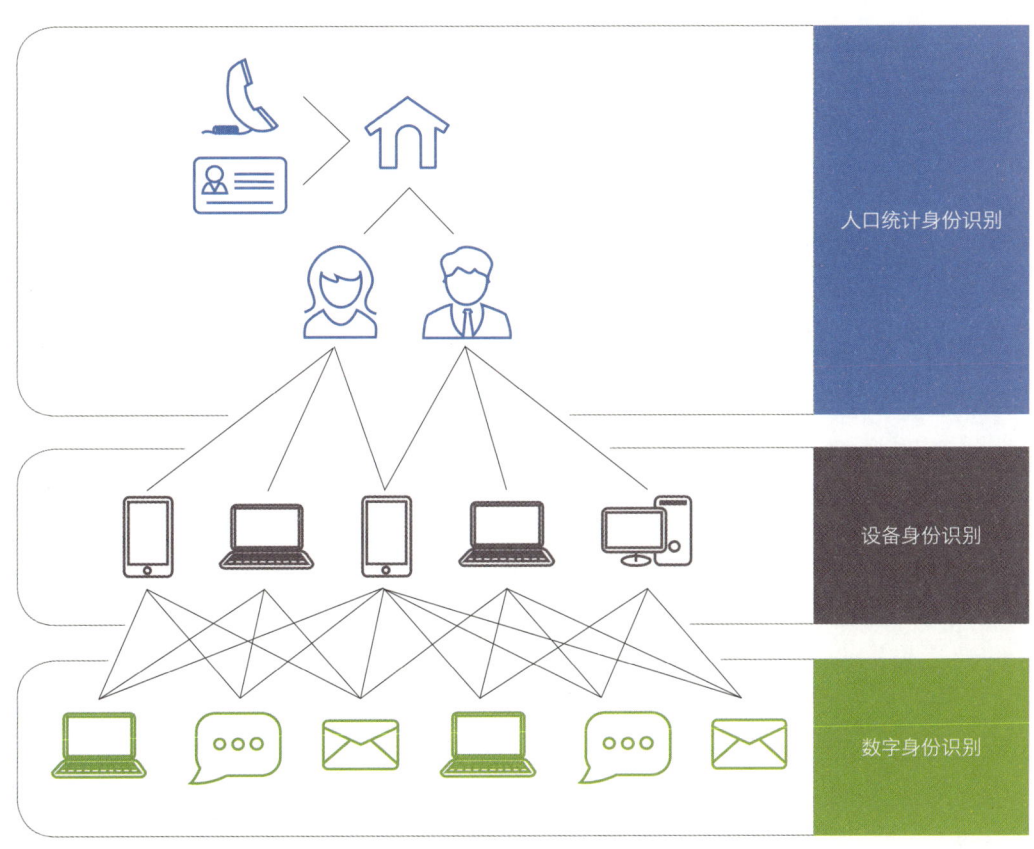

图 3-9　三类用户身份识别

资料来源：Merkle.

数据）与动态数据（或行为数据），如图 3-10 所示。静态数据展现的是客户的人口属性、兴趣偏好等，如顾客 A 喜欢吃某个品牌的巧克力。动态数据展现的是客户的行为动作，如顾客 A 在哪个时间段浏览了什么网页并购买了什么商品。

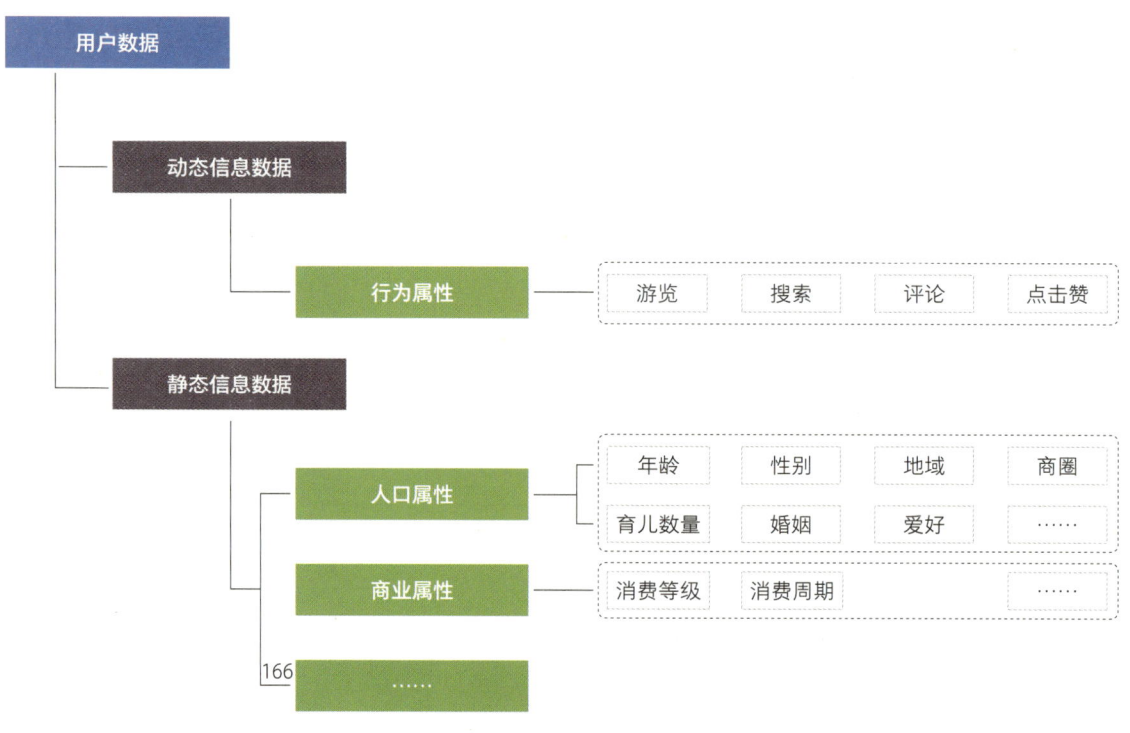

图 3-10　用户静态数据和动态数据示意图

资料来源：KMG 研究。

（4）建立标签和权重体系。我们常说的打标签其实就是对人、物、事或场景的显著特征的分类、提炼、总结的过程。标签化是精准营销或个性化营销的必要前提，有助于我们更好地洞察与理解消费者需求、行为。有了标签体系，之前繁杂的海量数据才能转化为可落地的数字营销方案。标签化主要是通过信息技术让计算机自动识别、提炼各种对象的特征来实现。权重是对程度或概率的一种量化，表示用户发生某种行为的概率或需求、偏好的程度，同一个动作发生在不同的地点、不同的时间，产生的权重可能不一样，而客户针对同一商品或事件的不同行为反应，也会产生不同的权重。

◎ **规则挖掘／数据建模**

采用聚类和关联规则、逻辑回归等方法，对各种数据进行分析，发现数据间的相关性。如通过分析发现客户 A 经常在某个网站购买牛奶，或者说该客户如果要购买牛奶，90% 的时候会在某个网站购买。一个用户的数据可能会产生多个乃至几十个相关性规则，因此对大数据分析后可能会发现成千上万的相关性规则。

这一步骤也可以是数据建模，即根据客户的行为特征构建相应的数据模型。以电商用户为例，通过建模可以知道哪个用户在哪个时间、哪个网站采取了什么样的网络行为。

◎ **验证**

对所挖掘到的相关性规律或数据模型进行验证，以保证所得到的模型或相关性分析准确抓住了用户的特征，因为只有经过验证的模型才能正确预测营销结果。例如，分析发现客户 A 每到周末就会去较贵的餐厅用餐，假设在过去三年的周末外出用餐中，客户 A 有七成是在较贵的餐厅用餐，那么，我们必须验证这样一个发现不是偶然。验证的方法多种多样，在此不再赘述。

◎ **形成画像**

经过验证，将那些偶然的相关性发现或不能准确反映现实的数据模型剔除掉之后，用剩下的模型组成消费者画像，企业便可以为目标客户打上各种标签，了解具有某类标签的客户的渠道使用偏好、商品购买偏好等，并应用到营销决策中。

由此可见，消费者画像的形成过程就是将这些碎片化的海量数据进行整合，还原给我们一个最为真实的客户，而不是根据经验预判所理解的客户。所以说，消费者画像是我们进行营销决策的重要依据。

大数据消费者画像的优势/特点

相对于传统的消费者洞察,大数据消费者画像是全景式的、透明性的、高精度的、动态化的。

全景式:从抽样到"全样本"

过去,消费者洞察的主要手段是市场调研,无论是定性调研还是定量调研,面对数量众多的目标客户,都需要进行抽样调查,通过样本去考虑整体。而采样的方式、问题的设计、信息的筛选都会直接影响到结果的偏差程度。这种方式高度依赖人的经验和判断力,需要人在没有获取数据之前就必须先预设好部分假设。

而大数据时代的消费者画像,可以面对更多甚至全部用户,处理的是与用户相关的海量数据。与之前的采样分析相比,消费者画像所处理的样本量之大,大幅减小了统计偏差。虽然通常情况下,市场调研无法做到"全样本",但正如被誉为"大数据时代的预言家"的维克托·迈尔-舍恩伯格所言:"大数据是指不用随机分析法这样的捷径,而采用所有数据的方法",大数据消费者画像采用的是"所有数据"进行分析,这种海量样本相比传统的随机抽样能更完整地代表复杂的集体多样性,我们权且将其视为"全样本"。由于消费者画像采用的是大样本,这就使得我们能洞察到在原来极为有限的采样情况下无法看到的细节,如小众群体的存在及其行为特征,而小众群体的需求往往是一个利基市场的开始;大样本分析也使得我们可以发现那些激发我们想象力的关联性,所以沃尔玛将尿布和啤酒摆在一起销售,而通常情况下我们是不会有这样的联想的,但大样本的消费者画像可以让我们发现更多潜在的价值。图 3-11 很形象地展示了抽样与全样本的差别。

透明性:多层次、多维度

如前所述,由于信息技术的发展,尤其随着移动互联网的普及,消费者画像能采集到的数据维度非常广泛,不再局限于静态数据或简单的动态数据如交易记录等。一个用户在过去某个时间段内

抽样

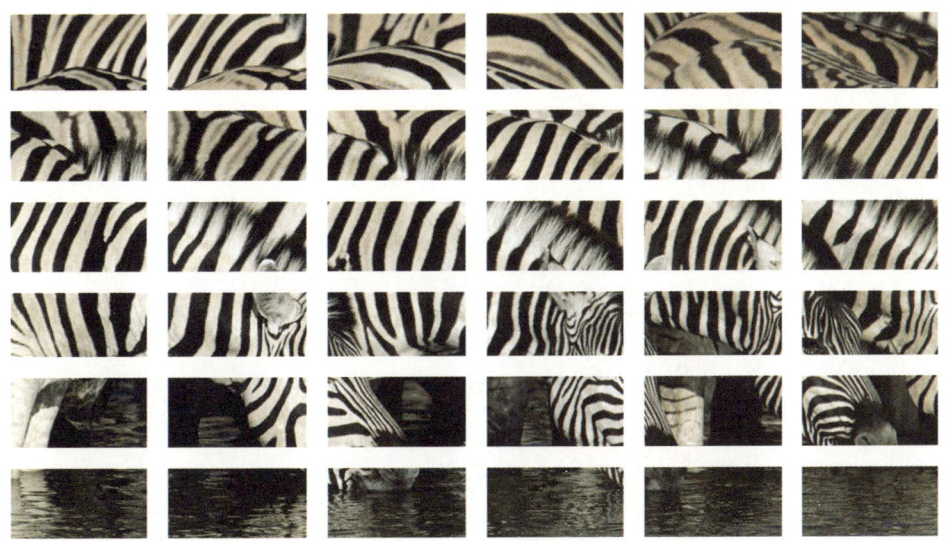

全样本

图 3-11 抽样与全样本的差别

资料来源：KMG 研究。

数字时代的营销战略

所有的移动记录、App 使用记录、社交记录甚至其在社交媒体上表现出来的情绪等统统被采集。因此，大数据消费者画像根据使用需要，可以从各个维度来呈现出消费者的全貌而不是局部。京东通过消费者画像，为其用户列出了 300 多个标签特征，而海尔集团的消费者画像则分为 7 个层级、143 个维度、5228 个节点用户数据标签体系（见图 3-12）。

图 3-12　海尔的 360 度消费者画像

资料来源：孙鲲鹏《大数据"用户画像"》。

大数据消费者画像意味着在手段合法的情况下，企业可以尽可能多地了解到客户的几乎所有相关信息，消费者画像将客户变成了透明的人。

高精度：精确的深层次洞察

大数据消费者画像解决了传统采样调研中所存在的与精度相关的两个问题。

其一，主观因素对结果精确度的干扰。 众所周知，无论是问卷调研、焦点小组或者专题工作坊，都需要预先设定好问题，虽说专业调研者会尽量避免带有主观倾向性地进行访谈，但毕竟在小组访谈或工作坊的过程中，调研方有人为的组织和引导。此外，被访者对访谈者的印象与配合度都会受到主观因素的影响。因此，调研所获得的结果其实是调研对象在预设的环境中带着可能会影响答案的真实性的主观因素给出的答案。但大家都明白一个道理：与其听他说什么，不如看他做什么。在一个没有预设的环境中，"样本"不需要与采访者面对面，人是自在的、放松的，人的行为比在有预设环境中的人的反应更为真实可信。因此，大数据所反映出的人的特点和映射出的需求相比传统采样调研的结果更为客观、准确。

其二，传统采样调研观察的粒度不够细，无法聚焦到更细微的层面。 当采样调研面对多层次的观察时，因受其样本量和数据数量的影响，层次越深，采样调研结果的错误率越会显著地增加，结果的可信度也随之减弱，而大数据消费者画像则不存在这样的困扰。例如，某企业要对全国市场做一个关于消费者对皮具的需求分析以选择不同区域的产品策略和营销策略。这个分析所需要划分的层级非常多，区域是第一个层级，接下来每个区域又将消费者按照年收入细分为10万～20万元、20万～30万元、30万～40万元三个类别，第三个层级可能就是性别，第四个可能是皮具细分类别，然后还会有第五个、第六个层级。面对这样的一个企业需求的时候，传统的采样调研很难一次性满足调研需求。试想我们在全国的采样总数为5000，经过第一个层级区域的划分后，每个区域可能就只有1000个样本了，等划分到第四个、第五个层级的时候，可能就只有几十个样本了，样本量逐级递减，当我们要去讨论第四个或第五个层级的时候，这样的样本数所得出的结论是不可能精确的，而大数据消费画像因其样本量够"大"，所以面对多层次的分析时，正如一幅高清图片，无惧放大，细节也是"高清"的。

动态化：以变应变

过去，当我们做消费者洞察或客户分析时，我们分析的是他们的现状，我们所获得的数据基本上是静态的、相对稳定的数据，这些数据是基于过去的。所以，从我们完成对消费的调研到产品上市、产品迭代前的再次调研之间，我们对消费者的变化是不了解的，或者说，在两次调研之间，我们所能感觉到的消费者的异动主要是基于销售情况体现的。很多时候，甚至当我们发现业绩下滑而消费者都跑到竞争对手那里时，我们的第一反应不是去研究消费者怎么变了，而是去思考竞争对手都干了些什么，而其实这很有可能是因为我们没有抓住消费者的变化。

不要忘了，消费者的行为会随着时间、情境以及环境的改变而改变。喜好会变，需求会变，动机也会变。因此，消费者画像应该是动态的，假以时日，甚至可能需要推翻、淘汰过去的画像。这种淘汰不是自上而下地始于企业，而恰恰是来自消费者自身，是自下而上的，这也是对过去传统的营销链运行规则的彻底颠覆。

所幸，大数据消费者画像所采集的数据不仅有相当大一部分是客户的动态行为数据，并且可以实时采集、分析，这一天然优势有助于我们随时观察客户行为的转变，观察一些可能错过的变化。当我们的销售出现状况的时候，我们不需要重新进行市场调研，可以根据动态的消费者画像所体现出的变化来调整、重新校准我们的营销策略。

所以，消费者画像不是一项做完即可束之高阁的工作，它是一项持续的并且必须持续的工作。

消费者画像的商业价值转化

经常困扰 CEO 或 CMO 的一件事情是：经过精心策划的营销并未能达到理想的效果，而有时却能收获预期之外的销售业绩。当企业需要开源节流的时候，营销预算往往是最容易被"节"的。因为营销部门普遍被看作成本中心，是个花钱的部门，而花出去的钱到底有多大作用，没人说得清楚。正如沃纳·梅克那句名言："我知道我的广告费有一半是浪费的，但我不知道浪费的是哪一半。"我们希望我们的营销计划更为精准有效，提升营销投资回报率（return of marketing investment，ROMI）。其实，广告的浪费无非就是目标客户、渠道选择、投放时机、传播内容四者没有形成良好的匹配，所浪费的费用无出其右。在大数据时代下，知道我们的广告费浪费的是哪一半成为可能，因为大数据消费者画像是实现这四者精准匹配的基础。

无论营销如何进化，总有一些不变的核心，而将这些核心工作做到极致，企业的营销便能有质的飞跃，这其中就包括了需求管理：一个成功的营销战略需要做到准确的 STP（市场细分、目标市场与市场定位）。而大数据消费者画像恰恰是完成这些关键工作的基础，通过对消费者的需求洞察与预测，帮助我们从营销的未来看向现在，实现更精准的、更具前瞻性的营销战略规划。

让营销更为有效：实现精准匹配

营销如同寻找恋人，效果不理想本质上就是没能找到对的人在对的时间、用对的方式说对的话。大数据消费者画像就是帮助企业更准确地找出最容易对你们有好感的人（锁定目标客户），在最容易遇到他们的地方（传播渠道），在他们出没的时间内（投放时机）制造一场精心策划的偶遇，说恰到好处的话（传播／沟通内容），做得当的事（推广活动设计），送合其心意的礼物（产品／服务），并使双方的感情不断升华并持久（客户价值管理）。

这个过程便是消费者画像实现其商业价值转化的过程。

1. 准确识别目标客户：找到对的人

大数据消费者画像的全样本、多层次、多维度数据及其数据的深度与精度使得企业对客户的描述更为精准。"精准"意味着我们对客户群体的认知更接近客观事实。前文提到，大数据消费者画像对营销路径的颠覆在于通过相关性分析提供对未来的预测，这种预测主要是针对消费者的潜在购买需求。大数据消费者画像技术将不同的客户需求通过标签的方式进行层层细分，客户的特征一目了然，企业可以根据客户的需求强烈程度或购买某产品的可能性对潜在客户进行排序，识别出最有可能对自己的产品/品牌/传播内容感兴趣的人群，这些人群有时会包括那些我们根本意识不到的小众群体，而在一般情况下，我们是不会在市场调研中特意抽出人力、物力、财力去研究那些小众群体的。从大型金融机构到精品超市再到甜点连锁，都需要大数据消费者画像来帮助它们识别、预测哪些客户会购买其产品，将有限的营销预算用在对自己产品感兴趣的客户身上比广泛撒网要高效得多。所以，消费者画像有助于我们"找到对的人"，这是营销成功的第一步。

2. 产品设计/迭代：不多不少，不早不晚

用户画像最初的目的就是为了设计出更好的人机交互产品，提升用户体验，这已存在于消费者画像的基因里了，关于这一点不再多说。我们来看一看大数据消费者画像对产品设计的另外两大价值贡献：当企业对客户的需求不够明确、不够细化的时候，往往容易设计出一些画蛇添足的功能而漏掉另一些客户虽没有明确但有潜在功用的功能，而大数据消费者画像里可以包含客户对产品的使用习惯、使用频率、在社交圈中对产品的评价，以及对产品更多功能的潜在需求等信息的分析，正如上文所提到的消费者画像的优势在于其对消费者洞察的精细度，这无疑可以帮助企业设计出恰逢适用的产品，做到"不多不少"，此为其一。其二，动态化的消费者画像又能帮助企业随时发现消费者对产品的新的需求意向，从而在适当的时候进行产品的迭代，做到"不早不晚"，过早迭代有时也是一种浪费，过晚又会损失掉部分商机。大数据消费者画像帮助我们实现从产品—用户模式转变为用户—产品模式。

美国连锁酒店 Denihan Hospitality 通过汇总客户数据、酒店交易数据以及客户在 TripAdvisor 等评价网站上所留的反馈意见和评论进行客户分析，并根据分析的结果重新规划"产品"，比如重新

规划房间，将商务或休闲旅客与家庭旅行的旅客的客房进行区别布置，如家庭客房提供更多的存放空间，会配有小厨房。通过重新布置房间，酒店为不同类型的客户提供了不同的产品和服务，避免了用同一个标准产品去满足所有客户类型。从客户的角度匹配最合适的产品，既能迎合商务旅客的需要，又能满足家庭旅客的诉求，做到"不多不少"。

美国连锁酒店 Denihan Hospitality · 夜景

3. 渠道与投放时机的选择：只有渠道对了，时机对了，好的内容创意才有价值

制造精心策划的偶遇当然需要事先了解对方经常出没于哪些地方，找到这些地方就找到了渠道。大数据消费者画像采集的数据当中有相当一部分是行为数据，可以包括客户的移动数据（如经常去哪些地点）、上网数据（如经常浏览哪些网页）、App 使用数据（如经常使用哪些 App）、最常登录哪个网站的邮箱，甚至能发现客户经常在什么时间段看哪些节目、通过什么终端来观看等。这些都可以帮助我们弄清楚客户在信息渠道和购买渠道上的分布情况，有助于我们选择最有效的渠道策略。我们发现很多企业在策划传播的时候会不自觉地将多数精力放在如何让广告内容抓住眼球上，创意被无数次地返工，一字一句地反复斟酌，相比之下，对于传播渠道的选择却显得潦草、随意。这也许与以前我们无法从媒介或渠道本身获得相对细化的受众资料有关，所以只能笼统地看覆盖率、到达率，大概是收入高端、中端还是低端人士会接触到这些渠道。但是在大数据化的今天，我们可以明确知道每一个用户的渠道使用习惯与偏好，而不是一个模糊的、概念性的描述。知道了客户在信息渠道和购买渠道上的分布，我们的广告投放才能真正做到有的放矢，尽可能减少资源浪费。同时，由于我们通过消费者画像也能了解到客户使用或接触渠道的准确时间段分布情况，因此，我们的投放时机选择会更加精确，做到"对的时间、对的地点"。

4. 传播内容、推广活动设计：恰到好处打动他

虽然渠道选择很重要，是内容获得价值最大化的前提，但内容的匹配性也举足轻重。2014年，甲骨文的Responsys公司对全美2035个成人进行了一次调研，了解他们与品牌之间的关系，结果发现，竟有34%的人因为收到了品牌所传播的撰写得很差的内容或收到与自己不相关的信息而与之"决裂"，也就是不再购买或使用该品牌的产品。可见，在企业的传播活动中如果内容设计不当，不仅起不到促进销售的作用，反而会因此失去客户。

由于消费者画像是对消费者全面的、真实的呈现，因此，企业通过画像除了可以了解到消费者的兴趣喜好、语言风格、着装风格以外，也能深度洞察其心理层面如价值观倾向、动机等。只有当我们清楚地了解了对象心里的想法时，我们才能优化传播内容，说出合宜的话来引起对象的共鸣。因此，通过消费者画像得到的对消费者的定性分析可以帮助我们更好地设计传播内容。这个功能虽然通过抽样分析也能实现，但消费者画像的分析结果要更为客观与精准。

如果说消费者画像对于B2C企业的沟通来说至关重要，那么对于B2B企业来说，也是意义非凡。罗兰（Roland）公司是一家全球电子乐器、录音器材、音响视频设备厂家，由于罗兰公司的销售主要是通过代理商来完成的，并且其产品繁多，因此，罗兰公司对其核心客户（购买者）缺乏了解，很难有针对性地吸引、说服核心客户。罗兰在英国的子公司（Roland UK）曾尝试通过消费者画像对核心客户进行洞察，它通过各种渠道（销售端、官网、第三方等）采集客户数据，通过移情图从客户所想（想法和感受）、所听（信息渠道）、所看（官网、产品、体验）、所说与所做（行为数据）、痛点与甜点等方面来洞察并最终形成画像，并且将画像与产品进行匹配，这样便可以知道哪些客户更倾向于需要哪些产品，避免了向使用入门级产品的客户推荐高阶产品（见图3-13）。在此基础上，罗兰编制了一本《客户画像圣经》的沟通指导手册，指导企业撰写传播内容进行新产品发布。Roland UK发现，有了这本客户手册的指导，在进行传播活动设计的时候，它们能迅速抓住客户的诉求和期待，知道该用什么样的言辞、风格调性和形象去组织传播内容，与客户建立起真正的连接。而《客户画像圣经》也在Roland UK被推广使用，成为日常工作的一部分，成为传播内容设计、网站设计的主要依据。这样做为RolandUK的营销结果带了变化：KPI

思考 & 感知

听　　　　　　　　　　　　　看

说 & 做

付出　　　　收获

图 3-13　Roland UK 公司的移情图

资料来源：Roland UK 公司。

迅速提升，跳出率降低，转化率提高，越来越多的客户花更多的时间浏览罗兰的网站。浏览增加，核心产品排名以及关键字搜索排名越来越靠前，也得到了越来越多的客户的正面评价。

消费者画像还有一个传统的抽样分析所不能提供的价值：精准的个性化广告。过去，消费者更多是以整体形象出现，而在大数据时代，消费者的特征更加细分，消费者画像是迄今为止对个体消费者的最大还原。以电商中常用的个性化推荐为例，企业能掌握到每一个用户浏览过什么商品，停留了多久，曾经买过什么商品。因此，通过消费者画像能知道每个用户属于哪种消费类型，其可能产生的相关需求是什么，于是可以根据他们的购买记录和浏览记录推送更为精准的个性化推荐，这个商品可以是使用链上的上下游商品，也可以是同类产品。例如，用户 A 购买了缝纫机，向其推送服装布艺手工教程等上游商品以及布料、辅料等下游商品，或推荐各种压脚等左右商品，而客户 B 购买了香薰精油，那么商家便会向其推荐香薰灯以及其他香薰精油。另外一种推荐是在消费者画像的基础上发现相关性关系。例如，商家发现很多买了 A 商品的人同时也买了 B 商品，尽管 A、B 商品之间既不是上下关系也不是左右关系，而商家也不明白为什么，但由于发现了这种相关性，商家可以试着将 B 商品推荐给买了 A 商品的人。所以，当我们在亚马逊上浏览一个商品的时候，商品信息下方会出现"浏览此商品的顾客也同时浏览"以及"经常一起购买的商品"的推荐功能，而在淘宝上，当我们完成一个商品的购买时，会出现"购买了此商品的顾客也购买了"这样的推荐。精准的个性化推荐不仅是内容的精准，而且也降低了营销成本，避免过度消费客户对广告的忍耐，同时也降低了客户采购的时间成本。

全球三大零售企业之一特易购通过对持其会员卡的客户购买记录的采集，建立了每个客户的档案（customer profile），分析每一个客户的特征并进行典型性归类。根据不同类型的客户，特易购会有针对性地发送不同内容的促销邮件或购物券。例如，对价格敏感型的客户，特易购会根据客户数据，分析得出其最有可能购买的商品（而不是其他商品）并为之定一个最低价。通过对顾客数据的洞察分析和个性化推荐，特易购每年节省 3.5 亿英镑的市场推广费用。

除了个性化推荐，随着互联网广告的发展，RTB 广告在技术上已经可以实现精准投放，而精准投放的基础是对消费需求的了解与广告内容的精准。因此,消费者画像是这一切价值实现的前提。

5. 区域市场选择策略:准确把握各区域市场消费者的特征与需求
不管是从一个地方品牌到区域到全国,还是从本土到全球,没有企业会在它有能力进入更大的区域范围经营的时候选择放弃,无论是出于竞争需要还是持续发展的需要,新的地域总是充满诱惑。很多客户找到我们,寻求区域扩展的解决方案,消费者画像在这个时候会是策略制定的重要参考。以全国扩张来说,在调研期间,当需要结合区域进行消费能力、产品需求特征等多个维度进行交叉分析的时候,消费者画像的价值便显现出来了,巨大的样本量以及海量数据不仅支持多层次、多维度的分析需求,而且可以做到足够精确。通过分析,我们可以一目了然地看全国某类产品在全国消费者中的需求偏好、销售或受欢迎程度,这种对消费者的地理变量分析能帮助企业迅速、准确地分析各区域市场吸引力,在此基础上确定各区域的战略角色、进入策略以及区域产品策略。运动健康应用人群的区域用户偏好差别较大,通过这样的数据画像,我们可以看到不同地区的整体需求差异。而当我们针对某一类区域制定营销规划时,消费者画像的精度又允许我们聚焦在某一特定点上进行相对微观的分析,表 3-2 分析的是一线城市用户对移动教育应用方向的需求差异。

6. 客户价值管理:激活客户资产,提升销售转化率
将客户进行分级是客户价值管理的基础工作。消费者画像之于客户管理的价值之一是能为企业提供更准确的客户价值分级,企业可以以大数据消费者画像为基础建立综合的客户价值分级体系。通过大数据消费者画像,我们不仅知道哪些客户有可能采购我们的产品,知道该客户未来采购我们产品的可能性有多大,营销团队可根据不同层级的客户设计营销方案,决定营销力度,合理分配营销资源,最终提升销售转化率。同时,企业通过动态的消费者画像全方位观察、分析、辨识出最具升级潜能的客户以及终身价值高的客户,针对这些客户设计营销策略,将低价值的客户转化为高价值的客户,提高高价值客户的比例。联邦快递利用大数据分析能预测哪些客户最有可能失去忠诚度而转用竞争对手的服务。这种预测其实是一种预警,一方面可以帮助减少客户资产流失,另一方面,企业也可以根据具体情况选择战略性放弃,借机优化客户结构。

表 3-2　一线城市移动教育用户内容偏好

	北京	上海	广州	深圳
早教	106	73	88	115
K12	102	99	98	97
高等教育	116	101	99	61
纸业/技能培训	96	83	107	114
语言学习	103	117	89	91
教育工具	99	113	91	94

资料来源：TalkingData.

如今，有很多企业都会通过社会化媒体构建自己的粉丝群，与粉丝互动。所以，企业面临的客户价值管理不仅仅是针对已有客户以及部分潜在客户，企业也需要对粉丝、关注者进行价值区分，大数据消费者画像通过对其行为数据、社交数据等分析，辨别出粉丝当中的 KOL、铁杆粉、活跃粉等最有价值的用户，定期更新画像数据，对粉丝进行动态的价值管理，将粉丝转化为潜在用户，将 KOL 转化为主动的品牌宣传者，激活粉丝资产。

7. 调研的延展性：减少调研次数，降低营销成本

大数据消费者画像的价值还体现在其延展性上。我们知道，采样调研的问题是事先预设好的，也就是说先设定好要了解哪些方面，然后针对这些方面进行问题设计，所以一般是一案一调。这样采集到的数据一般不能用于分析一个新的方面，于是，当企业在完成一项调研时发现了新的问题，又必须开始一场新的调研，形成资源浪费。另外，企业也不可能为了节省调研费用将所有问题积攒起来通过一次调研来完成，如果这样做了，调研效果必定不好。但消费者画像的实时性和多维度的特点则可以解决这一问题。当在营销过程中发现新的问题或消费者出现了变化时，不需要重新进行市场调研，随时可以根据消费者画像中相关的实时数据进行再次分析。当然，不是说一个画像可以应对所有时间的所有问题，我们所说的延展性是相对之前的抽样调研得来的消费者洞察而言的，但即便这样，正如前文所言，消费者画像不是一项做完就束之高阁的工作，它是一项持续的工作，如果不定期更新消费者画像，淘汰掉已经过时的内容，那么大数据消费者是无法顺利地进行延展的。

让营销更具前瞻性：从未来看现在

1. 准确预估市场，合理分配资源，提升 ROMI

大数据消费者画像涉及的数据具有大容量、多维度和高精度的特点，有助于我们发现新的需求趋势或新的潜在客户，并且消费者画像通过大数据的方法分析得出最有可能实现转化的潜在客户在哪里以及老客户当中的交叉销售和持续销售的可能性。因此，我们能比以前更准确地预估目标市场的规模有多大。准确的预测使企业制定更加具有前瞻性的营销战略并合理规划营销中的资源分配，规避了过于乐观或过于悲观地评估市场和销售前景带来的资源浪费、机会浪费，进而提升了 ROMI。

2. 客户需求预测助力库存优化

无论是零售业还是制造业，抑或研产销一体的企业，无论线上还是线下，都存在库存管理的问题。库存管理影响着一家企业的现金流状况。虽然库存管理不在营销工作的探讨范畴之内，但二者有着天然的联系：从根本上讲，库存管理其实就是客户需求管理。如何精准地预测需求，进行备货，提高库存周转率是 CEO 最关注的问题之一。大数据消费者画像对客户需求的分析与预测能为优化库存管理提供最有效的参考信息，极大地提高库存周转率。

例如，一直被高库存率严重困扰的服装行业，可以通过大数据消费者画像分析出消费者的消费习惯和偏好，甚至区域差异，并分析出消费者对某类款式的需求强度，这样的分析结果不仅可以帮助企业更好地设计出更讨人喜欢的产品，而且可以指导各区域各款式的款式备货，还可以指导营销团队进行精准的个性化推荐。通过大数据消费者画像对产品规划、备货和营销三方面改善进而降低库存。

作为电商零售企业的京东，通过用户画像对用户进行归类，这不仅帮助京东对用户进行精准推荐，同时可以对商品进行提前预测。除此之外，京东还利用消费者购物数据的相关性分析对货仓的库存商品进行调整，将拆单率（同一订单的拆分发货率）从 14.64% 减至 6.86%。

库存优化的方法多种多样，无论是通过产品规划、备货管理还是精准推荐，了解客户需求是根本。无疑，大数据消费者画像在这些方面提供了不可取代的价值。

无论是进行数字营销还是传统营销，大数据消费者画像都是营销战略规划的基础，它不仅有助于我们理解客户行为，更重要的是，能帮助我们预测客户行为，为我们洞察客户提供了一种新的路径：通过了解"是什么"发现各种相关关系，找出隐藏的价值，扩大企业的营销空间，提升营销战略与计划的准确性和前瞻性，从而减少无谓的资源浪费，提高 ROMI，使企业的营销上升到新的层面。

客户旅程地图

我们真的提供了很好的客户体验吗

很多企业都会将提供良好的用户体验列为企业的宗旨或服务目标之一，企业家深知良好的客户体验才能带来更好的利润增长。

史蒂芬·乔布斯认为一切工作必须首先研究用户体验，然后再反推技术研发。几乎我们所有的咨询客户，无论是 B2B 领域的还是 B2C 领域的，都承认客户体验至关重要。营销进入 4.0 时代，客户不会仅仅因为你能提供他们所需要的产品或服务而买单，即便在同质化程度不高的行业，他们更愿意为那些同时也提供了愉悦的互动与采购或使用体验的品牌买单。从某种程度上说，客户体验决定了他是否会采购、是否会回购以及是否会向其圈层推荐一个产品。尤其是在社会化媒体如此发达的今天，客户常常会主动通过社交媒体来分享他对一个品牌、产品的体验，这对企业来说是把双刃剑：社交媒体既可放大一个品牌、产品的优势，也可放大其劣势。所以，制造良好客户体验的能力成为企业的重要竞争力之一。因此，一些极力主张用户体验的企业会更倾向于把品牌塑造成一种体验，通过体验来传达价值主张。

但是，明白一个道理和把道理实践出来是两件事，有很多原因会造成知行之间的差异：在日复一日的烦琐事务中，决策者很容易被其他也很重要的事情转移注意力，因而决策时有可能会忽略掉客户的真正需求与体验；不是所有雇员都会具有营销团队或 CEO 的客户服务意识；即便有消费者画像或其他的客户洞察，也未必能在全公司内部得到很好的普及和传播，有些与客户产生接触点的人员未必清楚地知道客户的需求与动机；大型企业跨部门之间的合作困难往往成为提升用户体验的障碍。在 Forrester Research 2010 年的客户体验指数调查中，133 家北美大型企业只有 13 家得到了客户的高度认可，有 45 家得到的是差评。可见，企业所理解的客户需求与客户真实的体验之间永远有缩进的空间。

为什么是客户旅程地图

为了解决以客户为中心、提升客户体验的问题,企业开始使用客户旅程地图(customer fourney map)(见图 3-14)。所谓客户旅程地图,顾名思义,就是以图形化的方式直观地再现客户与企业品牌、产品或服务产生关系的全过程(而非某一个节点),以及过程中客户的需求、体验和感受。这种关系可以发生在采购、使用产品的过程中,也可以发生于上网体验、零售体验或服务体验的过程中,还可以是以上几者的综合体验过程。全过程是指从一个客户接触到某公司广告开始,到咨询、比较、购买、使用、分享使用体验,最后以升级、更换或选择其他品牌的产品结束。由于这个过程包含了很多个客户与企业的触点和真实的情境,因此,客户旅程地图也被称作"触点地图"(touchpoint map)或"真实瞬间地图"(moment of truth map)。

一个普通的流程图通常是以企业、设计者为中心,主要呈现的是流程以及相关变量,客户的需求没有得到很好的体现,客户的情绪就更加不会被反映出来。客户旅程地图则不同,它帮助企业从客户的视角来重新检视我们的业务或服务是否在每一个触点上都正确地理解并满足了客户的需求,而不是按照企业从自身出发所理解的客户需求去设计产品、服务与互动。客户旅程地图为企业提供了一种"由外及内"的方法,以客户为中心,让客户参与到企业的活动设计中来。这种方法正体现了营销 4.0 时代企业看待消费者的方式:消费者和客户是企业参与的主体。

客户体验之所以重要,不仅在于良好的体验能促进购买行为的产生,更重要的是它将带来由此而产生的客户对企业的信任感,这种信任感是客户与企业之间的黏合剂,这样的黏合剂能使客户在企业出现了小失误时仍能对其有信心、愿意继续支持该企业。这才是企业使用客户旅程地图来改善客户体验的终极意义。在这个终极意义之下,客户旅程地图对于企业日常运营的意义则体现在以下三个方面:

◎ **优化产品、改善流程** 帮助企业从客户的角度深入了解那些企业容易忽视的客户的需求、感受、体验以及方式,从而客观地了解自己的产品或服务在优化产品与服务各个阶段的优劣势,以便优化产品、改进服务流程。

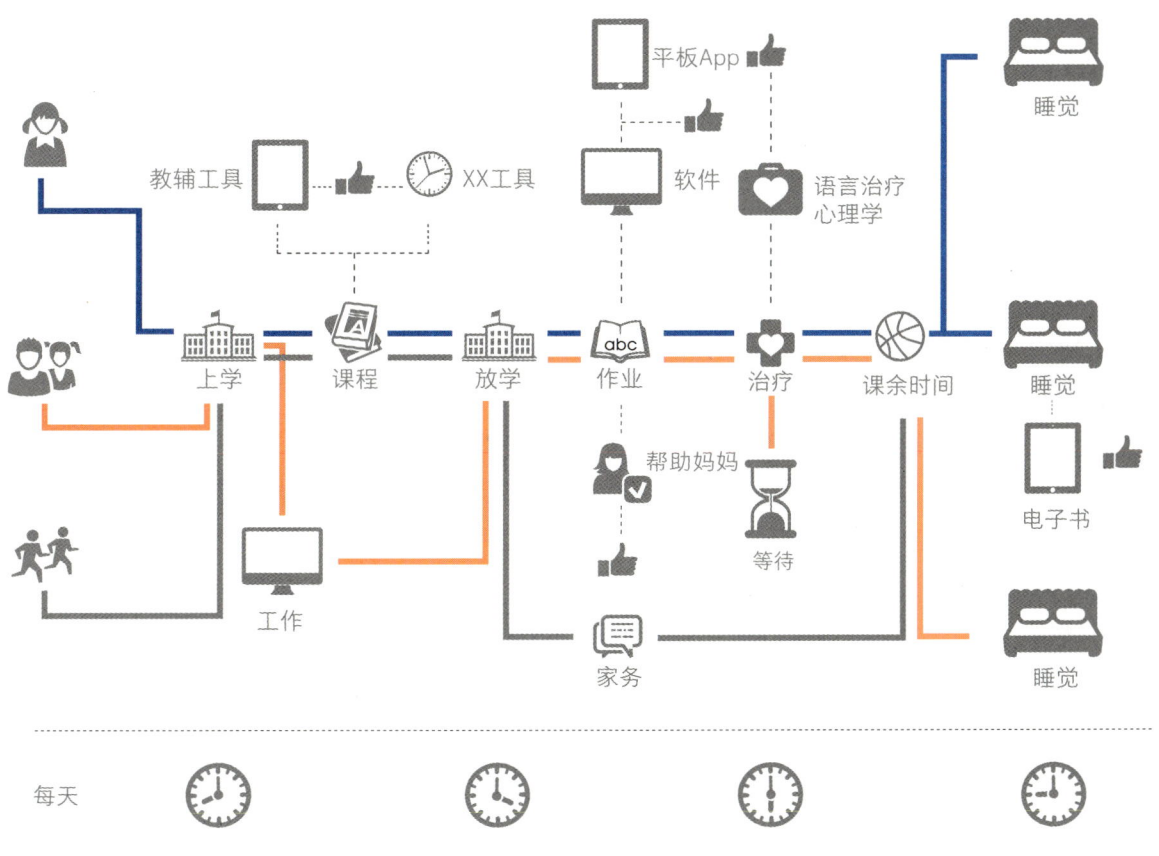

图 3-14 客户旅程地图示例之一

资料来源：Visually.

◎ **提高执行效率** 由于客户旅程地图是真实情境的再现，使得团队能够换位思考，认识到客户所经历的过程及所遭遇的体验，也就在执行业务的过程中，更能以同理心对待客户，而客户的心声能得到正确的传递和采纳。

◎ **提高沟通效率** 客户旅程地图提供了对客户需求与感受的细致描述，为企业设计与客户的沟通提供了参考；另外，企业内部沟通时，只需一张旅程图（而不是一堆文字）便能说明相关的所有问题，简单明了，有助于提高沟通效率。

既然客户旅程地图能够细致地理解客户的需求与感受，那么它与消费者画像是否重复？答案是"否"。消费者画像或者用户画像呈现的是一个客户的整体需求以及需求的趋势，这是一个由零到整的过程，而客户旅程地图则是将消费者画像中的客户需求分解到每一次与企业的互动中，使之更容易被理解和认知，这是一个由整到零的过程。消费者画像或用户画像是形成客户旅程地图的前提，首先有了对客户的整体认知，才能在制作旅程地图的过程中将这些认知拆解，从客户的角度正确地理解客户的需求与感受。不同的画像类型可能有不同的旅程，因而会产生不同的步骤、不同的真实瞬间（MOT）、不同的感兴趣的触点。如果想要提供更好的客户体验，就必须结合使用消费者画像（或用户画像）与客户旅程地图。然而，并不是所有需要制作客户旅程地图的企业都一定事先已经绘制好了用户画像。客户旅程地图的绘制过程也可以帮助企业梳理出一个针对某一方面的如某个产品系列、某种服务、官网体验等用户画像（但不是大数据消费者画像）（见图 3-15）。

客户旅程地图的构成要素与制作过程

客户旅程地图形式多样，但无论具体形式如何，它都是按照时间轴展示一个完整的互动与体验过程。客户旅程地图由三个最基本的核心要素构成，这三个核心要素均是从客户的视角出发：

◎ **需求（need）** 是指客户期望从企业那里获得什么，在每一次互动中想要实现什么目标，客户需要哪些帮助来实现目标，客户期望获得什么样的待遇与感受，客户是否有自己尚未意识到的需求。

图 3-15　乐高客户旅程地图 –Experience Wheel

资料来源：乐高公司。

◎ **行动（do）** 是指为了实现目标客户所采取的行动与步骤，每个步骤中都有哪些具体的互动点与触点，客户是如何与企业互动的等。

◎ **感受（feel）** 是指客户在与企业互动前、互动中以及互动后的感受如何，客户是否感到他们的需求被满足了，客户是否满意，客户是否认为这些互动很有价值。

除此之外，我们可以在这三个要素的基础上细化出一些其他要素，如用户画像等，企业可根据具体情况进行添加。

客户旅程地图的制作过程又被划分成十步的、五步的甚至三步的，无论被切分成几步，制作的过程基本相同，在此我们主要借用 Forrester 五步法的框架来展示客户旅程地图的制作流程（见图 3-16）。

图 3-16　客户旅程地图制作步骤

资料来源：Forrester Research.

◎ **第一步：整理内部认知**。首先要搜集整理手头已有的客户研究资料，如消费者画像、各类相关报告等资料，并让所有的利益相关者（包括各个跨职能和渠道的利益相关者、前线人员等）从他们的视角提供对客户的理解和认知。将所有的关于客户的资料、内部认知集中起来，形成对客户的"浅表认知"。如果没有消费者画像或用户画像，那么在这一步就需要做更多的数据采集和挖掘工作。

◎ **第二步：建立内部假设**。在这个阶段，组织者需要进一步综合各方对客户的理解，包括客户的分类，客户的需求、行动、感受，客户体验中的优势与改进机会等，基于这个内部认知和假设，形成客户旅程地图的草图。在这一步中，组织者还需找出在已有的客户研究中可能存在的认知差距，这对接下来的研究有重要的提示作用。

◎ **第三步：深入研究客户需求、行动和感受**。在这一步，需要采用多种研究方法来实现从客户的角度感受旅程，比如利用社交媒体、通过语境观察与访谈等方式来评估客户的各种情绪以及旅程中遇到过哪些问题。通过观察研究形成外部（即客户）视角，体会每一个触点上客户的体验和问题，并将上一步中找出来的认知差距补上。

◎ **第四步：提炼、总结研究成果**。在这一步，组织者需要整合内部、外部认知，并验证第二步中对客户的相关假设是否准确，最终提炼出三大核心客户旅程地图的要素，即客户的需求（希望从每一次互动中获得什么）、客户的行动（是如何与公司进行互动的）、客户的感受（对每次互动的感受如何）（见表 3-3）。那些尚未有用户画像的公司，在这一步中可以根据前几步的研究形成定性的用户画像。

◎ **第五步：绘制客户旅程地图**。将以上的研究成果图形化。先按时间轴画出整个客户旅程的各个阶段，并标出所有的触点，然后明确每个触点上的客户需求有哪些以及每个需求是否都被满足了，标出 MOT 中最愉悦的和最失望、糟糕的时刻。如果一张客户旅程地图无法适用于所有的用户画像类型，那就再另画几张旅程地图。

在完成地图的绘制之后,企业还可以对照客户旅程地图制作出相应的后台支持流程图或后台服务流程图,使客户旅程地图的应用落到实处。从客户旅程地图的构成要素与制作过程中可以看到,地图的明线是时间线,在这个时间线背后其实就是一个个场景的连接,是场景中所获得的良好体验使时间线得以继续。因此,创造客户体验其实就是创造更多的互动,创造情感上的愉悦体验、让客户在与企业接触的过程中有更多正面的MOT。通过对客户旅程的研究,企业能扫清每个阶段之间的障碍,使客户不断走向下一个阶段,走完整个旅程并进入与该企业的旅程循环。

表 3-3 客户旅程地图核心要素

需求	整体需求	客户希望从企业哪里获得什么
	分解的需求	在每一次互动中想要实现什么目标
	需求实现条件	客户需要哪些帮助来实现其目标
	期望	客户期望获得什么样的待遇与体验
	隐性需求	客户是否有自己的尚未意识到的需求
行动	行动步骤	客户为了实现其目标而必须采取的行动步骤,将整个旅程从客户的角度拆分为一个个的小行动
	互动	每个步骤中客户与企业都有哪些互动
	触点(touchpoints)	每个步骤中客户与企业的触点
	互动方式	客户如何与企业发生互动
	渠道	每个步骤、触点发生的渠道
	服务	在每个步骤中,客户所得到的服务
	关键人物或部门	在该触点中由哪个部门提供服务,影响客户体验的关键人物是谁
	关键诱因	触发客户与企业进行互动的要素是什么,促使客户产生某种感受的因素是什么,促使客户走向下一个阶段的动力是什么
	可改进的互动与触点	哪些地方可以改进以更好地满足客户需求
感受	真实瞬间(MOT)	旅程中对客户来说最为重要的真实瞬间,如感到愉悦、满意的时刻,以及感觉到受挫、失望、愤怒、沮丧的时刻
	满足与否	在每一个阶段、互动或触点中,客户是否认为他们的需求被满足了,是否感到满意,是否认同这些互动的价值

资料来源:KMG研究。

第 4 章
4R 之 Reach
数字化信息覆盖与到达

KMG 数字化营销战略路径图

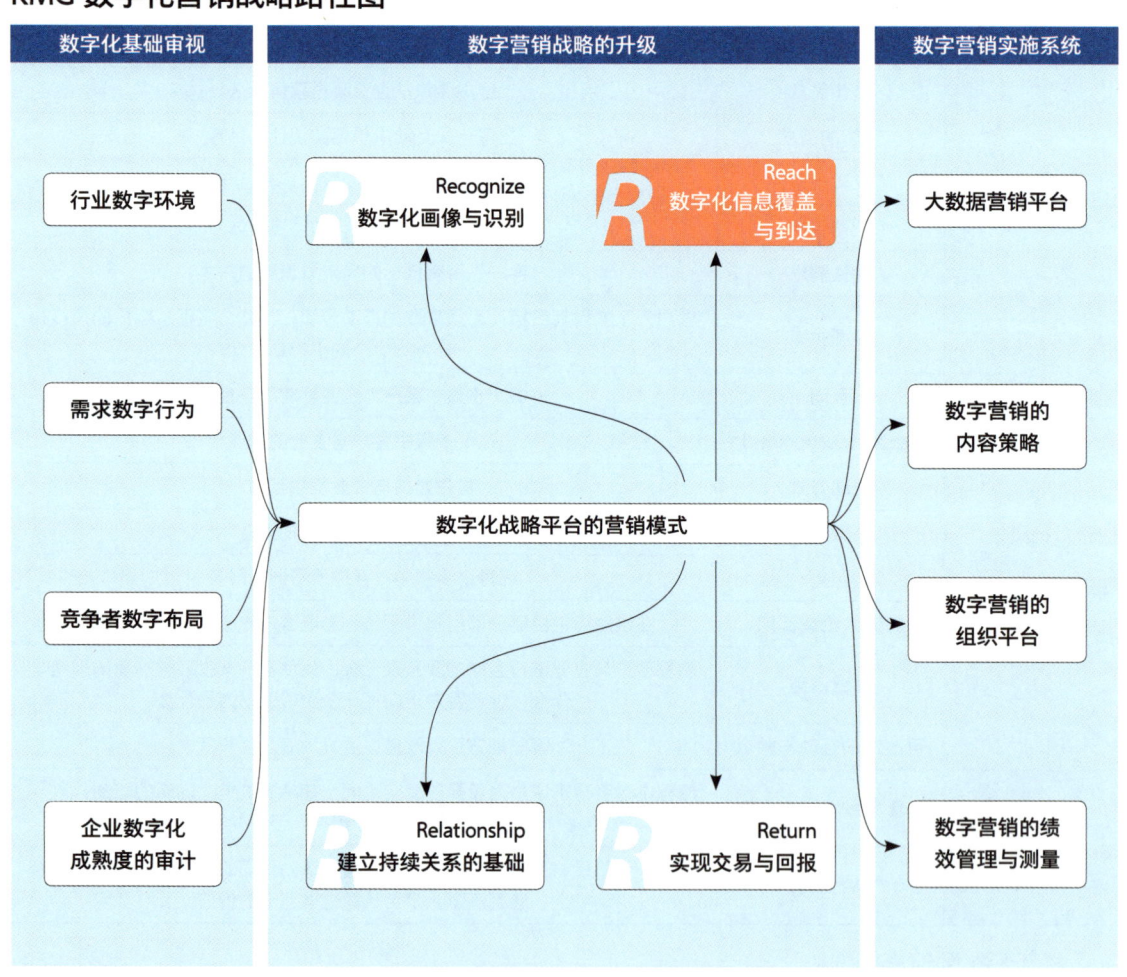

数字化信息覆盖与到达

数字化信息覆盖与到达，英文为"Reach"，最早用于数字营销的雏形——在线广告中，是企业通过在线广告接触目标客户群的一个手段。但如今，数字营销的手段与方式已经非常丰富，已经不再是简单地通过广告直接转换为销售订单，然而无论是否属于能够直接转化为营销订单的数字化活动，其实都包含数字化信息覆盖与到达的过程。

定义：数字化信息覆盖与到达（Reach）指的是接触客户及潜在客户的一系列数字化工具和方法。

数字化信息覆盖与到达可以理解为类似于传播与接触点的工作，即企业将信息传递至目标客户的过程。得益于数字方式的多样化和高接触度，数字化信息覆盖与到达在单向"传播"的基础上实现了更丰富的功能，让客户获得了更好的体验。之所以提出 Reach 是数字实施系统的第二步，是因为我们作为咨询顾问在帮助企业实施数字化营销转型的过程中，发现很多企业也确实建立了社群，投资了数字广告，改善了数字渠道。然而，由于进入社群、圈层的客户不够多，客户数量和流量都有缺失。甚至一些企业会在 Facebook 和微信上做营销，成交率达到 50% 以上，但是用户量有限，对于这类企业，我们首先会告诉它们：做 Reach 吧，提升你的数字化信息覆盖与到达。

企业需要关注数字化信息覆盖与到达的重要原因在于，基于互联网以及移动互联网的数字化时代正在驱使信息传播工作往更高量级演进：

◎ **更快的到达速率**
信息在数字时代传播速率之快已经无法让我们感到惊讶，数字化用户已经非常清楚数字化传播的速度。企业通过数字化渠道发出的信息，数字用户几乎在短短的一瞬间内就能获知。

◎ **受众主导**
传统传播工作是一种"传—播"，需要经过一个传递、传输的过程才能让受众收到信息，信息发出者——企业对于传递什么信息，通过什么方式传递，向谁传递有很强的影响力；然而数字信息传播的方式更像是一种"播—传"，小范围的受众第一时间获知了信息，主动按照自己的喜好和方式进行传递，在很短的时间内传遍全网。而企业无法对这个过程进行完全的掌控，很多时候传播范围、信息扭曲的程度都远超企业的想象。

◎ **多向互动**

传统传播的信息发出方很难获知接收方对信息的看法，这进一步加剧了信息拥有者的傲慢以及对市场的蔑视。很多次失败的市场活动都毁于缺乏对信息接收方的深入了解，比如可口可乐新口味产品上市、丰田霸道的改名事件。数字化时代让信息接收方获得了发声能力，在此环境下的信息传播活动不再是单向的传播，而转换为多向的信息互动。

◎ **超文本性**

传统传播过程已经采用了多种信息方式，然而其本质仍然是以文本为主的信息。数字化传播的方式已经远远超越了文本，通过更丰富的方式组织信息，包括视频、互动型应用甚至是虚拟现实的方式让信息接收方获得更丰富、更易理解、体验更好的信息类型。

四种数字化的信息覆盖与到达

数字化时代信息传播方式的这些特点让数字化信息到达必然与传统的信息传播有本质的不同。传统的传播方式运用在数字化环境中需要进行相应的变化以适应这些特点，这必然会带给企业较为强烈的冲击，但其效率、体验程度、作用效果都值得企业投入大量的资源和精力。KMG 根据信息活动发起的方向，接触客户的直接、间接方式将数字化信息覆盖与到达划分为以下四个类别（见图 4-1）。

类别 1：主动推送型

企业主动发起，通过某种方式或渠道向目标客户直接推送信息、建立关系的工具和方法。此类方

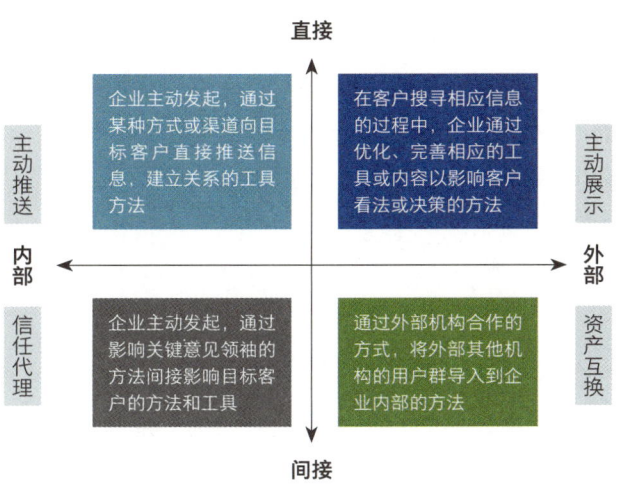

图 4-1　数字化覆盖与到达类型

资料来源：KMG 研究。

法需要企业对自身的目标受众有较为清晰的认知，并基于数字化的渠道和方法向这些客户推送相关信息，影响客户的信息获取、方案比较以及购买决策行为，比如数字化广告、Email 营销、内容营销。

类别 2：主动展示型

在客户搜寻相应信息的过程中，企业通过优化、完善相应的工具或内容以影响客户看法或决策的方法。在早期的数字营销中，此类方法主要指的是搜索引擎优化（SEO），旨在提升企业信息在客户搜索行为当中的优先级。数字化技术的进步让此类方法增加了更多的形式，企业可以通过丰富多彩的体验吸引、影响、引导用户做出利于企业的决策。比如社交媒体营销、SoLoMo、App 营销都属于这一范畴。

类别 3：信任代理型

企业主动发起，通过影响关键意见领袖的方法间接影响目标客户的方法和工具。进入以接收方为主的数字化时代之后，客户进行方案对比以及购买决策的过程会受到关键意见领袖的影响，这让企业拥有了通过影响一小部分人进而影响大部分人的"杠杆营销力"。只要能够识别出对目标客户有充分影响的关键意见领袖，会极大地提升企业数字化营销的效率以及效果。通过大 V、网红以及客户偶像进行营销的方法都属于这个类别。

类别 4：资产互换型

通过外部机构合作的方式，将外部其他机构的用户群导入到企业内部的方法，这是传统营销方法中交叉销售工具经过数字化升级的一系列方法。企业需要对目标客户有更清晰的认识，从而获知谁才是能够进行客户资产互换的合作伙伴。在建立了资产互换关系之后，企业可以通过数字化平台实现联合推广、定向推送以及销售引流。

这四种类别的数字化覆盖与到达方法可以交互使用。从类别 1 过渡到类别 4，你会发现杠杆性越来越大。KMG 在咨询项目中，会建议客户依据自身的企业数据化程度、企业数字营销的目标、数字营销战略的定位，以及投入的成本和可能的杠杆化路径，进行混合搭配，并在不同的数字营销导入阶段，进行有节奏的交互使用。

数字化信息覆盖与到达的方法非常多，而且数字化时代的发展速度也会不断带来新的工具。在图 4-2 中，我们列举了不同维度的数字营销可以触达的场所。如果对每个都细致介绍会让本书显得过于技术化，所以我们更多地针对的是 CEO、CMO 以及关注数字化在营销战略层面的高管，因此，在此我们只挑出部分比较重要而且已经被诸多企业成功运用的方法进行详细介绍。

数字营销场所	
数字广告	数字显示、视频广告&前置式广告、广告再定向、富媒体广告、文本关联、原生广告、赞助社交广告
数字媒体	社交网站、户外数字媒体、金融用户网站、新闻
移动设备及其他设备	App、手机、平板电脑、移动广告（网络）、短信
搜索	搜索引擎优化、付费搜索、本地搜索列表、搜索引擎营销、博客搜索引擎
Email	电子邮件通信简报、账单广告Email、事件触发器、潜在需求培养
网站	AB.com、登录页、公关/媒体室、在线广告、内容营销、病毒性内容
社交计算	维基/百度百科、社会化活动、用户生成内容
社交媒体	社群聆听、社交网络、视觉社交、视频、影响者推广、博客、社会化商业
窄播	播客、加V博客、数字广播
动机设计	行为触发、消费者决策历程

图 4-2　数字营销场所列全景图

资料来源：KMG 研究。

数字化信息覆盖与到达的方法

搜索引擎优化

搜索引擎优化（search engine optimization，SEO），是一种通过了解搜索引擎的运作规则来调整网站、对网站内外部资源进行优化整合，以及提高网站在有关搜索引擎内的排名，从而最终提高网站访问量的战略/策略/技术方法论。研究发现，用户使用搜索引擎时往往只会查看排在最前面的若干条目或者结果首页，因此，很多企业、商家或网站都努力通过各种方式来优化自身的搜索排名。

网站的权重主要由两部分构成：内部资源的建设（包括网站架构、文章质量等），以及内外部链接的建设；搜索引擎优化（search engine optimization，SEO）就在对这两部分不断做优化调整，以提升自己网站的权重。SEO 应当整合成为整个网站开发过程中的至关重要的要素。

1. SEO 需求金字塔（见图 4-3）

◎ **链接建设** 链接是 SEO 成功的不可或缺的要素，当网站的内容、架构与设计实现最佳优化后，链接导入、有质量的内容都会实现有机增长，组织也可以将更多资源分配到社群的建设中。

◎ **可用性 & 网站设计** 网站可用性指的是访问者访问网站时的整体体验。通过可用性测试，可以优化用户在网站上的访问，通过优化网站设计，转化率可以得到最大提升，同时为访问者提供更好的体验，从而提升流量。

◎ **网站架构 & 页面元素** 网站架构、页面元素、服务器等都是 SEO 中比较幕后、隐形却又非常重要的因素。元数据决定了页面整体主题，固定的网站架构创造了主题一致的内容区块，

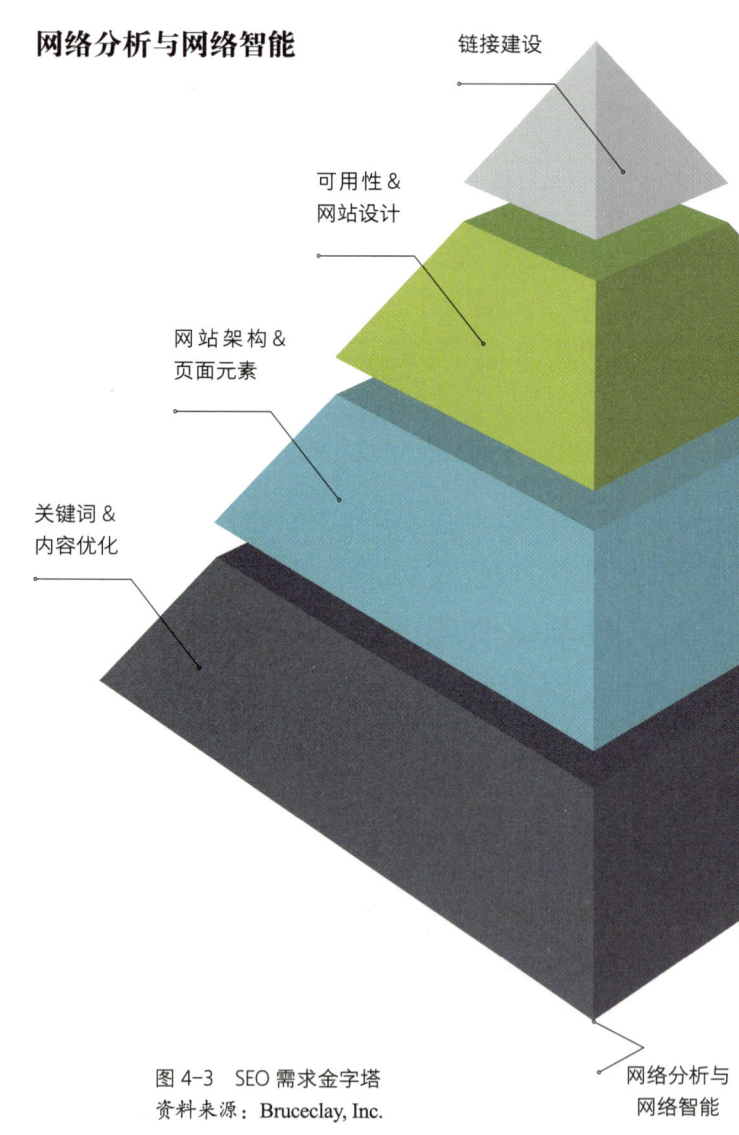

图 4-3　SEO 需求金字塔
资料来源：Bruceclay, Inc.

htaccess 和 robots.txt 文件帮助网络蜘蛛更好地判断如何爬行与索引。

◎ **关键词 & 内容优化**　关键词与内容优化非常重要，因为它们承担着同时与访问者以及搜索引擎进行沟通的要务，最直接地告诉受众网站的主题、专业方向、受众利益点在哪里。找到那些与网站目标相关、流量较大的关键词，并围绕这些关键词进行吸引人的、有公信力的内容建设与优化。

◎ **网络分析与网络智能**　网络分析有如一切数字营销活动的幕墙——站点数据，可以追踪访问者的互动及参与情况，数据分析将为 SEO 工作提供衡量绩效的基础。

2. SEO 发展趋势

◎ **互动式搜索**　互动式搜索是用户可以参与并干预搜索结果的一种模式。之前的搜索都是封闭模式的，互联网搜索引擎企业在其中占据主导地位，根据不同搜索引擎的算法以及客户是否购买置顶广告来决策搜索引擎所做出来的排名。在这个过程中，用户一方是被动的，没有任何影响与互动。未来的搜索开始出现定制化，用户可以参与。

◎ **移动式搜索**　更关注基于平板与手机设备的 SEO。随着流量有目共睹地从 PC 端向手机端流动，企业也应当及时响应这一趋势，提高移动端友好的用户体验，从而提升移动端的转化率，比如设计移动端优化的页面，并让网站反应更加灵敏。

◎ **基于地理位置信息的搜索**（local SEO）　基于地理位置来搜索商品、人、社交或一切事物，完成 O2O 的整合。

◎ **个性化的搜索**　千人千面，互联网采集到的数据通过机器学习的方式给不同用户打上不同的标签，它们搜索得出的结果都具有个性化的差异。

◎ **社群搜索**　帮助企业在小众营销的时候迅速抓出社群，并可以进行有效连接甚至是交易。

智能推荐

在数字时代，顾客需要大量的时间去筛选自己想要的商品，并且兼顾客户的兴趣特点和购买行为，此时智能推荐应运而生。亚马逊 CEO 杰夫·贝佐斯（Jeff Bezos）说过："如果我有 100 万个用户，我就要为他们做 100 万个亚马逊网站"，这体现了智能推荐发展的人性化，是时代所需。

智能推荐的流程

1. 形成客户数据库

（1）聚类分析：合理规划数据库数据分类记录集合，所在类别—标记库，根据用户使用数据进行推荐。

（2）分类分析：根据用户特征，推荐用户爱好。

2. 获取客户历史行为

（1）用户信息获取，包括用户描述数据、用户注册（更准确的显性参数）、Cookie（唯一标识该客户端客户）。

（2）用户行为访问记录，即用户使用数据。

3. 设置推荐引擎或算法（推荐模型）

根据不同的需求与应用，模型建立都是"定制模式"，没有一个完整的流程；推荐模型的建立大部分都是各个公司构建的核心竞争力和技术壁垒。

下面列举一些重要的构成因素，比如充分运用显示/隐示反馈数据、多种方法整合（基于历史行为、模型、内容的三种方法）、重视时间、特定推荐场景需要使用地域特征、合理运用社交（SNS）网络、注意推荐的显示方式、大数据挖掘和性能优化。

图 4-4　Netflix 在线影片租赁
资料来源：Netflix 官网。

4. 精准推荐结果

自智能推荐概念在 1995 年被提出以来，技术专家和工程师纷纷致力于推荐算法和技术的研究与应用，提出了很多优秀的方法，也带来了许多成功的案例。

Netflix 是世界上最大的在线影片租赁服务商，连续五次被评为顾客最满意的网站（见图 4-4）。它不仅提供了快速、便捷的影片挑选服务，还提供了免费递送。10 年前，Netflix 拥有 100 000 余种 DVD 供客户选择。8 年前，它推出了流媒体服务。这几年，它推出了首部自制剧。毋庸置疑，Netflix 已经成为美国百姓家庭娱乐系统的中心，其品牌人人知晓。该公司宣称，Netflix 的订阅用户已超过 6500 万，遍布全球 40 多个国家。每天会有数以百计的新用户加入 Netflix，使它成为有线电视的劲敌。

为了达到快速方便的目的，Netflix 核心的服务方式就是精准的客户推荐。推荐算法的建立来自公司自己发起的 Netfilx 大奖赛。此赛事是一个旨在解决电影评分预测问题的机器学习和数据挖掘的比赛，对于那些能够将 Netfilx 的推荐系统 Cinematch 的准确率提升 10% 的个人或团队，Netfilx 将会提供 100 万美元的奖励。自 2006 以来，公司不断运用比赛成果提高、升级更好的方法向客户推荐产品，这也是 Netfilx 商业模式的核心。

通过数据分析进行预测，根据用户过往对影片的评价来分析预测他们接下来可能会看什么样的影片，Cinematch 影片推荐引擎（video recommendation engine）运用大数据计算为消费者推荐影片。Netflix 掌握所有用户的行为与喜好，每一次点击、播放、暂停、快转、回播、观赏的时间、次数与周期，都会成为一个事件（event）。此外，每个影片都会加上不同的标签，例如导演、演员、编剧、制片、类型、情节等，将以上这些记录存下来，并把每笔资料汇入后台进行数据分析。根据官方数据显示，75%的用户会接受 Netflix 的影片推荐。

数字化广告

简而言之，数字化广告就是以数字化媒体为载体的广告。广告在传统营销中是非常重要的一种传播手段，也是最古老的传播工具之一。在数字化时代，广告依旧拥有其核心地位，它是最早被广泛使用而且也是最主要的接触客户的手段。和传统广告相比，数字化广告拥有其自身的特点：
◎ **复杂性**　拥有超过 30 万种形式的数字化广告比传统的广播、电视、户外广告复杂无数倍。
◎ **全程性**　传统广告的主要精力主要放在前期规划与购买阶段，数字广告投放要求全程关注。
◎ **低成本**　传统广告购买非常昂贵，并非每家企业都能承担。数字广告的低廉程度可以让任何人进行投放。
◎ **虚假广告**　正因为其低成本和低门槛，导致了数字化广告中的虚假信息远超传统广告，企业需要花费更多的精力来提升数字广告的转化率。

从数字广告诞生到现在，可以划分为以下三个阶段：

第一阶段为网站购买时代。
国内互联网初期最显著的特点是网站驱动，互联网用户将自己感兴趣的网站作为互联网浏览的主要目标。其中，门户网站成为了绝大多数用户接入互联网时的第一选择。这一特性让门户网站的广告位就像传统世界核心商圈的广告大牌一样成为这个时代最值钱的广告位。此时广告主购买的是各个网站的广告位，每个网站按照自己的日均流量收取不同的费用。这种数字广告方式的最大问题，就在于无法细分访客。它与传统时代的广告一样，还是将大众作为最主要的传播受众。

第二阶段为搜索购买时代。

在互联网的门户时代之后，进入了搜索时代。在这个时代，国外的谷歌和国内的百度成为了互联网用户接入的首要选择。为了获得相应的信息，互联网用户通过搜索引擎网站键入关键字进行搜索。此时，广告主就能通过用户搜索的关键词以及搜索进入的网站内容向其投放广告。因为已经初步掌握了当前浏览行为的目的性，所以可以开始对客户进行细分，通过搜索引擎网站购买关键字对应的相关页面广告位。

第三阶段为用户购买时代。

随着互联网的内容、形式与带来的体验越来越丰富，互联网用户接入互联网的方式越发个性化和碎片化。互联网流量的入口越来越多，企业对用户的了解也越来越深。基于PC互联网的Cookie以及移动互联网的SDK等技术，屏幕另一端的客户形象越来越清晰，对其行为的把握也越来越精确，因而如今的数字广告也进入了用户购买时代。通过对用户行为、个人属性的深入发掘，企业主可以在目标客户出现在网络上的那一瞬间，购买他当前浏览页面上的广告位，并在上面立刻展示自己想要展示的内容，完成客户的接触。在各种数字化广告技术工具（如DMP、PMP、RTM等）的帮助下，广告主真正实现了用户购买，极大地提升了数字广告投放的精准性和效率。

为了提升受众购买的精确度，广告主需要对目标客户有较为清晰的界定，一般通过以下方法进行：

◎ **人口学特征**　这是最为传统的细分类型，根据人口属性将用户进行划分。

◎ **消费者行为**　行为定向是数据行业的核心与根本所在。行为定向认为营销者能利用数据来决定消费者的购买兴趣与意向。

◎ **语义学/内容定向**　这种定向法是利用网页的内容来决定如何为广告服务，通过抓取网页，从单个页面甚至是词汇层面进行内容分析，因此，数据提供商能够将一则广告与恰当的目标受众进行匹配。

◎ **关键词搜索重定向** 利用关键词搜索的数据，基于用户搜索过的关键词，向其发送广告，这是简单又聪明的方法。

◎ **社会化** "社会化"定向仍在不断改进、发展，但前提是社会化网络能产生大量的用户数据，包括某个用户的朋友圈的数据。

◎ **专业角度的定向** 在B2B营销领域，Bizo（一家B2B的市场营销公司）使营销者可以基于用户的行业、职业、职位级别以及头衔来锁定目标。我们甚至可以根据医疗状况进行定位，但各方面尚存争议。

在传统时代，广告主（企业）购买广告位往往基于充分分析、严谨对比的科学评比过程，最后选择适合的广告位进行购买并投放广告以接触客户。而在数字化购买中，广告主需要通过DSP的帮助，在广告交易平台上对目标广告位进行出价，并最终到达目标客户。由于进入用户购买时代的数字化广告的整个过程在一瞬间就能完成，因而广告主需要多种服务和工具来实现程序化的数字化购买（见图4-5）。

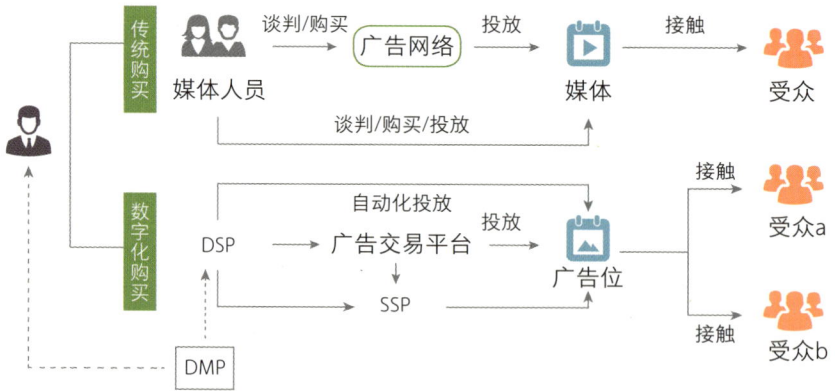

图4-5 从传统网络广告到数字化购买

资料来源：美国市场营销协会（AMA）。

下面我们来解释一下数字化购买中的一些关键概念。

1. DSP

需求方平台（demand side platform，DSP），是针对广告主设计的在线广告投放管理平台。DSP 会整合广告投放所在网站、页面以及受众人群属性数据，在此基础上，广告主可通过实时竞价的方式购买在线广告机会，将自己的广告曝光于目标受众的面前。DSP 可以认为是广告主在进行数字化广告购买时的技术顾问，帮助广告主跨越数字化广告的技术门槛。DSP 要发挥作用，离不开强大的 DMP 的支持。

2. DMP

数据管理平台（data-management platform，DMP）将各种互联网数据进行整合纳入统一的数据库，并进行标准化分析，为 DSP 进行数字化购买提供数据支持。绝大部分的 DMP 属于 DSP 的一部分，让广告主的投放需求能够真正找到最终的目标客户。它能帮助广告主回答以下问题：

◎ 我应该从哪个维度来提取我的用户特征？
◎ 如何运用我的第一方数据和线下数据让我的数字化广告更精准和有效？
◎ 如何通过第一方数据来获得足够的线索，更合理地进行用户细分？
◎ 如何对跨平台的各种投放进行实时监测，以不断地调整和优化？
◎ 如何利用对用户数据的分析为数字化购买以及广告策略提供参考？

在 DSP 及 DMP 的帮助下，广告主得以在广告交易平台上，对能够接触目标客户的目标广告位进行购买。购买方式有多种，在这里主要介绍 RTB 及 PMP。

1. RTB

实时竞价（real time bidding，RTB）指的是在一个用户出现在互联网上，浏览一个网页或者进行某个数字活动（例如发微博）时，通过对该客户行为的发掘，即时发送当前能够接触该客户的广告位到广告交易平台上，由需要接触该客户的广告主进行实时竞拍，决定最终展现在该用户前的广告内容的一种数字化广告购买方式。整个复杂过程基于第三方技术只需要 30 毫秒，从客户进入某个网页开始到他打开完整页面，最终胜出的广告就能展现。

RTB 的意义在于极大地提升了数字化广告的投放精度。与传统的 PPC（根据用户数量计费）、CPM（每 1000 次浏览计费）、CPC（按广告点击次数计费）、Monthly Flat（按月计费）、Daily Flat（按天计费）等方式相比，RTB 大大减少了无效的展示行为。

2. PMP

私有交易市场（private market place，PMP）将传统的私有交易方式与程序化购买相结合。广告主预先采购目标广告位，获得优质流量，再通过程序化购买的方式管理这些广告位的广告投放，让目标客户只看到自己想看到的广告。它与 RTB 不同的地方在于，它将广告位提前购买，实现广告位私有化，因而企业能够对该广告位进行全权管理，根据客户的类型展示不同的内容。比如一家保健品企业，当浏览该广告位的用户属于老年用户时，根据预先的设置，会提供老年人群关注的产品广告；当年轻女性用户出现时，她看到的可能是美容、抗衰老的保健品。RTB 不确定的广告位、不确定的时间以及不确定的价格，让广告主在使用时产生不少顾虑。PMP 的方式消除了这种不确定性，给广告主提供了一种新的"私人订制"的选择。

在华为 Mate7 手机上市初期，为了吸引华为用户群以及竞品用户群，针对目标受众进行精准的广告投放，华为通过爱点击 iClick XMO 平台发起了一次数字化广告投放。根据数据分析，华为 Mate7 的目标受众为 26～40 岁的男性，主要兴趣点包括时尚、汽车、影视、IT、体育以及金融财经。爱点击的数据平台将这个人群的行为标签化，迅速找到与这些人群相关联的广告位进行购买。让 Mate7 的广告持续地在目标人群面前曝光。

最终的实施结果远远超过了预期估计，总点击量、曝光量、平均点击率、人群覆盖程度等投放监控指标都有不同程度的提升。Mate7 也成为华为最成功的产品之一，销售之火爆导致 Mate7 在上市之后的很长一段时间都处于缺货状态。

华为 Mate7

内容营销

这是一个"内容为王"的时代。根据美国内容营销协会的定义:"内容营销是基于对界定清晰的目标受众的理解,有针对性地创造与发布和顾客相关且有价值的内容来吸引、获得这些受众,并使其产生购买行为,为企业带来盈利的全部过程。"与传统广告真诚缺位的"推"式思维不同,内容营销着重挖掘和生产受众真正感兴趣、对受众有价值并能产生共鸣的信息,从而让人们主动追随和分享。内容营销通过有效的内容策略为用户提供真正的价值,企业可以有效地连接更多的消费者,并由此强化品牌资产,产生潜在的销售机会,更能在行业中建立话语权、实现思想领导者地位。

一般而言,企业在制定自身的内容策略时,可能需要考虑的几个维度如下(见图4-6)。

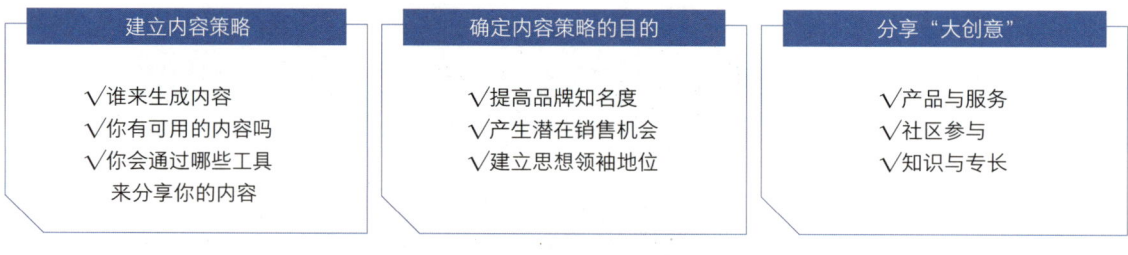

图 4-6　内容营销的内容策略

资料来源:KMG 研究。

一个成功的内容营销策略根源于好的内容,而到底什么是好的内容、标准是什么、品牌又如何生产优质的原生内容,这些都成为了内容营销中最具挑战性的问题。通过观察不同行业中不同组织在内容营销上的最佳实践,以及对内容营销发展与趋势的理解,我们试着总结出以下一些内容要点:

◎ **基于品牌价值的主线清晰,不断占领和强化用户心智定位**　内容的生产并不应当全然是随机或从流的,而是应当扎根于企业与品牌最核心、最深层的价值,有核心理念与主线的支撑,从而不断地在受众的心智中完成定位和认知强化,例如乐高无论是在其产品理念,还是IP授权的《乐高大电影》，亦或是社区建设的过程中，都不断在强化"想象力无关年龄"的品牌理念。

◎ **圈层意识**　这类内容代表一种"圈层/部落标识"，往往具备较高的专业度或领域壁垒，从而体现较强的排他性，以此提醒受众的个人圈层识别，促进受众的阅读与分享意愿，并实现在某个社群内部的深度扩散。

◎ **内容可视化**　根据 CMO 委员会（CMO Council）2015 年第二季度的一项调查，北美地区 2/3 的高级营销人都表示视觉内容是传播品牌故事最核心的内容。当内容的数量变得越来越饱和、供大于求，同时科技发展使得大众从文字时代进入图片时代时，可视化的内容相比纯文字内容而言更为用户友好，可以帮助企业更有效地脱颖而出。可视化内容的表现手法不一而足，如漫画、恶搞图片、信息图形、照片、视频等。专为创意方案企业筹资的众筹平台 Kickstarter 曾经基于企业数据分析发布过生动而制作精美的信息图表，为品牌带来了很高的关注度。

而在内容营销策略的具体实施中，值得借鉴的最佳实践为：

◎ **社论/编辑分析文章**　制定一个基于搜索与社会洞察的内容营销项目，该内容要能迎合目标受众（细分市场）的需求。
◎ **定制化**　定制社论/编辑评论文章项目，并创建多个编辑日历，有计划地向目标受众传递信息。
◎ **程式化的内容**　社区对程式化的内容有最充分的反应，找出那些最能获得互动，并且能反复创造内容的最热门的话题与内容形式。
◎ **选择黄金时段发布**　监控并测算出互动最多的时间段，对发布时间进行调整，将社交信号最大化。

电子邮件营销

电子邮件营销是指通过电子邮件向潜在客户群体或现有客户群发送有关业务、广告推广以及活动信息的营销手段。电子邮件营销是历史最悠久的网络营销手法，先于多数网站推广和网络营销手段而存在。成功的邮件营销战略的基础在于消费者的以下四个数字触点：

◎ 营销邮件　通过对电子邮件使用者发出邮件建立联系。
◎ 品牌网站　丰富邮件及网站内容，客户访问公司网站主要是为了了解产品细节以及获得服务支持。
◎ 社会化媒体　建立社会化媒体社区，关键是通过内容、娱乐、竞赛或服务让有需求的客户参与进来。
◎ 移动设备　组建多种多样的可用连接，融合以上三个数字触点，并增加基于地理位置的连接与即时沟通功效。

尽管电子邮件营销已被使用了很久，但其仍是保持联络的极佳方法和有效的口碑营销工具。通过电子邮件营销，品牌/企业可以最大化地促进用户支持、推荐自己的产品或服务。

在联系四个数字触点的同时，确定邮件营销的目标（见图4-7）：

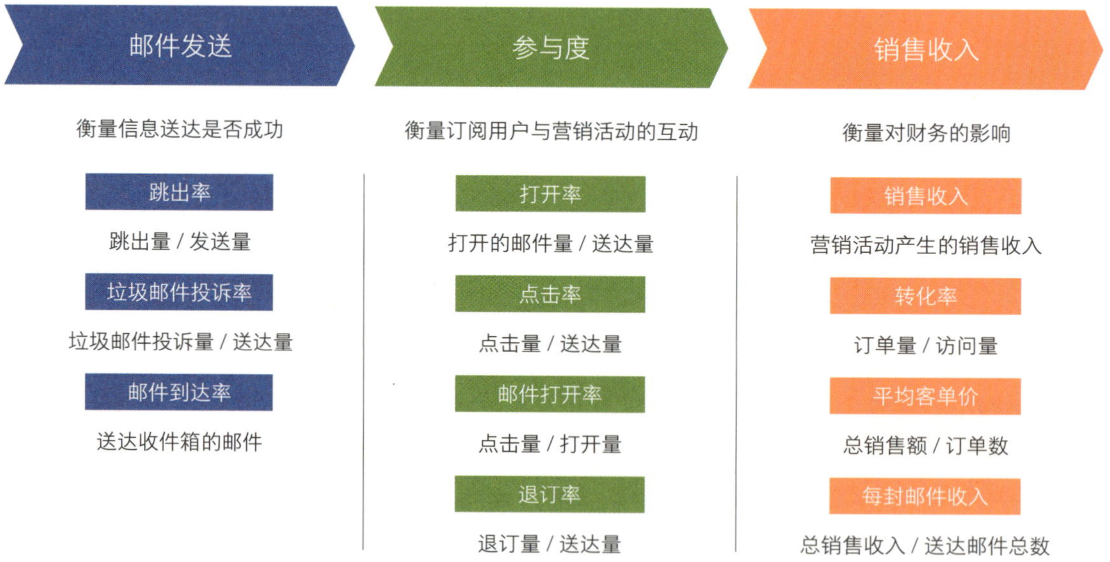

邮件发送	参与度	销售收入
衡量信息送达是否成功	衡量订阅用户与营销活动的互动	衡量对财务的影响
跳出率 跳出量/发送量	**打开率** 打开的邮件量/送达量	**销售收入** 营销活动产生的销售收入
垃圾邮件投诉率 垃圾邮件投诉量/送达量	**点击率** 点击量/送达量	**转化率** 订单量/访问量
邮件到达率 送达收件箱的邮件	**邮件打开率** 点击量/打开量	**平均客单价** 总销售额/订单数
	退订率 退订量/送达量	**每封邮件收入** 总销售收入/送达邮件总数

图4-7　电子邮件营销的目标

资料来源：KMG 研究。

制定电子邮件营销的过程

首先,要创造价值。电子邮件应该是相关的、及时的并且有益的。"价值"可以有以下形式:电子期刊、折扣、竞赛、限时促销、事件提醒、邀请、奖励、会员资格、奖金、优惠券/折扣券、用户专属促销、免费样品或演示。

其次,对电子邮件营销过程做测试来保证营销的通畅。通过为每个测试组建立独一的行动呼召网址与邮件地址来跟踪每一个测试的回应率。要特别注意频率,不要让收件人感到厌倦,尤其是那些定期发送的如电子期刊之类的邮件。不断通过测试来改善电子邮件的内容。

最后,专注于真正的用户参与,经常接触用户才能脱颖而出,控制好很多变量才能得到成功(比如发送频率、邮件长度、内容等),注意移动平台和全方位渠道转变。

表4-1是电子邮件营销的各个阶段,可以根据每个阶段的不同需求和资源确定对应的专项目标。

表4-1 电子邮件营销各阶段与专项目标

邮件营销成熟阶段	A 设定目标 & 评估标准	B 联络策略与政策	C 市场细分,目标选择 & 个性化设计	D 邮件营销整合 & 管理	E 测试 & 学习
阶段1:初始化 听天由命	无	无;电子期刊/销售部门	零细分	广播与数据的有限整合	有限的
阶段2:管理化 改善相关性	邮件清单增多,分段响应	基本的联络策略与规则	2~6个细分市场,基本的联络策略	与其他推广活动整合(直邮或电话营销)	主题栏测试、促销测试
阶段3:明晰化 相关性细分	营销结果"不仅是点击"	基本的生命周期沟通	单纯的事件触发;以欢迎的邮件激活用户	ESP(邮件服务提供商)、网页分析、社交媒体整合	模板排版
阶段4:量化 语境相关性	定于用户参与度	个性化的联络策略	时效性、频率、价值	基于网络行为的自动触发器	个人/细分市场测试
阶段5:优化 优化的相关性	整合网络与多渠道	整合线上、线下的联系	多层次动态内容嵌入	基于价值与偏好的正确的渠道设置	实时、多元

资料来源:美国市场营销协会(AMA)。

零售业王者亚马逊一直坚持用邮件进行沟通，包括亚马逊平台与商家、个人卖家、买家间的日常交流，也包括问题的解决和日常产品的推送。亚马逊可以根据客户的很多纬度比如购买金额、购买频率、购买产品类别等把客户进行细分，在给不同分类的客户推送邮件时都是精细化的区别对待。一年多次购买的客户（亚马逊网站甚至通过提取一个客户实际线上购买行为发生的次数，推算出客户的收入及社会人群分级）和一年在亚马逊购买一次的客户一定不一样；通过客户在网上点击不同的页面和停留时间、心愿单、打开详情、商品加入购物车而不购买等综合评定出一个准确的数值，推送系统将和客户相关的内容直接发到客户的邮箱，当客户看到邮件时，自己都难以相信这就是自己想要的东西。

根据官方的信息，亚马逊有足够大的数据量以及云计算，预测、推荐、评价等行为都可以从大数据中提取。不只是从数据中分析出信息，还要通过建立有效的评价和反馈机制，和用户产生良好的交流，一个用户看到的推荐可能是其他用户通过反馈贡献出来的。这时候用户群体也成为了产品的一部分。

社交媒体营销

关于社交媒体的定义，较为常见的一种说法是：社交媒体指的是在 Web2.0 理念与技术基础上，用户可以进行内容生产和内容交互的一类互联网媒体，而维基百科的定义为："社会媒体是人们用来创作、分享、交流意见、观点及经验的虚拟社区和网络平台。社会媒体和一般的社会大众媒体最显著的不同是，让用户享有更多的选择权利和编辑能力，自行集结成某种阅听社群。社会媒体能够以多种不同的形式来呈现，包括文本、图像、音乐和视频。"

从社交媒体的定义中可以看到，社交媒体最本质的特性以及与传统媒体最大的区隔，在于 UGC 与社交属性，其实人与人之间的连接与互动是自互联网出现以前便一直存在的线下行为，只不过在移动互联网的效应下，社交媒体的内容传播具备了"病毒传播"的可能性——不管是微博的转发还是微信群组与朋友圈的分享，都可能在无形中快速织起一张传播的大网，让某些思想和行为像病毒一样入侵人们的大脑。从早期的博客、论坛，到方兴未艾的微博，再到时下最热的微信，社交平台不断发展，同时也正深远地改变着人类获取信息与传播信息的方法和习惯。

因此，社交媒体的布局对于企业的数字化到达而言有着格外重要的战略意义，最直接的价值在于，由于大部分人了解新品牌、产品和服务最有效的途径是朋友、家人以及付费广告，因此社交媒体战略得以最有效地帮助人们发现你的品牌、产品和促销信息，同时在这个过程中，品牌可以具备杠杆式发展和扩张的可能性。

1. 社交媒体平台的演进与布局（见图4-8）

Kantar Media CIC 每年都会发布中国社会化媒体格局图，它指出，"微信影响力持续扩大，继续领先其他社媒"，同时"微博仍然是重要的社媒脉搏"。

图4-8 社交媒体平台演进图

资料来源：KMG 研究。

2. 针对不同社交平台的策略：微博营销

在许多人唱衰微博的同时，应当注意到今天一条微博的传播数仍能达到百万级别，而根据微博 2015 年第四季度及全年财报，在整个 2015 年，微博移动端月活跃用户接近 2 亿、日活跃用户达 9400 万，同比增长 46%，因此企业不应该忽视微博在社交媒体中的战略作用。相比于微信平台的相对封闭性，微博是一个开放式的社交平台，其社交网络式的关注功能和分享功能让其具备强大的"吸粉"能力和引爆能力，转发、点赞、评论等多功能维持粉丝。近几年，利用微博进行数字传播与推广的消费产品品牌案例层出不穷，例如 2012 年百事在新年推出的"把乐带回家"活动成功唤起了全民的情感共鸣，2014 年世界杯期间各大啤酒品牌的丰富玩法不断挖掘着微博平台的价值金矿，同时，越来越多的业务品牌、企业品牌都在开始尝试通过玩转微博实现微博营销的创新与突破。另外，值得注意的是，微博平台在聚集了一众传统名人与明星的同时，也催生了不少网红，是网红经济背后的主要平台之一。

我们来看一个商业地产品牌是如何同时利用微博平台特性与网红经济价值来实现数字化到达的：西单大悦城结合数据分析与传统调研，打造出专属人物形象——"悦小 Young"，并由某当红漫画家进行原型延展，设计出系列漫画形象。西单大悦城就这一事件策划了一个"谁是亲妈"的微博话题讨论，让网友猜测谁是"悦小 Young"系列漫画形象的幕后创作者，话题覆盖人数高达 5586 万。答案揭晓后，在日常微博文案展示中，西单大悦城创造出一系列话题标签并辅以"悦小 Young"形象的四格漫画，介绍大悦城的多维度信息。

3. 针对不同社交平台的策略：微信营销

与微博平台的开放式关系链特征不同，微信更多的是一种"强关系"平台。对于每一个用户而言，它是一个较为封闭的社交网络，但微信也不再只是 2011 年刚出现时单纯的移动端即时通信应用，它现在不仅拥有类似 WhatsApp 的对话聊天功能、类似 Facebook 里动态社交消息的朋友圈、类似 PayPal 的支付钱包功能，还有品牌的自主微信公众账号内容推送，以及基金理财产品、打车与订餐服务和许多生活类内置应用入口。因此，有人将微信比喻为"社媒瑞士军刀"，其多功能性意味着企业的"玩法"也具备更多可能性和丰富性。使用频率最高同时也是企业最常见的两种营销方式是公众号和朋友圈。

◎ **互动式公众号**　微信公众号是企业最为常规的布局方阵,根据微信官方公开资料显示,截至2016年2月,微信公众账号已经超过1000万,而其中企业账号达到65万。最常规的做法是通过公众号发布企业官方信息、CRM,同时通过优质的内容产出增加客户黏性、打造强大品牌,也有传统企业通过公众号进行转型尝试。例如,天虹百货不仅开设了微信公众号,还成为首批接入微信支付的企业之一,在微信公众号上线之后的第二年,其微信会员数已经超过400万,月均交互会员数超过100万。

◎ **朋友圈营销**　2015年,微信开始测试朋友圈广告,许多品牌都尝试着推出了专属自己的品牌H5页面。例如,备受关注与赞誉的欧莱雅明星戛纳朋友圈推广,在戛纳电影节期间,用户除了在常规朋友圈里看到欧莱雅的推广内容,还可以在公众号中输入手机号进入欧莱雅所模仿的一个明星版本的朋友圈,这创造大量关注和曝光的同时也巧妙地植入了欧莱雅产品软广(见图4-9)。

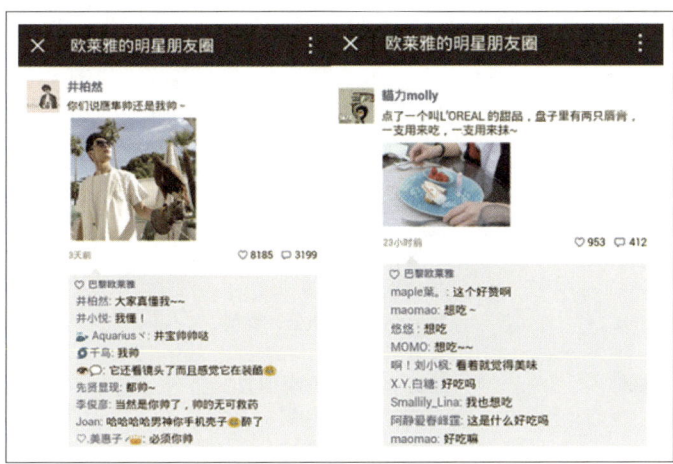

图4-9　欧莱雅微信微博营销

资料来源:图片来自网络。

移动营销

移动营销（mobile marketing）是在成熟的云端服务基础上，通过移动终端（手机、平板电脑或者其他移动式可穿戴设备）获取相应的消费者信息，再通过移动终端向目标受众定向传递即时信息，通过精准的个性化信息实现与消费者的互动，最终达成营销目标。移动营销早期称作手机互动营销或无线营销，是在"一对一"的基础上实现精准营销的一种方式，它结合并扩张了"网络营销"（online marketing）和"数据库营销"（database marketing）理论（见图4-10）。

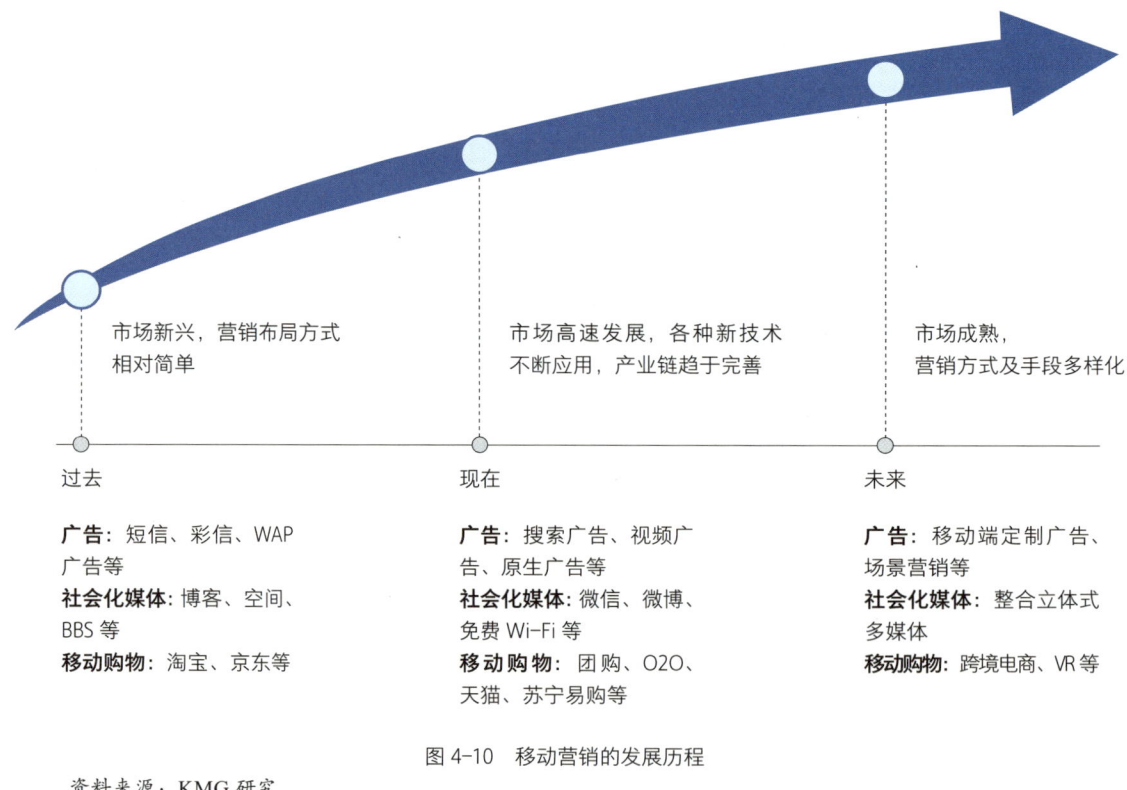

图 4-10　移动营销的发展历程

资料来源：KMG 研究。

要更好地理解移动营销，首先需要认识移动互联网时代所存在的一些现象。

在移动互联网日新月异的变化中，移动营销快速、高频地随之而变。MSN 早已不在，中国版的"Facebook"——人人网离我们渐行渐远，开心网更是远古记忆，微博正在被人抛弃的恐惧中步履蹒跚。移动营销不再像以往，广告主只要获得一个优质传播渠道就可以长期地高枕无忧。"快、变"将成为移动营销的核心词，所有的墨守成规都将会被时代抛弃。现在，手机已经成为最大的移动终端，是数字营销的最终触点。截至 2013 年年底，手机用户达 12 亿，其中 5 亿是智能手机用户。PC 的上网功能被手机稀释，手机成为最普遍的上网终端，移动终端根植于人们的娱乐、工作中，已成为人们生活中不可或缺的一部分，它占据了人们大量的闲余时间。以视频网站为例，优酷和土豆 50% 以上的流量来自移动终端，这也是为什么像传统零售巨头沃尔玛也投资开发移动线上购物 App "速购"来吸引来自移动端的客户的原因。如何做好移动营销，就是如何用合适的信息占领消费者手中几英寸的显示屏。

到目前来说，移动营销仍然是一个新兴的概念，其在企业中所承担的作用是偏向于工具性还是战略性一直没有一个确定的结论，但是这并不会妨碍其成为当下最重要的营销热点。移动营销是一个一边发生、一边检验、一边修正的营销方式，体现了数字营销的迅速迭代、不断优化的特性。我们很难用这样或者那样的公式去判断某移动营销的好坏，但是我们可以通过总结移动营销的一些特点来指导企业在营销过程中的活动。有人把移动营销所包含的特点归纳为 4I，即 individual identification（个体识别）、instant message（即时信息）、interactive communication（互动沟通）和 I（自我个性化），基于这四个特点，移动营销也被看作一种"精细化"的关系营销。

目前移动营销可能的应用就是广告精准推送以及购物引流。未来新的技术可以让我们打开思路，实现跨界合作的移动营销。

1. VR（虚拟现实）

移动设备先天的便利性和 VR 简直就是绝配，虽然就目前的技术水平来说，VR 设备还比较"臃肿"，仍需要体积较大的后台设备支持才可以实现，但是随着技术的飞速发展，VR 的便携性和易用性会迅速提高。想象一下，如果人们的智能手机有一天全部可以支持 VR 显示，移动端客户就可以所见即所得，营销效率与现在的移动营销相比就不可以同日而语了。即使在当前的技术条件下，我们也可以看到一些 VR 应用于移动营销的影子：宜家在 2014 年就开始使用增强现实技术，让用户在自己家里摆放"虚拟家具"以挑选合适的家具；一款叫"必要"的 App 可以让用户在其平台上定制眼镜时体验自己穿戴好的样子；连餐饮界的麦当劳都在瑞典推出了首款名为 Happy Goggles 的 VR 眼镜，这个 VR 眼镜是用麦当劳的餐盒制作的，用户只需根据图样折好，就可搭配智能手机使用。

2. 场景和地理位置应用

目前就场景和地理位置的商业应用早已不鲜见，像 Uber、滴滴、大众点评等，这是移动营销区别于传统互联网营销的最大优势。但是，随着移动互联网技术的不断发展，基于场景和地理位置的营销会不断有新的方式出现。例如，我们可以通过将用户分享的"状态"和"动作"的个人数据与场景和地理位置相结合，进而提供更精准、更个性化的服务。比如鞋子生产商 Zappos 与手机健身应用 MapMyFitness 合作，通过跟踪用户的运动行为和时间，判断他们鞋子的磨损情况，在恰当的时候提醒用户"你需要换一双新鞋了，请注意保护你的膝盖"；又如名为 Dorothy 的鞋夹，用户可以实现用脚后跟连踏三下就能通过 Uber 叫来一辆车，或者跳两下在最近的星巴克点一杯星冰乐的功能。

App 营销

App 营销属于移动营销的一部分，是整个移动营销的核心内容。它是通过网络社区、智能手机、SNS 等平台上运行的应用程序来进行市场营销。App 的诞生为企业与用户之间搭建起随时随地的连接，App 营销使得这种连接转化为消费，为 O2O 提供了一种新的路径。一开始 App 只是作为一种第三方应用参与到互联网营销活动中去。随着互联网的不断发展，App 在数字营销中渐渐地开始积聚各种不同类型的网络受众，同时可以借助 App 本身获取用户流量。

据调查，移动互联网用户在 2011～2013 年使用 App 的时间占比从 73% 上升至 87%。2013 年，营销公司 Chief Marketer 对 666 位广告主进行调研，48% 的受访者已经拥有或者计划开发 1 个以上的 App。而在世界品牌 50 强中，96% 都开发了自有营销 App。App 所具有的品牌沟通移动化、销售 / 服务移动化、客户管理移动化、产品的移动化拓展、内部品牌建设移动化及产品组合移动化功能，可以为移动营销提供更多的实际应用价值，也成为广告主深度介入移动端的手段。例如，宝洁子品牌汰渍就推出了 App"Tide Stain Brain"，它可以向用户提供 85 种不同类型的污渍去除方法，消费者可以根据自身实际情况按照 App 中指示的步骤操作，从而达到最佳去渍效果。

App 营销经过这几年的发展，已经从最一开始的单纯地定位于企业、产品、服务和消费者之间的对接触点，转换为以企业自身主要服务为主，同时向周边延伸的平台型服务方向发展。例如，一款名为"下厨房"的 App，其最初的定位就是为喜爱自己做美食的用户提供相应的菜谱。用户遇到想吃的菜品之后可以直接在 App 里搜索相应的菜谱。现在逐渐提供以菜谱服务为基础，销售周边产品的平台型 App，比如餐具、蔬菜、调味品、烹饪用具等，成为了一个一站式厨房解决方案的提供者。再如国内有名的情侣应用小恩爱，最初定位只是为情侣之间的沟通和交流提供一个线上平台，最近也开始进行商业化拓展尝试，与合作商合作为用户提供如首饰、食品、衣服、计生用品等和情侣相关的周边产品服务。

但是我们同时需要注意的是，现在应用市场里面 App 的数量越来越多，某一种功能的 App 就可能有几十种，这在给用户丰富的体验选择的同时也给企业和用户双方都带来了困扰。对于企业而言，虽然现在制作一款 App 的成本越来越平稳，也是绝大多数企业可以承受的，但是为了推广 App 所产生的大量费用就不是每家企业愿意投入的了，所以现在就每家企业是否都要做 App 也存在争论。对于消费者而言，选择哪个 App 成为了困扰。即使现在移动端存储空间越来越大，存放再多的 App 也不是问题，但是消费者在面对自己手机上密密麻麻的 App 的时候，多少也会有些无所适从。现在有一些企业也注意到了这些问题，做了很多尝试。比如腾讯的应用宝提出"应用+"的概念，开发者可以通过"应用+"将内容与服务直接呈现在用户面前，尝试从应用分发向内容与服务分发转变。以电影类 App 为例，应用宝 6.0 能够为用户提供任何一部电影的比价服务、得分、影评、剧情介绍、剧照、电影排期等，这种横向模式改变了传统应用商店只能下载 App 的纵向体验（见图 4-11）。再比如一款叫作菠萝觅的 App，集很多外卖 App、专车 App、车票 App、电影 App 等于一身，使得用户可以在一个 App 中，就同类功能的 App 比较、使用，大大地提升了用户的实际体验（见图 4-12）。

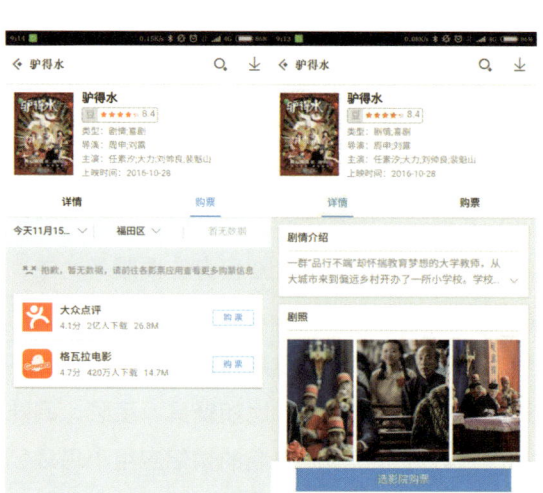

图 4-11　应用宝从应用下载抢占流量
资料来源：应用宝 App。

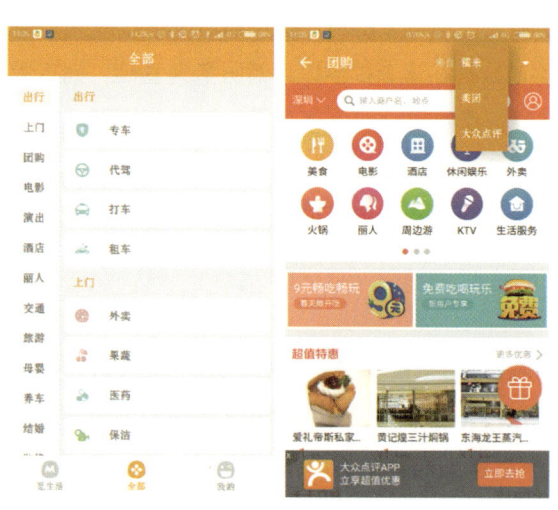

图 4-12　菠萝觅综合了很多同类 App 服务
资料来源：菠萝觅 App。

SoLoMo 的发展

2011 年 2 月，美国著名风投、KPCB 风险投资公司合伙人约翰·杜尔（John Doerr）第一次提出了 SoLoMo 这个概念。他整合了三个热门关键词：social（社会的）、local（本地的）和 mobile（移动的）。此后，SoLoMo 概念在全球范围内得到普遍认可，被一致认为是互联网未来的发展趋势，表明社交化、本地化以及移动化的模式。

社交化被认为是我们这个时代最重要的互联网发明之一，它让以信息为基础的互联网加入了只有在人类社会才会存在的关系，让互联网变得有人性的味道。本地化可以认为是虚拟世界与现实世界之间的桥梁。通过定位等位置技术，现实世界中人的位置变成数字信息在虚拟世界中进行交互。移动化则是在互联网时代最新的一次革命，基于智能手机的普及，互联网不再是通过一个个固定的接入端相互连接形成的数字世界，而能通过各种新兴接入设备让用户永远在线、随时在线。SoLoMo 是这三大重要元素的集合，代表着这样一种商业模式：它让客户通过移动的手段接入并共享位置信息，建立社交关系。这种与现实位置高度相关的模式，天然就能成为企业接触客户的一种优良工具。

SoLoMo 非常适合那些经营与现实位置有密切关系的实体企业用于接触客户、获取商机，比如有固定经营场所的服务性企业，包括商场、咖啡厅、机场。传统观点认为，客户到达这些场所附近的时候没有上网，因而还是需要采用传统的营销方法来接触客户。然而 SoLoMo 能够很好地解决这一问题。它鼓励客户采用手机接入网络，通过定位缩小目标客户范围，并采用社交的方式与客户建立联系。

大众点评网靠 SoLoMo 获得了团购市场上的成功。团购起源于美国，2010 年引入中国后遍地开花。各种团购网站层出不穷，在最繁荣的 2011 年 8 月，中国市场有 5058 家团购网站。大众点评网最早只是一个对餐饮商户进行评价排名的网站，进入团购行业的时间并不够早。然而发展到今天，大众点评已经成为团购市场最重要的三家企业之一，并在 2015 年与另一家团购巨头美团网合并，成为团购市场绝对的领导者。

大众点评网在团购市场上能够杀出重围，得益于其与其他团购网站不太一样的 SoLoMo 模式。传统的团购网站在客户获取中基本都依靠互联网手段，通过优惠、低价以及硬广的手段吸引用户。大众点评网则依托于原有的商户评价，构建了一个很强大的餐饮评价类的社交平台。用户在这一平台上能够在消费前获知商家的口感、价格、环境、招牌菜等信息，能够更好地进行方案比较。而且与传统团购网站只能线上到线下单向引流不同，大众点评基于位置的服务可以让用户在需要用餐的区域掏出手机直接定位附近商家，根据评价来选择合适的用餐商户，因而团购不再是牺牲利润增加短期客流的工具，而成为了强化客户选择商户的一个手段。因此，从商家的角度看，他们也更愿意与大众点评网进行合作。从这个角度上讲，大众点评网实际上改变了团购行业。通过 SoLoMo 接触客户的方式也已经成为了团购网站的标配，大众点评网因此成为了用户进行消费选择和方案比较时的首选工具。

O2O 的到达

O2O 是 online to offline 的简写，主要指线上与线下、在线与离线的商务机会和互联网的结合。线上的服务主要依赖电脑或可上网设备解决，但这种线上服务有其局限性，如客户无法亲自体验、感受商品。线下不仅是线上的实体，而且是具有互联网特性的所有业务。作为在互联网时代产生的概念，也随着互联网和数字时代的高速变化在不断进化、演变。对于 O2O 的理解和定义没有一个完全合适的解释，但是在发展的过程中总体分为 1.0 时代、2.0 时代、3.0 时代，未来一定会更快速地迭代。不同时代信息的传递、客户接收信息的过程差距明显。

1. 不同角度下 O2O 的特点
（1）用户角度：
◎ 信息量丰富、全面，可以找到想要的商家及服务内容。

◎ 与商家的沟通更快捷，购买行为更方便。
◎ 存在价格优势。

（2）商家角度：
◎ 传递信息的方式和内容丰富、多元，可以吸引更多的消费者。
◎ 营销效果容易追查，产生的交易可以追踪。
◎ 大数据的收集与应用更为方便。
◎ 打破传统的空间与时间限制。
◎ 大大降低成本，减少支出。

（3）O2O 平台角度：
◎ 平台本身就是一个互联网产物，拥有数字时代信息传递的优势。
◎ 在线下与线下的结合过程中，产生更佳的盈利方式。

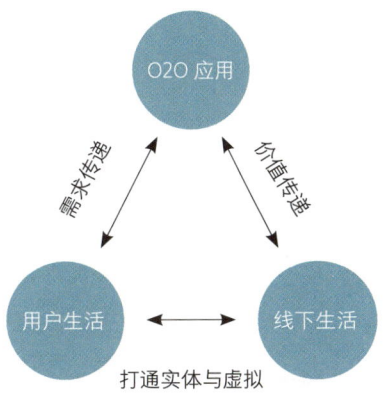

图 4-13　O2O 的经营模式
资料来源：KMG 研究。

2. O2O 的经营模式（见图 4-13）

了解 O2O 的特点以后，我们再通过讨论经营模式分析 O2O 的信息传递与接收。在 O2O 的商业模式下，整个过程会分成线上部分与线下部分。即使快速地发展与迭代，O2O 中消费者的消费流程仍大致相同，并且可以分为以下三个阶段：

（1）引流。 在引流策略方面，自然可以分为以下两个方向：
◎ 从线下发起的 O2O 引流。
从线下发起引流的目的是将消费者引到线上进行信息搜集，再到官方网站、线上店铺、移动 App 以及官方社交媒体账号。线下的广告刺激，比如提供网址、二维码给用户扫描拍照；线下的口碑传播，使一些潜在消费者主动到线上搜集信息；线下提供一些可以在线上使用的优惠券；线下的体验店或者虚拟超市，可以在线下直接扫描二维码消费，把用户的购买行为直接复制到网上。

◎ 从线上发起的 O2O 引流。

通过其他平台、链接引流到自己的线上平台，比如关注线上账号后可在线下消费时获得优惠，线上提供线下使用的折扣条码，线上抽奖线下领礼品等。

（2）**转化与消费**。线上平台提供消费者在消费决策阶段的需求信息，并努力引导其完成决策过程，使之最后产生消费行为，形成服务闭合。

（3）**反馈与存留**。消费者可在线上进行评价、反馈，这样的线上反馈既可以产生影响作用，又能生成关于消费者需求的数据。通过对线下业务信息库的不断完善，反向吸引更多的消费者进入线上平台，建立线上与线下的沟通渠道，维护消费者关系。

从 O2O 的不同时期看，每个阶段都会产生典型的成功案例。

1. 1.0 时代——团购的世界

享受团购服务，自然会想到很多消费者到现在一直使用的"大众点评""美团"等。这样的平台实现了传统实体消费与互联网的结合，消费者形成了新的消费习惯。在日常生活中，当我们看到一家实体店铺，都会先在线上搜集有关信息，包括价格、服务、品牌等。至于是在线上还是在线下消费在这一阶段并不是最重要的，重要的是传统线下行业有了一个叫互联网的新渠道，这体现出 O2O 结合线上与线下的本质。

2. 2.0 时代——舒服的等待式消费

上门服务、外卖、各种你可以想到的服务方式都可以在家中完成，只需要通过线上支付，就可以在线下享受实质的商品或者服务。洗衣服有上门收脏衣服，洗好后再送还的"E袋洗"；出行有打车服务"滴滴"；外卖有"饿了吗"。这些 O2O 都是在围绕硬性需求、传统服务的痛点来达到 O2O 模式的便捷特点。这一阶段是 O2O 的高速发展期，O2O 已经可被称为行业，也同样产生了很多的行业问题。

3. 3.0 时代——O2O 无处不在

生活中已经不可能离开与 O2O 相关的产品和服务，社区化越来越严重，从快递柜到实体店，O2O 产业在吸收大量资本的同时，实现传统行业与互联网的高度融合。但多数还需要时间的证明，一个完整的社区化 O2O 早晚会发展成综合的社区应用场景，不会只满足某一个需求，而是融入生活，完全常态化，解决高频次需求、消费者痛点，甚至于痒点。

视频营销

视频营销（video marketing），指的是企业以互联网为载体将各种形式和长度的视频进行有计划的、有目标的传播扩散的营销活动。从互联网营销出现之始，数字视频营销就已经诞生，因为互联网本身的特性就非常利于视频的传播。随着互联网技术的不断提升，带宽不断增加，显示器技术不断提高，这些都为数字视频营销创造了良好的环境。在国外，数字视频营销已经成为数字营销非常重要的一环，如 YouTube。但是在中国，电视还是视频的主要传播媒体阵地，数字视频营销还不够成熟。然而，作为视频媒体，电视只能单向为受众提供信息，受众无法深度参与。另外，电视很难根据受众的偏好来调整、创造内容，而数字网络视频却可以消除这些局限。视频营销越来越受到品牌企业的重视，成为网络营销中不可或缺的一种重要手段。

一般来讲，数字视频营销可以分为以下几种类型：

根据是否依托于视频服务平台本身，可分为 In-stream video 和 Out-stream video 两种。In-stream video，即视频平台本身的贴片视频，在网络视频、电视视频、直播视频播放前、播放暂停或者播放完后插播的图片、视频、FLASH 等，如插播式视频、前贴片视频、暂停视频等。Out-stream video，通常时间较短，且并不依附于视频媒体平台出现，常见于社交媒体、新闻资讯类媒体、户外广告媒体，如朋友圈、微博等。此外，以 papi 酱为代表的自媒体平台也是 Out-stream video 的一种。从移动视频的载体来区分，可分为电视视频、移动视频、PC 视频、户外视频、跨／多屏视频和 VR 视频等。

从视频营销的内容来讲，一般分为六种类型：演示，展示产品或服务可以解决什么问题；培训，产品的细节应用；客户体验，现有顾客现身说法；领导力，显示你是某个领域的专家，赢得尊重和信任；制造悬念，挑起用户观看的兴趣；讲述与品牌相关的故事，可以是来自员工的，也可以是来自普通消费者的。

在中国，网络视频数字营销的内容、营收手段都和传统电视营销模式相似。在内容方面，根据市场研究公司 Millward Brown《视频广告投放趋势洞察》中的数据显示，在线视频 60% 的用户流量由大型连续剧贡献。从腾讯视频的数据来看，其网络播放量 TOP30 的大剧总播放量高达 84.13 亿次。这说明诸多消费者将网络视频作为传统电观剧的替代品。在经营层面，网络视频平台的营收模式也和传统电视营销模式十分相似。一般都是贴片广告，针对大剧的营销也是剧场冠名、广告植入之类的方式。这些方式早在电视广告中有所体现。虽然网络视频平台也会提供给广告主更多样的营销方式，如病毒视频的推荐传播、基于大数据的受众洞察及内容定制等，但是从营收比例上讲，常规广告投放仍占较大的比重。

移动端的视频营销一直不温不火，其中很大一部分原因就是用户在移动端观看视频的时候体验非常差，不是网速非常慢、视频加载不流畅就是担心流量使用带来的资费问题。而如今，随着智能手机和移动终端的普及以及 4G 等技术的改进，用户的体验大幅提升，使用成本大幅降低。加之近期以来十分流行的短视频,这都为移动视频营销创造了非常良好的外部环境。

多芬调研发现,全球有一半的女性不满意自己的样貌。于是多芬制作了一部时长 6 分钟的短片,在短片中讲了一个故事:在自己和他人眼中,女性对自己的容貌判断和他人的看法有什么不同?多芬请到了 FBI 人像素描专家,专家和女性志愿者被分隔在帘子的两边,无法看见彼此。由女性对自己的样貌进行描述,专家则根据描述画出其样貌。之后,再由见过该女子样貌的一位陌生人对其样貌进行描述,专家在此基础上再画一张画像。最后,当组织者把两张素描画摆放在一起时发现,该女子在别人眼中比在自己眼中要美丽得多。这个短片触动了很多消费者,让他们重新认识自己,短片推出后的第一个月就获得了 380 万次转发(见图 4-14)。

图 4-14　多芬,你在别人眼中更美

资料来源:多芬。

从自有媒体、付费媒体、赚得的媒体到聚合媒体

上面我们谈的是数字化到达的各种达到渠道以及这些渠道的方法论,当然,我们还可以通过另外一种方式对这些渠道进行分类。为了应对不断的变化,营销从业者最近已经开始将媒体分成三类:自有媒体、付费媒体和赚得的媒体,每种媒体都有不同的好处、应用方法和挑战(见表4-2)。

表4-2 三种类型的媒体

媒体	定义	角色	优点	挑战	例子
自有媒体	由品牌所控制的渠道	与潜在及现有客户和赚得的媒体建立长期关系	可控 成本低 长期性 用途多样 特定受众	不能保证效果 公司传播常常不被信任 需要长期投入	企业网站 企业移动网站 企业博客 企业微博
付费媒体	品牌通过付费所使用的渠道	为自有媒体提供引流,并催生赚得的媒体	基于需求 即时性 规模大 可控	杂乱的客户体验 客户响应率不断降低 可信度很低	电视广告 赞助 付费推广
赚得的媒体	有影响力的用户本身成为渠道	承担倾听与反馈的角色;该类型的媒体通常是自有媒体与付费媒体发展并协同的结果	可信度最高 促进销售的关键因素 透明化且可维持	不可控 可能有负面信息 规模不可测 难以衡量	用户口碑 Buzz 病毒传播

资料来源:Forrester Research.

付费媒体可以是任何形式的媒体,品牌必须付费给媒体所有者才能在该媒体上传播品牌信息。选择这种媒体的关键在于认为媒体所有者具有聚集观众和联系品牌的能力,而且品牌本身是愿意支付的。付费媒体包括广播广告、广告牌、显示广告和付费搜索等。它具有规模性,但可信度低。

赚得的媒体,也被称为获得的媒体,通常是指经由有影响力的人生成内容而获得传播效果。赚得的媒体包括社交媒体文章、评论等。它是"有机"的,可信度高,但可控性差。

自有渠道是品牌自己创建的渠道。自有媒体的例子包括品牌网站、电子书、博客或一家公司的 Facebook 和 Google + 页面。自有媒体的成本低，但无法保证效果。

在数字时代中，我们不应孤立地使用这些媒体类型进行营销。因此，营销者开始对其进行聚合，使得其效益大于各部分的总和（见图 4-15）。

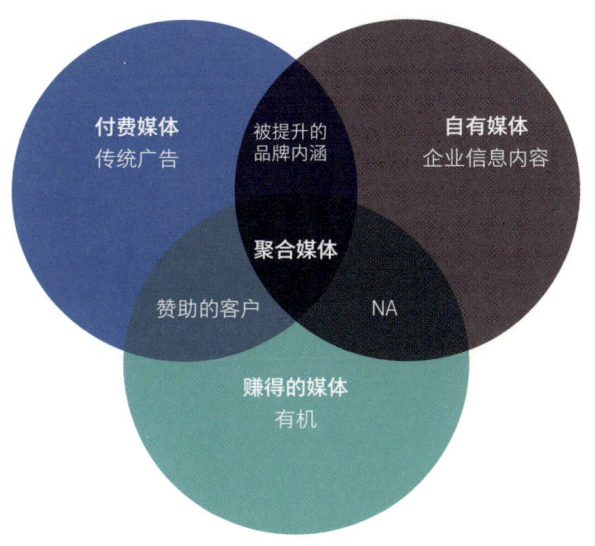

图 4-15　三种类型的媒体的聚合

资料来源：Altimeter Group.

聚合媒体可以有效化解营销竖井的出现，有助于制定覆盖并优化各种媒体渠道的内容策略。市场研究和咨询公司 Altimeter Group 这样定义聚合媒体："聚合媒体包含了付费媒体、自有媒体和赚得的媒体中的两个或两个以上的媒体渠道。它的特征是传达具有一致性的品牌故事线、形象及感受。无论顾客使用何种媒体，无论是线上还是线下，通过所有媒体渠道的协同，使品牌信息能够到达客户那里。"

英特尔公司销售与市场营销副总裁南希·巴说:"我合并了公司的社交媒体团队和全球媒体团队,与我们的合作伙伴一起推动跨媒体运作并思考如何为付费媒体赋以新意。我们发现交流并不是社交媒体所独有的作用,我们的付费媒体合作伙伴正在尝试用一些新方法来促进顾客的参与和对话,而我们的社交媒体合作伙伴也特别乐于提供新产品创意并参与测试。"

当企业寻求两个或更多媒体类型的无缝整合时,聚合媒体应运而生。新闻和体育广播正在将微博直播整合到它们的电视节目中,在电视直播中,引导观众通过微博进行话题讨论。在整合营销传播中,博客主和公关人士通过赚得的媒体向受众讲述品牌故事的同时也将受众引向付费媒体与自有媒体。

纽约巨人队是第一支率先将微博直播整合进赛事直播的职业队,它将微博直播与电视直播和赛事现场相结合。结果超出预期,在不到两个月的时间里,巨人队的 Twitter 关注量上升了 122%,总关注人数超过了 300 万,很快,巨人队在美国国家足球联盟的 Twitter 关注排名中上升至第三位。

第 5 章
4R 之 Relationship
建立持续关系的基础

KMG 数字化营销战略路径图

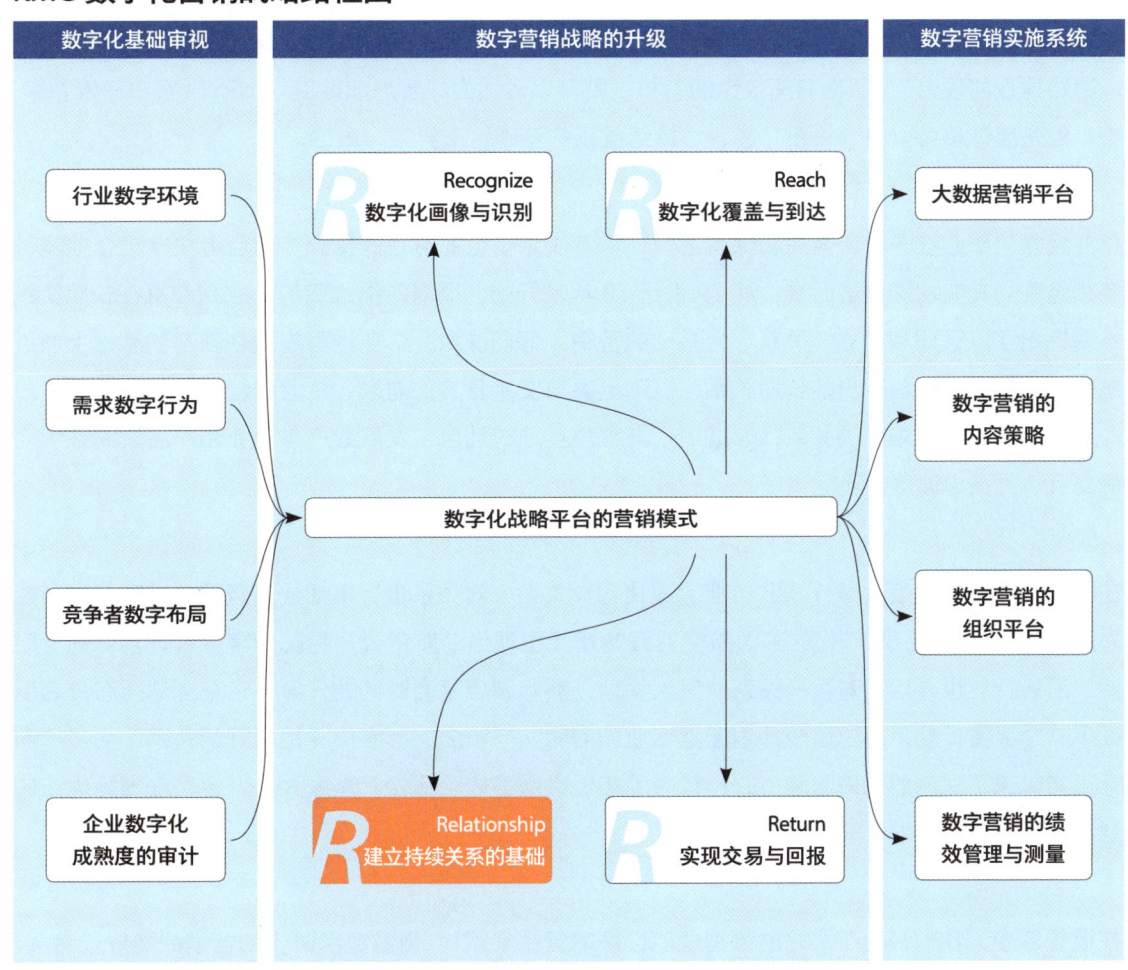

数字化：建立持续关系的基础

我们将建立持续关系的基础，用英文表达为"Relationship"。在第 2 章谈到营销战略的本质时，我们提到过不论营销手段和工具怎么变化，其本质是不变的，我们在其本质中关键的一条界定就是"能否建立持续交易的基础"，这是从战略上衡量营销是否持续的核心，而换个维度讲，所谓建立持续交易的基础，就是要与客户建立更深层次的关系。这种关系层次的建立，如果是指"与客户之间的情感"，那么更多地整体表现为品牌的偏好；如果指向终端的方便可达，则表现为渠道通路建设的能力；如果指向绩效性的考核，则可以表达为"客户忠诚度""NPS"（客户净推荐率）等，但是整体都可以用"关系"或者"持续关系的基础"来界定与表达。

企业经营的核心在于创造客户和保留客户，前者决定了企业存在的基础，而后者决定了企业能否持续经营。其实从营销层面看，从 20 世纪 70 年代开始，斯堪的纳维亚的企业和专家在长期实践中就提出了以管理和建立"关系"为基础的营销。他们认为，企业经营应是在获利的基础上通过建立、维持和促进与客户的长期关系，以满足参与交易各方的需求。企业经营的目的在于与客户形成长期的、相互依存的关系，形成一个与客户互动的社区，发展客户与企业和产品之间连续性的交互，提高忠诚度并巩固市场。

在航空、酒店乃至绝大部分 B2B 行业，深化客户关系，对关系进行精细化的管理是提升其盈利能力的关键。20 世纪 80 年代的美国航空业开始初步出现当前航空公司标配的常旅客计划。同一时期，酒店行业也开始了对客户关系的深入管理，洲际酒店是当时的领先者，它在全球所有分店制订了一个会员计划，通过这个计划配置专业顾问团队与酒店的老客户保持良好的关系。会员给洲际酒店带来了深刻的口碑影响，并持续向酒店提供服务体验报告。迄今为止，会员在洲际酒店的营销收入中占据了很大的比重。

在第 2 章中，我们谈到了"好的营销战略，坏的营销战略"，衡量数字时代的营销战略好或者坏，其中我们谈到有一个核心的要素就是"连接",移动互联网时代使得"连接"就在"一瞬间",比特化让关系的建立、维护、提升,比原有的原子世界更加容易得多,这似乎是数字时代赋予营销战略的天然禀赋。

为什么我们在"数字化信息覆盖与到达"之后谈"建立持续关系的基础"?是因为在咨询实践中,我们发现,很多企业做了大量的数字化投放,正如我们在第 4 章中所介绍的,各种内容和媒介,企业都有覆盖,但所得到的成果未必如 CEO 和 CMO 当初投资时所料。造成这种现象原因是什么?我们认为,除了更顶层的营销战略(STP)是否准确之外,还有很大的一个实施性原因在于:数字信息达到后,并没有和客户建立持续关系的基础,也就是说,目标客户被信息所覆盖,但是这种信息的覆盖并没有结成"强关系"的黏度,正如互联网的估值,既关系到用户数量的多寡,又关系到这些用户的激活量、活跃度这些反映黏度的指标。我们可以做一个比喻:"到达"在数字化时代解决了一个信息达到的问题,而"关系"扮演了一个从客户接触信息到客户购买中的关键环节,它是形成客户忠诚、客户偏好、客户购买的关键桥梁。CEO 和 CMO 关于自己的营销模式可以问:有没有建立持续交易的关系?在哪个环节内建立了持续交易的关系?还是我们的那些营销资源的投入,仅仅解决了信息到达的问题?

定义:建立持续关系的基础指的是数字信息到达后,通过各种经营手段围绕目标客户创造、建立和保持的持续性互动状态,它使得营销从信息的传播走到战略性的深度经营。

可持续互动是客户关系建立的重要标准。与客户的交易达成并不意味着客户关系的真正建立,缺乏客户与企业持续、充分互动基础的交易将无法持续经受住竞争对手的低价竞争策略的侵袭。从客户的角度而言,持续的互动关系意味着,在经济利益、情感价值和社会性价值层面持续获得全面满足,自身积极参与到这一过程中。美国学者阿尔文·托夫勒将这种演变创新式地命名为"prosumer"。这是一个组合词,由 producer(生产者)的前半部分和 consumer(消费者)的后半部分组成。顾名思义,它指的就是生产者、消费者合一的现象。

从企业角度而言，持续的互动关系意味着原先封闭式的企业内部活动将演变为客户与企业的共同协作。客户互动也从原先的"销售技巧"延伸到其他的企业内部价值活动。而这种深度协作对企业而言，具有意义深远的商业价值。

安东尼·威廉姆斯（Anthony Williams）曾经说过，企业领导者要善于利用合作作为减少成本的杠杆，以此使企业能够和客户共同创造，更快地创新，并引领企业更好地适应21世纪的商业环境。当然，企业会从成本—收益的角度衡量，综合评价建立、维持客户关系的各种方式的回报和衡量指标，形成持续投入与持续回报之间的良性互动。

以客户为核心的"关系铁三角"

在移动互联网的基础平台上，利用数字技术，"关系"在营销领域所体现出的广度、强度、内涵与手段都实现了重大的升级。技术的进步降低了企业与各类顾客建立和维持关系的成本，数字化技术使得信息的创造、记录、分析和分享更加可行。客户关系的对象从社会领域的主体，拓展到信息和企业的市场提交物。客户在企业的协助下，与人群、信息和产品的结合度更加紧密，客户与整个外部世界更加融为一体。在数字时代，以客户为核心的关系网络是人、信息和提交物三位一体的动态结合。三个部分互为基础，相互促进（见图5-1）。

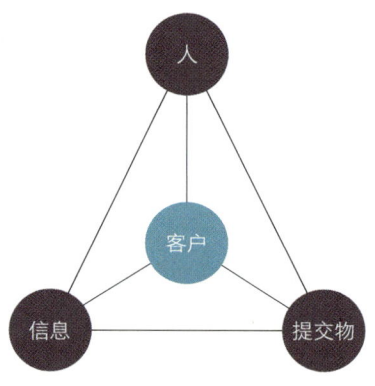

图 5-1　数字营销关系铁三角
资料来源：KMG 研究。

第一种"关系"可以是作为个体的消费者与具有相同利益需求或相近价值观和精神追求人群的关系，也可以是围绕客户需求的各类外部专家资源的关系，还可以是消费者与"拟人化"的企业之间的关系。企业是非人格化的法人实体,但企业由人组成,因人的活动而运作。从消费者认知便利角度出发,顾客会根据个人经历和主观判断,赋予企业"人格化"的内容。如何主动引导和塑造企业在客户心目中的形象是企业品牌建立时的重要内容,也是关系建立的一种手段。在快消品企业中,选择的形象代言人通常都是企业或产品使用者的真实体现,在形象、个性乃至价值观上都要匹配,否则表面看起来是在做品牌资产的投资,实质上是在损毁品牌的根基。在工业品营销领域中,越来越多的企业逐渐意识到作为"人"的身份与顾客以及其他利益相关者进行互动的重要性和必要性。例如,ABB公司在其官方微博上就是以"阿伯伯"的身份和口吻与粉丝交流的,使得一家以工业自动化为主业的企业多了一份亲切感,让普通消费者更加容易接近。

第二种可以看成"客户与信息之间的关系",包括为客户提供信息的内容和方式。在移动互联网时代,企业不只为客户提供关于自身产品的各种功能和经济价值信息,还需要为客户提供与其工作相关的专业知识或与生活方式相关的各种信息,这也可以看作企业为客户创造的无形价值,用现在数字时代流行的话讲是"一切产品都可以内容化,一切内容都可以产品化"。在消费品行业中,企业甚至通过提供生活方式和价值追求的方式为客户提供各种信息。正如《连线》杂志的创始人凯文·凯利在《新经济新规则》一书中提到互联网经济有三个核心特点:全球化;注重无形的事物,如观点、信息、关系等;紧密地互相连接,连接导出来全球化、信息与关系。凯文·凯利预言,未来互联网模式下的新经济会遵循移位法则(law of displacement):把注意力转向获取信息。新经济以信息为基础,产品中所包含的信息越多,其价值就越高;正如很多企业开始撰写周边行业白皮书或者行业报告,打造品牌影响力,塑造领导力,或者合起来叫作"思想领导力",这些信息可以与企业的业务无直接关系,但围绕行业开展的各类行业信息发布会强化了企业在客户心目中的专业和行业领导力形象。通过积极吸引客户或其他外部资源进行信息的生产,客户既是信息的享受者又是信息的生产者。在移动互联网时代,企业需要充分善用各种信息平台的特点,匹配不同类型的信息内容,进行全面布局,围绕客户在各种场景下的信息需求,进行全面的覆盖。

第三种是"客户与提交物之间的关系"。客户与产品之间不只是购买、使用、消耗的过程,如果把以前的客户行为看成一条直线，那数字时代的客户轨迹会拉长，甚至弯曲。在移动互联网时代，产品的使用可以作为入口，在此基础上储存各种应用数据，为客户创造各种可能的社交场景。而一些传统的产品也添加了数据存储功能和社交功能，从而在产品交易的基础上，丰富了社交价值，建立了品牌与客户的持续关系。例如，耐克公司开发了一系列健康追踪应用程序与可穿戴设备，包括Nike+Running、Nike+iPod、Nike+Move、Nike+Training、Nike+Basketball等手机应用程序以及Nike+Sportwatch、Nike+Fuelband、Nike+Sportband等穿戴式设备，客户在使用耐克产品的同时还可以把他们运动的结果数据在社交媒体上和朋友分享。另外，我们可以看到，很多的电子体重秤都为客户开发了相应的App，以方便客户查看自己的体重、体脂等相关数据，帮助客户检测自己的体重变化，通过数据分析还可以为客户提供相应的建议。另一种互动方式是企业在内部价值链环节与客户进行合作。客户不只是产品的购买者，更是产品的创造者和推广者。在产品形成过程中，客户与企业形成合作的新关系，共同研发和形成产品，其中的核心客户成为新产品的忠实推广群体。在实践中，企业通过一系列"众"（crownd）活动，如众筹、众包和众推，加强与客户的关系。

在数字时代构建"关系"

客户关系管理是对有助于建立客户关系的各项企业活动的管理，而不仅是对作为经营结果的"客户关系"本身的管理。对于企业而言，客户关系既是企业经营过程中的重要手段，又是企业以客户为中心经营的结果。客户关系的建立需要以满足客户需求为中心，辅以企业各种经营手段。这包含了企业的客户需求研究、产品研发、产品实现、产品交付和售后服务等各项企业关键的内部业务活动。

在数字时代，客户不再于孤立的状态下完成整个购买过程。尤其在电子商务深度发展的今天，客户在购买过程中时刻处于"关系"的状态,这意味着企业、客户及其他紧密的利益相关者之间的各种互动几乎达到全地理覆盖。在移动互联网时代,客户的整个购买过程都会与各种信息来源进行互动,呈现出时刻活跃的"关系状态"。从关系分享中引起消费需求,到各种评价,以及后续的在线购买,消费者移动互联网时代不是一个人孤立地做出各种决策,而是在各种关系网的共同作用和影响下做出决策,是一群人共同做出的决策,由一个个看似独立的个人表现出来。

在移动互联网时代,企业与消费者之间的关系是"动词",而非"名词"。借助技术的进步,企业与客户之间的关系强度、广度与深度都发生了重大变化。沟通强度更大,使得客户可以简便地借助各种移动通信技术和数字工具,在每天 24 小时中的任何一个时间点都可以查询企业信息、各种外界评价等相关信息。客户也可以通过网络在世界范围内与具有同样需求、兴趣和价值观的人沟通。这些人包括已使用产品的意见领袖、相同志趣的人以及"拟人化"后的企业。通过各种智能终端,客户可以在多个渠道和平台上与企业进行互动,这些渠道和平台包括各种社交媒体、信息和视频分享平台、信息搜索工具等。因此,在移动互联网时代,企业与客户的互动不会因业务活动的结束而结束,不会局限于企业市场人员与客户之间,更不会局限于纯粹的商务信息发布与售后服务支持(见图 5-2)。

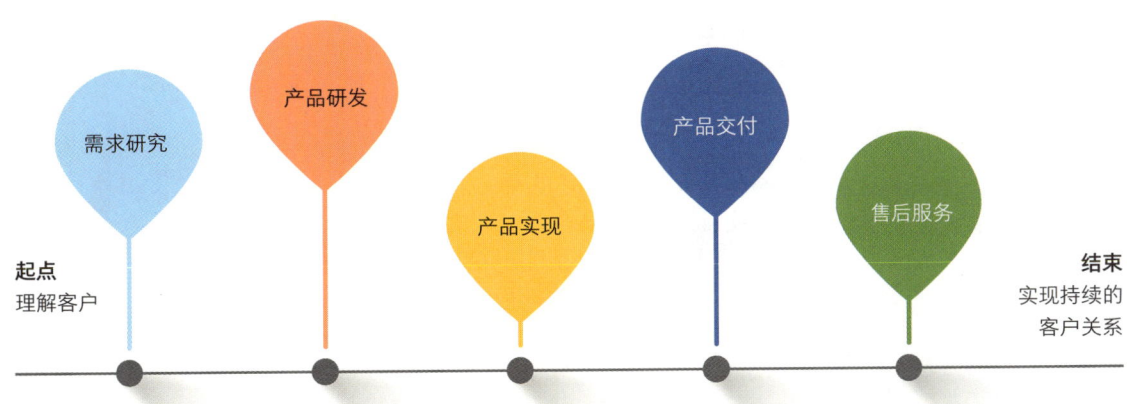

图 5-2 企业角度下的营销实现过程

资料来源:KMG 研究。

未来企业之间的市场竞争，将是不同"关系网"之间的竞争。Henley Centre 指出：顾客会更倾向于相信、依赖他们认识的熟人的建议去做决定，有 90% 的人信任他们的配偶，82% 的人相信他们的朋友以及 69% 的人相信他们的同事，但是只有 27% 的人相信制造商或者零售商，14% 的人相信广告主和名人。客户更加习惯和依赖"关系人"的建议。即使在 B2B 领域，专业的采购人员也会通过网络平台寻求更加中立的建议。而移动互联网也为这些购买者提供了更加丰富的外部专家资源和更加便利的信息获取方式与场景。

在产业竞争的视角下，企业之间的竞争被赋予了产业链的含义，企业之间的竞争是其背后不同价值网络体系之间的竞争。在这个充分连接的时代，企业与客户之间的直接与间接关系、真实或虚拟场景下的关系，共同编制出一张"关系网"（见图 5-3）。这张关系网是弱关系还是强关系、关系互动的状况、与客户周边社群的关系，将充分体现出不同企业对顾客未来购买决定的影响程度。这张关系网的作用是一个持续的过程，意味着企业时刻进行着新客户的获取、老客户的维护，甚至是交易的直接达成。如果企业无法有效地建立这样的关系网，那么在客户购买想法产生的时刻，企业已经失去了竞争的支点。

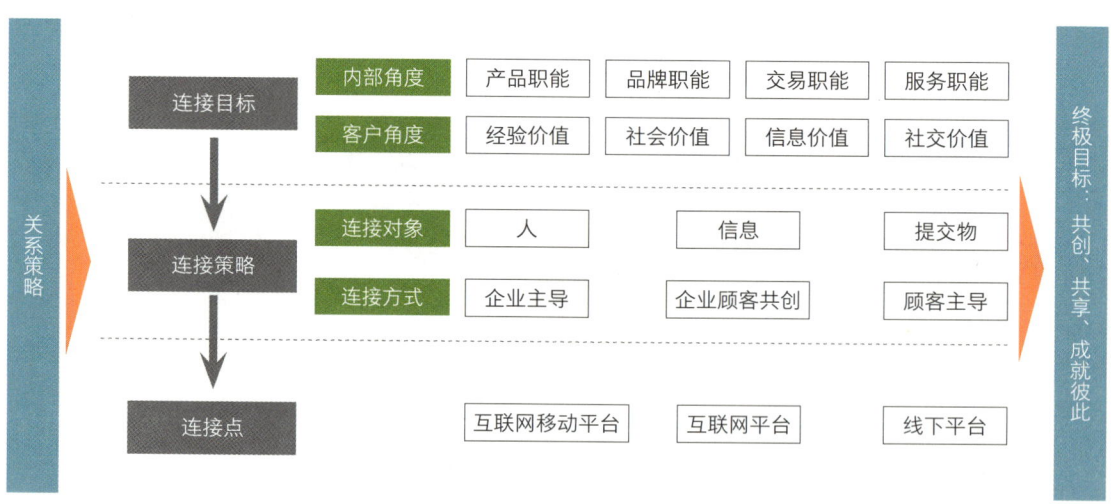

图 5-3　关系营销的策略框架

资料来源：KMG 研究。

在数字时代，客户与物理世界、信息世界以及社交网络实现了全时、全地与全域的连接，因而企业与客户的关系也需要扩展和深化。企业需要从连接目标、连接策略和连接点三个方面来系统展开关系的建立策略。在进行策略思考的过程中，需要形成系统的企业内部规划，作为今后各项工作开展的起点。

"对于没有目的地的帆船而言，任何风向都不是顺风。"企业建立关系策略的第一步是明确关系建立的目的。我们建议从企业的内部和外部视角进行全面的分析，在内部达成共识是实施深度关系策略的前提。

策略服务于目的，策略实现目的。第二步是从连接对象与连接方式的维度，结合目标的实现进行连接策略的设计。在数字时代，企业开展市场竞争的中心是建立具有价值纵深的"关系网络"，核心工作是要协助客户与彼此认同的人群一道去实现更大的目标，实现更好的自己，实现"有价值观的社群"。

第三步，在完成策略规划后，企业需要根据不同的连接对象的特点以及连接方式的需要，充分利用移动互联网、互联网以及线下平台进行实施，我们称之为"关系的连接点"。当然，企业需要协调"在线连接点—线下连接点"之间的作用，以系统而不是割裂的方式去定位和评估不同连接点的作用。

明确关系策略的目的

关系策略的目的规划要服从企业的整体数字营销战略规划，从企业的角度而言，需要明确"关系"在营销战略中的作用。不同类型的企业目的不同，而同一类型的企业在不同的发展阶段，也可能会有不同的目的。因此，企业在设定关系策略的作用定位时，需要充分根据自身的行业属性、公司特性和市场竞争需要，规划务实且适合自身状况的作用预期。

从企业内部角度而言,关系策略的目的包含以下四个方面:

第一,品牌职能。

此即以公司或产品品牌为主要运作平台的市场活动。其成功逻辑是通过影响和塑造品牌受众的认知及感知,进而获得品牌受众在行为和商业层面的支持。品牌职能在实践中包含以下典型目标:
◎ 提升公司品牌或产品品牌在业务区域的知名度、认知度和好感度,为企业赢得良好的社会氛围,获得合作伙伴的支持。
◎ 提升在潜在客户群体中的知名度、认知度,通过认知和偏好的影响,提升与潜在客户的交易转化率。
◎ 提升品牌在已有客户认知中的活跃度,持续维持和巩固与现有客户的忠诚度,锁定已有客户的未来购买需求。
◎ 提升企业在行业人才网络中的知名度和美誉度,为企业持续的人才需求建立良好的"雇主声誉"。

我们的咨询经验显示,要使品牌职能得到真正的发挥,需要对品牌进行"管理化"和"战略化"提升。发挥品牌在各项内部职能中的导向和统筹作用,成为统领各项市场竞争活动的主题。领先的企业实践显示,品牌职能已从单纯的传播活动,提升至内部价值活动统筹,甚至整体市场战略规划。战略化的品牌职能能有效地打通"企业内部行为—品牌价值—外部客户价值",将企业的组织核心价值观(organizational core values)、品牌核心价值(brand core values)与客户价值(customer values)进行有效的一致化,真正将理念落实为行动,将价值承诺转化为价值体验。图 5-4 给出了沃尔沃的案例分析。

第二,产品职能。

它是指企业是否通过关系活动实施产品研发方面的目标,如产品概念挖掘、产品原型设计和定型等原先主要以企业内部为主完成的工作。以覆盖产品为目的的连接能够更好地为顾客提供经济价值,使之获得参与感和自我实现。比如小米科技在 MIUI 系统发布第一个内测版本时,首批用户

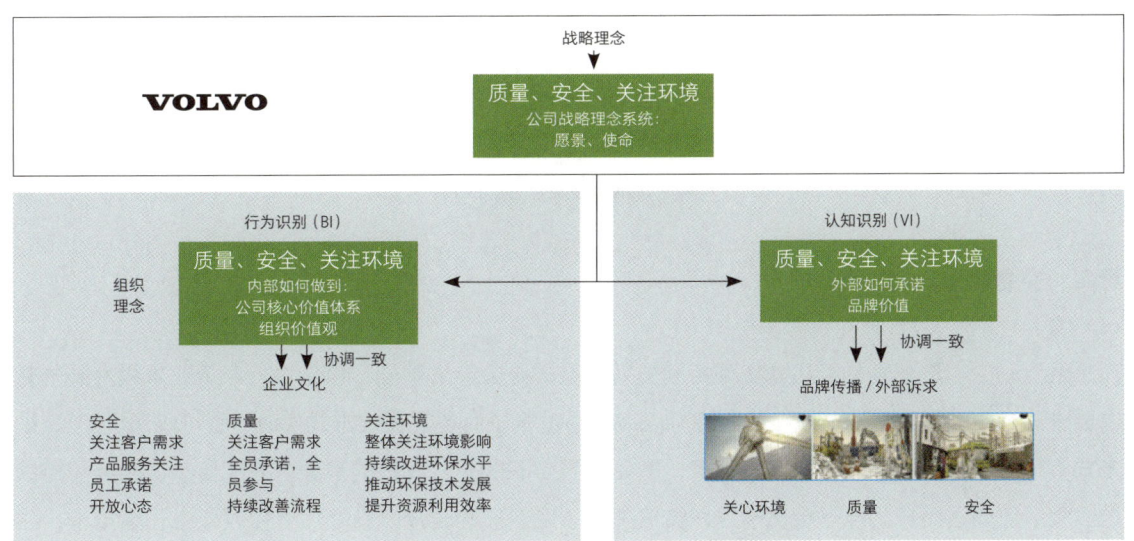

图 5-4　基于核心价值组合的沃尔沃案例分析

资料来源：KMG 研究。

只有 100 人。当时小米籍籍无名，也没进行任何推广，最初的这 100 名用户成了小米最珍贵的种子用户，小米将其称为"100 个梦想的赞助商"。MIUI 发展一年后，这 100 人的队伍壮大到 50 万用户的规模，成为了小米后来命名为"发烧友"粉丝用户群的基础，也成为了小米手机上市后最主要的购买者。不同的产品具有不同的复杂程度，并且对相关的其他参与方有着不同的门槛要求。如何以产品为切口建立关系，成为企业在数字时代进行市场竞争的一个重要挑战。

第三，服务职能。

在关系的建立和互动中，顾客提供的相关服务及增值服务，在实践中可以以企业为主来实施，也可以由顾客自发或专家资源来实现。移动互联网极大地便利了群体协作，服务已经成为关系互动的重要内涵，也成为顾客在关系活动中获得的重要价值。Sprout Social 在 2012 年发布的《社会媒体习惯》中说到，在想要通过社交媒体联系到相应的品牌、产品及企业从而获得客户服务的客户中，32% 的人都希望能够在 30 分钟内得到答复。例如，Cognos 是世界上最大的业务智能软件制造商，其业务是帮助用户提取自己公司的数据，然后分析并得出相应的报告。为了帮助客户解决在使用过程中遇到的问题，Cognos 建立了"Cognos 商业智能社区"，社区创建时只限于 Cognos 产品应用领域，目前逐渐扩展到多个产品应用、BI 系统建设、BI 系统运营、大数据 BI 应用等领域，由企业自身的技术人员或者资深用户来帮助解答客户提出的问题。

第四，交易职能。

在关系互动中实现顾客的购买是实现持续关系发展的必备经济基础，也是每一家企业永续发展的基本要求。在数字时代，这一职能的实施可以完全通过电子商务等在线方式代替，也可以通过 O2O 的方式实现。交易职能的发挥需要在品牌、产品与服务职能充分发挥的基础上更加自然、顺畅和持续地实现。比如屈臣氏的电子会员卡，在微信关注了屈臣氏的公众账户之后可以领取电子会员卡，屈臣氏会定期通过微信针对会员推出特价产品以及合作商户的优惠，这增加了消费者的二次消费概率。

从顾客角度而言，持续建立、参与和维护关系的目的包含了对经济价值、信息价值、社交价值和社会价值的广泛需求。数字时代，技术发展与社会思潮和价值观的演变相互作用，顾客的价值诉求越来越趋向于个人价值在社会范围内的实现。但这并不意味着，顾客不再关心更为基础的经济价值。相反，在广泛互联，甚至是瞬连的时代，企业在产品经济价值方面的任何瑕疵都会被广泛地传播，这对企业造成的负面影响是无法估量的。对顾客价值的分析和判断，是对企业内部关系活动的重要指导。企业的目标顾客对于不同价值的偏好，以及自身产品和服务的特性，决定了企业更加适合满足顾客的哪些价值需求。

第一，经济价值。

企业必须能够为客户创造令人满意的经济价值。在市场竞争中，经济价值可以体现为更具便利的产品使用体验、更具性价比的产品、更周到的服务，以减少客户使用产品和服务的维护成本、时间成本、风险成本和整体使用成本；经济价值在市场竞争中属于"保健"属性，是企业进行市场竞争的入门级要求。

第二，信息价值。

无信息，不关系。客户因为有价值的信息而参与到不同的关系中，这包括与企业的关系状态，也包括与更广阔的社交网络的关系。消费者在所处的关系圈中能持续获取更贴近自身工作需求的权威的、专业的信息，能持续浏览满足兴趣点的趣味和时效性信息。数字时代是信息过载的时代，客户的注意力是稀缺资源，客户有充分的理由和条件只关注那些自身感兴趣的信息。因此，关系网中的信息不是关于"企业"的，而是关于"消费者"的需求的。很多企业也将此作为自身产品的价值定位，以个人定制化的信息价值去与客户建立"无杂音"的关系。例如，今日头条的品牌定位是"你关心的，才是头条"，今日头条是一款基于数据挖掘的推荐时事新闻的产品，它针对用户的个性特点有针对性地推荐有价值的、个性化的信息。今日头条只为用户推荐与用户相关的信息，而不像一般新闻客户端一股脑地把所有信息都推送到客户眼前。

第三，社交价值。

寻找同类，获得社群成员的支持、保护、互助和赞许，建立身份、兴趣和精神的归属感与认同感。在关系建立中，社交价值是关系建立和维护的重要黏合剂，也是实现更深入关系的基础。美国哈雷·戴维森摩托公司在 20 世纪 80 年代将业务经营的重点从产品逐步转移到社群上来。它在全球各地成立了哈雷车主会，汇集哈雷车主，让他们分享拥有哈雷的自豪感。哈雷车主会在各地组织丰富多彩的会员活动，提供专属的徽章、杂志、旅行手册。车主会的成员在这个社群中分享对哈雷的热爱并认识具备相同喜好的朋友，极大地增强了哈雷客户群的稳定性。

第四，社会价值。

数字时代是顾客被充分赋权的时代。移动互联网的蓬勃发展，在技术上为大规模协助提供了支持，"自组织"创造了人与人之间直接连接的新范式。在明确的目标和价值观的指引下，人与人的直接连接形成了社群，这样就可以整合各种资源去实现更加具有社会影响力的目标。在传统产业社会中，人必须加入各种机构类的组织中才能参与到社会活动的模式发生了时代性的转变。企业在创建关系的社会价值时，需要关注以下两个要点。

1. 兼顾"思大"和"虑小"

"思大"（think big，宏观思维）需要企业跳出单纯的商业视野，从社会道德、社会价值创造的角度规划企业和品牌的社会价值。在实践中，企业需要将社会责任和公关活动等离散的活动整合至统一的主题之下，持续实施。2008 年，佳能制定了企业社会责任战略，明确了"影像公益"的战略方向，即依托佳能在影像技术方面的专业优势来开展公益项目，在保护环境、交易启蒙、文化保护、社区关怀、人道援助等方面开展丰富多彩的社会贡献和志愿者活动。在创造社会价值、用影像推动公益、用影像传递感动、引导客户对弱势群体投入更多关注的同时，也提升了品牌价值。"虑小"（think small，洞察人性）需要企业将客户当成一个有着个性化需求的独特个体，从完整的人的角度去考虑客户的需求，从细节出发，体现平等、尊重与人文关怀。

2. 注重企业业务、产品与社会价值实现的协同与融合

以企业为主的社会价值活动，如企业开展的社会责任活动、慈善赞助活动，需要紧密结合企业的业务能力、产品和服务，才能将企业作为"组织"的业务能力与社会价值进行明确的关联，打造"善意的组织"，发挥"公司的力量"。

客户的广泛参与是成功实施的必要条件。企业不应只展示给客户，企业完成了哪些活动，付出了怎样的努力，而需要将客户及其周边的人群更多地吸引到活动中，让他们真正成为活动的主角，这样才能激发参与感和成就感。透过更深入的分析，我们认为社会价值的核心元素就是"参与感"与"存在感"，最终获得个人在社会进程中的"意义感"，这也是科特勒提到的营销 4.0，以帮助消费者完成自我实现。企业对于客户个人社会价值的满足和设定，将对后续建立客户社群的目的和社群的主题提供了重要的参考。提到这个，我们不得不说维基百科，它的发展是一个由无数网友创造的从无到有、从平地到大楼似的奇迹。基于《自然》杂志做过的一项调查，维基百科在自

然科学方面的词条已经几乎比肩《大不列颠百科全书》(Encyclopedia Britannica) 的正确性。维基百科是网友一起制作的网络百科全书。网友既是读者，又是作者。任何人都可以对词条进行修改、增加注解、提出争议、投票表决等，每个数据都有对应的资料来源，保证了信息的准确性。可以说，维基百科的真正主角就是互联网中的每个人。

在完成对于内外部目的的全面审视后，企业需要对以上内容进行完备的记录，我们推荐企业按照以下关键内容组合来完成对关系目的的设定整理。在对以上内容进行全面考量之后，企业需要在众多的目标中做出取舍，确定长期和中短期目标，确定各个目标的优先顺序。在建立品牌社群网络时，我们建议企业可以从以下方面进行澄清，并形成清晰的文件，以备在进行后续各项具体工作时，确保目标一致。

建立持续关系基础的行动

在数字时代构建持续关系的基础，既需要思维的转化，又需要落地。从高管的角度来看，其核心行动可以归为以下三步：建立连接、构建社群、实施社会化关系管理平台（见图5-5）。连接创造关系，连接实现关系；关系定义连接，关系成就连接。关系的终极目标就是企业与客户及其他价值生态成员共创价值，共享价值，实现各自独立状态下无法实现的更高目标。

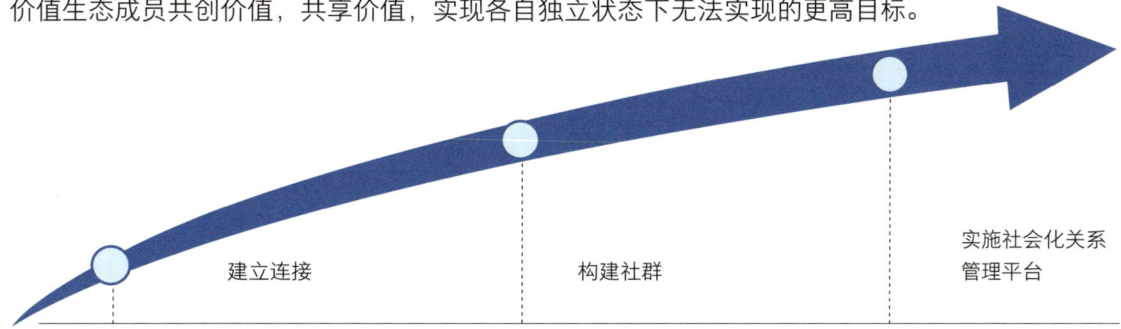

图 5-5　数字化关系建立三步骤

资料来源：KMG 研究。

第一步：建立连接

作为高管的 CEO 和 CMO，首先可能要问自己一串问题：向客户提供的产品如何能参与到更大范围的使用中和其他产品／服务进行串联？如何与供应商、利益相关者联系得更紧，推倒原有的公司围墙？企业之间的信息沟通如何打破层级与部门之间的障碍，获得平行性的沟通？企业的边界如何消除？

我们归纳了四大步骤，帮助企业实现连接，它们是：打造连接平台、与客户连接、与平行企业连接、企业内部连接。这里需要指出的是，这四大步骤不一定是前后次序的关系，企业可以从其中的任何一个步骤出发，再在其他几个维度展开。

1. 打造连接平台

首先企业高管要思考：我有没有可能创造出一个连接平台？苹果公司早在 3G 时代就敏锐地意识到不仅要有硬件设备，而且要有丰富的内容应用。但是苹果并不擅长于此，于是建立了 App Store 这个内容平台。在这个平台上，以 iPhone 手机为核心，聚集了手机应用开发厂商、手机游戏、视频音乐服务提供商、电子支付等智能手机内容价值链的所有参与者，形成了完整的内容提供、终端应用、互联通道和收费支付的应用生态体系。这个体系向手机用户提供了一致而且顶尖的内容体验，极大地刺激了用户的消费欲望。苹果公司将基于这些内容获得的销售额进行分成，一方面提升了苹果在手机行业的销售收入；另一方面维持了这个内容平台的稳定性，促使内容生产方更积极地创造内容，推动平台的良性发展。App、强关系的社交媒体，如微信也属于连接平台。

2. 与客户连接

"连接"可以让企业的竞争行为获得新的想象。在营销学中，营销人员需要考虑以下五个层次的产品概念："核心产品"是客户真正购买的服务或利益需求；"基本产品"是基于核心产品转化的一般产品；"期望产品"是客户在购买该产品时期望获得的一系列特性和条件；"附加产品"是产品超越客户期望的部分；"潜在产品"是产品未来可能增加或者转变的利益。在连接背景下，企业需要通过信息、产品与客户建立全面的连接。信息即内容，也是客户与企业连接的重要原因和利益内涵。信息与产品紧密相关，这是企业客户提供的无形价值，也是另一种产品。

哈佛医学院曾经做过一项统计，按照医嘱定时准时服药的病患只有47%，这种状况严重制约了病人的康复，也增加了社会的成本。从"连接思维"出发，Vitality公司开发了一种药丸瓶，当它被打开或者关闭时会自动通知厂家和医院，通过药瓶消耗的数据，医院或者家庭成员可以有效督促病人按时服药，改善健康并减少监督病人的支出。

3. 与平行企业连接

在连接时代，不只是企业与消费者可以更紧密地合作，企业与企业之间也可以形成无界运作，尤其是客户资源相类似而行业不同的企业可以实现无缝的跨界合作。前文中我们提到了Nike+的例子，它是耐克与苹果合作的增值服务产品，把Nike+配件、组合放入耐克鞋中，通过无线的方式连接到用户的iPod。这样iPod就可以将用户运动的数据，比如跑步里程、卡路里消耗、每次运动的时间等保存起来。跑步结束后，可以将用户的iPod nano或iPod touch连接到用户的Mac或PC，运动数据便会自动同步到Nike+进行统计和显示，同时也会同步到iTunes和Nike+，用户可以设置目标，监督自己是否能按时完成，或者向朋友发出挑战。Nike+让用户和网络上的每一个跑步者保持联系，从而使得用耐克跑步变成了一种群体性的运动。

对于目前的电视机行业而言，如何跨界互联也是其突围的重要策略。随着电脑和手机的兴起，电视机行业一直受制于观众分散性的注意力以及客厅活动的瓦解，而如何通过互联，使得多屏（手机、平板电脑、PC）之间有效互动，变成家庭娱乐和新社交体验的核心，"连接"是电视机重回家庭、再一次兴起的重要前提。

数字时代的营销战略

连接时代跨界合作，形成生态网竞争将是一个趋势，正如我们在前面所谈到的，连接时代的企业之间的竞争，已经变成了一张生态网与另一张生态网之间的竞争。余额宝是阿里巴巴于 2013 年 6 月 13 日推出的产品。利用支付宝庞大的用户关系网，在短短 5 个月的时间内，对接余额宝的天弘增利宝货币基金规模超过 1000 亿元，成为国内第一只规模突破千亿的基金。根据晨星资讯统计，截至 2013 年 10 月底，天弘增利宝基金排在全球货币基金第 51 位。

4. 企业内部连接

"连接"除了可以在外部发生，也可以在企业内部提升生产力，这种内部连接一方面可以通过组织架构和文化氛围的调整获得重新的连接方式；另一方面可以通过 IT 互联手段，激活企业原有的设备资产"连接"。拥有可互联资产的企业，将处于这场巨大科技爆炸的前列。在中国香港国际机场和马来西亚机场，我们已经可以看到餐饮手推车上安装的无线发射器，使它们能够快速自动地通过卸装和换料中心，将正确的食物装配到对应的车子上，再送回对应的班机。在伦敦和纽约，出租车已经开始安装无线发射器，以减少出租车排队时间。在日本，自动售货机已经可以通过无线技术报告库存情况，免除售货机库存充足时补货卡车重跑一次的风险。

第二步：构建社群

在实现连接之后，企业需要对关系网中连接的各个对象和连接方式进行协同规划。从网络角度而言，企业与顾客或其他核心利益相关者之间的关系，是由关系网中各个连接点和彼此之间的互动关系共同构成的关系网络。关系网络的核心是企业的目标客户。企业需要充分考虑客户与数字化信息，以及与产品之间的社交性连接，建立内涵更加丰富、更具有客户价值的关系网。

围绕客户，企业需要构建的关系网络由品牌社群、信息、市场供给物（market offering）组成（见图 5-6）。市场供给物，包括以企业为主导完成的产品、服务或二者的组合。

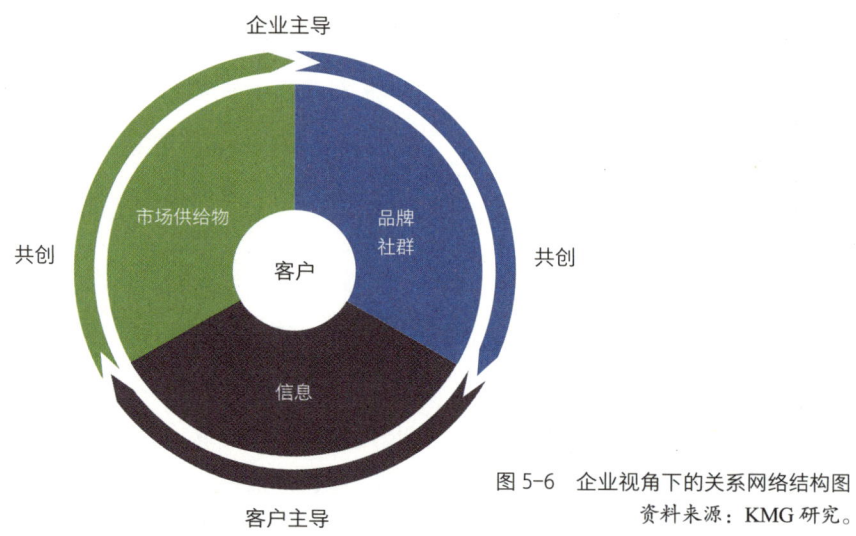

图 5-6　企业视角下的关系网络结构图
资料来源：KMG 研究。

从企业角度而言，市场供给物是关系网络的基础。以市场供给物为基础的社群，是品牌社群，它与围绕社交工具和平台而形成的纯社交型社群有重叠，也有区别。品牌社群既是信息的需求者，又是生产者；信息是形成品牌社群的重要原因，也是企业负责的供给物的重要组成部分，并随着关系网络的发展而持续丰富和广泛扩散。

在数字时代，市场供给物是建立关系网络的重点，而非终点。通常而言，关系网络的建立是以企业的市场供给物为基础的，产品或服务对于客户价值需求的满足程度，触发了客户关于各类产品和公司信息的需求。在此基础上，客户会提出对于产品所代表的各种社交和社会性价值的需求，这就体现为企业对于品牌社群和内容营销工作的持续性需求。而围绕品牌社群的成功持续发展，企业可以不断扩展产品线，提供更多更具价值的供给物组合，从而获得有客户资产支撑的可持续发展。小米公司成立于 2010 年 4 月，在短短几年的时间里，以"为发烧而生"为核心产品理念，从 MIUI 和小米手机开始，延伸了路由器、电视盒子、小米电视以及智能家居等产品生态链。这些产品之间良好的互动，让小米更好地布局未来智能生态体系。MIUI 系统的手机通过小米路由器连入互联网，用户便可以遥控家里的空调、电视甚至电灯，将小米的产品和用户的生活紧密地联系在一起。

1. 注意社群定位

社区不等于社群，社区中人与人之间的交叉结点、网络联系明显低于社群。数字时代每个企业都意识到社群的重要性，但是未必所有企业所构建的社群都选择了正确的定位。社群可以分为以下四类，分别是：产品型社群、兴趣型社群、社交型社群、任务型社群。品牌社群是上述四个方面的综合，非单纯的社交型社群。

在数字时代，品牌社群的持续发展对企业而言是客户资产建立的重要标志。处于活跃社群状态的品牌资产，是企业发展可以依赖、可以量化管理的重要推动力。品牌社群具有社交功能，将围绕品牌核心价值或价值观的现有客户、潜在客户以及企业进行连接。在数字时代，品牌社群依托社交平台如微博、微信、其他社交型 App、主题性论坛、视频分享网站等进行运作，但是两者的最终落脚点有差异。品牌社群始终要关注企业经营目的，而社交型社群则更关注社群自身的关系强度、社群规模等。企业实践显示，一个成功的社交型社群并不必然会带来品牌和业务收入层面的收获。它仍需要企业在社群形成、维护和扩展的过程中，将企业的目的和运作更好、更自然、更清晰地融入。我们认为，在共同目标和价值观的基础上，企业与客户和周边参与者能搭建起共创、共享的格局。企业角度的在商言商，在客观上也能在社会背景下达成各方共享的结果。

在品牌型社群中，信息要具有真实的客户价值，而非单纯的传播类信息。消费者搜集信息用以满足个人的工作、生活等方面的个人需求。企业需要为客户提供解决其自身问题的专业信息，但仅仅满足客户的专业信息需求，并非企业的全部目的。企业仍需要考虑将信息与自身的专业能力和产品进行结合。在互动关系方面，要注意信息使用者与创造者的结合。企业是信息创造的推动者、协助者。客户既是信息的使用者，也在分享和自我实现的驱动下，成为信息的创造者与分享者。而客户生产信息的过程本身，就是强化品牌社群的重要手段。

2. 构建品牌型社群

品牌社群是一个对公司或品牌功能、价值和价值观具有强烈共鸣的社交群体。该群体热衷于通过个人或群体协作提升企业运作水平和个人价值水平。它是传统的各种客户组织在数字时代和移动互联网平台上的新发展。

根据 KMG 的研究，建立品牌社群的关键步骤如下。

第一，企业内部要有建立品牌社群的准备。

企业的客户关系基础审计包括以下三个方面：

1）企业现有什么形式的客户组织形式

它包括客户的参与度如何，客户资格的排他性如何，根据这两个维度可以形成九种关于不同客户关系状况的品牌社区类型（见图 5-7）。品牌社群的起点是组建围绕产品的兴趣俱乐部，会员未必是产品的购买者，参加的条件非常宽松，目的在于尽量吸引更多的兴趣人群，也就是潜在客户群体。而随着社群私密性和参与度的增加，部分品牌社群具有较强的资格限制，如老成员的推荐以及年度新入成员名额等限制；成员在参加后也有更多的参与活动，对品牌社群从信任升华至信仰的程度。企业可根据市场竞争的需要，组建不同功能定位的品牌社群，如为提升行业专业影响力组建的外部顾问团体、针对现有高价值客户组建的精英型俱乐部、航空公司运营的不同层级的常旅客俱乐部。

图 5-7　品牌社区的九种类型

资料来源：Sean Moffitt at Buzz Canuck.

明确企业的客户关系基础，其目的在于发现企业的业务规划与客户基础之间的差距，发现企业与主要竞争对手之间在客户关系上的差距，并结合自身的市场竞争手段和企业资源，确定未来的品牌社群关系发展目标状态。

2）现有客户关系活动效果评估

"考核什么，将获得什么。"在实践中，通常需要参考企业关于客户关系的目的，以此来设定评估指标，如关注社群的销售贡献能力，通常包括潜在客户的转化率、现有客户的活跃度以及客户钱包份额。在数字时代，企业需要从关系网络的维度增设关注网络虚拟社群状况的指标，如关注群体规模、信息转发量、浏览量、关键词搜索量等指标，以体现基于移动和互联网平台的客户关系状况。而随着网络使用痕迹和地理定位技术的发展，企业还可以将社群成员的网络活动与网络购买行为进行关联，将线上与线下活动进行连接。企业可参考的指标包括流量转化率、平均客单价等。未来，随着各个平台级的社交平台数据进行联通，将真正实现基于效果的市场推广效果评估。关于数字营销如何考核，我们会在本书第 10 章中进行详细论述。

3)客户关系互动的预算和人才准备

在数字时代,品牌社群的建立需要相应的组织和资源的支持。它需要增加网络技术专家、数据分析专家、信息和内容编撰专家、传播和媒介管理专家,并整合企业原先的产品和技术专家以及其他服务人员。针对数字时代企业的营销组织建立的问题,我们将在本书第9章中进行专门分析。

第二,品牌社群的核心问题规划。

(1)客户与企业的关系互动类型分析:B2B与B2C企业的差异、频率与价值(即产品的决策量级分析,在客户的生活和使用场景中扮演怎样的角色,发挥怎样的作用)的组合分析;线上与线下的互动在企业的业务和规划中的功能定位分析;在产品和服务的后续使用中,企业的参与程度分析。
(2)品牌社群与公司或产品品牌定位之间的协同。

第三,品牌社群成员的聚拢。

品牌社群成员的来源大致可分为以下两类:线上平台关注者以及来自线下导入的关注者。
线上成员聚拢方式包括:
◎ 雇员　品牌内部构建的基础、品牌社群最原始的成员,在此基础上,企业需要对那些对企业忠诚度高、社交网络活跃的员工进行协助和鼓励,通过雇员的专业知识与业界声望,开展对潜在社群成员的吸引。
◎ 数据库(顾客、股东、供应商)　企业直接利益相关者,企业需要将沉睡的老客户通过社群参与和活动的方式进行激活,将客户最大程度地转换为品牌社群成员。
◎ 搜索引擎优化　它使得潜在社群成员在进行相关关键词搜索时,能更加容易地通过优质内容直接和优先地与企业进行接触,将关注者转化为社群成员。如果关键词设置相关性高,搜索者目的明确,这样就最有可能成为企业社群的成员。

◎ 社交网络　基于人际关系的成员获取，如微信朋友圈、微博粉丝以及其他网络社区的人际接触，通过推荐，将周边朋友转化为社群的新成员。

◎ 在线广告　针对传统网络广告的专注者，企业需要在广告展示时，通过同屏设置产品或社群进入方式，及时将关注转化为社群成员，避免潜在社群成员因为操作复杂等原因，失去成为品牌社群成员的机会。

◎ 弹窗广告　这是传统方式之一，但是需要特别谨慎，当客户专注于其他信息或者有其他目的时，该方式容易引起受众的反感。

线下成员聚拢方式包括：

◎ 展会　通过贸易展览会传播品牌信息，通过现场介绍等方式将潜在客户转化至线上品牌社群。对于制造类企业而言，参加展会的大多是业内人员或对产品有兴趣的的潜在客户，从这个角度讲，展会是大规模精准接触潜在客户的良好渠道。

◎ 传统广告展示　传统线下广告展示从单纯的信息曝光，到增加对后续行为的接口：一是通过二维码的展示，方便意向人群通过现场扫码进入社群平台、官方 WAP 主页或电商界面；二是明确提示潜在社群成员下一步的信息获取方式，如提示百度搜索关键词等。

◎ 公关广告活动　线下市场推广活动既是维护现有品牌社群关系，也是获取新成员的重要方式，特别是活动现场的实地人群聚集效应，最能直接吸引品牌社群成员。

◎ 零售曝光　新品推介，新品体验，强化产品和线下销售渠道对于客流的转化，特别是将购买客户通过参加网络和线下社群的方式进行积累与维护，将销售、客户关系保留一体化实施。

◎ 线下推荐　熟人推荐，口碑相传，这个活动可以结合线上的社群成员推荐一起开展，扩大品牌社群成员规模，如送出与企业所在行业（产品）和潜在品牌社群成员相关的礼品等。

第四，品牌社群的活动开展与激励。

企业需要时刻提醒自己，品牌社群的核心在于成员建立相互关系，企业只是一个组织者，提供一个平台，帮助社群成员满足他们的社交需求。在品牌社群的平台上，社群成员可能在追求相同的归属感，可能产生了新的情感依赖，可能在追求某种社会地位的自我认定。企业需要识别出这样的需求，并组织能够更好满足这些需求的社群活动，这样的社群才有长期发展的根本。切忌将社群作为变现的工具，将达成交易作为社群活动的核心。

品牌与社群的建立并非严格的因果关系。好的品牌不一定会自然地建立社群，好的社群也不见得能够自发地产生品牌。它们是两项紧密联系的不同的工作。KMG 认为，品牌社群的建立有以下四种吸引力：

◎ **品牌吸引力**　在品牌建立的号召下，企业有机会建立初步的社群。如果后面社群本身无法组织合适的活动，无法给社群成员提供社交价值，那么成员会逐渐退出。品牌吸引力提供的是一对多的、以品牌为核心的社群关系。

◎ **关系吸引力**　在加入社群后，品牌社群的成员会受到其他单个或多个成员的吸引，他们在原有社交关系之外衍生了新的社交关系，退出社群将破坏这些关系，因而企业可以有意识地组织能够培养成员相互间关系的活动。关系吸引力在以品牌为核心的社群关系中建立了点与点之间的关联，形成网状社群关系。

◎ **小团体吸引力**　社群中的部分人可能因为某些因素形成大社群下的小团体，比如地域、性别、职业等其他因素。由于小团体加强了社群对成员的吸引力，所以主动按照一定的身份标签促成小团体的产生对社群良性发展有较好的帮助。但需要注意的是，小团体会形成自我意识，在某些情况下可能会脱离大的社群组织，或者做出对大社群不利的行为。小团体也会对团体以外的成员产生排斥力，因而需要品牌社群仔细衡量并加以控制。

◎ **偶像吸引力**　社群中的个别成员可能拥有较强的魅力，能够吸引其他成员。企业需要及时发现社群中的潜在偶像并提供官方支持。作为社群中的一员，他会非常乐意支持社群的发展。在某些情况下，企业还需要主动树立偶像来散发领导的魅力。但与小团体类似，偶像成员也可能会与品牌背道而驰，做出伤害社群的行为，这也是需要企业仔细衡量的关键因素。

除了以上提及的社群中的优势力量，企业还需要时刻关注社群中的普通成员，尊重他们的社交需求，并创造条件与环境来满足他们。只有社群中的每个人都拥有存在价值，社群才会稳定并快速发展。普通成员在社群当中也会扮演不同的角色：有喜欢分享感受的分享者，有善于帮助他人、支持他人的服务者，有喜欢团队氛围积极合作的合作者，还有喜欢向外传播社群内容的传播者等。他们扮演的不同角色都给品牌社群提供了不同的价值。企业要鼓励他们完成相应的角色任务，并对他们完成的行为予以奖励。

适当的奖励对品牌社群非常重要。在 app.com 网站上，苹果公司支持社区是该网站访问最大的页面，过去 4 年发起的讨论主题超过 100 个。因为支持社区必须依靠经验丰富的成员积极参与，提供解答，苹果公司为此制定了社会化激励方案鼓励他们参与。论坛参与者都有个人页面，并能对该页面进行个性化定制，对外显示出自己的背景、专业技能和兴趣爱好。参与者发帖时，帖子上会显示出参与者在苹果论坛上的"级别"和"积分"。这些积分要靠其他参与者给予：每一次"提问已解决"确认，获 10 个积分；每一次"回答有帮助"，获得 5 个积分。这样的体系里可能有，也可能没有任何回报，但对许多社区参与者而言，与高积分或高级别相伴的那份荣耀勋章已经足够了。对苹果公司而言，提供自助式服务的社区极大地减轻了公司为其产品承担的客户支持服务的负担。客户就产品的疑问、配置、要求，甚至产品缺陷问题相互帮助。实际上，因为论坛里的答案不仅回答了第一个提这个问题的人，而且回答了以后有相同问题的人，并日积月累地形成了知识库，客户的满意度因而也就提高了。论坛的参与者能够在苹果公司官方网站上分享知识，获得认可，因此对苹果公司更忠诚也更有感情。

第五，关系的连接点管理。

在数字时代，企业与客户以及其他企业生态成员的互动关系在线下方式的基础上，依托互联网和移动互联网平台而实施。因此，在连接点管理上，企业需要结合各个数字化平台的特点和企业的目的进行关系平台的组合管理，针对不同平台聚集的不同社群，实施不同的商业策略。在连接点管理中，企业需要关注以下关键点：

（1）**数字化连接点的全覆盖**。在数字时代，基于移动互联网平台和智能硬件的发展，企业需要全面梳理适合各种智能平台的连接点。如基于PC、智能手机、平板电脑以及各种硬件平台的技术指标，企业的自有网站、应用和内容就需要不同的功能及视觉设计。而在各种智能平台上，企业则需要全面梳理客户的各种活动平台，如社交类平台、信息获取和学习型平台、兴趣及娱乐型平台（各种App应用、网络兴趣社区、视频、游戏等）、购物型平台（淘宝、京东）和信息搜集与获取类平台（百度系产品等）。这些目的鲜明的平台，为企业有针对性地开展数字营销活动提供了指引。企业对线下营销渠道管理追求全渠道覆盖、全地域覆盖，以最大化企业的市场竞争触角。在数字时代，企业同样需要细致和全面地覆盖各种数字化平台，特别是以机构类客户为主的制造业企业，全面建立企业在数字空间的连接点，是在数字时代开展市场竞争的必需手段。

（2）**不只是媒体，还有更多营销功能**。社交媒体具有鲜明的媒体属性，但企业不应将数字化连接点简单处理为传播渠道，将注意力局限于粉丝数量、浏览量和转发率等纯传播类的考核维度上。基于数字化连接点，企业还可以实现客户服务、客户调研、产品测试、潜在客户获取等更深入的营销功能。而如果将数字化连接点与企业的日常销售工作结合，也会对传统的销售活动产生积极的推动作用。企业通过数字化手段，可以为销售团队提供更形象、更易于接受的销售工具，可以在线下渠道将信息及时和友好地呈现在客户的眼前。

（3）**传统与数字化连接点之间的功能与管理协同**。数字时代营销的重点和难点是如何协同线上和线下连接点。在传统制造类企业中，这更多地体现为解决线上与线下销售渠道的协调问题、线上和线下传播渠道的协调问题、线上社群和线下实体活动的协调问题，即O2O类的问题。为解决这个问题，企业需要跳出线上和线下的二元化思考方式，从客户的体验价值最大化的角度去考虑和决策，适合采用哪种手段就坚决地应用哪种手段，这是因为企业忽视的接触点可能就是竞争对手会加以利用的机会点。这也体现了在数字时代客户与企业互动的全过程中，会不可避免地在线上和线下连接点之间多次转换。我们建议，企业应该从更大的组织格局去决策传统和数字化连接点的问题，不要简单和绝对化处理传统和数字连接点。第一，不要单独将数字化连接点视为成本，而应该将数字连接点当成实现更强盈利能力的必需组成部分；第二，只有当线下连接点与线上连接点进行配合时，才能发挥更大的作用；第三，将线上与线下职能进行统一管理，避免在内容管理决策时产生权责和资源的争夺。在考核指标时，建议将线上与线下的作用发挥进行统一规划和考虑。

第三步：实施社会化客户关系管理平台

社会化客户关系管理（social customer relationship management，SCRM）的构建也是"建立持续关系的基础"的重要环节。社会化客户关系管理，即基于社交网络平台进行的客户关系管理，但 SCRM 并不能简单理解为在社交平台上的 CRM。

在数字营销的大背景下，社交媒体平台成为重要的沟通渠道，企业很容易接受这样的观点：营销活动需要依靠社交平台做出新的改变。客户关系管理自然也要符合这一趋势。但许多企业很容易陷入误区，误以为将传统工作简单地平移到社交平台上就能成功。这或许在营销的其他工作中存在一定的正确性，例如目标明确的传播工作或营销活动，但是放在客户关系管理中，则可能收效甚微。

这主要是因为，社交平台上的 CRM 工作具有以下新的特性。

1. SCRM 可以实现客户的一对一营销

在传统的商业环境中，只有客户较少的 B2B 行业才具备能力逐一识别并维护客户。对于 B2C 类的企业而言，绝大多数客户只是数据的一个组成部分，很难单独识别并维护。客户数据来源于不同的维度，企业做不到将阅读广告的人群与购买产品的人群一一对应。但基于社交平台的帮助，企业能够将数据区分为一个个客户账户，观察、分析并维护客户。

2. 从私有数据到公共数据（社交数据）

传统营销中对于客户的理解都来源于与客户的深度接触，相比较而言，此时的客户数据是秘密的、不公开的，而在社交平台上客户本身就具备相应的身份标签与行为标签，能够使企业加深对客户的了解。

3. 客户行为的比特化

在数字世界中，客户的每个行为都会留下轨迹并被记录。这给企业提取并分析客户行为带来了极大的便利。企业可以知道一个客户是从哪个页面的哪个广告点击进入了关注企业的阶段，并因为什么营销活动的契机而与企业发生了购买关系。

4. 完整的客户生命周期

传统营销工作中的客户管理往往开始于售后阶段，在建立了购买关系之后才开始客户维护与服务。营销工作与服务工作往往是割裂的，客户的生命周期也是不完整的。但基于社交平台的客户服务能够追溯客户行为，识别单个客户，因而能够建立较为完善的客户生命周期。企业可以知道客户什么时候与企业建立了关系，什么时候退出，甚至能够清楚地了解当前该客户属于关系的哪个阶段，需要进行哪些方面的维护。

5. 更容易实现的客户接入

在传统 CRM 工作中，企业需要花费大量的成本将客户引到 CRM 系统里，因为客户潜意识里不太愿意加入企业的 CRM 循环中。SCRM 的优势就在于基于社交平台接入客户。如今几乎所有人都会拥有自己的社交账号，因为这是社交化世界获取、分享信息的重要手段，因而，对于 SCRM 而言，不存在客户接入的门槛，企业只需要考虑如何在各个社交平台上吸引目标客户。

总体而言，传统客户关系管理的重点在于收集和管理静态的客户数据，比如购买信息、客户接触历史以及一些人口统计信息。用户数据的获取往往来自企业与客户的直接沟通，如销售过程。而社交型客户关系管理通过社交平台来接触客户，并获得客户公开的社交信息。这使得企业能够通过各个社交平台全方位地与客户进行深度互动，获得在直接接触之外的更多维度的数据，帮助企业获得全景式的客户画像素描，并帮助企业随时回顾与客户进行互动的全过程。

SCRM 的工作目的也与传统客户关系管理工作不同。客户关系管理的本质，就是将客户看作企业最重要的资产之一，通过客户关怀提升满意度，进而提高每个客户的终身价值。比如有些企业会关注客户的消费需求，根据其购买行为评估价值，预测消费行为，根据价值进行客户分类并执行优先排序。在数字时代，为了更好地提升客户资产，SCRM 需要介入购买前环节。另外，提升客户资产的关键动作是维持良好的客户关系，因而企业需要将更多的精力投入到建立客户关系上。

为了在购买前环节就建立客户关系，SCRM 有一项很重要的工作内容即内容营销。企业需要在多个社交平台及传播媒体中建立或共享营销内容，以此为载体接触、影响现有的和潜在的消费者。不同于购买后的客户关系可以基于产品、售后服务进行维护，在购买前环节，内容营销几乎是企业影响客户、建立关系的唯一选择。还有一些与终端用户离得较远的企业，在传统商业环境下，会将渠道维护作为客户关系维护的重点，但社交时代赋予了它们低成本与终端用户直接接触的能力。建立 SCRM 平台，与终端客户建立紧密和长期的关系成为了自然的选择。

总体而言，数字时代给企业的客户关系管理带来了新的契机。SCRM 不但使 CRM 在更广大的维度上实现了更完美的效果，而且帮助企业的社交媒体战略找到了更为直接的目标：基于品牌忠诚的客户关系与持续的购买。

一般来讲，企业社会化客户关系管理体系，主要包括以下四个功能模块。

1. 营销模块

（1）**数字营销材料**。营销材料的数字化是 SCRM 的必备工具。社交平台上客户的注意力非常容易被其他信息吸引，因而在社交平台上吸引客户跳转传统渠道之后再提供营销材料的成功率比较低。更合适的做法是基于社交平台的特性提供数字营销材料，比如在微信公众号上提供微官网、适用于移动设备的产品介绍页面、精简化的电商体系以及营销活动报名、参与接口等。

（2）**营销活动管理**。现在已经很少能看到纯线下的营销活动，几乎所有的营销活动都会加入社交媒体平台上的配合动作。社交平台能在两个方向上帮助提升营销活动的绩效表现。其一，在活动前增加潜在的活动参与人数。将社交平台上的目标客户导入到线下营销活动是最直接的办法，比如在社交平台上发布活动内容，并提供奖励鼓励线上用户参与线下活动。其二，在活动中或活动后，通过社交平台扩大活动的覆盖范围。有时，活动的线下部分并非活动的主要目的，线下活动的参与者都是"表演"的一部分，真正目标是完成社交平台的广泛传播。例如，杜蕾斯召集了50对情侣试戴新产品，并将这个过程通过在线平台进行直播，这看起来只是一个试用活动，但其实是为了制造一条"病毒内容"在社交平台上疯传。现在，有不少营销活动就在线上举办，通过活动将参与者导入电子商务体系中完成活动目的。

（3）**舆情监测**。通过企业账户、关键字搜索等社交平台工具，企业可以获得跟自身相关的社交媒体信息。这些信息被归类与分析后，可以转化为潜在的客户列表、销售线索、服务改进个案等。企业借此持续不断地更新用户数据、销售数据以及服务数据。企业还可以获得跟品牌相关的客户评价与联想、与竞争品牌之间的对比看法，这有助于品牌的定位与监测工作。

（4）**销售接口**。企业应该建立从社交平台导入销售体系的接口，真正实现将粉丝转换为客户。从线上导入到线下体系，或者直接从社交平台导向电商平台。SCRM必须建立该项功能以实现自身功能的完整性。离开社交平台，会存在太多的因素影响客户已经做出的购买决策，而且也会破坏客户搜索信息、比较方案、确定购买的完整体验。

2. 内容模块

（1）**多账户管理**。社交平台的多样性需要SCRM具备多账户管理能力。企业要明确在哪些社交平台进行投入，覆盖所有主流的社交平台固然重要，但也需要评判各个社交平台的特性与用户风格。企业通过多账户管理确定哪些内容适合发布在哪些平台，并最终实现在所有平台上建立统一的形象与体验。

(2)**内容营销**。本书的第8章将专门讲述内容营销,这里不再详述。值得一提的是,由于SCRM具有很强的营销属性,而发布病毒性内容获得了大量关注和转发并不等于这些关注能转化为销售订单,因而在SCRM的KPI设置上,有必要加入销售转化或者能展现推动销售进程的指标。为了实现这一目标,企业应建立从社交平台到销售体系的数据跟踪能力。

(3)**KOL管理**。基于KOL进行内容营销非常重要。社交平台上的信息传播往往需要多个KOL进行多次放大,企业需要识别出与企业相关,最能帮助企业对接目标客户的KOL群体,持续保持良好的合作关系。企业的KOL体系需要来自不同领域的人群组合,如网络红人、行业专家、核心用户、企业高管、拥有高影响力的内部人。此外,在突发事件发生时,还可能存在临时性的KOL,因此,营销团队需要关注KOL的变化。

3. 用户模块

(1)**用户账户管理**。SCRM要建立拥有社交特性的用户账户管理。社交数据比传统的用户数据要丰富,因而SCRM的用户账户需要有更丰富的维度。此外,企业还需要通过积分体系等功能保持客户的活跃程度。积分在多个平台以及线上、线下的统一有助于企业对客户进行更好的维护。分组、标签等功能也是用户账户管理的重要部分,这些功能很可能通过社交平台获得。

(2)**客户挖掘**。用户管理的重要目标是持续提升用户价值。SCRM的一项重要工作就是在社交平台上找到潜在的可转换客户群。通过社交平台的社交数据,比如标签、关键字抓取、客户行为特性等功能,开发一套系统化的客户挖掘系统,将社交平台转变为持续发现商机的销售渠道。比较容易的方式是通过内容营销、营销材料等推动潜在客户与企业进行接触,这种方式较为被动。相比之下,难度较大但也更为有效的方式是通过标签数据和用户画像主动找到潜在客户。

(3)**客户分类管理**。社交平台上都有用户关注的功能,企业需要做的是通过某些功能和奖励区分普通社交用户和能转换为订单的销售用户。如果数据体系能够支持,销售用户还能区分为初步购买客户、多次购买客户、沉默客户等。对于不同购买程度的客户群,企业需要提供不同的激励政策以激活客户资产。

（4）**服务接口**。在数字时代，更多的客户选择将抱怨发布在社交网络上。鉴于社交平台的高传播性和用户的主导能力，企业应在危机事件还未迅速发酵时，通过 SCRM 中的客户服务模块迅速介入，并将发怨客户引导到正常的售后服务管理流程中。这需要企业具备社交平台上的负面信息监测能力以及快速的社交反馈能力。将明星员工、高管的社交账号纳入服务管理中也是非常必要的，因为有不少的服务诉求往往会反馈到企业成员的个人账号中，应及时处理在这类账号中的投诉建议，导流至售后服务管理流程中。

4. 数据模块

（1）**知识库管理**。在服务体系中，知识库搭建非常关键。而在传统工作中，客户服务知识库一方面需要依赖于服务人员的经验，另一方面也需要服务案例的积累。基于 SCRM，企业可以通过关键词抓取、在线服务等方式迅速累积服务案例，极大地缩短知识库建立的时间。同时，在智能应答系统（服务机器人）的帮助下，有效解决客户的标准化问题，大大降低服务中心的负荷。

（2）**数据仪表盘**。社交平台适合进行营销数据采集，能从多个维度展现企业在营销工作方面的表现。比如品牌监测数据、竞争对手监测数据、客户满意度数据、传播评估数据、营销活动数据、服务数据等，都能通过社交平台获得，因而在 SCRM 系统里需要增加数据仪表盘这一功能，帮助营销人员直观地了解当前的工作表现。

（3）**数据分析**。企业在社交平台上的数据能力是企业大数据能力的基础。大数据有很大一部分来自社交数据。SCRM 需要构建一定的数据分析能力，将非结构化的社交数据进行结构化处理，在这方面，企业可以通过自动化、高效率的软件来实现。

最后，我们想强调，企业与客户之间建立持续且良好的客户关系不是过程性目标，最终需要从这

种关系建立的基础和过程中获得企业的收益。这与当前在移动互联网时代形成的具有自组织特点的"社群"既有关联，又有区别。企业需要学习数字时代网络社交关系的特点，在与客户建立关系的过程中，善用这些特点，塑造主动、参与和富有社交价值的持续性客户关系。在这个过程中，企业应明确客户关系与企业经营目标之间的关系，在客户关系与企业经营目标之间建立"因果关系"，避免"为了客户关系而建立关系"，避免在数字时代纷繁复杂的客户管理建立手段面前，忘却了建立客户关系的"企业初心"，即如何在关系（Relationship）的基础上实现回报（Return）。我们将在第6章中专门论述如何实现回报。

第 6 章
4R 之 Return
实现交易与回报

KMG 数字化营销战略路径图

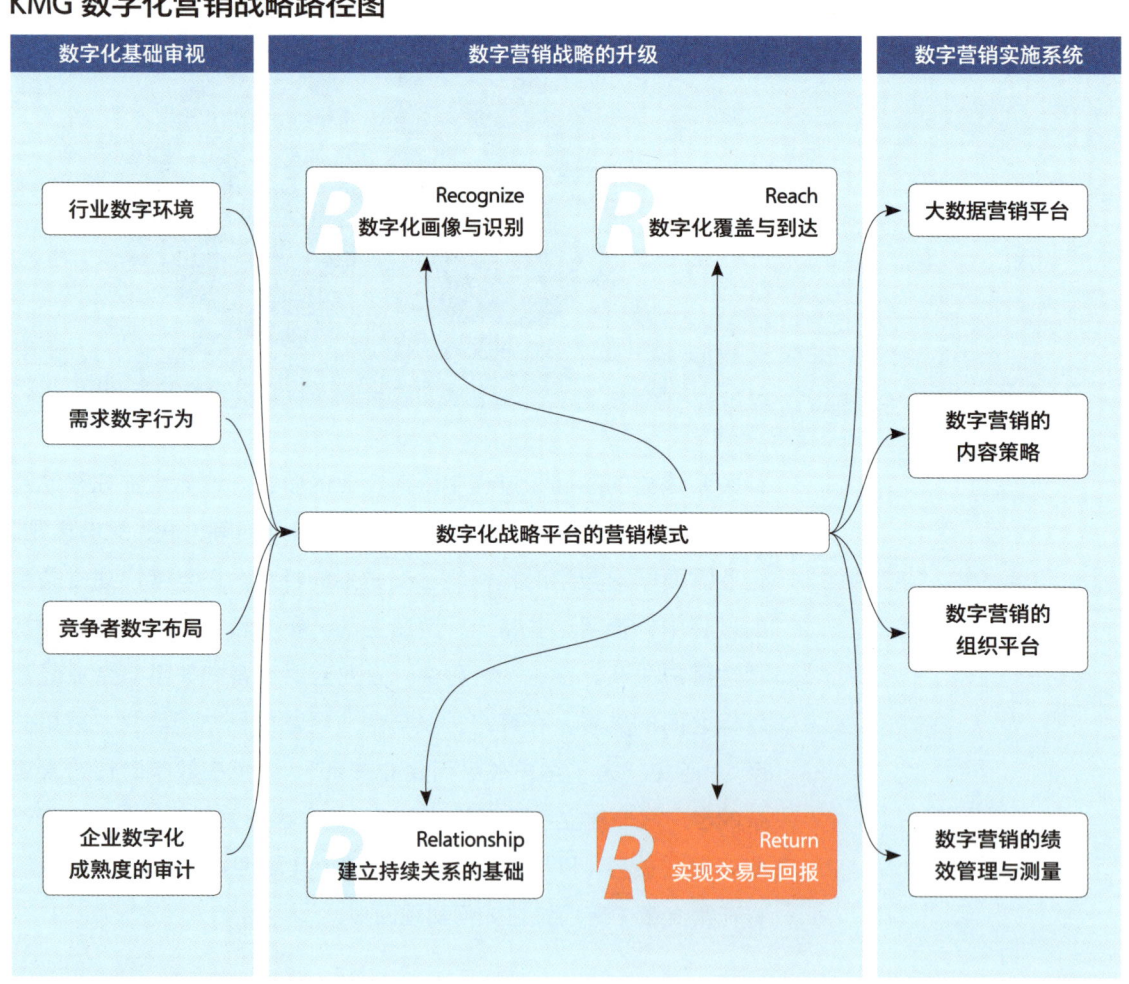

实现交易与回报

第四个 R（Return），即"实现交易与回报"，也是 4R 的最后一步，它解决了"营销不仅是一种投资，也可以得到直接回报"的问题。很多企业建立了社群，吸收了很多品牌粉丝，但是如何变现，这是本章要解决的问题。我们提出了很多方法，如社群资格商品化、社群价值产品化、社群关注媒体化、社群成员渠道化、社群信任市场化等操作框架，变现客户资产。以上 4 个 R 形成一个操作循环，非常适合 CEO 和 CMO 理解、应用、实施并获得反馈。

数字时代的营销回报从方式和方法论角度，与传统营销回报相比，既有方式继承，又有方法层面的质变。想要使营销活动带来持续的营销回报，企业与客户间的交易就需要持续。而交易的持续达成，关键在于客户与企业在交易的"交易物"和交易方式上达成一致。对企业而言，交易物就是企业的市场提交物。客户会通过交易物来感知价值，这也是他们从自身角度出发对交易物的理解。因为二者看问题角度不同，所以在很多场景下，二者并不完全一致。交易可以是双方的直接性交易，也可能是第三方的补贴性交易。

无论是传统时代还是数字营销时代，传统制造型企业抑或是纯粹的互联网企业，都可以并需要通过与客户进行直接的产品或服务交易来实现回报。尽管互联网企业的市场提交物更偏向于无形服务，但仍然可以通过服务型产品的交易获得收入。在数字时代，基于移动互联网技术的支持，个人也可以通过个性化的内容制作与分享、价值观吸引等方式聚拢客户群，再通过相关产品的销售获得回报。从活动的商业目的上看，企业或个人在移动互联网上进行的各项活动的真实目的是聚拢潜在客户群体，最终以更加自然和盈利的方式将产品与服务销售出去。自媒体领域的很多案例都具有明确的"产品交易"方式，比如罗辑思维社群开展的书籍销售、吴晓波社群销售的"吴酒"等。

在传统时代，营销重点解决持续实现交易的问题。交易方式和方法属于企业的顶层设计问题，需要企业高层在"公司战略""竞争策略"或"商业模式"等问题下进行规划。在这些顶层问题确定后，通过营销活动推动交易的达成。与传统时代相比，营销活动在数字时代已经超出一项"成本活动"的范畴。活动本身可以带来盈利，甚至可以成为企业的核心盈利方式。通过对品牌社群的运作，企业可以将社群成员资格、社群信息和社群积累的信任，进行直接的商业化运作，也可以通过与第三方合作，将企业积累和维护的客户资产进行联合开发。比如罗辑思维对核心成员的收费式召集，成为解决企业初期回报的重要方式。在本书中，我们重点分析和探讨企业如何在关系网络持续建立的基础上实现回报，实现企业的经营目的。

首先，我们还是要对 Return，即"实现交易与回报"进行定义：

定义：实现交易与回报指的是在之前三个 R 的基础上，促使企业与客户交易的达成，并可以用之前的 3R 来实现持续交易。它的本质是实现数字战略的交易回报。

实现交易与回报的方法

基于 KMG 的咨询经验和研究，我们将数字时代企业的营销回报方式总结为"5+1"，加起来一共六种方式（见图 6-1）。从社群资格商品化到社群信任市场化，每一种回报对社群关系强度的要求越来越高。社群信息数据化的实现需要基于前五种方式成功实施方能实现。在六种回报方式中，每家企业都需要根据自身的实际市场战略进行决策和组合来采用不同的回报方式。

图 6-1　数字时代营销 "5+1" 回报方式

资料来源：KMG 研究。

社群资格商品化

社群资格商品化是将参与和保持作为某一群体的资格或者获取某种特定服务的资格进行交易的回报方式，比如会员费、年度使用费等。这是一种历久弥新的回报方式。尽管在互联网的"免费"潮流下，会员资格收费并非最主流的方式，但仍可以成为企业维护社群的一种必要手段。品牌社群资格收费对企业的作用有以下五个方面：

◎ **它是强化社群成员价值感的手段**　资格费手段本身成为了强化社群认同的门槛性手段。特别是一些高额使用费的收取，已经成为成员身份和社会阶层的标志。比如美国运通发行的百夫长黑金卡，其在国外实行的邀请制办卡方式、昂贵的年费以及超越想象的增值服务内容，都成为持卡成员的重要财富和社会阶层的象征物。

◎ **在社群建立初期，筛选核心社群成员**　对顾客而言，金钱的付出是一项最直接体现品牌社群认同和支持的行为。通过社群资格费的收取，可以挑选有决心、有魄力的会员，共同推动社群的发展。

◎ **锁定会员关系**　社群资格化不仅能提高顾客的转换成本，而且能提高品牌社群中客户的忠诚度和活跃度。

◎ **社群资格付费有利于实现社群活动本身的自我运转**　社群资格收费激励社群管理者更专业、专心地为会员持续带来高价值的内容，增加社群的活跃度和凝聚力，实现良性循环。在商业实践中，社群资格收费，有利于品牌社群活动本身的高水平运转，甚至实现自身盈利。

◎ **通过对外部资源的利用、控制收入，可以有效解决企业现金流产生的部分压力**　各种会员费的收取要提前于企业产品或服务的实际提交，这笔资金就成了企业的预收款。在收取会员费之后，企业就可以利用这笔资金解决各项业务活动的成本支付问题。相对于其他的外部资金获取，会员费的资金成本较低，使用周期明确。

社群资格收费的可行性与收费标准取决于社群与每个社群成员关于价值的接受程度。不同的收费方式可以把社群成员按需求层级自然分开。不同的交流方式、沟通渠道也同样影响社群资格的收费形式。一般而言，有下面这些收费形式：

◎ **入门资格费** 客户为获得一定产品和服务的购买权而缴纳的费用。客户进一步获取产品、服务时，仍旧需要支付相应的对价。资格费的收取更多的是获得客户对关系的重视程度，有利于企业强化客户关系。会员费用对全球最大的会员制商店山姆会员店来说不仅是收入来源之一，而且在筛选会员的过程能增加用户黏性。一个会员如果缴纳了会员费，就需要定期去山姆会员店进行消费，不然就会"浪费"会员费。

◎ **会员费形式的产品销售** 以基础需求为入门吸引，以更好和更丰富的价值刺激社群成员支付会员费。这类费用本质上就是所对应的产品或服务的使用费。它确定了客户在某一个时间段自由享受特定的服务。迅雷下载向享受高速下载服务的会员收取 15 元 / 月的会员费。支付成功后，会员在服务有效期内可无限量高速下载。而国内主流视频网站，对观看特定影片和免广告等服务收取相应的会员费。

社群实施收费的条件必须围绕社群经济的价值，即人脉价值、信息价值、沟通价值、成效价值。在通常情况下，付费入群适合资源分享、教程、学习等类型的社群。

◎ **高度相似的文化和价值** 进入社群是为了找到志同道合的人。当社群已经给成员带来"非它不可"的价值感受，而且价值回报超过价值付出时，收费只是一个水到渠成的必然结果。

◎ **产品或服务的持续性强** 产品或服务会被客户持续性地使用，购买和使用频次也相对较高。为方便支付，让客户产生更大的价值感知，可以采用会员费的形式，如在线学习类社群和信息分享型社群。

◎ **社群本身具有足够大的独有价值吸引力** 无论是产品还是服务，无论就经济价值还是社会价值而言，会员费的直接收取都必须在足够大而且具有独有性的基础上才能收取。这是会员费成功实施的重要基础。

◎ **裂变与增量** 社群拥有分化的能力。成员不断产生新的受众，吸引更多人转化为社群的一部分。

社群价值产品化

社群价值的产品化是指社群最终通过产品的销售获得经济回报，实现经济价值。这种实现营销回报的方式是客户资产开发和变现的显性化方式。社群的建立和规模持续拓展为产品销售提供了有效的客户基础，并随着社群的不断深化与扩大，通过老客户的采购份额与新客户的获取持续获得收入增长的动力。面对社群成员的不同需求，企业也可以进行向上销售和交叉销售。在数字时代，企业或个人基于社群认同和信任获得了相当广泛的产品线延伸空间。正如企业在传统营销中面临的挑战一样，围绕社群开展的产品线延伸存在能力边界。品牌社群内的产品在逐渐扩展的时候会因为品牌资产的作用范围而受到限制。但是过度的产品销售诉求和生硬的产品销售实施手段都将给社群的健康发展带来负面影响。因此，社群在运作产品销售时需要在销售手段、产品范围以及社群凝聚力方面进行审慎决策。从 2014 年开始，社交平台 Twitter 和 Facebook 都开始启动"buy"键的嵌入。小米也是社群与产品之间边界融合的典型商业模式。

品牌社群对产品和服务有直接的销售作用，表现在如下几个方面。

（1）品牌社群内销售自有产品组合，这是最为直接和经典的通过社群运作实现回报的方式。小米公司在 2010 年建立时只是利用 MIUI 进行前期的客户群积累，直到 2012 年才将手机产品上市。因为这些忠诚客户群的支持，小米手机获得开门红。尽管小米宣称不通过产品盈利，但产品的销售也为公司的运作贡献了海量的现金流。在这之后，小米才逐渐延伸到其他品类。而小米社群的忠实成员也跟随产品扩展的步骤，不停地购买小米产品。社群成员的产品购买宽度相应拓展，小米低成本且高效地实现了产品线延伸（见图6-2）。

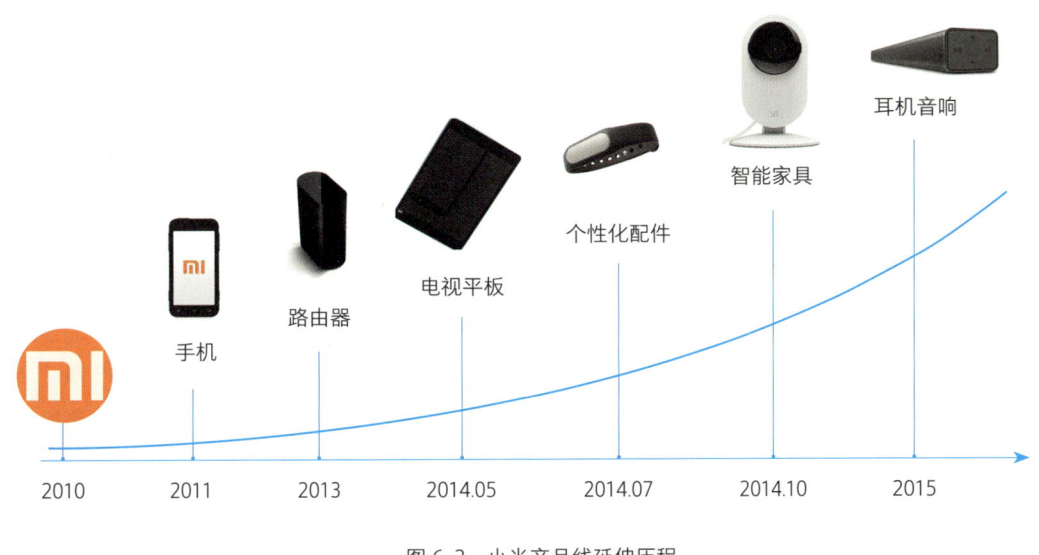

图6-2 小米产品线延伸历程

资料来源：KMG研究。

（2）品牌社群销售联合品牌产品。企业在进行自有品牌社群运作时，可以从品牌关联的角度，选择与本品牌需求衔接紧密、品牌调性类似的产品品牌进行联合销售。这是基于相同顾客资产进行深度开发的重要策略。在品牌战略管理中，品牌的授权使用是在这一思路下的经营实践。在这个领域里，美国迪士尼是典型的成功案例。迪士尼公司立足于丰富的娱乐产品开发（如动画片和电影），将娱乐产品中的形象对外授权使用，收取授权使用费。而迪士尼在让渡各种形象使用权的同时，也对合作方开放迪士尼的品牌社群，将喜爱迪士尼产品的社群成员转化为其他品牌产品的实际购买者。虽然不是迪士尼自主开发和销售所有的周边产品，但整体而言在社群内实现了联合品牌销售。

（3）**社群成员的产品自我提供和销售**。社群成员不只是单纯的产品购买方，在符合特定规则的基础上，成员同样可以分享社群成员资产，进行相关产品的开发和销售，实现"购销"一体化。女性社群疯蜜定位于"美少妇"这个细分群体："生活在一线城市资产超过千万万的，生活在二线城市资产超过 300 万万的；日子清闲，没事喜欢全球旅行；追求高品质的生活，经常光顾高端消费场所；此外，颜值还要高。"除了疯蜜平台向社群成员直接销售产品以外，社群成员也可以在符合规则的条件下，在社群内销售自己开发的产品。社群的商业模式中还包括众筹模式，其投资的项目都是与"美少妇"群体相关的，如精品服饰、美容等产品，而产品提供者、消费者和使用者都在社群内产生。

除了上面谈到的，品牌社群对产品形成过程也可以进行价值激发。

（1）**精准营销与生产柔性化的众包**。在社群经济模式中，过去"商品—人"的关系倒置为"人—商品"的关系。内容的大规模定制和生产的柔性化具备了实现的可能。丹麦玩具公司乐高利用其粉丝社群 Cuusoo 平台，充分采集粉丝分享的原创想法，并采纳支持率最高的想法，将其转化为实际产品，而提案者也能得到销售额 1% 的奖励。同时采纳粉丝意见而创造得到的乐高新品，也会在 Cuusoo 粉丝页面上贴出购买链接。可想而知，这些产品往往都是一经开卖便销售一空。

（2）**"特定社群 + 垂直电商"模式**。随着社群经济力量的不断发酵，社群与电商之间的界限也被逐渐打破，尤其是基于兴趣的特定细分社群更加具备电商化的潜质，例如美国电商 Etsy 主打对手工制作商品有特殊爱好的社群。目前 Etsy 的流量已是全美前 50，坐拥 3000 万名会员，有 100 万个卖家在上面进行交易。"意外艺术"团队通过在各社交平台上发布《艺术很难吗》系列艺术脱口秀节目，培养特定的社群，并获得 1300 万美元的 A 轮融资。其目的就是通过内容打通社群与艺术品电商。

（3）**社群众筹模式**。相较于传统不设置门槛与边界的众筹模式，社群众筹因其已建立的信任体系与社群固有的价值链接属性而更具说服力和传播力。实际上股权众筹的本质决定了它需要一个稳定的精英社群做支撑，需要参与者拥有资金盈余与认知盈余。在一个项目发起后，参与的各方可以迅速、有效地进行分工与协作。从这一点上看，精英社群成为了股权众筹必不可少的基石。这也是为什么牛投、风投侠、黑马营这些经营创业者社群都成为了股权众筹的土壤。

（4）线上转线下。 除了零售行业常见的线上流量为线下门店引流的手法之外，社群还可以在线上聚合用户、建立社群影响力后，在线下举办培训、论坛、峰会、比赛等形式的活动以实现变现和社群的二次成长。例如，《创业家》杂志在其建立的黑马营社群基础上，举办黑马大赛收取门票费用，同时通过黑马营的学员缴纳学费、向投资人收取中介费等方式进行商业转化营收。

社群关注媒体化

因为社群具有信息生产、分享的自发性特征，所以企业可以充分利用社群的这一特征，通过品牌社群去实现商业信息的生产、分享，这就是社群关注媒体化。品牌社群的形成意味着相应规模的受众注意力和社群成员各自的社会影响力的汇集。相比移动互联网之前的信息传播，现在信息通过社群的生产、分享过程以更加人文、娱乐和互动的风格进行传播。社群成员在这个信息交流的过程中同时扮演信息受众与信息传播者，也是信息的创造者及二次创造者（见表6-1）。

表6-1 社群媒体属性及价值

社群的媒体属性	媒体属性	媒体价值
社群成员的注意力	注意力在新的平台上的大规模汇集，意味着新的媒体形式的产生	直接的信息传播对象群体
社群成员的社会影响力	基于自身在各自关系网络积累的信任和认同，可以通过口碑传播、信息的分享和转发，成为信息扩大的"放大器"	具有直接的信息扩散"中继站"和"放大器"作用
社群成员的信息生产力	能直接产生信息，或对企业原创信息进行二次开发	媒体内容的生产者、二次开发者

资料来源：KMG研究。

社群效应在信息扩散领域的实现是获得社群回报的重要方式。它体现为优质原创内容驱动的、社群间几何级扩散的模式。基于社群规模的信息扩散已经可以覆盖到大规模的人群，更因为其传播的认知效果好，改变了传统媒体的统治级地位，形成蓬勃发展的社群传播方式。社群内部与外部的其他社群持续进行着内容生产、信息交换和内容输出，而且这种交换在各种社群的成员与成员之间，即以"多对多"的方式进行信息的传播和扩散。所以在数字时代，社群即媒体。从某种意义上讲，经营品牌社群也需要具备媒体意识。关于这块内容，我们将在内容营销的相关章节中进行具体介绍。

（1）**品牌社群依托于社交化媒体而运作**。移动互联网平台的各种社交平台，如微信与微博，其中的公众号和各种认证下的社交账户，成为建立品牌账号的社交平台。品牌社群的很多内容分享、成员互动活动都需要通过社交媒体平台来实现。

（2）**生产与分享内容成为社群建立的基本活动之一**。潜在社群成员往往会因为风格鲜明以及有价值的内容而加入社群。社群成员会将社群内生产和创造的优质内容进行分享。而优质内容的分享，主要体现为内容在各种范围内的转发，以及基于原创内容的二次创作，这成为了社群的重要活动内容。不管是 2010 年风靡一时的"凡客体"，还是五年后，锤子手机发布会上罗永浩发起的"漂亮得不像实力派"，都在社交网络上发起了 UGC 战役，成功引发了病毒式的 UGC 创作"疯传"，创新性地推动了企业品牌的传播。

（3）**信息传播的"社群—社群"模式**。移动互联网时代的信息传播是通过社群间的互相渗透完成的。当社群产生一条新信息时，社群成员会在自己所在的其他群中分享。这个过程就体现为信息的"裂变式"或"指数级传播过程"，也是通常所说的"病毒式传播"。

品牌社群的媒体传播作用

1. 内容生产

在数字时代从 Web2.0（论坛、博客为代表）向 Web3.0（社交平台、微博客为代表）迭代的进程中，UGC（user-generated content，用户生产内容）逐渐成为内容产生的主力军。随着移动互联网的发展，网上内容的创作又被细分出 PGC（professionally-generated content，专业生产内容）。内容的生产是 UGC 和 PGC 两种模式共同推进的：内容集合了社群成员集体的智慧，这些内容再通过优质的 PGC 形式展现。在此过程中，UGC 通过贡献流量和参与度维持内容的广度，而 PGC 则保障了内容的深度，创造价值并树立品牌话语权。

2. 内容传播

社群媒体的内容传播与自媒体和传统媒体最大的不同在于，除了通过社交平台、其他网络平台的传播渠道来进行基于全网的内容扩散以外，同时社群内部的成员本身便是传播的种子——由于群成员是内容的产生者，他们必然拥有分享内容的动力，加之群成员也是这些内容的主要受众，因而社群媒体产生的内容不但在社群内部能获得有效传播，而且会被社群成员争先恐后地主动传播（见图 6-3）。这是社群成员获取社群价值的重要方式。例如，罗辑思维的内容会被其社群粉丝相

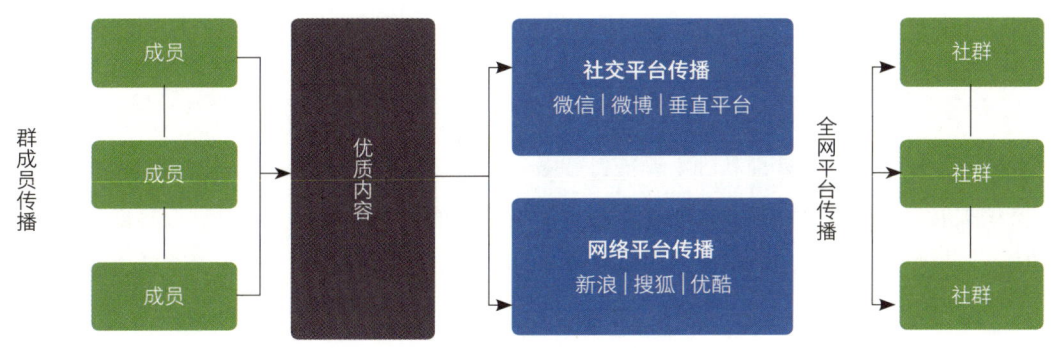

图 6-3　社群内容传播途径

资料来源：KMG 研究。

互转发,在不需要企业的引导下,在很短的时间内完成了自发性的社群内传播。这就是社群媒体在内容传播上的魅力所在。

3. 社群的媒体引流作用

社群的媒体作用还体现在对线上和线下销售平台的流量吸引。无论是基于 PC 端,还是移动互联网平台,从品牌信息传播出发,基于最少的操作和页面跳转,品牌信息的受众就可以直接到达购买页面,并通过各种网络支付平台实现购买。在数字时代,社群可以利用社群成员之间的信任和社群传播的裂变式传播方式,为线上和线下的销售平台吸引流量。优衣库作为一家以实体店为主的服装企业,积极地通过线上社群向线下专卖店进行流量转移。它的 App、微信公众号发布的内容都是为了吸引客户更多地到线下专卖店。它向客户提供线下门店的位置导航,还发送实体店才能使用的优惠券。甚至,优衣库的客户还可以在线上下单,到线下取货。优衣库的品牌社群目标就是不断地提升实体店铺的客流量。

社群成员渠道化

通过现有社群扩大潜在客户基础

社群的发展需要在社群的客户基础上,通过现有社群成员的人际网络和社会影响力,实现社群的自我持续扩展。而对于社群成员的新成员引入,往往会通过口碑传播,通过现有社群的成员发展新的成员,不断地为现在的社群提供新鲜血液。

1. 建立核心粉丝群客户群

Lave 和 Wenger 是美国数字营销方面的专家,他们通过分析网络社群成员的参与度和变化,将社群成员分成以下五类：
◎ 外围的（潜水的，lurker） 外围的普通参与者。
◎ 入门（新手，novice） 新加入的成员。
◎ 熟悉内情的（常客，regular） 核心社群参与者。
◎ 成长（领导，leader） 社群中的主要领导者，能引导其他成员参与社群。
◎ 出走（资格老人，outbound elder） 由于新关系的产生、定位变化、被取代等各种原因离开社群的原参与者。

社群运营以核心用户为基础，大部分用户是由企业的忠实粉丝构成的。他们在企业社群中扮演着重要的角色。所以，企业在关注和发展社群成员的过程中就需要对常客和领导类型的客户投入更多精力。因为他们是企业最忠实的拥护者，也是最有可能向外界传播企业信息的社群成员。让这些核心成员成为群管理员，鼓励他们积极发言，支持和鼓励他们积极地产生内容，不断扩散出去。对于这些核心成员的偏好会直接吸引陌生人群的参与。对于吸引新成员的原社群成员可以给予虚拟或物质上的奖励。企业有了新产品也可以邀请这些核心成员来体验并反馈使用情况。这样做一方面让这些老客户感受到了特权；另一方面也让客户对新产品提出宝贵意见，分享出去并吸引更多的人。

2. 企业需要主动或协助开展各项主题活动
企业需要在品牌社群中定期组织各项符合社群成员兴趣点的主题活动。这些活动形式多样，联动线上与线下。企业需要特别关注社群成员作为个体无法自行开展的活动。持续而主题鲜明的活动为品牌社群不断地注入生机，吸引新的成员加入。而对于区域性的社群，企业可以通过各种形式的赞助，配合区域社群促进社群成员之间的交流，从而使企业能够更加容易地发现社群成员之间关注的焦点，发现社群成员身边的潜在新成员。

3. 互惠共利，让成员在共享中互利
社群的长久存在建立在共享和互利的基础上，社群成员既是获利者，也是贡献者。让加入社群的每一个成员都有参与感，为其提供可以为这个社群做贡献的机会。人们总是对自己为之付出的东西倍感珍惜，也希望别人都看到自己的付出。让每一个加入到其中的人都有归属感，不论是新人还是"老人"，都可以有自己的发言权，这对吸引新成员也是至关重要的。

通过现有社群成员实现二次销售

1. 提升推荐者的参与感
人们对免费得来的东西从来不够珍惜，而对通过自己努力得到的东西会倍感珍惜。和很多企业采取直接给社群成员发放优惠的方式不同，有些企业采取用户消费之后才拥有可以向周围的朋友进行推荐的权力。这些社群成员在消费之后，一方面在心理上对于分享出去的优惠券有更多的认同；另一方面，他们会把这种分享看成是弥补消费所带来的财务损失的一种方式，比如他们会觉得如果他们的朋友领取了通过他们分享的优惠券，则可以在人际关系上形成"补偿"。比较典型的是以滴滴出行和美团外卖为代表的互联网服务型企业，当用户在其平台上进行服务消费之后，滴滴出行和美团外卖都会给用户发放一个可以用来分享给其他朋友的、用于下次消费的红包。

2. 持续优惠激励
当然，我们不能完全否定直接派发优惠券吸引社群成员进行消费的方式。但如果想从这个角度实现良好的二次销售，也需要一些技巧。企业需要持之以恒、持续不断地进行优惠信息的派发，同时派发也要选择恰当的时机。例如，全国连锁餐饮企业小肥羊通过各种方式吸引消费者关注其公众号之后，会在各种节假日、会员生日等特殊时间节点给消费者推送优惠消息。其推送方式如"恭喜您领到了XX元优惠券，在母亲节带上妈妈一起吃个火锅吧"，给消费者一个消费的理由。

再如星巴克推出的星享卡，顾客需交付88元办理费用，享受首杯免费的优惠，还能获赠一些优惠券。这些优惠券包括三张亲友邀请券，可以在下回购买咖啡时买一送一。为了不浪费这些优惠券，消费者会主动请自己的亲友喝咖啡，于是就增加了办卡的潜在新客户。产生新顾客以后，星巴克使用积分制度维护老客户。顾客消费满 50 元就能获赠一颗"星星"，累积星星能帮助消费者逐步升级到更高的优惠等级。这种以老带新的模式可以让星巴克的会员体系不断壮大，持续给销售收入增加新的驱动力。

通过社群成员吸引人才

在传统时代，由于信息的沟通不畅，人们无法和自己兴趣相投的人进行有效的沟通。企业在招聘过程中，采用"广撒网"的方式进行人才招聘，因而一直非常依赖线上招聘网站。进入公司网站投简历的人越来越少，人力部门在招聘网站上海量的简历中找到合适的人才费时又费力，而且 HR 很难在人才招聘流程之初判断候选人是否对于企业本身有足够的认可。即使找到了能力符合岗位需要的候选人，也无法保证其对企业具有很大的兴趣。这就造成了招聘资源的浪费，也增加了很多成本。数字营销时代，社群的出现恰好可以从"兴趣"的角度解决这一问题。因为所有成为企业粉丝社群的人，至少是对企业的产品或者服务感兴趣的，对企业先天有某种程度的认可。企业从社群粉丝中寻找对应岗位的候选人时，直接对候选人的能力进行匹配就可以了。这提高了企业的招聘效率。这种方式现在越来越被企业采纳。路敏思（Lumesse）的数据显示，61% 的企业会采用社交媒体寻找新员工；55% 的企业会运用社交媒体与当前还没有跳槽需求，但是未来可能会成为潜在人选的候选人建立关系；42% 的企业会使用社交媒体寻找特殊岗位的候选人。

一般企业利用社交媒体做社群招聘，会使用下面几种方式：
（1）**微博招聘**。投放准确、成本低、受众广的特点受到企业青睐。例如，李开复的创新工场经常使用微博招聘各类工程师；阿里巴巴、第一财经等企业也会通过微博招揽传媒人才。

（2）**微信**。微信拥有许多先天的优势，比如信息发布传播快、与候选人沟通方便。微信用户的迅速增长，使更多的企业开始建立自己的微信招聘平台。例如，腾讯在微信上建立的"腾讯招聘"

微信公众号，承载了腾讯相当一部分的招聘工作。微信让企业看到了更加移动化、社交化的招聘方式，成为继微博之后一个新的社交媒体招聘优势平台。

（3）LinkedIn。专为职场人士打造的社交平台。平台上以社交为主，企业可以在 LinkedIn 上建立自己的官方账号，定期发布招聘信息、公司新闻及行业动态。我们可以将 LinkedIn 理解为招聘版的企业官方微博。LinkedIn 入驻中国两个月后，注册用户超过 500 万，但大部分企业用户是外企和跨国企业。

除了可以利用社交媒体进行人才招聘，企业还可以根据自己的实际情况，因地制宜，有效利用自己的社群成员进行招聘。据了解，逛宜家商场的大多数顾客都成为了宜家会员。这些会员以年轻人及白领为主。这为宜家在其会员中进行招聘提供了很好的基础。因为来宜家购物的人必定对宜家的理念有一定程度的认同。宜家在商场内靠近会员注册及休息区域设置了招聘宣传栏，通过视频和宣传手册的方式供顾客自行阅读，并提供了现场及在线投递简历的渠道。

社群信任市场化

社群信任市场化是指在建立紧密的社群关系网络的基础上，将社群与周边资源合作，通过社群的协同努力，进行产品评测、推荐和销售。这种营销回报方式适合第三方社群的运营方实施，可以较好地保证评判的客观性和中立性。社群内部产生的评测与推荐，完全可以代表所有成员的想法或认知。这可以在最短时间内解决消费者在购买决策过程中的疑问，并且由于成员间的从众心理会自始至终地影响消费行为，所以社群市场化就更容易发生。由于社群的形成以认同和信任为基础，因此社群产生的内容也更具可信度和可读性。社群发展成为品牌，并在社群中对外部品牌进行评测、分享、推荐，最后实现成果传播和推广。

Top Gear 是英国（BBC 英国广播公司）于 20 世纪 80 年代创造的汽车节目，从 2002 年改版推出

后直到 2015 年，成为最成功的汽车类节目（见图 6-4）。节目中展示各种类别、档次的汽车，真正地开拓了观众的眼界，使其增长见识。主持人敢说敢言，不接受汽车厂商的广告赞助，深受观众信任。每期节目中的汽车评测都会成为追随者的重要参考指标，通过多种形式相对客观地展现出汽车的实际情况。车迷如同社群化一样对节目本身产生归属感。节目就是一个高度紧密的社群关系网络，对汽车驾驶评测给出指导性意见，影响着全世界的观众对汽车世界的认知，当然也包括购买。*Top Gear* 因为其客观性，更能体现社群信任市场化，目前它已经处于行业领导地位，对汽车的销售可以产生直接影响。内容可以迅速传播、推广并转化。

 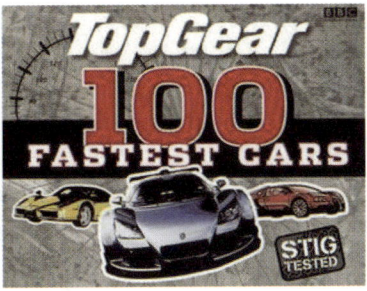

图 6-4　TopGear 由节目演化为社群关系网络

资料来源：TopGear 官网。

小红书是创办于 2013 年的电商平台。它主要包括海外购物分享社区以及跨境电商"福利社"两个模块。从社区经营起家，海外购物分享社区已经成为小红书的壁垒，其他电商平台无法模仿它的商业模式。它具有以下两大特点。

1. 口碑分享与口碑营销

小红书海外购物分享社区中的所有内容都来源于用户的自主分享。其他用户会根据这些分享，了解别的用户在购买什么，为自己做出购买决策提供必要的信息。在分享社区的页面，可以看到的一张主要图片和部分购物心得，以及讨论与其他用户的点赞情况。用户如果产生了初步的兴趣，可以点进去查看所有的图片以及全部的心得内容，并参与讨论和点赞。淘宝网的评价系统使得其他竞争对手难以追赶，小红书也拥有类似的不断累积的口碑系统。通过查看点赞以及用户评论的内容，用户就能获得口碑信息，知道哪些商品值得购买，受到大多数人的推崇。

2. 大数据的积累与运用

海关总署和中国电商研究中心的数据显示，2014年海外购物人群的总规模为1800万，而小红书由社区产生的海淘顾问（"小红薯"）人数超过1500万。换句话说，小红书的用户代表了国内大部分的海淘群体。合理地利用社区中的数据是小红书的发展方向。精准化营销包括个性化的推荐是社区性电商拥有的天然优势。小红书用户平均每月打开50次App，使用时长高达130分钟以上，这是普通电商难以企及的用户活跃价值。

社群信息数据化

社群信息数据化指的是企业在社群管理运作中，对各种与企业业务、产品、服务等相关的数据进行收集。并在此基础上，一方面通过对数据的挖掘进行顾客需求洞察，反补到 Recogonize 阶段；另一方面，数据的交易也可以变现，产生收益。其根本是通过对大数据的分析整理，进一步进行细化研究，提升数据本身的商业价值。

企业可以获取的社群成员数据分为从内部获得的数据和从外部获得的数据。企业可以结合自身情况灵活选择或者组合选择。

从内部获得的数据包括：
◎企业信息化系统　企业的信息化系统包括OA、ERP、CRM等。
◎企业数据化的档案　每家企业都会有历史档案。对拥有较长历史的企业而言，那些与客户、员工、地理、人文、财务等相关的信息涵盖了很多数据。例如，著名的啤酒与尿布的故事其实是通过对历史销售数据的分析才得出二者具有相关性的结论。

◎企业物联网络　Sociometric Solutions 是美国社会经济学解决方案提供商。该公司推出了一款智能工牌，里面包括了多种物联传感器。它可以记录员工的交流行为，如说话的语调、交流时的姿势和肢体语言。同时这些数据可以反映员工之间的关系，比如员工聊天时身体向前靠就说明二人合作良好。

从外部获得的数据包括：

◎互联网数据　从企业的角度出发，关注的重点数据是社群成员的社交网络，像 Twitter、新浪微博、Facebook、WhatsApp 与微信等（见图 6-5）。

◎基于互联网的物联网络　高德纳（Gartner）咨询公司预计，到 2020 年物联网将连接全球将近 500 亿台设备，包括汽车、家电、办公设备等，这些设备中包含音频采集器、视频采集器以及多样的虚拟感官系统（视觉、听觉、嗅觉等）。例如，现在有很多保险公司在销售 UBI（usage based insurance）车险的时候，通过采集客户安装在汽车上的 OBD（on-board diagnostic）传输的信息，来确定客户是不是一个"安全的驾驶者"，从而确定下一年车险的金额。

◎公共渠道数据　企业面对的第三方组织拥有海量数据，如政府、协会、数据公司、其他中介组织等。

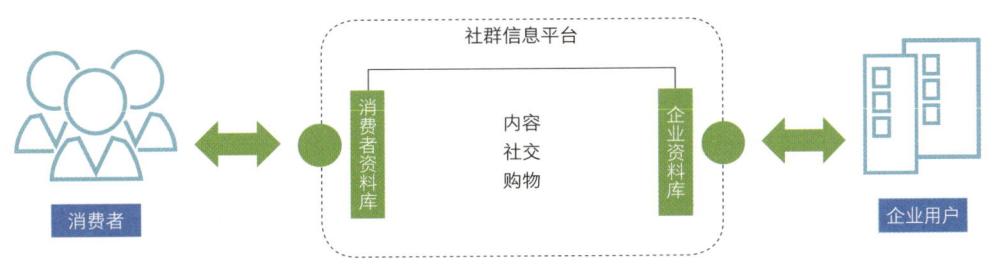

图 6-5　企业数据应用模式

资料来源：KMG 研究。

1. 关注数据的商业应用技术

互联网技术的普及速度超过想象，特别是移动互联网近几年的飞跃式发展，企业不仅可以获得来自客户电脑屏幕面前点击鼠标产生的数据，而且可以通过地理位置、时间以及来自各种可穿戴设备所获得的更加精细、个性化的数据。这意味着现在获取的数据不仅从数量上比以前多好几个量级，而且从数据的质量上也有了质的改变，这就是所谓的大数据。大数据已经不仅仅是数据的一种处理工具了，更是一种改变企业思维和商业模式的工具。海量数据的产生、存储设备成本的下降、软件进化和云端技术趋向成熟这一系列客观条件，使数据分析由以前的洞悉历史演化成对未来的预测，甚至是破旧立新，开创前所未有的商业模式。在数字时代，不同的数据处理方式对企业的重要性是前所未有的。

社交媒体除了是传播营销信息、与现有和潜在客户建立深度关系的利器之外，从长远来看，对它的另一个更加有价值的使用方式就是依附于社交网络的数据挖掘，进行客户需求洞察。就现阶段而言，客户关系管理系统可以建立消费者档案，分析人口统计资料以及过往的购买行为，帮助确定营销策略。从新浪微博等社交媒体获取的客户资料，因其信息的及时性和丰富性，可以看成一个即时的 CRM 系统，持续地呈现客户的新趋势和潜在机会。

第一，需要从社交网络平台上获取大量的信息，但处理以 PB（petabyte，100 万 GB）为单位的数据，对任何一家企业来说都是挑战。即使在最理想的状况下，可能也只有 20% 的社交媒体资料包含企业希望得到的信息。但因为现在有了新的匹配技术，整个寻找客户的过程可以更快速且全面地进行。例如，可运用爬虫技术来比对公司客户资料库中的某客户是否就是社交网络上同名的某位用户，从而得到大量包括个人档案和交易的信息。

第二，掌握将海量信息转化为企业有用信息的方法。例如，社群媒体资料可用主资料管理（master data management，MDM）技术来转变成有用的格式。MDM 是企业可以用来管理资料的重要手段，帮助管理企业资料的有效性、一致性、完整性。现在，MDM 可以将不同社群媒体获得的资料整合进企业现有的 CRM 系统。这样一来，企业便可获取客户行为及个人偏好的兴趣资料，与客户建立真正一对一的深度关系，并可以更精准地根据市场细分来达到营销目标。

2. 社群信息商业化功能的实现

社群媒体以及相关的数据分析技术发展至今，针对社群信息进行收集、分析、整理和挖掘的商业化应用已经相当成熟了。国内有百度数据、淘宝数据、微数据等免费的数据分析平台，帮助企业做初步的市场细分、舆情分析等，也有像专门针对垂直电商的淘宝数据魔方，为其提供消费者交易数据。国外的像 Sprout Social 可以帮助企业管理 Facebook、Twitter、Yelp、LinkedIn、Foursquare 和 Gowalla 等社交平台账号。它会对客户的行为做出一定的回应，并及时通知企业。

利用社群信息进行商业化运作盈利，企业可以直接出售数据。例如，全球零售巨头沃尔玛向尼尔森等传统市场调研公司出售自己在美国的交易数据。一方面尼尔森可以将这些数据整理后卖给其他公司；另一方面，沃尔玛也可以享受到经过专业市场研究公司处理数据后得到的结论。另外，企业可以通过重新分析过往的营销数据，发现新的机会点或者减少成本。例如，第三方数据服务提供商缔元信帮助一家做红酒的企业通过对企业社群客户的数据发掘分析，改变企业原来的互联网广告投放策略，从直接投放在喜爱时尚产品的社群，改变为向军事爱好社群投放。广告投放后销售转化率从 0.53% 提升到了 9.01%，提升了 17 倍。

还有一种是社群平台本身具有海量数据，对数据进行标准化定制后，直接向有需要的企业出售。例如，阿里巴巴集团利用淘宝及天猫产生的海量交易数据以及会员数据，建立阿里集团核心商业数据平台——"阿里妈妈"，为大型品牌主、代理公司以及中小企业提供营销平台服务。此外，腾讯微信朋友圈中运用了 Feed 信息流广告方式推送广告。Feed 信息流广告类似于朋友圈好友发布的内容，可以包含图片、文字以及外部链接。用户可以在上面评论，并能看到好友的评论，基于此发生新的互动。

基于腾讯微信自身庞大的用户数据库，Feed 信息流广告模式可以把用户特征标签化，再根据这些标签进行精准匹配。精准匹配后的广告推送体现个性定制思想的同时也把骚扰广告降到最低，从而为企业降低推广成本，提高销售量。

第三部分　数字营销实施系统

MARKETING FUTURE

第 7 章
大数据营销平台
大数据在营销上的应用

KMG 数字化营销战略路径图

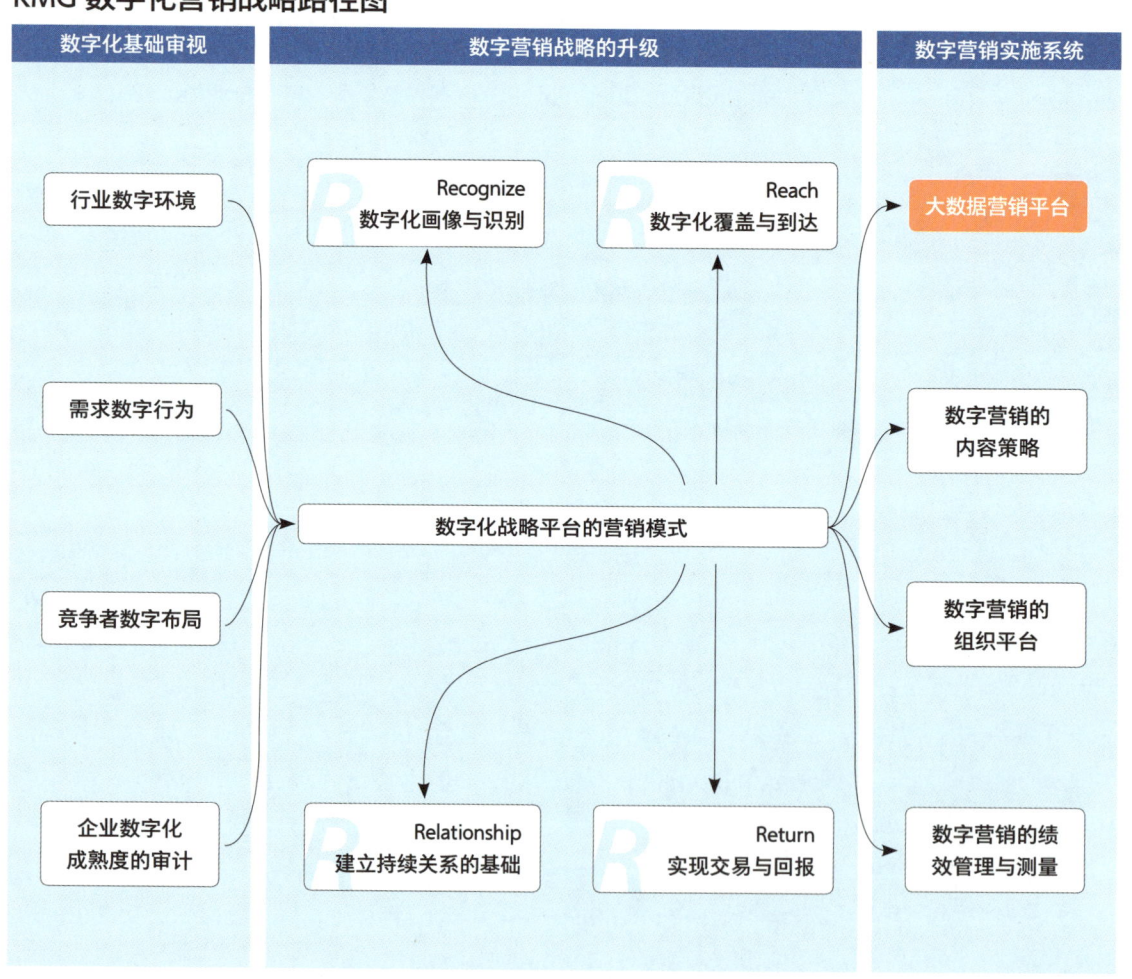

大数据 vs. 数字营销

我们在第 1 章中曾谈到，数字营销 =（内容平台 + 数字平台）× 大数据运营 × 营销战略思维的升级，这里我们主要谈大数据在营销上的应用。

从概念到实践，已经没有人否定大数据作为一种研究范式以及商业底层的革命元素正在重塑我们的未来。欧盟将大数据视为促进经济增长的重要力量，欧盟公共机构产生、收集或承担的地理信息、统计信息、气象信息、数字图书馆资源将全面开放，这将驱动 400 亿欧元规模的年度经济增长。美国政府在 2014 年发布的大数据白皮书中提出，大数据的战略地位类似于工业时代的石油，商业化前景可期。大数据这种强大的新兴资源，即将对人类的生活、企业的经营活动以及政府的公共事业管理造成深远的影响与变革。2015 年被称为"大数据商业化元年"。大数据正在推动诸多企业商业模式的变革，然而首当其冲的就是企业价值实现前端的营销战略。纷繁复杂的客户数据、销售数据、行为数据、竞争性的各类型数据的积累，使得数据驱动营销的力量凸显。在数据超级庞大的今天，营销决策通过算法与机器学习进一步精准化、自动化，正如本书第 2 章中讲到的，营销与技术、数据在实践中越来越重合，企业开始设置"首席营销技术官""首席营销数据官"等相关角色。

大数据营销并不完全等同于数字营销。大数据营销以大数据技术为基础，通过大数据独特的分析技术应用于企业营销工作，提升营销的精准性与有效程度，是营销改进的手段和资源。而数字营销的广度更大，包括大数据营销，也包括依赖社会化媒体的营销、移动营销这些工具层面的营销升级，当然更应包括我们在本书第 2 章中谈到的那些营销战略的革命。一句话总结：大数据是石油，是矿，是底层技术；大数据营销是应用方向，是营销与数据技术拥抱的结果，而数字营销是顶层设计，是数字时代营销革命的方法论、框架与实施方案说明书。

大数据是对原有企业商业运营的颠覆元素。数据的采集、整理以及分析能力已经成为企业最核心的能力之一。从某种意义上讲，未来将会走向一个可以用数据来估值的时代，什么样的公司有价值，什么样的公司没有价值，从其拥有的数据规模、数据整理储存的规整程度以及这家公司分析、应用数据的能力就能发现答案。随着各种大数据技术以及基础设施的成熟，企业能够在多个维度上获得大量的数据。通过应用数据挖掘方法，企业可以在这些数据中发现新的商机，能够更深入、更精细、更准确地理解更庞大的客户群体。企业可以将资源倾斜到更多的小客户群体上，在更准确的时间和渠道里提供更符合独特需求的产品与服务。大数据营销将企业能够达到和有效运营的规模推到了一个新的高度。

究竟何谓大数据

当今进入的数字化世界是一个"人在做，云在算"的世界，电影《黑客帝国》中比特世界与原子世界的结合正在变为现实。大数据的产生一方面是累积而来的，另一方面是人们开始愿意并且能够收集、存储和处理它们。无论是运用互联网进行沟通、学习、游戏或者互动交流，都会留下相应的数字信息，是生活轨迹与行为的"比特化"。将各个网站、App、内部私有网络的数据统合起来，就会形成大数据（见图7-1）。由于近年来硬件成本的降低，网络宽带的提升，云计算的兴起，网络技术的发展，智能终端的普及，电子商务和社交网络的盛行，电子地图、物联网的全面应用，大数据时代势必会到来。

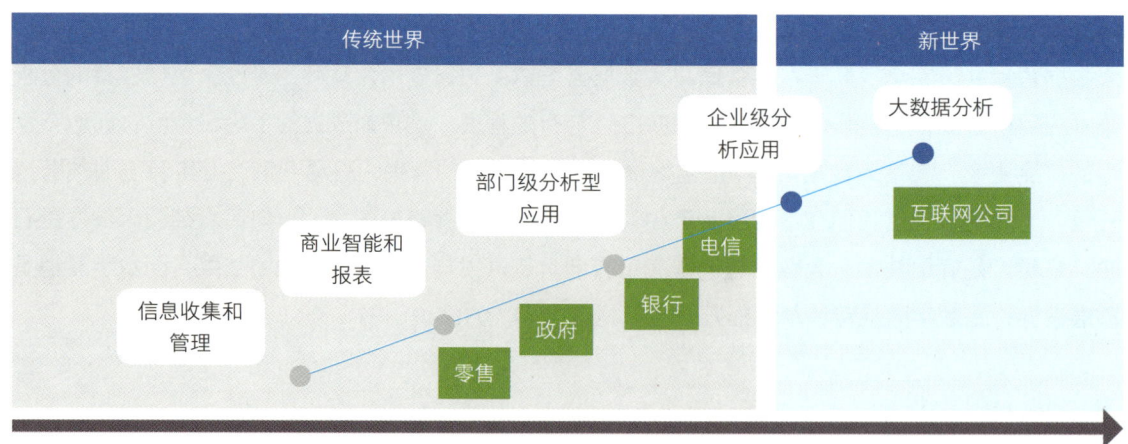

图7-1 不同层级的数据分析与运用

资料来源：高德纳咨询公司。

大数据反映我们的消费行为、什么事情对我们重要、我们的偏好度是怎样的，我们想要什么，并且我们可以通过 Look alike 找到和我们有同样标签属性的人。几乎每一个单体行为都能通过大数据表达，因而大数据拥有极强的营销价值。大数据可以分为结构化数据和非结构化数据。目前非结构化数据所占比例已经超过互联网整个数据量的 75%，它们包括图片、视频、声音等各种形式。按照数据源分类，大数据是各个维度数据的组合、聚合和融合，它们包括线下数据的信息化（数据库、文字记录、照片），互联网—移动互联网的数据轨迹（网页数据、用户行为记录、数字图像），传感器（摄像监控、智能家居、摄像头），人的数据、物理世界的数据，互联网大数据、产业/政府大数据、机器大数据，企业数据、消费者数据、供应链数据（见图 7-2）。

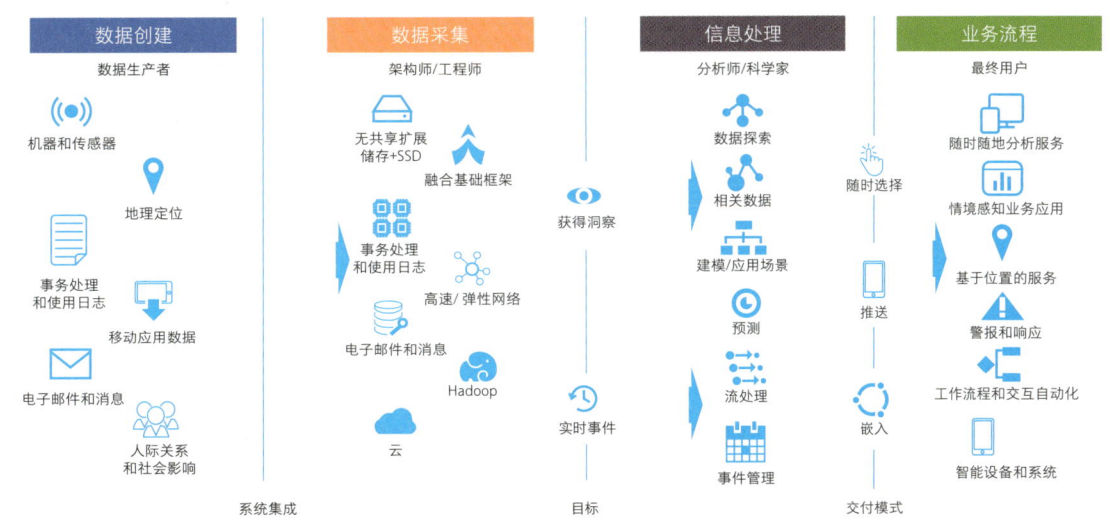

图 7-2　大数据行业全景图

资料来源：高德纳咨询公司。

跟进高德纳咨询公司的技术创新曲线，大数据随着商业化的开启，将进入一个快速的指数增长通道。数据探索商业化的开启，如哥伦布的大航海、加利福尼亚的淘金热，如何从数字时代的"矿与石油"中淘到黄金，将开启一个数字应用的时代。在新的数据商业化时代，拥有数据量的多少固然重要，但是如何应用数据，才是新一轮竞争战略的制高点。Informatica 执行副总裁兼首席营销官玛格丽特·布雷亚（Margaret Breya）谈到，企业中首席数据驱动市场官将出现，采用自助式商业智能工具（BI）进行大数据处理的企业将会脱颖而出。

所有的产业一样，大数据也有其产业链，其整个产业链可以用图 7-2 表示，包括数据创建、数据采集、信息处理、业务流程。

大数据的五个特质

2001 年 Gartner 咨询的分析员道格·莱尼指出数据增长面临三个方面的挑战和机遇，即大量化 (volume)，数据量极大；快速化 (velocity)，数据输入、输出速度快；多样化 (variety)，数据的种类多而复杂，这三个方面由于都是以 V 开头，因而被称为大数据的 3V 模型。之后，IBM 公司在莱尼理论的基础上提出了第四个 V，即"真实"（veracity），也有人从另外一些维度提出了其他的特质。我们认为，在对这些特质的归纳中，最有价值的还是"4V+1O"。

1. 大量化：大到全样本

大数据到底有多大?《大数据时代》的作者维克托·迈尔－舍恩伯格在一次演讲中提到，如果按照计算机数据的计算方式，在他 1987 年念大学的时候，可能总数据还没达到 30 亿 GB。20 年后，数据量提高了 100 倍，达到了 3000 亿 GB。如今又过了几乎一个时代，人类的数据量已经达到了一个普通人无法想象的量级，而且这个数字还在不断地加速增长。

2. 快速化：快到实时变

数据增长速度快，处理速度也快，在数据量非常庞大的情况下，也能做到实时处理。基于大数据的快速、实时处理，预测也变得更加准确和有意义。即使发生变化，企业也能第一时间获知并及时调整。

3. 多样化：多到全覆盖

数据的种类及其来源越来越多样化。半结构化和非结构化数据越来越多，包括互联网数据、企业数据、政府数据，比如文章、音视频、图片以及地理位置信息。媒体（包括传统媒体和数字媒体）、搜索引擎、电子商务、门户网站、游戏、视频娱乐等互联网节点都会产生数量巨大而且不断累积的数据，不同形式的数据都可以被识别与应用。

4. 数据在线（online）：数据动态存在

社交网络与电子商务的兴起使得社交数据、企业发布的社交内容、电子商务数据、交易分享数据成为新数据源。这些数据通过其可追溯和可还原性确保数据的真实、有效。将数据转化为有价值的洞见与行动，数据是否一直在线、数据的连续性能帮助企业做出很多意想不到的商业决策。比如基于位置数据的动态延续性，可以看到每个地点人流的状态，这对于商业地产企业的动态决策尤为重要，可以随时依据数据在线所反映出来的形势动态调整商业布局。

大数据下的商业化应用

马云说："以控制为出发点的 IT 时代正在走向激活生产力为目的的 DT(data technology) 数据时代。"DT 时代的大数据变现有很多维度和方法，它所带来的价值分为四个方面（见图 7-3）。

（1）**预测、判断与洞察**。比如基于用户的社交数据、消费数据以及手机使用的 App 数据，可以综合判断客户的信用等级，使得信用卡授权更加方便，或电影的票房预测更为准确。UPS 联合包裹速递服务公司（简称

图 7-3 大数据价值

资料来源：KMG 研究。

UPS 公司）从 2000 年起就开始尝试运用大数据进行预测性分析。UPS 公司在全美拥有一个 6 万辆规模的车队。在传统方法中，UPS 公司定期会对车队的所有车辆进行维护并更换主要零部件。这是一种安全，但是不经济也无效率的办法。于是 UPS 公司给每辆车都安装了传感器系统。它会监测并收集汽车运行中的各种数据，从而能够发现和预测车辆某个零部件的故障情况。在这个系统的帮助下，UPS 公司可以针对每一辆车的每一个零部件故障问题进行及时处理，有效防范潜在的安全隐患，但又不会产生类似于传统方法的浪费，因而，UPS 的车队临时性抛锚的情况出现得越来越少，减少了快递运输延误的情况。UPS 公司还在每辆车上安装了智能导航系统，它除了能够提供路线导航之外，还能不断存储行车数据，给驾驶员提供更精准的导航方案，比如能够避开过于拥堵的路段，减少狭窄路段的驶入等。因为采取了这些举措，UPS 公司在 2011 年节省了 300 万加仑①的燃料，减少了 3 万公吨二氧化碳的排放，节省了几百万美元的零部件费用。

（2）**提升效率**。大数据以跟进后得出的分析结果作为行动的准则，依据数据及时调整自己的方案与策略，使得企业的经营更有效率。比如在服装行业，为了降低服装成本，需要进行大批量的生产。而大数据技术普及以后，客户在网上进行搜索、分享的内容中和服装相关的数据，在网购时留下的身材数据都将发送至智能化的服装企业系统。该系统会判别出该客户的风格偏好，并通过自动化流水线生产出量身定制的服装。汽车的 4S 店服务也会与现在完全不同。每辆汽车的数据都将定期，甚至实时传送至 4S 店。当汽车的损耗状况超过了设定的标准时，4S 店的系统将自动给车主发送提醒信息，并提前采购相关的配件进行维修备货。

（3）**精准营销**。把产品或服务精准投送给需要它的客户或者潜在的客户群体，提升广告与销售的转化率，用最少的广告获得更多的利润和用户。创业公司 Slyce 是一家以图片搜索能力见长的公司。奢侈品连锁百货公司尼曼·马库斯（Neiman Marcus）与之合作推出了一款名为 Snap 的 App。这款 App 解决了这样一类问题：在现实生活中或者杂志上看到别人穿着的衣服、鞋子很棒，却不知道去哪里可以能买到。客户只需要拍下来，然后通过 Snap 就能跳转到 Neiman Marcus 的电商网站找到与之类似甚至相同的商品。这款 App 背后运用了两项核心技术：一项是如何将客户拍摄的

---

① 1 加仑 =3.7854 升。

照片转换为计算机能够识别的信息；另一项就是如何根据这一信息，通过大数据的匹配与分析，精准地找到客户喜欢的商品。和传统的关键词搜索相比，Snap 可以更精准地契合客户的购买需求。

（4）智能化追踪。追踪客户的行为数据，比如为手机 App 或手游版本更新选择最优方案。对餐饮类店铺来说，可以通过 Wi-Fi 探针抓取客户的行动轨迹数据，这些数据可以作为其 CRM 的重要手段，同时这些数据还可以评测团购效果：如果通过团购产生的新客户没有二次消费，就可以认为该团购活动效果不佳。甚至从客户停留的时间可以进一步判断服装店里的导购员是勤快还是偷懒，为商家考核员工提供依据。朝阳大悦城通过 Wi-Fi 采集客户的到店数据，根据这一数据了解客户的店铺偏好，并推送相关的优惠信息。通过安装客流监控系统，灵活调配不同区域的功能。将客流量较少的区域改造为其他功能区比如休闲水吧、欧洲风情街等，极大地提高了大悦城的整体利用效率。

大数据下的数字营销的商业应用

大数据营销是基于海量数据以及大量运算的一个技术实现过程。它通过获取多种维度的数据来源，能够更精确地描绘消费者的个体用户画像，因而能够实现精准营销。基于大数据，营销获得了大量的数据资源，CMO 可以和 CIO 并肩作战，建立基于营销的大数据库，收集包括个人空间日志、论坛帖子、社交网站内容、电子商务等数据。然后将这些大数据源放入营销模型中，用算法库的方法归类，进行数据计算，并在数据计算的基础上进行决策分析。至少从目前看，以下是典型的可以用大数据来升级营销的方向。

大数据应用：用户行为分析

消费者行为的比特化使得我们对用户的分析可以进入精确的行为分析层次。我们可以分析用户在企业接触点各个界面的轨迹,以分析每个功能设计对用户的吸引力,以及各个接触点之间的转化轨迹,并基于此,对客户体验的节点进行动态的跟踪、优化和迭代。

Mouseflow 的主要功能是追踪用户鼠标的所有动作,包括移动、悬停、左/右键点击以及滑轮滚动换行(见图7-4)。这个追踪能够将用户的使用习惯数据化,发现用户最经常关注的区域,因而能够帮助企业优化页面内容的组成和结构,比如企业可以将最需要用户第一时间关注的信息放在用户最容易关注的区域。需要促进客户行动时,比如将点击支付或者提交用户资料的内容放在最容易被点击的区域,然后将不太重要的信息放在容易被忽略的区域。

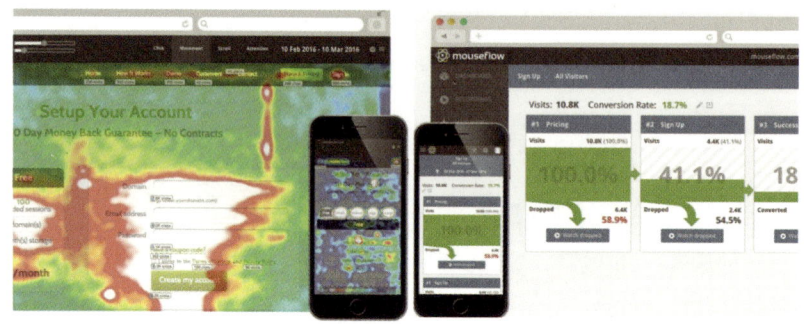

图7-4　Mouseflow 客户接触点追踪图
资料来源:Mouseflow.

大数据应用:用户画像

如果说用户画像的缘起是为了更好地理解客户需求、改善客户体验,那么随着信息技术的发展,大数据时代的用户画像(我们称为大数据"消费者画像")则从另一个层面颠覆了传统的营销路径:不仅可以理解需求,而且可以预测需求。从此,营销计划可以始于对结果的预测而不仅是对动机的理解。

相对于传统的消费者洞察，大数据消费者画像是全景式的（全样本）、透明的（多维度数据）、高精的（客观、粒度细微的数据）、动态的（实时性）。大数据消费者画像的这些特征使得营销计划更为精准、有效，结果更可预测。而准确的预测能使企业制定更加具有前瞻性的营销战略并合理规划营销中的资源分配，规避过于乐观或过于悲观地评估市场和销售前景而带来的资源浪费、机会浪费，进而提升投资回报率。只要累积了足够多的用户数据，就能对消费者有更深入的了解，包括他的喜好、价值观、行为习惯。这是许多大数据营销的前提与出发点。大数据消费者画像可在以下应用范畴实现其商业价值转化：

◎ 大数据消费者画像可帮助企业实现精准的目标客户选择、渠道选择、投放时机选择、传播内容设计，并在这四项工作上实现无缝对接，在更低的成本基础上给客户提供一致的、全程的、整体的购买体验。
◎ 发现新的需求趋势与潜在市场，在企业进行市场、区域扩张时提供更精准、更全面的客户洞察与市场预测。
◎ 真正实现客户的价值管理，激活客户资产和粉丝资产，将粉丝转化为客户，推动客户从低价值到高价值转换，提高企业高价值客户的比重。
◎ 通过精准的需求预测提升备货管理与库存管理表现，提高库存周转率，保持良性现金流。
◎ 多维度的、动态的大数据消费者画像具有延展性，一个画像应对多个问题，因而可以减少调研次数，降低时间成本与营销成本。

由于我们在第 4 章中详细讲述了用户画像，所以这里不再赘述。

大数据应用：品牌定位

品牌定位工作依赖于对市场的深度认知，这一方面取决于营销管理人员对市场、客户的理解、洞察以及持续的经验，另一方面则需要进行一定的调研工作，即充分倾听客户声音。即便如此，新产品推出后还是失败率居高不下，定位在高管的大脑和客户的大脑中存在严重偏差。这里面至少有一个很大的问题在于你很难全样本地听取客户的声音后再做定位。

大数据声量测量可以辅助品牌定位,通过大数据语义挖掘工具,可以在网络上直接抓取市场对某个产品的固有认知。这个固有认知就是我们进行品牌定位的出发点。通过基于定位的声量测量,我们可以看到企业关注的"定位"概念与客户在网络世界中讨论的声量之间的关系,甚至当异常声音出现时,可以反过去追踪此词语的来源、出处,找到原因。

围绕定位地图,我们可以构建一个"蛛网认知框图",在图中面积越大,说明消费者需求的讨论点越存在相关关系(见图7-5)。大数据技术使得原有定位战略的实施过程可视化、可追踪化、全样本化。

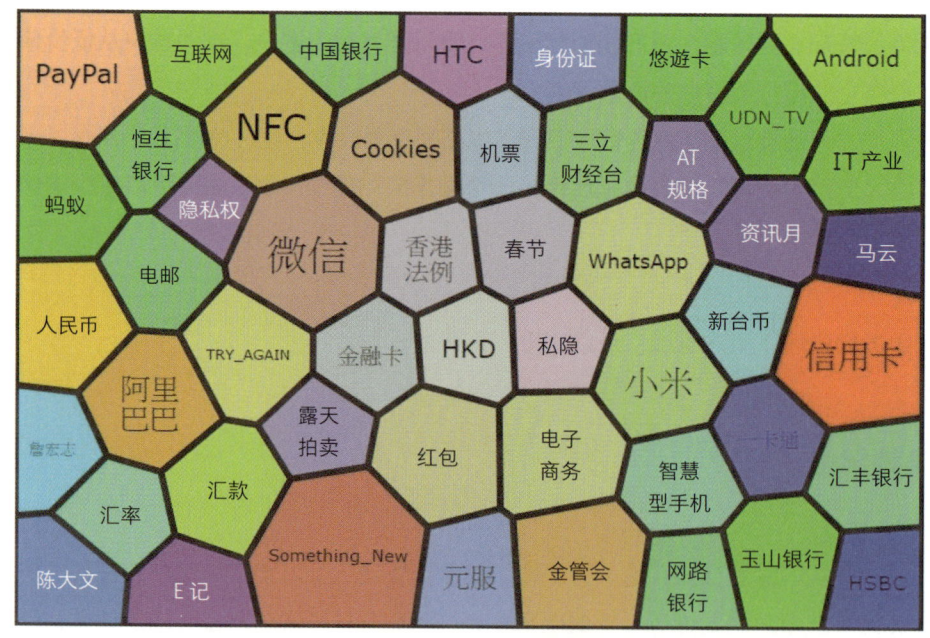

图7-5 大数据时代的品牌声量认知图

资料来源:台湾硕网科技。

大数据应用：KOL 管理

我们在第 2 章中曾解释过 KOL（key opinion leader，关键意见领袖）的概念，他们在广大的消费者群体中拥有较大的话语权和影响力。企业通过影响关键意见领袖，就能影响该意见领袖的影响人群（见图 7-6）。关键意见领袖的选择需要综合考虑以下两个方面：①关键意见领袖的气质、性格、价值观与品牌之间的契合程度；企业需要找到风格契合的人选。②产品的专业程度。产品的专业程度越高，目标受众对关键意见领袖的依赖程度就越高。

KOL 的营销价值主要来源于以下三个方面：
- **具有话语权优势** 在互联网时代，掌握话语权非常重要，因而作为互联网上话语权最强的个体，KOL 天然具备营销潜力。
- **对新事物的高接受度** KOL 对于新兴事物以及社会热点都有较强的好奇心，接受度高，因而他们非常适合作为创新产品的第一批客户，帮助企业跨越鸿沟。
- **知识丰富，专业性强** KOL 往往具备完善的知识体系，或者具备某个领域的专业性，因而能更好地帮助企业转述产品语言，解决客户疑惑。

对于企业营销人员而言，找到合适的 KOL 的难题有以下两个：如何确定哪个 KOL 对目标人群有最大的影响力；如何确定一个 KOL 能够影响哪些人群。然而这个问题在大数据时代得到了很好的解决。数据会给出以下问题的答案：
- **具备某个标签或者标签组合的客户群会关注哪些 KOL。**
- **某个 KOL 的粉丝群会拥有哪些标签组。**
- **某个 KOL 在大众眼中具备哪些特质，这些特质与企业的价值承诺是否有共同点。**
- **某个 KOL 对受众是否有专业影响力，还是只是娱乐性地关注。**

过去，这些问题只能通过营销人员进行识别与分析，但现在依靠社交网络相关信息的抓取和交叉

数字时代的营销战略

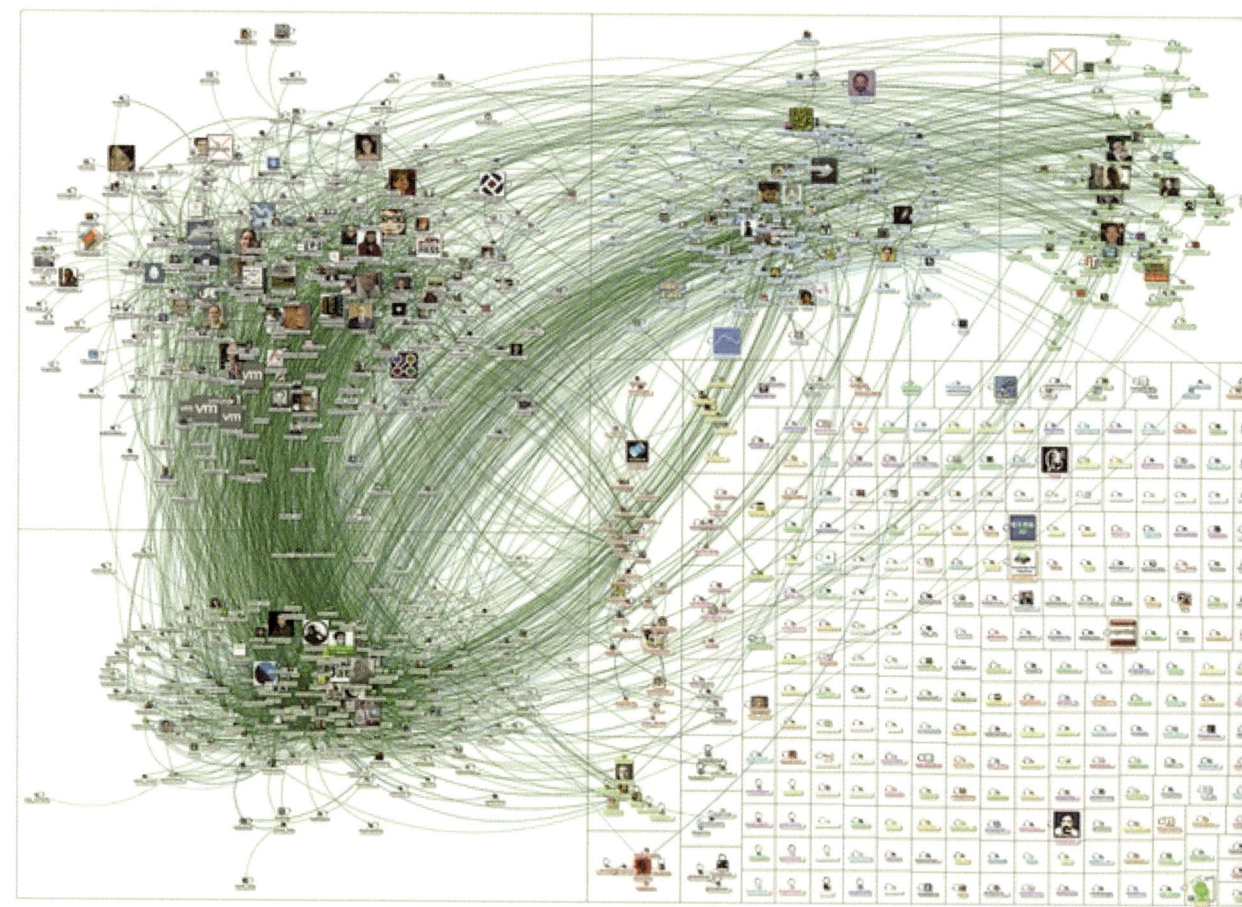

图 7-6　推特用户的社交联系图谱

资料来源：i Revolutions.

比对，就能轻易地获得相应的答案，这将帮助企业采用科学的体系选择合适的 KOL 人选。在分析上，我们可以以图形的形式呈现意见领袖与意见领袖之间、内容与内容之间，以及内容与意见领袖之间的关系。这种分析可以通过动态网络影响力传播模型分析、结构洞分析（即跨越不同社群子网络的桥接节点）来实现。另外，我们可以通过抗噪时变因素图模型（noise tolerant time-varying factor graph model，NTT-FGM）分析出社交网络影响力传播的动态图。例如，一款新面膜发布后，其在新浪微博做媒体宣传推广的预算是 100 万元。如何利用这 100 万元预算，使这款面膜在新浪微博上的推广效果最好？通过数据挖掘网络信息，找到能够影响"面膜"或者"女性化妆"的相关 100 个节点的 KOL，了解它们之间如何相互影响，这样的投入使影响力传播范围扩大。

大数据应用：品牌内容营销

我们在第 4 章中谈论了内容营销，许多企业已采用了内容营销来试图达到一部分营销目标。然而部分内容营销人员并不清楚自己应该发布哪些内容，或者他们误以为自己发送了正确的内容。结果没有办法获得目标受众的认同，又或者是在某个热点已经结束，目标受众已经对该热点产生疲倦感时，企业还采用该热点进行内容营销。更可怕的情况是受众感觉到自己被垃圾信息包围而产生厌恶感。

此时，企业有必要考虑一下在内容营销方面获得大数据技术的帮助：
◎ 目标受众在关注哪些内容？什么是当下互联网上的热点内容？
◎ 从哪些方面构建的内容会吸引、打动目标受众？
◎ 基于什么方式制作的内容会获得目标受众的主动转发和扩散？
◎ 选择的内容点与品牌特质之间是否契合？是否能让目标受众产生正面的反馈？
◎ 当前在执行的内容活动有哪些进展？如何评价该项活动的成效？

以上这些内容营销的关键点都可以通过对社交网络的声量数据抓取和分析获得结论。甚至，数据还能让内容营销者获得预知的能力。观察当前的互联网热点，通过设置部分指标，就能识别出有潜力成为下一波热点的内容，提前布局甚至成为主导者。

大数据应用：舆情监控与口碑探测

在绝大多数情况下，数字化时代给企业带来的都是有利的因素：更快的速度、更低的成本、更广的覆盖面。然而具体到舆情监控以及公关工作，负责人员可能就只想倒苦水。因为在数字化时代，企业的负面信息也以更快的速度、更低的成本覆盖更广泛的受众。这给舆情监控工作造成了较大的困难。依托于大数据技术，这个问题将不再是困扰。

企业可以设置相应的关键词，比如品牌名、产品名、高管名，通过网络信息抓取，尤其是社交平台上的信息抓取及时了解自身的舆论动态。危机事件的传播往往会经历一个逐步放大再到爆发的阶段。在传统方法里，往往只能事后处理，此时事态一般已发展到难以控制的阶段。而大数据方法能帮助企业在爆发之前及时发现端倪，实现事前"灭火"。

企业还可以做相关主题的历史和趋势分析，针对某个主题的数据可视化绘制相关主题演进关系图，分析这些主题随着时间产生的变化。

利用大数据进行舆情监控还有一个优点是自动化。以往的方法是企业需要设置一个专门的舆情岗位，由专人获取当前舆论的信息趋势。然而大数据往往是基于机器自动抓取来实现，在设定好相应的危机"阈值"之后，就能在发生潜在危机之前自动发送至负责人的邮箱或手机上。相比人工的方式，这样的方法更准确、更高效、更低成本。

大数据应用：社群发现与搜索

在本书的第2章中，我们提到了"小众营销战略"，并给出了小众营销战略的实施框架，其中很重要的一步在于"横向链接社群"，这样可以通过相同类型的社群之间的链接扩展客户"鱼池"。大数据可以通过相关的算法发现这些类似的"鱼池",这样就能针对相似的群体实施对应的营销活动。

大数据应用：广告精准投放

大数据技术天然地适合运用于广告的精准投放。大数据来源的多维度可以更全面地描述用户的行为轨迹，从线上的浏览数据、社交数据、交易数据再到线下的用户定位数据，几乎能够完整地描述单个客户的实体、数字世界的所有行为。企业能够在任何瞬间向客户推送一致的广告信息：查看智能手机、观看互联网电视、在计算机上发布社交内容，甚至投放到线下的公交地铁广告牌、户外大牌、电梯显示屏；大数据的及时性可以确保在很短的时间内就给客户推送他当前正在考虑购买的商品的广告信息；大数据的高精度可以帮助企业实现向每一个客户推送最契合他需要的广告内容。

由于移动互联网时代可以追踪到消费者的地理位置轨迹，使得广告精准投放可以进一步落实到地理位置与用户画像的结合，企业可以通过用户手机里提供的数据获取用户的属性标签，比如性别、年龄、职业、收入、爱好等，了解"用户是什么样的人"；通过地理围栏技术和定位数据知道"用户在哪里干什么"。由于数据的存留，企业甚至还可以追踪到用户近期经常使用的应用、去过的地方等具有一定时效性的行为数据，知道"用户最近对什么感兴趣"。这三种数据使营销的场景化与大数据完美结合，实现广告投放的精准化、场景化。

Lytics 是帮助企业实现以顾客为中心的数字化营销的顾客数据平台（见图 7-7）。它可以帮助顾客解决以下两个方面的问题：

（1）收集与每个顾客相关的数据，这些数据包括手机用户行为数据、互联网上的浏览数据、在线购物数据、客服支持或 CRM 数据、社交媒体上的数据等，正如我们在本书前文中讲到的，一个问题是如何收集这些消费者行为数据，还有一个更重要的问题在于如何将这些数据进行融合，把这些

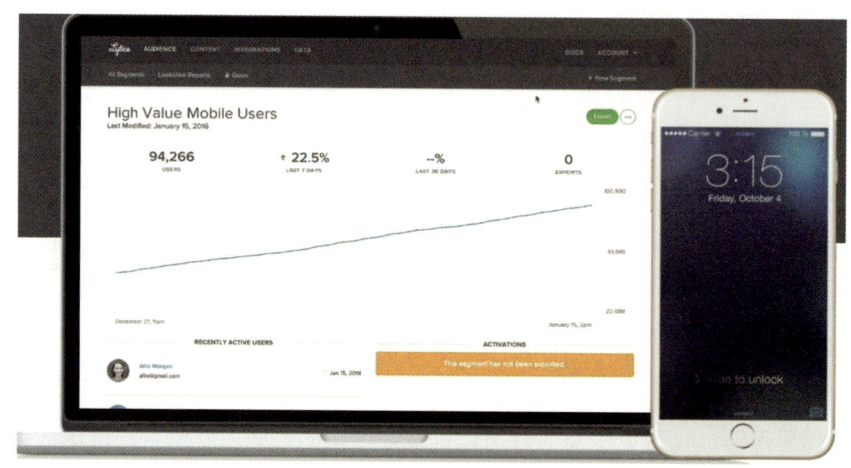

图 7-7 Lytics 顾客数据平台

资料来源：Lytics.

数据附着在一个具体的、独立的顾客身上，这就是现在提到的 ID 融合的问题。

（2）Lytics 可以帮助顾客整合这些数据，然后形成每一个消费者画像，找到不同顾客的个性化的接触点和针对性的投放平台。这很大程度就是 DMP 的管理了，与传统的 CRM 不同，DMP 可以全方位地识别与管理的信息，包括已经发生购买行为的顾客的信息，通过 lookalike（相似人群扩展）技术找到未购买但是符合目标的人群，并和 DSP 接通，进行有效的广告投放。

大数据应用：重点客户营销

重点客户营销（account-based marketing，ABM）或大客户营销，指的是企业识别并定位出对其最有价值的重点客户，并针对重点客户实行战略性的营销举措，以提高客户的整体体验，并最终提高客户钱包份额、客户终身价值，促进企业盈利。ABM 的合理性来自帕累托法则在商业世界的应用：20% 的客户贡献了公司 80% 的营业收入，而这 20% 的客户便是 ABM 的目标对象，基于这个原则，企业希望通过 ABM 战略提升整体营销效能，起到事半功倍的效果。ABM 对于 B2B 企业而言格外具有战略意义，这是因为 B2B 产品的营销与销售往往具备这样几个特质：采购流程复杂冗长，涉及不止一个决策人员，采购单价较高，长期合作或战略合作可能性大。

企业在组织内部实行 ABM 已不是新鲜事，一般而言，组织内部的大客户营销战略布局分为识别与确认大客户分类、获取客户、设置内部支持机构、增加客户钱包份额、忠诚度管理这几个模块。而在数据驱动的今天，随着数据基础设计、管理和分析工具的商业化与普及应用，大客户营销得以变得更加精准和科学——重点客户的分类与识别将借由分析模型与算法的演进以及客户信息的深度挖掘而变得更为精准和可控，重点客户需求的识别与预测将变得更为准确与有效，同时，企业与重点客户之间的互动内容更加定制化，互动方式更加多样化，广告投放、信息发布也变得更为精准——一切都指向更高的销售转化率。

大数据应用：机器人智能客服

在大数据技术下的营销应用中，机器人服务是指智能客户服务中的线上机器人客服、机器人应用程序智能应答。

智能客服是在大数据处理基础上发展起来的一项面向行业的应用，不仅为企业或组织提供知识管理技术，而且为企业与海量用户间的沟通建立了一种基于自然语言的快捷技术。

智能客户平台运用自然语言分析技术和专业知识库，使机器智能问答结合人工客服系统。它能做到以拟人化的方式和客户对话，将人工客服从重复、机械问答中解放出来，有效地降低了人工客服成本。在智能客服无法有效回答的情况下再转入人工客服。

机器人服务可以广泛对接组织客服平台，支持各个类型的移动端设备，系统自动回应，统一代答复，保存所有问答资讯，自由选择真人客服，分析客户资讯。

智能客服平台基于以下三大架构：

◎ 智能机器人　自然语言输入的人机互动，即时资料搜索，能不断学习新沟通模式。

◎ 线上文字客服　理解客户所提问题的核心内容，并提供标准化的应答。当智能机器人无法提供合适的解答时，真人线上客服专员继续服务。

◎ 客服知识管理　是智能机器人的知识基础，提供完善的知识维护与管理。另外，客服互动经验内容不断回馈到知识库中。

大数据应用：市场或内部知识管理

知识管理是企业知识数据持续累积并有效管理的过程，大数据推动这一过程实现了智能化和自动化的变革。数字时代下的知识管理，应该避免"信息爆炸"，更有效地使用和管理快速增加的海量知识数据，结合大数据的方式升级。当下的知识管理系统应结合云端计算架构、SoLoMo 与 BYOD（bring your own device）技术，建立更智能化的知识管理平台。

大数据技术在知识获取、知识组织、知识分享、知识再利用四个知识管理环节的应用具体如下。

环节一：大数据下的知识获取。

◎ 公司内部编辑发布、常规性文档的人工录入或文件系统自动采集并存储。

◎ 电子邮件采集，即建立内部数据插件，将电子邮件信息自动导入到管理平台中。

◎ 网页监采（网页信息监控和采集），即内置网页信息雷达，对外部网站、竞争对手、行业新闻等信息进行监控、采集。

◎ 其他来源，即接入外部形成的经验库、知识库、行业库数据。

环节二：大数据服务智能知识组织。

◎ 管理平台自动提取知识文档内容，自动分出大批量信息。

◎ 数据自动聚类，方便查找相似的文章和关联知识。

◎构建"多媒体数据库",把各种主流文档和非结构化对象数据(比如音频、视频)统一存储管理。

环节三：以数据为基础的知识分享。

数据库与各移动终端结合式分享,包括即时信息、工作提醒等;在数据库中分享群组工作区,个人安排与群组安排间建立协作视图并产生互动。

环节四：数据库整合利用与知识再利用。

在数据库中,多维度的知识树体系建立、分层次知识树访问授权、多级访问权限、业务系统与技术管理分离。

数据源来自何处

"问渠哪得清如许,为有源头活水来。"我们前面介绍过大数据产业,数据分析是技术含量大的一环,然而很多 CEO 和 CMO 受困于没有数据。数据源在这个产业,尤其在中国非常重要,否则,大数据在营销上的使用会受限并逊色不少。

在前大数据时代,公司如何获得数据源？主要通过以下几种方式：公开信息的整理,包括统计局数据、公司年报、市场机构的研究报告等公开的零散信息;直接购买数据库,购买很多产品化的数据库,比如 Bloomberg、OneSource、Wind 等;自建数据库,收集一手数据,比如自己设置问卷,或者对企业运营的数据进行集合,比如每年的消费者调研或者品牌调研。

大数据时代的数据源头已经发生了天翻地覆的变化。正如我们在前面介绍的,互联网与智能手机的发展在更多的维度上增加了许多新的用户数据,而且有很多数据的形式是以往难以想象的。除此之外，持续在线的用户还在源源不断地产生新数据，并随时发生变化。还有更多的采集数据的设备不断涌现，比如以特斯拉为代表的智能汽车会采集汽车运行数据；工业 4.0、工业互联网浪潮推动智能化、数字化生产，持续产生、收集生产领域的数据；可穿戴设备层出不穷，谷歌的谷歌眼镜、苹果的智能手表、Facebook 的 Oculus VR 都会产生新的用户数据。

大数据行业的从业者有多种途径获得数据，也就是我们常说的数据源，具体有以下几种：
◎ 官方数据（政府部门或企业直接提供的数据或数据接口，比如目前贵州就在构建大数据产业中心）。
◎ 半官方数据，如各类行业协会、俱乐部，这些数据本身是小数据，但是把这些不同维度的小数据综合起来可以得到全景视角。
◎ 各个平台的数据，如京东、淘宝、天猫，有些会免费开放数据，有些是付费的，有些是封闭的。
◎ 企业自己收集的数据，企业一般会使用一些数据采集工具或软件，比如爬虫软件、网络蜘蛛等。
◎ 购买的数据，一般有一些专门从事数据采集的机构，像市场调研企业，不过在和这些企业合作时，仍旧需要问清楚它们的数据源是什么，因为绝大部分市场研究公司不拥有产生数据源的基础。
◎ 最后就是一些数据黑市，虽然可以交易到你要的一些数据，但是这种方式是被禁止的。

数据的获取方式有很多种，所以需要鉴别数据源的质量。数据使用人会选取自己想要的数据来展示，同时要考量数据的真实性，除了核查数据来源，还要看数据的选择是否合理。

互联网本身就是一个巨量的数据库。自互联网建立以来的所有页面、访问、内容每一天都在往这个数据库中增加字节。只要具备网络爬虫技术，就能按照一定的规则抓取网上的公开数据，再结合语义挖掘的技术，就能转化为对消费者行为和观点的理解，这就是大数据商业化的主要模式。Cookie 是某些网站为了识别用户身份并进行追踪而形成的加密身份认证文件，存储于用户使用的计算机上。企业可以通过该工具了解用户的访问习惯，比如在什么时间访问了哪个页面，以及在不同页面的停留时间。从理论上讲，一个网站仅能获得跟它相关的 Cookie 信息，但浏览器厂家或者企业通过某些非法手段可以获得所有的 Cookie 数据。SDK 就是智能手机上的 Cookie。它内置于各个 App 应用中。用户使用 App 的所有数据都会被采集并上传。第三方数据公司会与各个开发厂商合作，将自身的 SDK 置入其他 App 中，从而获得对用户所有与智能手机相关的行为的关键数据。

企业可以通过与外部具备数据源的企业进行合作来获取数据。我们其实可以把数据源的公司分为以下三类：

第一类丰饶型大数据企业。这种企业非常稀缺，国外的企业如苹果、亚马逊、Facebook、Google，中国国内的企业典型如 BAT、京东。当然，这种丰饶型大数据企业虽然拥有强有力的数据源，但是由于它们数据源的产生都依托于它们不同的业务流，尤其是互联网的业务流而形成，所以它们本身的互联网业务类型也决定了这些丰饶型数据的维度。比如淘宝的数据维度是以交易为中心展开的，你可以看到什么样的商品品类畅销，同一品类下不同品牌的竞争力如何，还可以定量看到促销与业绩之间的关系。而百度是围绕信息搜寻展开的，它更能发现人们对哪些条目感兴趣，对哪些概念点击率高，从它的数据源能够揭示需求的"正在发生的未来"。同样是 BAT，腾讯是围绕人展开的数据，以社交数据为中心，覆盖用户的娱乐、金融、交易、教育等。选择与丰饶型的大数据企业合作，首先要考虑它们的数据类型和你的业务目标的匹配性，另外，由于它们的垄断性强，也要考虑它们是否具有数据交易的动力与意愿。

很多 CEO 和 CMO 认为第一类公司，即丰饶型大数据企业太少了，中国、美国加起来也不到 20 家，那怎么办？你也可以从垂直细分型的互联网平台公司寻找数据源，比如生产某款卫生巾的快消品企业可以和"大姨妈"进行合作，从大姨妈的平台数据中买到数据源或者建立合作关系。这就是我们谈到的第二类数据源公司，叫作垂直型数据源企业。这样的公司在互联网、移动互联网领域非常多。

第三类大数据源公司就是"横切面型大数据公司"，和丰饶型、垂直型不一样，这类公司的数据深度并不丰富，但是在某一个维度上的广度甚至超过 BAT，比如覆盖大多数 App 中的 SDK 开发者。它们可以拿到某些 App 后台若干维度的数据，如用户的地理信息数据、App 使用活跃度数据，这些数据也可以聚集成数据源，在某些领域进行商业化。

以上谈的是三种类型的大数据源头公司，但是很多企业还想建立自己的数据源，它们可以一方面把自身的数据整理好，和外部的数据进行对接，另一方面利用物联网、传感器等多种技术维度构建自己新的数据维度。以迪士尼为例，迪士尼最近投资30亿美元打造大数据追踪系统MyMagic，这套系统能追踪迪士尼乐园游客的分布、轨迹、如何进行消费、什么时候用餐，以及最后购买了什么。所有消费者在迪士尼内的行为最后都发生了"比特化"。MyMagic的核心产品是腕带MagicBand（见图7-8）。MagicBand中嵌入了无线射频识别芯片，并能与遍布迪士尼乐园的无线射频扫描设备保持信息连接。每当游客戴上MagicBand后，其游览信息可以被遍布游乐园的数据读取器接收到。目前，MyMagic的大数据被迪士尼规划为未来的核心增长产品之一。对游客而言，MagicBand帮助他们更方便地完成园内体验，帮助他们打开园内酒店房间房门，进入主题乐园，完成吃饭、游玩、交通的所有支付，因而游客非常乐意使用这一便利的设备。从迪士尼的角度看，这就是一个自建大数据采集源的典型案例。

图7-8　MagicBand

资料来源：Disney官网。

企业从无到有地构建数据平台，具体计划大体分为以下三步：
第一，建立数字化战略，找到数据源。
企业首先要考虑根据数字化战略，需要哪些维度的数据。当然对于很多不了解大数据源和大数据分析技术的高管来讲，可能要先了解大数据可以商业化的范围，并结合自身的行业和业务来形成自己的数据化战略。

保留哪些数据、和外部哪些数据融合，首先需要对应公司的业务模式，业务模式不同，需要涵盖的数据也不同。比如，对于零售型企业，它们需要关注客户的地理位置信息的数据，要建立基于地理门店可以识别客户的大数据 CRM 系统，而如果我们把零售型企业再细分，对于奢侈品企业来讲，它们一方面需要对 CRM 进行大数据的升级，另一方面对品牌竞争力进行监控，于是追踪网络声量数据就变得尤其重要，CMO 可以设置自身企业的品牌声量和竞争对手的比较维度、权重以及频率。

第二，建立数据管理和应用平台。
要有 IT 方面良好的基础设施以保证数据处理的结构，比如数据分布式存储、Hadoop 框架。企业需要基于自身业务背景和需要，建立自有大数据平台，进行数据采集、数据库管理、数据分析等工作。现在，市场上有很多这类专业的数据管理公司。随着云计算和数据中心的出现，外部数据的获取成本已经下降很多，数据的存储费用也降低了，这就是很多企业选择外包的原因。

第三，数据团队的组建。
根据数字化战略，建立自己的数据团队和更新 IT 系统不一样，数据团队的组建必须是"一把手工作"。这个团队需要 CMO 和 CIO 在一起，必要时需设置首席数据官（CDO），以保证数据和业务之间能够贯通。

数据融合的障碍

我们在前面提到过，即使是丰饶型大数据企业，它的数据维度和数据面也不可能穷尽所有可能——阿里巴巴最强的在于交易数据，腾讯最核心的在于依据人所展开的社交数据，银联拥有最大的线下交易数据，你的企业也有在你平台上所沉淀的或者你主动收集的数据，如果这些数据可以融合，数据的价值将会得到指数级的放大，因为这会促进企业与用户的多屏互动。在大数据时代下，消费者已经不只是一个购买数据的表现，而是一个会搜索信息、比较方案、在不同渠道进行购买并积极分享自身观点的整体的人。将不同渠道、不同维度的数据源还原为一个完整的人才是大数据用户画像的核心。企业需要打通各个维度之间的隔绝，把单个消费者的 ID 和 PC 端口有效打通，形成一个判断主体，这样才能实现真人跨屏，将品牌、电商和社交媒体完全打通，使之互相融合（见图 7-9）。

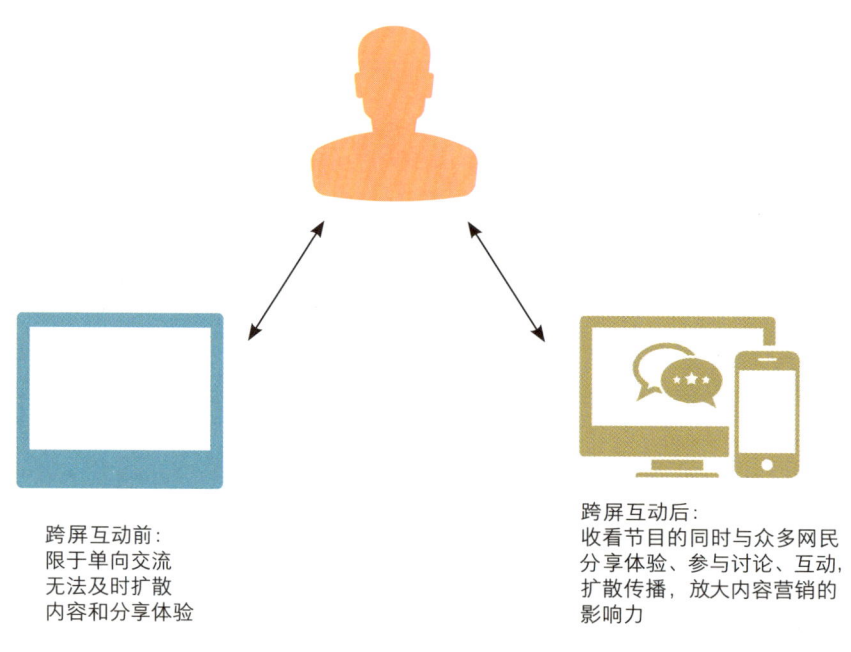

跨屏互动前：
限于单向交流
无法及时扩散
内容和分享体验

跨屏互动后：
收看节目的同时与众多网民
分享体验、参与讨论、互动，
扩散传播，放大内容营销的
影响力

图 7-9　跨屏互动前 VS. 跨屏互动后

资料来源：KMG 研究。

另外，很多企业开始认识到大数据管理带来的组织机构设计的挑战和机遇。公司 IT 团队、营销团队、战略管理团队、前端作战团队应该在数据的合作上打通，破除连接隔阂。前面我们也提过，数据融合要求企业的高管一方面提升外部数据源的获取能力，另一方面建立自己的大数据源，同时不能忘记"小数据",即企业的内部数据。这些数据在平时公司管理、营销、销售、财务运作中产生,它们整合起来本身就有很大的价值。我们在本书第 2 章中也提到过"管理驾驶舱"的实践,如何将内部和外部的数据整合起来,需要推动不同部门的合作,在这个过程中可以采取确定的、共同的目标,赋予激励与规则,实施试点项目,建立标杆后推广。普华永道的调研数据显示,积极展开合作的团队引领创新及带动利润和营收增长的概率是其他团队的四倍。

在合作过程中,跨界能力建设非常重要,前面我们也谈到过未来懂战略的高管要懂数据,通营销的 CMO 要通数据,数据变成高管之间的一个融合工具,专业的数据人员以建立模型、处理数据为核心,但是高管应该并至少拥有这样的能力——能够清晰地知道大数据下自身的数据战略架构,即每个重要职能模块需要什么样的数据,实现什么样的目的,这些数据从哪儿采集,自己的数据和外部的数据放在一起,如何进行大数据商业化,或者如何用大数据指导自己的决策。目前,能够横跨两个模块的高管太少了,"首席战略数据官""首席营销技术官""数字营销官"将是供应极其稀缺但需求量极大的高管岗位,我们建议每家进行数字战略转型的企业要加强组织能力建设,在稀缺人才难以引进时,要迅速考虑引进外部顾问搭建好框架。

虽然大数据在数字营销领域作用巨大,但仍需要注意的是,大数据并不是解决所有问题的万能药。大数据的计算方法虽然可以发现不同变量之间的相关关系,但没有办法直接确定因果,因而需要其他工具进行佐证。有的观点认为,未来的营销一定是大数据和小数据的结合。大数据可以发现全景中的相关关系,但要通过小数据,也就是传统的数据调研方法进行确认并深度分析。

此外,虽然大数据是科学的又一次精进,但管理科学的艺术性和科学性仍将持续存在。大数据依旧无法在管理学科中完全取代艺术性、人性的角色。按照亨利·明茨伯格的说法,管理是"科学、艺术和手艺的结合",手艺就是管理经验累计获得的解决管理问题的恰到好处的拿捏感。越是需要战略决策的工作内容,越是无法简单地依赖大数据;越是战略层面的东西,艺术和手艺越重要。大数据取代不了战略部门,取代不了首席战略官,也取代不了高端的 CEO 咨询顾问。

第 8 章
数字营销的内容策略

KMG 数字化营销战略路径图

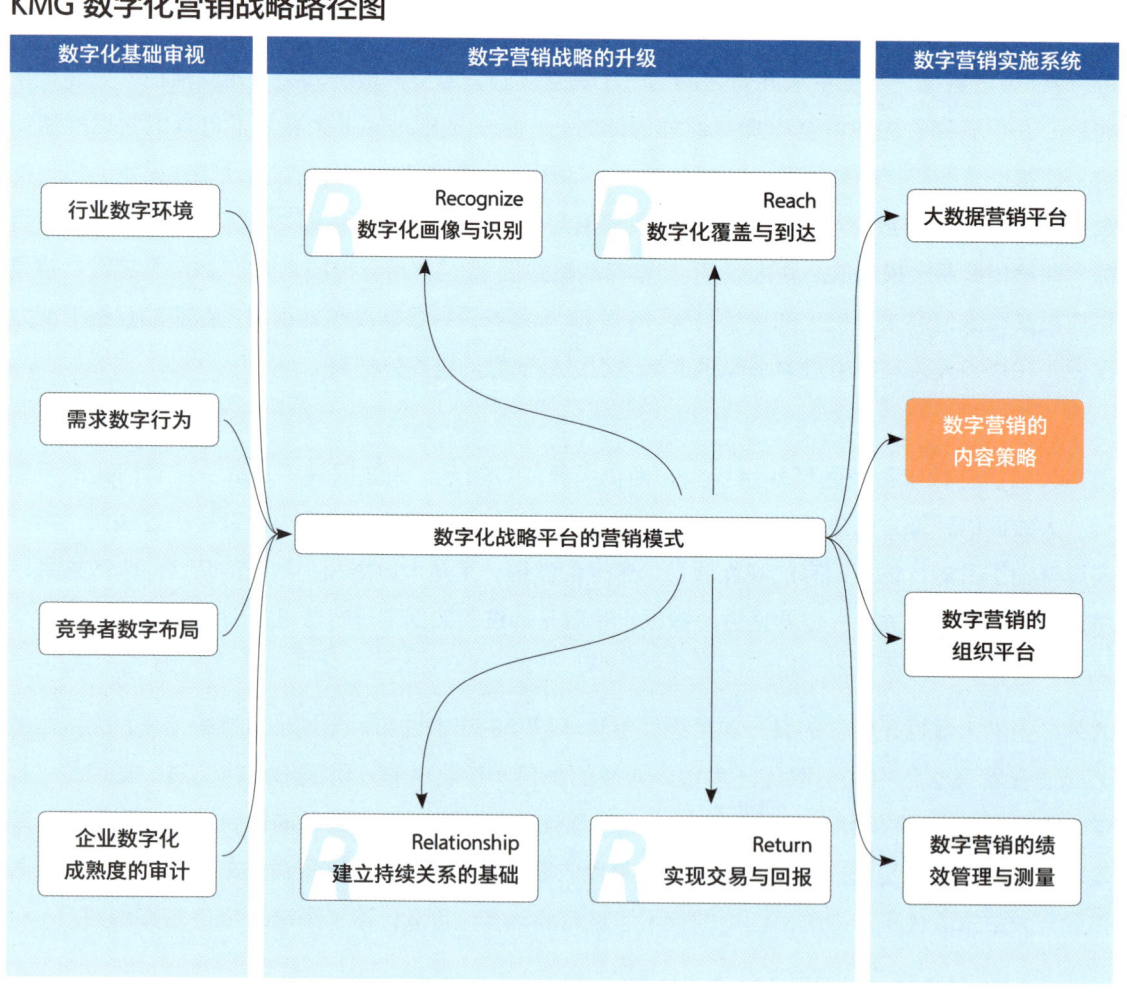

内容营销是什么

在第 7 章中，我们主要讨论了大数据营销，如果将数字营销分为左脑和右脑，左脑就是"数据营销"，它关注理性、注重数字、强调逻辑推理和结构性的表达，而右脑则是"内容营销"，它注重感性，是营销艺术化的一面，"右脑"的加入使得营销具有创意、感染力和人性化的力量。

根据美国内容营销协会的定义："内容营销是基于对界定清晰的目标受众的理解，有针对性地创造与发布与顾客相关且有价值的内容来吸引、获得这些受众，并使其产生购买行为，为企业带来盈利的全部过程。"这个定义从时间、内容、目的及渠道上诠释了内容营销与其他传播或营销活动不同的本质特征。

◎ **内容营销具有连续性与持续性**　根据以上定义，内容营销是由企业一系列各项相关业务活动前后紧密衔接组成的，并不是单次的市场活动。它贯穿了从吸引客户到客户产生购买行为的全过程，具有连续性、持续性和长期性的特征。因此，内容营销不同于广告、公关活动或单次宣传活动。在实践中，纯粹的顾客内容会配合推广性产品广告、公关或宣传活动，突出活动的主题。

◎ **内容具有高度相关性、价值性**　内容营销不是大众营销，而是针对有清晰界定并且被企业所充分理解的客户的营销活动。因此，内容营销的内容设计是客户导向的，是针对特定目标群的兴趣、需求而定制的内容，可谓应需而写，然而广告或软文的相关性与对客户的价值远不及内容营销。例如，企业在进行内容营销时，可针对客户购买旅程中的需求提供可分享的内容或答案。以空气净化器为例，企业前期可能只是发布知识贴，讲解空气污染及防范的常识以满足客户对这类知识的了解需求；待到客户对空气净化器产生了解愿望时，企业能提供空气净化器的类型和原理对比，进而推出本企业的空气净化器的详细内容与优势对比；这时，客户可能会产生购买愿望，但想要参考一下使用者的使用意见，企业便可推送其他用户的使用实例、口碑、售后服务的优势等内容，产生"临门一脚"的作用，促进客户购买。由于不同客户类型的购买旅程有所不同，关注的重点也会有所不同，因此，针对不同类型的客户设计的内容系列也可能不同。内容营销可结合消费者画像进行前期的研究，作为内容设计的重要参考。

◎ **目的指向企业商业目的**　内容营销的目的仍需围绕客户的购买行为，以此提升企业营收。在社会化媒体上，企业有时为了吸引眼球会转发一些与企业业务不相关的热点内容，但内容营销不是为了内容而"内容"，每一篇内容的发布都应当是理性规划的结果。尽管目的指向性很强，但内容营销仍包裹着温柔的外衣，其内容并不像广告那样目的外显，甚至比公关软文更为隐性。好的内容营销如春雨般润物细无声，在不知不觉中引导客户。之所以能实现这一点，是因为内容营销的企划者是基于对目标客户的充分了解而制定内容的。从目的的角度出发，内容营销因为其提供内容的价值性、友好性与趣味性，有机地将品牌和产品融入到内容中，从而减少违和感，获得相同的品牌传播的目的同时，仍能保持很好的接受度和传播度。

◎ **需要打造自有媒体资产**　由于其内容特征以及持续性，内容营销的内容发布基本上是在自有媒体上，而不像广告类的传播内容发布在付费媒体上。因此，内容营销需要将自有媒体当作资产来经营，这不仅大幅降低了营销成本，而且通过客户线上对内容的评论和反馈可以更及时、精准地了解客户对内容的反应，并及时通过互动强化企业与客户的关系，这都是广告所做不到的。从这一层面说，内容营销对自有媒体的使用，更能提升ROI，增加客户黏性。

内容营销这一概念常常引起误解，一方面由于其表现形式与广告、公关软文等高度相似：均通过文字内容、图片内容或视频、音频内容来承载企业意图，因此常被曲解为传播手段的一种；另一方面"内容"可能被混淆等同于所有有"内容"发布的营销活动，如社会化媒体营销。内容营销概念产生于互联网和各种信息技术更为发达的时代，它与广告或其他营销有所相似但又有所不同，它们互为补充，各自从不同的角度实现企业的营销目标。

内容营销是数字营销战略的重要实施手段。内容是企业在数字营销时代进行客户获取、争夺和维护的重要手段。在产品进入客户的脑海之前，优质的内容就已经渗透进顾客所处的各种关系圈中，已经在各种数字化媒体上进行了具有趣味性和个性魅力的展示。

内容营销是建立品牌社群的重要基础和黏合剂，优质的内容也是品牌社群建立的重要推动力之一。如本书第 5 章中所说，客户及外部利益相关者基于经济、社交和自我的原因加入品牌社群，在数字时代，企业的内容生产力将是建立企业市场竞争力的基本要求。在传统方式下，营销对内容的需要比较简单，主要包括企业能力、产品优势等方面，这些内容都是围绕企业自身的状况而展开的。而数字时代，随着技术的发展激发客户的自我意识的提升，内容的焦点也从企业转移到客户。而客户在当下实施购买所需要和产生的内容也远多于以前，这都需要企业为客户进行量身定做。

内容营销的实施要点

很多企业的数字营销人员都在抱怨企业投入不足导致在实践中无法产生足够的内容，无法在更多的平台开展内容分享和传播活动。这个问题背后透视出很多企业的数字营销人员经常会陷入的两大误区，导致企业的高管无法真正意识到内容营销的实施需求和所发挥的作用。

◎ **明确的内容营销策略规划文件**　这是企业在内容营销中最基础，但也是最容易忽略的工作。很多企业在展开具体的内容工作前，没有明确或者成型的规划文件，这使得内容营销的具体工作无法在统一的目标指引下展开，无法在统一的主题下展开。所以，系统开展内容营销需要从明确的策略规划开始。

◎ **"像媒体公司一样运作内容营销"**　内容是企业为客户创造的另一种无形"产品"。在社群商业日益成为主流市场竞争手段的今天，内容不仅是辅助交易达成的市场手段，而且是企业为客户提供的重要价值之一。它与产品和服务一样，都是企业为客户提供的"产品"。内容包含客户在与有形产品相关的工作中遇到的各种信息需求，也包含客户在各种生活场景中如何更好地使用产品的信息。这里的产品并不一定要赤裸裸地标明生产企业。客户自己在获得满意的信息后，会更加自然和积极地将内容与企业进行关联，而这种关联也将更加牢固。

内容需要与营销和公司战略达成一致。内容营销的目的需要与企业的销售和品牌活动保持协同。内容作为促进产品交易达成的重要手段，需要明确在销售工作中的作用，特别是通过各种互联网和移动互联网平台，如何实现这些目的。内容自身作为重要的客户价值，需要与公司战略保持一致，通过内容体现公司重要的战略。

Ben&Jerry's是美国领先的冰激凌品牌，在实施针对品牌自社群开展内容营销时，经过系统的规划，充分体现了公司核心价值与内容之间的传承关系。它将品牌价值通过社会化内容进行转化与体现。Ben&Jerry's公司品牌价值承诺主要包含产品、经济和社会三个方面——承诺给客户最高质量的纯天然的冰激凌，承诺通过可持续的利润增长回报股东并给员工更好的未来，承诺以商业创新的方式改善社区生活质量、推动社会进步。其品牌价值强调品牌是社区的一部分，强调要与社区、与人建立基于精神共享的连接。公司希望通过对其品牌价值的传播，获得公司内外以及社区的一致认可和尊重。在公司品牌价值的基础上，Ben&Jerry's相应地从产品口味、粉丝、有趣的事物以及社会价值观四个方面来组织内容。在产品口味方面，则重点描述产品本身的丰富和美味，以呼应公司品牌价值中关于产品的品牌价值承诺。在粉丝方面，主要展现了粉丝消费该品牌冰激凌的各种场景和享受的状态，以呼应品牌核心价值观中关于顾客的价值承诺；在有趣的事物方面，主要呈现的是与产品有关的有趣的创意，为产品增加情感价值；在社会价值观方面，则更多表达出该品牌对推动和改善生活质量、生存环境的主张，如反战、回馈社会、雇用深色人种、关注弱势群体等。这些主题内容在社会化媒体上得到了大量的转发，并且粉丝也纷纷主动参与创作，上传他们在各种场合拿着该品牌冰激凌的图片，收到了良好的营销效果（见图8-1）。

内容也是关于客户的。数字时代是一个信息过载的时代，客户随时随地被过量的信息包围。因此，企业要从客户的角度出发，投入资源与客户一道去真正创造具有客户使用价值、具有社会化传播价值的内容。在个人意识兴起、个人信息选择权极大丰富的时代，简单的软文写作和单向的企业动态发布将被迅速地忽略。

图 8-1　Ben&Jerry's 的内容营销

资料来源：Jay Curley, Mike Hayes, Ben&Jerry's, *Translating Brand Values Into Social Content & Community*.

内容营销的实施步骤

总体而言，内容营销的实施需要以下四个步骤（见表 8-1）。

表 8-1　内容营销实施步骤

目标规划	内容编撰策略	内容分发与优化	建立内容供应链
·目标受众 ·品牌战略输入 ·目的规划 ·使命陈述	·主题规划 ·内容结构 ·内容风格 ·内容来源 ·搜索引擎参考	·分发平台 ·付费平台 ·置换平台 ·自建平台 ·扩散方式 ·搜索引擎优化	·内容营销组织 ·内外部分工 ·关键内容管理流程 ·内容资料库管理

资料来源：KMG 研究。

◎ **第一步，目标规划**。企业的营销部门需要明确内容营销在整体市场战略中的作用，以及需要内容营销达成的目标。我们建议企业在进行市场战略或公司品牌战略规划时进行一体化的考虑。在确定目标后，企业可以通过内容营销的使命陈述进行总结。

◎ **第二步，内容编撰策略**。需要根据公司品牌定位或产品价值选择，确定计划期内所有内容的统一主题。在移动互联网时代，企业也需要重视内容的表述风格，以适应不同场合下的客户阅读偏好。与此同时，企业需要明确内容的生产方式，确定企业、专业服务机构、外部合作资源以及客户在内容原创、二次开发以及传播扩散中的角色。

◎ **第三步，内容分发与优化**。我们建议，企业需要将内容共享与品牌社群平台保持一致，与社群成员的网络信息获取习惯保持一致。这需要企业在众多的互联网和移动互联网平台中，依据内容特点、客户偏好和竞争需要，进行综合选择。

◎ **第四步，建立内容供应链**。企业需要整合内外部内容生产资源，建立企业的专属内容供应链，从组织和流程层面确保内部内容生产的持续性，确保外部内容生产的主动性，并利用移动互联网技术、数据搜集和挖掘技术，支持以上步骤的开展。

目标规划

内容营销的目标规划，包含以下核心内容。

1. 目标受众

目标受众包含内容的服务对象（to whom）以及内容的合作对象（with whom）。服务对象一般包含企业的客户、品牌社群中的关键意见领袖、对客户产生专业影响力的外部专家资源以及各种相关媒体。企业一方面需要通过自身的内容活动生产直接生产内容，另一方面也需要为外部专家资源和媒体提供各种支持，通过外部合作网络生产第三方的内容。因此，内容营销的服务对象更为广泛，内容的合作对象包括专业服务机构、外部专家网络以及客户。内容营销规划的前期，需要界定好目标受众的范畴，并需要使用目标受众的用户画像明确不同受众类型的关注点与兴趣点、消费或行为偏好、需求动机等，这为接下来进行主题规划、确定内容风格提供了重要依据，避免产生文不对需或由于风格不匹配而无法吸引客户的情况。此外，企业还需要通过客户旅程地图从受众的视角了解不同的受众类型在购买旅程的不同阶段的真实需求与感受，以针对不同阶段的需求创作不同的内容，进而为客户提供参考或答案。

2. 品牌战略输入

企业所有的营销活动除了直接或间接推动销售外，还会对公司品牌产生正面或负面的影响。因此，内容营销也需要在公司品牌战略的指导下进行。公司品牌战略规划会确定公司品牌核心价值与定位、公司品牌发展愿景。公司品牌核心价值通常是企业对于核心外部利益相关者的价值承诺，这些定位可以成为内容营销的宏观主题指引，是搭建内容结构的重要参考。公司品牌愿景不仅陈述了企业对品牌未来的长期目标，而且从外部利益相关者尤其是客户的角度描述了对品牌的期望、目标，这种愿景是内容规划的指明灯，通过内容在客户心目中建立与强化品牌愿景。因此，品牌战略的输入是通过内容的创作、传播活动，将品牌战略进行全面和个性化的解释及诠释的持续过程。

3. 目的规划

内容营销的目的规划包括以下几个方面：

（1）为核心产品与品牌创造吸引力。通过持续发布具有相关性的、有价值的内容吸引客户的关注，使其产生偏好与倾向性。

（2）拦截潜在客户的搜索。例如，通过主题内容的创建和持续发布，当潜在客户上网进行关键词搜索时，便可直接从搜索引擎获得有需求的潜在客户。

（3）留住现有客户。通过有计划的、长期的内容教育，潜移默化地影响客户，保持客户对产品或品牌的忠诚度。

（4）增加或保持对现有客户的销售。仅仅保持对品牌或产品的喜好是不够的，还需要将这种喜好转化为持续的购买行为。

（5）通过数字化媒体将内容转化为销售。内容相当于传统销售终端的临门一脚，直接刺激客户产生购买行为。

内容营销的目的规划多种多样，不是所有的内容都针对同一目的，也不是一次策划就要实现所有目的。

企业的内容营销可能包含以上一种或多种目的,目的的选择因企业营销的阶段不同而不同,如新品发布前期可能更多是创造吸引力和拦截客户搜索,而单品的促销阶段可能主要是直接刺激产生购买行为。

4. 使命陈述

如前文所述,企业的内容是围绕品牌社群网络开展的。因此,内容营销的平台也是依托品牌社群展开的。对以上内容的总结,将使企业充分把握内容营销的策略型思考。我们可以通过以下核心信息的组合来实现(企业可以根据自身的实际情况,完成下面引号内括号里的内容):

"对(目标人群)而言,(某品牌社群)应该成为对(某些话题,比如品牌核心价值、客户价值)感兴趣人群谈论、获取和分享相关内容的首选目的地,以帮助他们实现(承诺的客户价值)。"

以 Northface 为例,其使命陈述可以为:对户外活动爱好者而言,"PlanetExplore"应该成为热爱大自然、热衷于通过亲密接触自然环境挑战人类潜能的人进行谈论、获取和分享相关内容的首选目的地,以帮助他们更舒适与安全地进行户外探索和自我挑战(见图8-2)。

图 8-2　Northface 的品牌社群

资料来源:Northface 官网。

内容编撰策略

1. 主题规划

内容的主题规划需要充分考虑销售和品牌建立的需要,一方面,企业需要配合顾客的购买过程,利用各种线上和线下平台,在合适的时间以合适的方式传递合适的内容。通常而言,企业需要根据顾客购买过程中前期、中期和后期的不同需求而产生不同的内容(见表8-2)。

表8-2 顾客在不同购买阶段中对内容的需求

顾客购买阶段	内容主题需求
早期(产生问题、欲望,但不清晰)	产品类型的信息,如产品的大致分类以及各自的优势
中期(比较,从社群中寻求和获得建议,建立倾向)	各品牌产品或各产品系列的特点的详细比较,与购买相关的信息,比如如何购买产品,如何获得优惠
后期(购买结束,使用开始,分享使用体验,显示品牌忠诚度和使用情况)	产品的使用场景故事分享,其他系列产品的使用场景和分享,产品的使用、保养小贴士

资料来源:KMG研究。

优衣库在推广与爱马仕前设计师勒梅尔(Lemaire)的合作限量系列时成功地运用了内容营销。优衣库在这次市场活动中体现出对内容营销主题设计的务实与全面的理解(见表8-3)。内容营销的主题内容是从顾客的购买旅程角度出发的。顾客的购买旅程是由一系列问题组成和推动的,而这些问题被分解成明确的主题,并使用相应的的内容进行互动和解答。此次活动内容主题明确且利于通过核心人群进行扩散,最终有效地聚集了线上与线下销售客群。

表8-3 优衣库合作款系列内容营销策划

顾客购买阶段	主题内容规划	效果
早期	介绍设计师勒梅尔及优衣库为什么与之合作	提升认知度,对合作系列产生兴趣与憧憬
中期	介绍合作系列的产品本身以及购买信息	了解产品细节,产生购买意向与选择
后期	能直接产生信息,或对企业原创信息进行二次开发	媒体内容的生产者、二次开发者
VIP预售体验及社交媒体话题分享	积攒了大量线上、线下消费者在发售当天积极采购	

资料来源:KMG研究整理而成。

另一方面,主题规划除了需要配合顾客购买过程,还需要从公司品牌核心价值出发,从公司的品牌发展愿景出发,确定相应的的内容主题,建立公司的整体品牌势能。这些内容会更加关注技术发展趋势、顾客需求变化。艾默生公司的使命价值是:"以科技融合工程技术,锲而不舍,追求完美,在充满活力的世界范围为客户利益创造最佳解决方案。"自2014年起,艾默生开始了传统营销的数字化转型，在全球范围内开展了核心主题为"创所未有"的数字营销活动，其内容的主题规划是从企业的使命价值出发，规划一系列以艾默生如何为客户利益创造最佳解决方案进而帮助顾客成功的故事。艾默生通过线上广告吸引顾客访问其官网以查看完整的故事，在官网上除了有一系列完整的故事，还配以动画视频以及视频采访来向潜在客户介绍其特定的业务和解决方案。同时，艾默生还设置了关于某些业务和解决方法的连接，让看完故事后有兴趣的顾客可以进一步了解其业务。这些内容策划在传递了企业品牌价值的同时，间接推动了销售的产生。

2. 内容结构

内容结构就是围绕核心主题，企业如何将抽象的主题拆解，使之更加具象化以利于顾客理解和接受，利于内部团队和外部资源网络理解。具体做法就是以公司品牌核心价值为方向，将核心主题拆分为一系列说明主题内涵的具体内容创作方向，形成类似思维导图的内容结构。而这些内容结构就是企业进行内容创造的实施路线图。例如，对于品牌核心价值——"高品质"的主题规划，其内容可以拆解为产品的高品质、服务的高品质、体验的高品质、管理的高品质。而产品的高品质又可拆分为原材料的高品质、设计的高品质、制作工艺的高品质等。这样逐级拆分，搭建内容，使客户能直接了解到企业的"高品质"理念究竟代表了什么。这样做的另外一个意义在于保证内容的一致性与连贯性，同时，也有助于顾客在不同的场景下接触不同的具体内容之后，仍能根据碎片化的认知得出一致的品牌印象。

3. 内容风格

在确定了内容主题与框架之后，接下来需要确定内容的创作风格。创作风格的确定需要兼顾公司的品牌拟人化、品牌调性，以及不同的目标客户的语言风格偏好（对不同的目标受众采用相应的风格）。就企业的网络叙述而言，不要一味生硬地模仿时髦的网络用语，这有时会适得其反，需要考虑的是：第一，企业的品牌认知形象是否与时下流行的网络用语相适应；第二，网络新兴词汇是否与公司的文化风格相适应。否则，内容营销则容易陷入"编撰"的误区，而受众在阅读后也会在实际的接触中发现不符，造成企业和顾客双方误解。因此，我们建议企业在进行内容营销时，一定要使用和创造属于且最能表达自身品格的语言与叙述风格。Ben&Jerry's 在进行内容营销规划时，明确地对公司的内容和叙述风格进行了设定，为后续的内容素材选择与内容创作提供了清晰的参考，也很好地呼应了品牌形象基调（见表8-4）。

表 8-4　Ben&Jerry's 内容风格基调

我们是全球最可爱的活跃分子 明确我们是什么以及我们不是什么	价值观再现 如何谈论敏感话题
我们很先锋，但不傲慢	用一句言简意赅的话来表达，如"放胆去爱"
我们是弄潮儿，但不追赶时髦	表明立场但不去辩解
我们表达想法，但不做表面文章	强调事物好的一面
我们满怀才情，但不空想	让讨论变得有趣
我们有点特立独行，但不是嬉皮	通过视觉内容而非长篇累牍的文字来表达观点
我们怀旧，但不沉迷于过去	
我们嬉戏打闹，但很真诚	
我们很随意，但很专业	

资料来源：Jay Curley, Mike Hayes, Ben&Jerry's, *Translating Brand Values Into Social Content & Community*.

4. 内容来源

内容来源主要包括内容的主题来源和创作主体来源两个方面。内容的主题来源解决企业在内容制作时设定什么题目。内容的主题来源除了在内容结构中提到的围绕企业的品牌核心价值进行分解外，也需要广泛涉猎和吸取周边内容。内容来源主要包括企业原创内容、第三方授权发布的内容、消费者创作的内容、社会化内容以及行业内容。社会化内容和行业内容与前三者有所重叠。

（1）企业原创内容。原创内容主要是与企业自身相关的内容，更多的是要传播企业使命价值、品牌价值主张服务、产品优势等。这类原创内容可以以故事的形式出现，从企业日常经营活动和与品牌相关的素材中提取对客户来说有趣的、相关的系列品牌故事、经营故事，故事的讲述者可以是企业，也可以是员工、有代表性的消费者或社区受益者。原创内容也可以以访谈的形式出现，企业可以与业界意见领袖、专家、企业自身的关键岗位员工或管理者进行访谈，从他们的视角阐述对企业、品牌和产品的认知，通过他们来吸引受众、传播企业的品牌价值主张。

（2）第三方授权发布的内容。80%以上的营销者认为在受众眼里，第三方内容更为权威可信。毕竟，以原创内容来维持定时定量的发布是难以实现的，因此，除了企业原创内容，转发从第三方获得授权发布的内容也是内容主题一个重要来源。通过大量授权内容的发布，企业可以提高内容的可信度，维持内容发布节奏，吸引更多流量。百事公司专门制作了一个叫"Pepsi Pulse"的应用，通过这个应用发布最新的文化信息及潮流文化信息，以吸引更多的目标受众——年轻人。百事公司在这个平台上发布原创内容与第三方授权内容，分享音乐、运动、娱乐、潮流等各方面的最新趋势，让这个平台的用户成为朋友圈中最先知道流行趋势和热点的人，用户还可以直接转发，分享平台上的内容到 Facebook、Twitter、Pinterest 等社交软件上。

（3）消费者创作的内容。推崇那些热爱你的品牌的人，让他们成为内容创作的重要来源。这是与消费者建立持续关系的重要手段。营销 4.0 时代的重要特征是用户参与到企业的建设中来。用户参与创作不仅是趋势，也是人性使然，人人都有发表言论、展现自己、与人分享的需求。社会化媒体、论坛、贴吧之所以热闹，正是因为满足了任性的需求。因此，在营销 4.0 时代，每个用户都可能成为企业的传播载体。吸引消费者参与创作的方法有很多，比如通过搜索引擎、百度搜索指数发掘与企业业务、产品或价值主张相关的热门话题，以此话题引导展开讨论，吸引粉丝参与评论，转发精辟评论等，比如组织晒产品活动，通过鼓励消费者分享经验，讲述他们与品牌的故事，企业不仅获得了内容，而且通过认同、回复评论、转发消费者的内容也让消费者有了参与感，在心理上与企业有了更深的连接。优衣库开发了一个手机应用——"Uniqlooks"，用户可以在上面发布自己穿着优衣库的衣服或配饰的照片，搭配中只要有一件是优衣库的产品便可，照片中可显示出哪一件是优衣库的衣服，发布照片的用户还可对自己的搭配进行解释，其他用户可以点赞或评论，该 App 每周会根据点赞数按照男女分别选出最佳着装。通过这个 App，优衣库不需要辛苦创作，也不需要向消费者讲述有优衣库产品的搭配技巧，消费者会主动献计献策，而且每天都有新的消费者的原创搭配图片发布。消费者参与创作的内容相比企业原创与第三方授权内容要难以掌控一些，企业前期主要是确定主题，然后引导讨论，但结果难以控制，因为用户参与度越高，内容越不可控。这是需要提前有所准备的，比如提前假设一些负面情况，并预设好应对措施。

（4）社会化内容。社会化内容主要是指在社会化媒体上当期较为热议的以及转发率较高的内容题材，包括热点话题、热点新闻、生活方式等方面的内容。在选择这些题目内容时，应注意不要盲目跟风，建议选择与企业的业务、品牌风格或价值主张相关的内容，无论何种话题，最终都应该回归到企业业务上来。内容题目选定后，可以搜集整理相关内容，经过再加工，加入品牌的观点、看法。比如当行业发生了一些让大众热议的新闻事件后，企业可以通过还原事件，同时以问答的形式来帮助客户更清晰地获得相关知识，澄清认知误解，提供建议方案。由于在激发消费者创作内容时，也会用到热点话题来引发内容创作，因此，这一部分内容来源可能与消费者创作的内容有一定的重叠，但不是所有的社会化内容最终都是为了吸引消费者创作内容，二者的主要区别在于内容创作的主体，社会化内容创作的主体是企业而不是消费者。

（5）行业内容。行业内容主要是由企业撰写的关于行业趋势、动态的一些陈述性或评论性的内容。例如，企业可以整合一些专业机构的分析、专家的分析等，甚至可以主动发起调研，定期进行趋势发布等，关键是以对企业自身战略的解读诠释趋势、观点。企业也可以整理过往文章，这部分内容的创作主体是企业，但也会涉及第三方内容。

创作主体是指确定内容后，具体的内容由企业、第三方还是顾客自身来完成。但不论最终的创作者是谁，企业需要在这个过程中承担主导作用。企业的主导作用体现在其作为内容共创者、价值观的实践模范和活动的协办者所发挥的作用。即使在数字时代，顾客创作的内容不会在毫无协助的状况下持续地产生，企业必须通过素材、平台和工具的支持，为顾客和相关外部专家资源提供支持。这样才能确保优质内容的持续产出，才能确保品牌社群的活跃。如前所述，推崇那些热爱你的品牌的人，让他们成为内容创作的重要来源。

5. 搜索引擎参考

社会化媒体中即便是热闹的博客圈与论坛，在信息传播中也需要通过搜索引擎进行放大和到达，使得内容得到更好的传播。比如，企业在设计内容或标题时，都应注意关键词尽量选择不生僻的、为顾客所习惯的或者流行的用词。另外，企业应紧密跟踪热点新闻和事件，利用热点事件的关键词搜索排名靠前的特点，将企业的品牌或其他相关信息进行关联，这样会极大提升企业的内容到达率，也会因为新闻和热点事件的背景，给企业提供一个充分表达的背景与素材。企业在进行内容营销时要注意系统化积累行业内的社会化媒体关键词。在类似百度百科、知乎等知识分享类平台上，进行企业的关键词占位，促进这些关键词的持续搜索，可以建立企业在行业内的知名度和专业形象。

内容分发与优化

内容的分发与内容创造融为一体。内容的分发渠道选择取决于以下两个方面：目标受众的渠道使用情况与渠道自身的特点。在选择发布渠道之前，先通过用户画像分析找出目标客户群最常使用的渠道有哪些，以及他们对这些渠道的使用习惯是什么。这样，我们就可以找到对目标客户群来说最有效的发布渠道。不是每个渠道都能覆盖所有的受众类型，所以我们需要为每一个渠道设定相应的目标受众，也有些企业在同一个渠道上建立多个账号以对应不同的客户群体和细分需求，如华为在微信上有几十个公众账号，如公司主账号、商城、客户、花粉俱乐部等。因为不同的渠道自身具有不同的特点，所以，我们还需要根据渠道的特点设定不同渠道的作用目标，确定该渠道的传播基调，最后配置不同风格和形式的内容。在此要注意的一点是各渠道之间应产生联动，即从一个渠道可以进入另一个渠道，渠道间的内容相互呼应、互为补充。例如，公司官网的内容风格调性是比较正式的、专业的，主要发布企业原创内容，由于浏览官网的用户一般都有需求意向，所以官网上可以有相对长篇一些的企业和产品的内容，企业的官网通常会设立链接直接进入其社会化媒体的公众账号。有些企业还会建设产品的迷你网页，这类网页的内容风格可以相对没那么正式，甚至可以炫酷一些，而社会化媒体类的渠道如微博、微信等，则需要吸引更多的关注者，风格更多的是开放、友好的对话氛围，不需要太正式，多一些有趣的内容，篇幅和阅读要适合移动终端的屏幕。

建立内容供应链

为确保企业开展内容营销时在组织能力、内容发现、获取与创作上持续运转，企业需要建立内容供应链。内容供应链是企业将内容作为重要的客户价值提交物后，采取的一种组织运作方式。它将围绕内容的各种相关工作进行专业分工，并整合外部专业资源，进行协同实施。在实践中，内容是品牌社群的重要元素，也是持续建立品牌社群的重要助推力。所以，内容营销的组织功能与社群运营是一体两面的关系。

1. 内容营销组织

内容营销所需要的团队与传统的营销团队在人员结构上有很大的不同，它需要融合多种不同专业的技能，因此，如果企业将内容营销作为营销战略的核心战略之一，那么就有必要在现有的营销组织中再成立内容营销团队。内容营销团队相对传统的营销团队增设了以下职能：

◎ **内容经理/编辑**　内容经理/编辑是整个内容营销流程中最为关键的职能。该职能负责制定内容策略、内容撰写、时间规划以及内容的战略把控即使内容与品牌和业务目标一致。

◎ **社区经理**　该岗位主要负责将内容分发到各个社交媒体上，参与管理线上社区，监控各个社交媒体及社区的动态和反馈，并及时与品牌社群成员进行互动。

◎ **网络技术分析师**　该职能要求能敏锐地找到网络技术对于优化销售转化率的方式、社群成员的足迹追踪、最佳的网页内容排版方式，为内容营销策略优化提供重要参考，从而使企业的内容能够迅速得到传播。

◎ **平面设计师**　该职能主要是从用户体验的平面视觉美化内容，并结合内容，配合信息图像，提供丰富的视觉体验，使内容更为生动、更吸引人。

◎ **内容精选**　从企业业务中以及网站上搜集、精选出最合适的内容素材。

◎ **其他外援**　内容写手、博客主、摄影师、设计师等一切对内容营销有帮助的人。

◎ **SEO 专家或付费渠道专家**　处理线上内容的付费发布或付费搜索引擎优化相关事宜。

◎ **CCO**　内容营销团队通常也要有一位领导者，可以专门设立首席内容官（chief content officer）

或由公司负责营销的管理者来领导整个团队，该职能是负责整个内容策略与产出、内容资源整合、内容及设计审批、预算、合同审批等。

2. 内外部分工

不是所有企业都有需要成立一个阵容完整而强大的内容营销团队，企业通常会选择与外部合作，以保持源源不断的内容供应。因此，与传统营销团队一样，内容营销团队也会有与供应商等各种外部机构合作的机会，此时需要明晰各自的角色与职责定位，让合作过程更为流畅，提高合作效率。

◎ **企业内容营销团队的角色定位**　内容资料及内容标准的提供者、内容营销工作的主导者，主导社区与社会化媒体扩展。

◎ **企业内容营销团队的职责定位**　提高企业的数字化能力、社交媒体能力以及内容营销能力；在技术、工作流程等方面实现创新以更好地适应内容营销的需求；资源整合（如建立内容来源资料库）以保证内容来源的丰富性与持续性；内容的标准化制定；内容营销策略的制定、创意的输入、社区与社会化媒体的运维、媒体的购买与指导。

◎ **外部合作商的角色定位**　协助制作品牌故事及创意、制定相应的内容策略规划、媒体策略与购买。

◎ **外部合作商的职责定位**　创意性的内容建议、内容的创作与制作、内容发布、媒体计划。

以上对内外部的分工，明确了企业在内外部合作中的主导作用，即便团队建设尚不完善，也不应过于依赖外部合作商，因此，企业需要积极"备战"，至少主动掌控社会化媒体与社区的运维等。但是外部合作商在某些方面的特长如在创意性内容的编撰和制作等方面具有优势，通过合作，可以使企业节省大量创作的时间成本，将更多精力放在标准制定、内容优化、策略研究和了解用户的需求、偏好上。

除此之外，利用移动互联网技术、数据搜集和挖掘技术，将关键内容管理流程进行优化，并做好内容资料库的知识体系建设，以支持以上步骤的开展。

内容营销如何实现"疯传"

在本章最后一个模块,我们将谈"疯传"。不同于沃顿商学院营销学教授乔纳·伯杰的"STEEP 疯传"模型,经过 KMG 研究,我们认为"疯传"背后存在下列要素,或者说从下面五个维度来设计内容,更容易实现疯传。

(1)价值观点(value proposition):强调独特的价值观点,可与公司业务无直接关系。与乔纳·伯杰在《疯传》中所提到的"实用价值"(practical value)不同,这里的价值更多的指的是通过建立和推广独特的价值主张,与受众之间产生强烈的共鸣,通过唤起情感呼应来打动潜在客户。正如菲利普·科特勒在他的著作《营销革命 3.0》中提到的,营销者不应像过去那样把客户仅仅视为交易对象,而应当把他们视作拥有独立思想与灵魂的完整个体,这也是内容营销在当下变得如此空前重要的原因——消费者的注意力已经越来越多地从品牌的功能价值、理性价值转移到品牌的感性价值与精神诉求。史蒂夫·乔布斯最深谙此道,在推广苹果早期产品时,他就已经是一个会讲故事的大师。例如,1983 年,年轻的乔布斯发布了著名的"1984"Mac 电脑广告,他并没有通过罗列数据与事实来着重强调 Mac 的技术优越性,而是通过故事刻画了 Mac 抵抗 IBM 与计算机垄断格局的孤胆斗士形象,让苹果品牌化身成为经销商与消费者销售自由选择权利的希望之源。

(2)社会价值(social value):公司业务所能创造的、可感知的社会价值。这里的关键词通常会与公益、慈善、环保等挂钩,它们往往是一些容易引起社会效应的话题,以及触及社会广泛关注和争议的内容。马克·高贝(Marc Gobé)在《公民品牌》(*Citizen Brand*)一书中总结道:一个致力于响应公众利益诉求、造福世界并承担社会责任,同时在营销和参与竞争过程中始终坚守正义的品牌形象会格外获得大众的好感。这也是我们看到越来越的企业提及"可持续发展""社会责任""绿色"这些关键词的原因。韩国第三大企业集团 SK(鲜京)集团就是一个很好的案例。2005 年,SK 集团将集团品牌重新定位于"分享幸福",并由此制定系统的品牌社会传播系统,确立以公益事业为传播的载体,其中以社会福利、教育奖学金、环保为主要领域,连续开展了一系列主题公益活动,仅四个月后,韩国民众对 SK 品牌的好感度就上升达到了 60%。

(3)**情境互动**(Interaction):基于特定情境下的互动感体验设计。情境互动指的是通过创新的情景设计,打破信息单向传递的界限,让消费者以互动式的体验参与到内容的产生过程中,成为内容的一部分,同时品牌也加深了在消费者心中的形象认知。Hug Me("拥抱我")自动贩卖机是可口可乐在 125 周年庆推出的一个很有意思的特别活动,用一个拥抱的动作换取一罐免费可乐。设计者奥美广告的初心就是想通过这样一个温暖而简单的动作,以大家意想不到的方式传递快乐,仅一天,各大社交平台如 Facebook 和 Twitter 上就涌现出了数以万计的关于"可口可乐 Hug Me 贩卖机"的视频和图片。

(4)**随流设计**(grafting):跟随社交媒体热点带动自身切入,热点营销、借势营销早已不是新鲜词,世界杯、冬奥会、科比退役、三里屯优衣库事件……每一个热点事件的发生都会引发一场包括许多企业账号在内的社交媒体的全面狂欢。随流设计的优势当然在于借力使力,但也存在盲目从流、内容疲劳的风险,因此,如何在热点本身内涵的基础上进行品牌独有的二次演绎和衍生是随流设计的难点和要点所在。杜蕾斯是公认的数字营销界热点切入的"会玩"小能手,单就 2015 年一年,从过年祝福、国足、娱乐圈各头条事件、"世界这么大"、股市跌破 3000 点、《老炮儿》热映到北京、张家口申办冬奥成功,杜蕾斯为观众奉献的精彩又经典的文案案例可谓不胜枚举,正因为杜蕾斯持续做到了基于热点事件的二次创新,当热点事件出现时,人们会第一时间联想到杜蕾斯,期待它新的奇思妙想,比如三里屯优衣库事件时,杜蕾斯反而因为没有特别动作,上了微博热搜(见图 8-4)。

(5)**背后起底**(unclose):对公司或行业内幕的起底,或公司夸张化的功能表达。多芬作为联合利华旗下的一个女性日化品牌,其核心任务当然是售卖"美丽",但与传统做法不同的是,多芬从 2004 年开始推出颠覆性的"真美行动"(real beauty campaign)以及 Dove Self-Esteem Project(多芬自信养成计划），通过一系列的视频、文案、活动，鼓励女性发现属于自己的独特美丽，传递一种"你本来就很美"的价值观，例如 2006 年病毒广告《蜕变》，用 75 秒展示了如何将一个看似貌不惊人的女孩通过妆扮和照片后期处理打造成为气质超凡的"超模"的过程，广告片最后的标语写道："毫不奇怪，我们对美的理解已经被扭曲"，这则广告不仅在戛纳国际广告节上一举夺得三项大奖（Grand Prix），更引发了消费者大量的关注与反思。

图 8-4 杜蕾斯的随流设计

资料来源：杜蕾斯官方微博。

第 9 章
数字营销的组织平台

KMG 数字化营销战略路径图

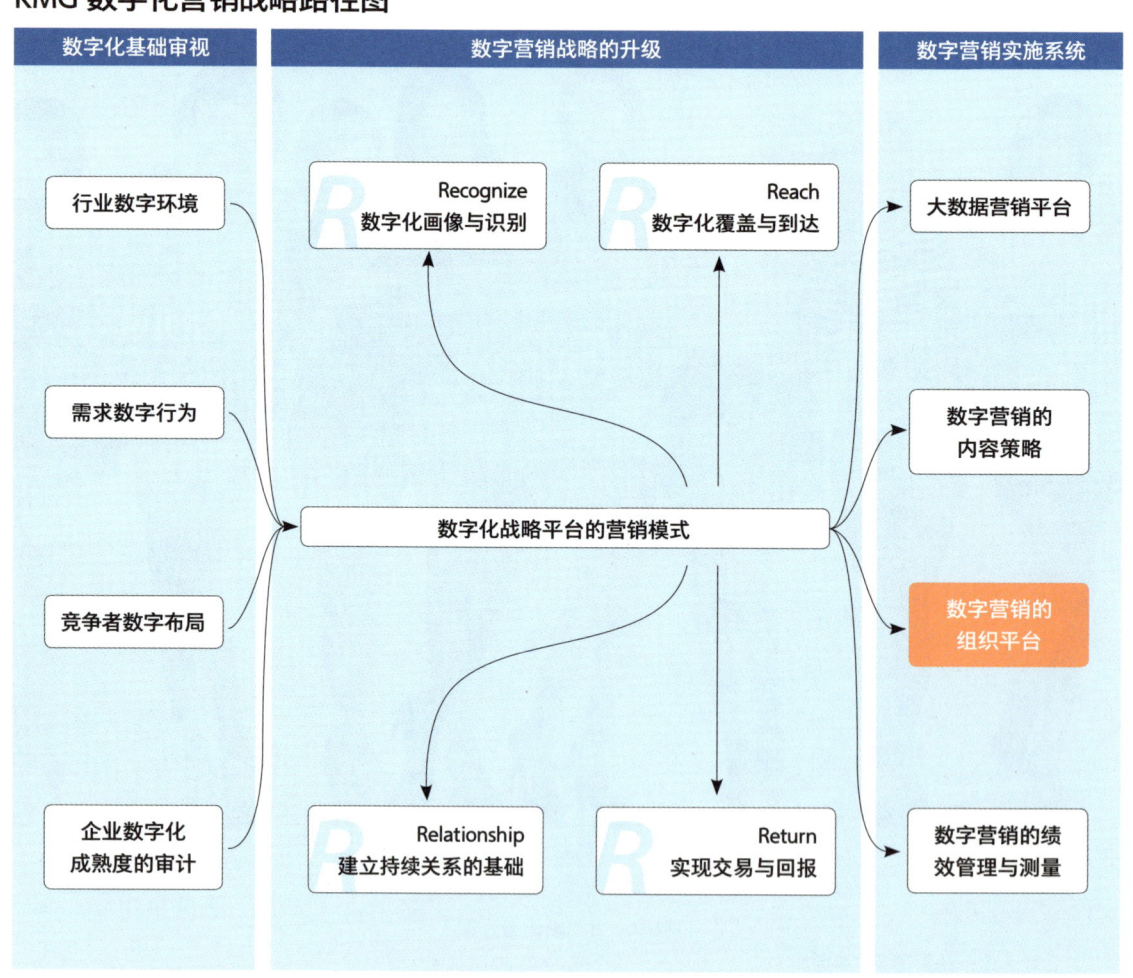

理解数字连接时代的组织

树状结构、网络结构与魔方结构

我们在第 2 章中谈到，数字时代的元法则是"连接"，钱德勒说战略决定组织，组织跟随战略。战略环境变了，企业家建立组织的模式就需要调整，这里我们先不具体到营销组织层面，因为从 CEO 的角度来看，营销组织只是企业整体组织架构中的一部分，只有从战略层面理解组织形态的变化，才可能更有效地设计营销组织，也才可能使得数字时代的营销组织与公司整体数字战略融合。

要深刻理解连接原理下企业如何再造组织，就必须回到"何为企业""企业如何能存在"这个根源问题，这也是 1991 年诺贝尔经济学奖获得者罗纳德·哈里·科斯（Ronald H. Coase）的核心思想，写入 1937 年他大学时代的那篇著名的论文——《企业的性质》(*The nature of firm*)。

在这篇经济学史上著名的论文中，科斯想说明两个问题：一是企业产生的原因；二是企业的边界问题。科斯给出的解答是：企业的存在是因为管理协调费用低于市场交易费用。组织分工有两种基本形式：一种是通过管理在企业内部协调组织；另一种是通过市场交换，以市场价格机制协调组织，这两种组织分工的形式是可以相互替代的。这两种组织分工的形式哪种更有效率，在于管理协调费用与市场交易费用的比较，当前者大于后者时，市场价格机制协调更有效率；反之，则企业协调更有效率；若两者相等，则管理协调与市场价格机制协调效果相同，企业的边界也由此决定。

管理协调成本与外部价格机制协调效果的对比，是企业组织扩张边界的界限。然而，在数字时代的背景下，连接型经济使得交易费用飞速下降。从理论上讲，信息不对称越趋向于零，交易费用就越趋向于零，同时互联网时代具备典型的去中心化、去孤岛化和去中介化的特质，造成马克斯·韦伯所言的组织科层制被击穿，管理协调成本可以获得大幅度降低，互联网、数字化、社交网络可以无限扩展企业的边界，企业的边界变了，企业组合资源的方式也变了。

我们把企业组织资源的方式分为以下三种类型：树状结构、网络结构、魔方结构。第一种结构即树状结构是典型的工业时代的资源组织方式，即通过层级、分工、规则化来组织资源，这个时候对资源的利用更多的是通过内部的组织与协调来实现的，按照马克斯·韦伯的话讲："唯其实行强制性的协调方能成为一个整体"，典型的如斯隆时代的通用汽车就是树状结构，企业对内外部资源的获取依照层级发生连接，实现统一意志。

第二种是互联网兴起之后呈现出来的网络结构。在网络结构下，企业行为不依赖于强大的中枢神经，即不依赖于树状结构下的企业 CEO，它的资源获取与组织呈现分布式的状态，这种形态目前更多体现在互联网行业中，每个节点都呈现出水平式的连接与资源交换。

第三种资源组织方式，我们将其称为魔方结构，正如小孩所玩的魔方一样，每一模块的移动将会让整个魔方的组织完全不一样。对于传统的树状结构企业，要一夜之间转化为互联网企业的网络结构几乎是天方夜谭，但是用连接来改造、升级原有企业的若干资源获取、交换与组织方式，是可行并有效的。

拥有了魔方式的思维，你会发现所谓的竞争优势理论会彻底终结，原有的迈克尔·波特时代的竞争优势思维是建立在产业边界清晰的基础上的，在这个行业可界定的条件下，企业竞争优势的建立就在于它能成功抗击五种压力，包括对替代品威胁的抗击、提升对买方的议价能力、提升对卖方的议价能力、瓦解现存竞争者和潜在竞争者的入侵。而现在随着连接的产生与强化，原有的单一产业被魔方从另一个维度消解了，正如小米进入 TCL 的电视机利润区，Google 进入通用的利润区，产业属于传统工业概念，它们背后是互相不兼容的工业技术，与之对应的是产业经济理论与核心竞争力学说，产业概念不再符合跨界竞争的现实，取代产业的是魔方式跨界重组的形态竞争，各种力量试探新的联系效果，建立以自己为中心的价值分配模式，企业边界也会由此消失。

互联网的真正深刻之处在哪里？它消除了时空隔阂与信息不对称，空间、时间的概念都遭遇了前所未有的颠覆，价值的产生不再受制于传统的时间和空间，信息的交流正在替代物质的流通，成为世界新秩序的决定者，通过连接资源"无界"性的重组，造成各种有想象力的商业模式出现，这些才是组织设计的思想基础。

指数型组织

2014年，奇点大学创始执行理事萨利姆·伊斯梅尔（Salim Ismail）在其著作《指数型组织：打造独角兽公司的11个最强属性》中提出指数型组织（exponential organizations）这个概念。在数字时代，出现了很多搭着摩尔定律的快车以指数级增长的领域（或加速发展的技术），不但技术呈指数型增长，刚刚创业的"独角兽"公司或成功转型的传统公司，也在以10倍或100倍的速度呈现指数级的成长和扩张，这些公司就是"指数型组织"。

萨利姆用一个"6D框架"来概括这个时代的特性：数字化（digitized）、欺骗性（deceptive）、颠覆性（disruptive）、去物质化（dematerialize）、去货币化（demonetize）和大众化（democratize）。他指出，挂上数字化头衔的任何技术都会进入一段时间的虚拟化指数型增长。我们已经见证了很多行业从本质与根基上所发生的范式转变，以信息为基础的环境会带来根本性的颠覆性机遇，加速整个商业世界的新陈代谢。不仅行业与公司如此，职业也是一样，天使投资人戴维·罗斯（David Rose）曾经预言："我们数的出来的每一项职能都在发生根本性的转变"，而与此同时，传统公司的线性思维所带来的弊端已面临毁灭性的挑战：

◎ 自上而下的层级型组织架构
◎ 线性、顺序的思维方式
◎ 战略规划很大程度上根据过往经验推断而来
◎ 僵化的流程
◎ 控制自身资产
◎ 由经济结果驱动
◎ 创新主要源于内部
◎ 无法容忍风险
◎ 大量的员工
◎ 热衷于为维持现状而大量投资

萨利姆在书中研究并总结了指数型组织的几个主要特性，大致由 MTP 以及 SCALE+IDEAS 十个指数级增长的内外部属性组成（见图 9-1）。

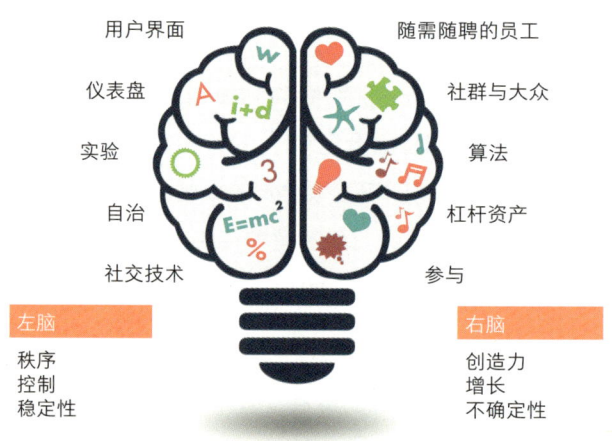

图 9-1　指数型组织特性

资料来源：《指数型组织》。

指数型组织都有一个共同点：它们都有崇高而热切的目标和愿景，而这个目标就是"宏大变革目标"（massive transformative purpose，MTP）。例如 Quirky 的 MTP 是"让发明触手可及"，Google 的 MTP 是"管理全世界的信息"等。

指数型组织的五大外部属性（SCALE）包括：
◎ **随需随聘的员工（staff on demand）**　取代传统岗位聘任制。Gigwalk 是一个依赖于 50 万名智能手机用户的移动应用，它发明了一个新词儿"移动劳动力"。例如，当宝洁需要知道自己的商品被摆放在全世界沃尔玛超市货架的哪个位置时，就可以通过 Gigwalk 的平台瞬间获得数千名时薪几美元的"移动临时工"，在一个小时内就能得到答案。

◎ **社群与大众（community&crowd）** 建立粉丝社群，并以此吸引更多的大众。在社群的建立中，建立一个平等参与自动化的平台尤为重要，GitHub 让成员之间互相进行代码的打分，比如 Airbnb 的房东与租客、Uber 的车主与乘客之间会进行打分和评价。让大众参与进来，可以从大众的力量中吸收创意、创新乃至进行众筹，最典型的案例就是 Kickstarter、Indiegogo 这样的众筹平台，生产牛仔裤的公司 Gutin 通过投票设计方案的方式进行新产品的众筹，几乎消除了产品风险，降低了库存成本。

◎ **算法（algorithms）** 获取海量数据并确立独特的算法。Google 以指数级速度成长的背后，最大的工程实际上是一个叫 PageRank 的算法，它可以评价网页的流行程度，而 UPS 也通过遥控和算法技术省下 25.5 亿美元的线路规划成本，类似的应用也开始出现在医疗、能源和金融服务中。

◎ **杠杆资产（leveraged assets）** 以杠杆资产取代实体资产。这里的杠杆资产指的是租赁、共享或借用资产（与拥有相对）。

◎ **参与（engagement）** 让用户充分参与进来。有很多企业采用了游戏化的方式与用户进行连接和互动。例如，达美乐披萨就曾推出一款《披萨英雄》的游戏，让用户制作属于自己的原创披萨，优秀的披萨设计师可以获得达美乐提供的工作机会。

指数型组织的五大内部属性（IDEAS）包括：

◎ **用户界面（interfaces）** 良好的用户界面是组织实现扩张的重要条件。不管是苹果 App Store、Quirky 的评分 / 投票，还是谷歌的 AdWords，良好的用户界面有助于管理，并且在外部增长与内部稳定的因素之间搭建桥梁。

◎ **仪表盘（dashboards）** 让组织内的每一个员工都能快速了解关键量化指标。指数型组织需要一个适应力强的实时仪表盘，让组织的每一个个体都了解所有关键的量化指标。沃尔玛当年在零售业打破了延迟性高的采购结果记录模式，通过发射同步卫星实时跟踪库存和供应链的变化。现在越来越多的指数型组织开始采用 OKR（objectives and key results）定义并且跟踪目标及其完成情况。
◎ **实验**（experimentation） 通过实验实现快速迭代。应鼓励自下而上的创意探索，激发组织的实验精神，例如 Adobe Systems 公司推出了 KickStart 创新工作坊，为参与的员工提供创业指南和种子基金。
◎ **自治**（autonomy） 员工高度自治与自我管理。游戏公司 Valve 没有任何经典的管理结构、报告体系、例行会议，公司招募有天赋的热血员工，让他们自己决定加入哪个项目，以此创造社交化、开放化和让人信赖的企业文化。
◎ **社交技术**（social technologies） 利用社会化工具创造透明度与连通性，消除信息延迟。

奥德赛之旅：营销组织的变迁

在我们的定义中，营销组织就是企业实现营销目标的执行主体和问责主体，在很多情况下，营销组织超越了传统的"营销部门"的概念，涉及多个企业部门和各种委员会的协作。营销组织的变化是企业对客户和竞争变化的最直接体现，是企业营销战略的外在呈现形式之一。营销组织经历了以下三次变迁（见图 9-2）：

◎ **营销 1.0 时代** 企业的价值创造核心在于"标准产品和大规模分销"，这是一个产品稀缺、顾客过剩的卖方市场时代，因此成功营销的企业都具备大规模快速生产能力和全国高效分销能力。非常典型的代表是 20 世纪 90 年代的中国家电行业和今天的钢铁行业。在这一阶段，企业的营销组织结构都围绕着高效执行展开。

◎ **营销 2.0 时代** 企业的价值创造核心在于"差异化"，这是一个"顾客稀缺、产品过剩"的时代，产品高度雷同，而顾客选择困难，因此这个时期成功营销的秘诀在于"创造品牌和体验的差异化"。非常典型的代表是如今的快消品和电子产品，比如手机和矿泉水。在这一阶段，企业的营销组织结构都围绕着创造差异化的便利而展开。

◎**营销 3.0 时代** 企业的价值创造核心在于"终生价值最大化",这是一个"不信任和社会存在感崛起"的时代,新型媒体和社交网络使顾客获得了比以前多得多的产品和品牌信息,顾客不再满足于肤浅的品牌差异化,他们在寻找那些可以产生价值观共鸣的产品和企业。因此,这个时期成功营销的秘诀在于"与顾客共同创造群体品牌"。非常典型的代表是如今的金融、食品和房地产行业。在这一阶段,企业的营销组织结构围绕着与顾客实施连接和情感沟通而展开。

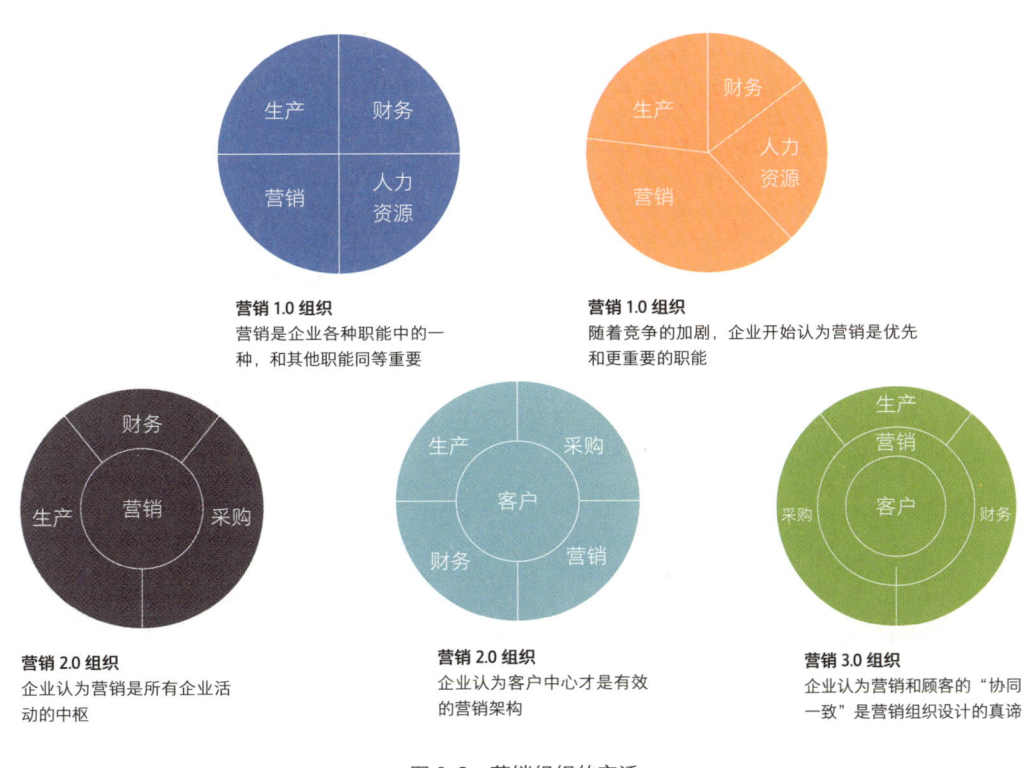

图 9-2 营销组织的变迁

资料来源:KMG 研究。

让营销发生：新营销组织设计的三个原则

企业的持续增长和竞争压力，要求营销承担更多创新与利润引擎的角色；国际化使得企业必须面对更加复杂的区域、产品及市场匹配，管理更加边界融合的内部组织和外部客户关系；营销已经从手工、低速、直觉、碎片化时代进入自动化、实时、全样本、个体化的数据驱动的营销时代。我们有了很多新的营销工具和新的流程，比如内容营销、顾客决策旅程、顾客体验管理、消费者画像、跨渠道接触点管理、预测营销、顾客身份管理等，这些意味着营销组织必须面对新的流程和爆发性的数据量。以上所有这些变化都对营销组织提出了变革需求，营销已经不再只是产品推广而是顾客价值管理了。

在这样的营销环境下，营销组织的设计应当遵循以下三大原则：
◎组织的敏捷灵活性
◎组织的流程最优性
◎组织的成绩最优性

原则一：敏捷型组织：集中和授权兼具的分布式结构

最近五年营销最大的变化就是移动互联网和社交媒体驱动的"顾客—企业"实时营销，企业和顾客在多个渠道几乎实时进行互动，这就需要企业构建全新的营销接触界面和营造大量内容。如何管理打破现有组织界限的"客户互动"和"内容营销"是很多企业转型数字营销的一大挑战。宝洁公司的做法是构建集中和分布混合型组织结构。

（1）集中：集中营销内容的制作，因为这涉及跨多个不同部门的内容获取（产品、研发、品牌、设计等）、内容策划、多种媒体形态、内容制作等，因此集中的资源和统一协调才能高质高效，这个内容中心类似于一家媒体出版公司。

（2）分布：数字媒体发行渠道决策分布在各地采购部。数字渠道在各地是多样化的和本土化的，因此不适合集中购买。宝洁把媒体渠道购买工作分配给了采购部，由一个具备营销经验的小组负责。

在应对数字营销快速化冲击的挑战时，越来越多的企业采取了混合型组织模式，除了宝洁以外，联合利华、GE、红牛等企业也在这么做。

除了快速的数字营销，21世纪的企业还面临一个挑战：需求不足，供给过剩，消费者选择困惑，成本战略不再有效。因此，无论是《财富》500强跨国公司还是本土区域品牌，企业都面临着如何进入新的增长曲线实现收入持续增长的问题。很多企业的应对方案是通过实施"市场机遇驱动的增长战略"，即围绕企业核心业务不断从多个维度发掘新的收入机会，比如发掘新的客户、新的区域市场、新的应用、新的价值链机会，开发新的品牌，推出新的产品，整合现有产品为新商业模式等。这种战略驱动了企业的销售收入增长，但是由于事业部、区域、品牌和产品的增多，企业面临着管理和组织的空前复杂性以及低效率。这个时候，企业的营销组织就不能再按照过往的方式进行。企业的营销功能和组织将进化得更敏捷、更灵活、更个性化，同时也更关注业绩增长和协同增效作用。我们曾经服务过一家中国大型跨国公司，这家公司总部下属7个事业单元，涵盖了金融服务、基础设施、房地产、高端零售、高科技制造、国际贸易以及酒店旅游多个行业。公司实施了业绩倍增计划，各个事业单元内的公司都大力拓展创新业务进入新市场和提升老客户。这个时候出现了一个问题，公司各个事业单元的营销工作出现了大量的冲突和重复，比如地产事业部、基础设施事业部和旅游酒店事业部往往面对同一个地方政府客户，但是由于各自为政，在营销端就出现了不同的品牌传播口径，各个事业单元各自讲述品牌故事；出现了一天之内公司三个事业单元的营销负责人拜访同一个政府部门而沟通内容毫不协调，这些问题造成了营销资源的浪费、低效和品牌形象受损。针对这个问题，这家公司调整了营销组织结构：

◎在总部层面设立了"营销管理委员"，管理和协调涉及公司品牌与全国范围内传播的事宜。
◎在总部层面增设了区域副总裁，专门协调各个事业单元在该区域的市场拓展和业务联系问题。
◎在总部层面建立了三个营销卓越中心——品牌卓越中心、渠道卓越中心、顾客知识中心。这三个中心汇集了关于品牌、渠道和市场信息的知识与最佳实践，而各个事业单元和业务公司可以与这些中心进行紧密的合作及学习，从而协同营销行动，分享最佳实践。
◎在事业单元层面建立了CMO岗位，全权负责制定和管理事业单元营销战略，并协调管理公司营销活动。
◎在业务公司层面，搭建了区域下沉的营销中心，把原来在总部和事业单元的营销职能，比如市场研究、区域市场活动策划、联合推广全部归属到区域业务公司。
◎这些调整提升了整个集团公司的营销灵活性和协同性，有力地支撑了该集团的"区域深耕，产业协同，业务创新，客户提升"的总体战略。

今天的大型企业集团必须建立"总部—事业单元—业务公司"贯穿式的营销组织，而且这个组织必须同时具备对营销资源的集中管理以保持其效率和规模优势，同时还要兼顾差异化的区域和客户需求，把客户界面营销功能下放到最前线，更为重要的是还要保证事业单元共享品牌、渠道、服务、客户资源。

原则二：流程型组织：从关注职能到关注流程

有这样一个真实案例：一家全球性的 LED 照明企业（制造商）的主要产品是各种 LED 节能照明灯，其主要客户是各个企业和建筑商。他们的主要销售方式是通过各地代理商把产品销售给企业客户，制造商公司自己的直销团队负责大客户和复杂工程，代理商负责供货和当地协助。但是最近几年他们发现业务越来越难做，比如过去客户基本不太知道需要什么类型的产品和产品的安装设计，这都需要制造商指导，因此制造商往往给客户提供一揽子方案，这么做当然利润较高。可是最近制造商的销售人员发现他们第一次见客户的时候，客户已经非常明确地知道要什么甚至已经有了设计方案，这导致制造商对客户的影响降低而且价格竞争升温。制造商特别困惑，于是他们启动了一个关于客户如何购买 LED 的市场研究，制造商的研究团队与不少客户进行了深入的访谈，并且进行了实地考察。他们发现了令人吃惊的事实：LED 的产品使用已经发展了重大变化，原来仅仅是替代传统照明的节能照明产品，现在越来越多地加入了灯光艺术和灯光氛围应用。

在顾客购买过程中，设计师开始变得越来越重要，客户往往会先找设计师咨询设计再找供货商。因此，提前在设计端就进入客户购买漏斗变得很重要。可是，如何才能了解和影响客户的设计呢？如何才能与设计师和客户设计负责人建立关系呢？除了实地拜访，构筑关系之外，制造商通过对互联网进行语义分析和社交媒体倾听，发现这些 LED 艺术设计师和客户设计负责人往往聚集在几个专业论坛和 Facebook 兴趣组里热烈讨论各种新设计、新趋势、令人感兴趣的新项目。这个制造商还发现，这些论坛和兴趣组里居然没有任何一个制造商的专家参与讨论！发现了这些之后，制造商决定重新制定营销策略，把客户重新引进新的"购买旅程"。对此，制造商采取了以下几个举措：

◎ 制造商专家加入讨论组，提供关于产品和技术的洞察与建议，帮助设计更好的融合技术和产品。

◎ 通过倾听分析讨论组的对话，制造商邀请几位活跃的设计师共同设计了几种新的灯光艺术模型并拍摄了视频，在群里和讨论组里分享并鼓励转发。
◎ 制造商营销部门系统研究了 LED 艺术设计和品牌营销效果，发表了关于 LED 灯光艺术和品牌形象、营销效果、工作环境生产效率关系的一系列白皮书，并通过"inbound"（引流）营销的方式发放白皮书获得客户联系方式。
◎ 销售人员从营销部分获得感兴趣的客户，拜访客户，进一步梳理客户需求和参与决策人员的职务及联系方式。
◎ 定制关于"设计、使用、经济、效果"的系列白皮书，将电子邮件杂志定向发送给不同客户的不同决策人和使用人。
◎ 销售跟进，获得展示系统方案和报价的机会。

从以上案例中我们能获得不少新的启示。应对新市场环境，企业的营销组织必须从职能导向的"垂直型"组织转变为关键营销流程和客户参与导向的"协作型"组织：传统 B2C 企业营销组织的核心是"品牌传播"，B2B 企业营销组织的核心是"销售支持"。LED 的案例告诉我们，客户的信息获取和购买流程已经发生了巨大的变化，"前置型"营销要求迅速提高，因此组织必须相应地发生变化。营销组织需要重点关注以下三大关键营销流程。

1. 流程之一：客户洞察流程（customer insight）

该流程产出关于客户身份、客户心理及客户行为的深入知识和可以指导营销战略与营销活动的信息。深入的客户洞察要求企业打破部门和职能界限，整合全方位的多层次数据和富有创意的数据分析能力。与过去完全依靠问卷调查和焦点小组获得客户信息的方式相比，今天企业获得客户数据的渠道和方式已经空前多样化了，包括：从移动端获得基于位置和场景的客户数据、线上电子商务平台获得客户购买行为和购买组合数据、社交媒体倾听数据、线下营销活动数据、商超销售数据、广告数据和人口结构数据等，这些数据的处理和分析对营销组织与人员提出了全新的要求，需要具有营销战略分析及商业分析能力的营销人员。不少领先企业围绕该流程建立全新的营销组织和营销团队。因此，有效的实施该流程需要以下两个关键条件：

◎新营销组织结构：必须打破部门和职能设置，无缝地分享和整合多层次数据及信息。
◎新技能：企业必须具备数据工程和商业智能分析的团队。

2. 流程之二：客户沉浸流程（customer engagement）

这个流程产出高忠诚度的客户，通过利用上一流程对消费者洞察的信息进一步描绘前文提到的"顾客决策旅程"的全过程，从而梳理出从"客户需求唤起""搜寻信息""比较选项""使用体验""分享传播"，再到"第二关键时刻"等所有与企业产品和服务的"接触点"。企业将围绕这些接触点进行营销，比如内容营销、人员营销、线上线下促销、市场活动等，这些营销活动的目的在于：
◎协助客户高效、顺利地完成决策流程。
◎引导客户进入企业设计的购买流程并成为忠诚客户。

要达到以上目的，企业需要建立跨部门的流程管理主体，建立多部门协同机制以及新的绩效监督标准。

3. 流程之三：关键客户管理流程（account based marketing）

这个流程是针对企业各个具体客户情况实施的差异化营销管理流程，通过该流程企业可以获得高质量的客户关系和绩效。在大多数 B2B 企业当中，营销的主要任务是识别高质量客户并与之建立个性化的价值关系。如何区分不同的商机，如何辨别客户价值，如何与客户建立关系，如何提升客户终生价值是这个流程的关键任务。这个流程首先通过研究企业现有最佳客户从而提出"企业最佳客户特征"（ideal customer profile），然后按照此特征梳理企业的现有客户和潜在客户，并结合购买模式、购买紧急性、客户购买决策优先度等维度，从而确定"客户分级组合"，之后针对不同级别的客户分配不同的营销资源和渠道。一旦确定了"客户分级"，下一步就是通过线上和线下资源获得客户中各个级别决策人的联系方式和个人特点信息，然后通过大数据和社交媒体倾听，针对不同的决策者制定个性化的"营销内容"，这些内容可以是演示视频、白皮书、电子邮件,也可以是市场活动和在线研讨会邀约,它们将通过营销自动化分发平台(如 CRM 系统)发送给各个决策者并监控对内容的反馈以及协同销售人员的跟进。

综上所述,企业的关键营销流程不再是传统的营销部门可以单独完成的。这些流程贯穿了企业的价值创造全过程,需要很多非营销部门(比如客户服务、研发、维修、物流)进行协同。因此,设计新营销组织时,企业必须要:

◎ 明确 CMO 的战略定位和管理边界,即不再是职能型领导,而需要对企业业绩负责。
◎ 建立新的协同领导组织,如流程委员会。
◎ 设定新的汇报体系,直接和间接对 CMO 汇报的部门。
◎ 新的绩效考核指标,总体客户满意度和销售增长。

原则三:绩效型组织:营销流程和数据链的紧密整合

企业营销活动过去是成本中心,现在必须成为利润中心。研发、营销、销售、服务将被打通,以营销为核心带动公司的销售收入和利润增长。其中,关于客户和商机的信息流是关键,而获得更多优质客户,提升客户钱包份额,提升客户终生价值是实现业绩增长的具体手段。过去,企业关于客户的营销决策和数据是分散在各个品牌单元、渠道部门和区域营销机构的,企业缺乏集中的数据管理和全方位的客户视角,导致企业无法实现深入客户洞察,提升客户终生价值,扩大客户钱包份额,实现交叉销售和向上销售。如今,营销自动化平台和集中的客户仓库的逐步使用,要求企业必须在组织层面把分散的数据集中到平台上进行管理和分析,而各个品牌与渠道可以按需要获得和分析数据,支持其营销活动。在这个营销自动化和数据集中化的平台上,企业可以集中使用各个"增值分析工具",深入挖掘数据的营销价值。我们把这个架构按照逻辑顺序简化如下:

平台:数字营销基础设施平台
◎ 营销自动化系统(如 Adobe cloud、Oracle Marketing Cloud)。

◎客户数据仓库（如 Oracle）。

这个平台的核心价值在于帮助企业实现"穿透式客户身份管理"和"大规模定制化营销"。穿透式客户身份管理是指企业可以通过整合来自各个方面和线上线下的数据把客户的真实身份与其各种购物相关行为进行精准匹配，从而直接管理针对单个客户的营销。

◎**商机** "商机发掘和优化"工具（如 Lattice、everstring），即企业可以对现有客户和网络信息进行分析，判断其销售潜力和可行性从而优化客户列表，确定客户分级管理及客户开发的优先顺序。

◎**联系** "客户联系方式发掘"工具（如 Datanyze、Zoominfo），即对潜在客户的具体组织结构、各个决策级联系方式进行获取和管理。

◎**洞察** "客户洞察分析"工具（如 Insightview、Agent3），即该工具可以帮助企业对客户的需要特点、购买动机、购买时机、购买渠道、购买特征进行分析从而制定有针对性的营销策略。

◎**内容** "个性内容定制"（如 Marcomcentral、Seicmic），即企业可以根据以上客户洞察成规模地开发定制化沟通内容（视频、白皮书、研究报告、邮件和网络研讨会）。

◎**互动** "互动管理"工具（如 Demandbase、Terminus），即企业管理和传递1∶1的定制化内容给目标客户并实时互动。

◎**协同** "一站式营销管理中心"工具（如 Salesforce、Marketo、Hubspot），即企业可以把以上营销专业活动和企业的营销综合目标（marketing dashboard）整合起来，从而定量和实时地管理企业营销战略目标实现过程。

重组营销架构

数字时代，营销早已不再只是具有孤立、竖井式的职能，而应整合、贯穿至整个组织内部，每个组织的架构都从本质上决定了组织是怎么做决策的、沟通的传递与接收方式、创新如何落实以及最终数字化整合的速度与深度。哈佛商学院领导力与战略领域的专家约翰·科特（John Kotter）曾经说过，几乎所有的公司管理架构都是金字塔层级模式的，而实际上我们今天所看到的层级模式已是20世纪的产物了，这种模式具有标准化的流程，能够解决短期问题，并且可以达到非常精准的效率，但层级模式很容易与新的机遇擦肩而过，因为新的机遇需要转型与变化，而层级模式更擅长于维持与优化。例如，对于一个将季度收入指标作为工作重心的层级型个人电脑大型制造商来说，平板电脑市场的潜在新机会更像是一种干扰。

组织重设计

传统的组织架构往往是金字塔型的——沟通与影响自上而下，CEO与管理团队位于金字塔顶端，对一系列相对独立的职能进行管理（营销、销售、人力资源、IT、公共关系、财务、研发、运营以及客户服务等），每项职能的设计都是为了独立服务于具体的业务，这样的架构实际上是抑制透明沟通、推崇部门间竞争的。

约翰·科特博士推荐一种"并行操作系统"，即一种通过结合金字塔型与网络系统型中最佳的特征从而实现内在互补的架构系统。金字塔系统更注重工作的优化与管理，而网络型系统则更加以团队为导向、敏捷、平均主义，可以更好地识别机会并做出相应的调整。

关注数字化转型的组织在设计架构时也应当反映出数字化的内在整合，并凸显响应、速度和战略一致性，同时创造一种兼容并包的企业文化。事实上，兼容的文化可以影响员工对企业未来发展的信心。根据一份思科互联网业务解决方案事业部（Cisco IBSG）的调查报告，55%的来自包容氛围公司的被访者都表示对所在组织未来的营收预期"非常有信心"，而只有33%的来自非包容氛围公司的被访者表达了同样程度的信心。

很多科技公司都采取了网络型的架构，从而打破了以往相对隔绝、独立的职能界限，并打开了沟通渠道，促进了组织内部整体的协同。美国艺电公司（Electronic Arts）就是其中一员，艺电公司建立了基于组织内部的虚拟社区，从而使得决策可以更加协同与共享，同时也保留了创新所需要的相对独立性。艺电公司 COO 布赖恩·奈德（Brian Neider）这样说道："关键是要建立一种沟通与写作的精神氛围……以此来保障内部员工对于公司目标的一致性。"

组织结构的数字化转型五步法

（1）就组织的数字化目标达成共识：管理团队、部门领导应当对组织未来的数字化发展目标和发展战略达成一致共识，一个非常有效的方式是开展员工讨论圆桌会议，以此来头脑风暴出数字化的机会与风险。各部门的焦点小组可以在相对封闭的模式下开展讨论，以下是一些供参考的讨论问题：
◎企业目前管理数字化的方式是怎样的？
◎各个数字化渠道的表现（网页、电子邮件、社交媒体、移动端）相对竞争对手来说如何？
◎企业是否可以快速创新与响应？
◎企业当前的数字化是孤立于某一职能单元，还是渗透至各职能单元？
◎数字化改革有什么阻力？

（2）可以在公司固有的组织架构外开设数字化创新项目团队，负责组织整体的数字化路线规划，并直接向 C-level 管理层进行汇报。

（3）成立数字化专家小组，包括数字化创新项目团队中的成员，开发并执行贯彻于整个组织的数字基础设施，同时满足客户端与业务端的需求。数字化专家小组拥有影响全公司运营的权限，并且作为一个业务单元对其业绩指标负全责。小组的工作重心之一是让尚未熟悉数字化的员工开始使用数字化工具推进业务发展，而当小组的目标初步完成后，小组成员可以被重新分配到组织的各个部门中，进一步协助数字化整合的进程。

（4）整合某一具体领域中线上、线下的职能，例如客户小组应当通过电话、邮件、社交媒体来处理问题，而零售采购小组则应当同时通过线上、线下的商店来管理产品。最终的理想状态是，围绕与消费者之间关系建立的不同阶段，企业有机地建立起组织架构。

（5）最先进的组织会使用网络式的结构设计——将拥有数字化能力的员工发布在组织的各个核心部门，同时有效利用数字化专家来领导组织实行关键举措，部分数字化项目是通过业务部门来完成的，而有一部分是通过数字化创新单元来完成的，这种分布式的领导力模型可以用图9-3来表示。

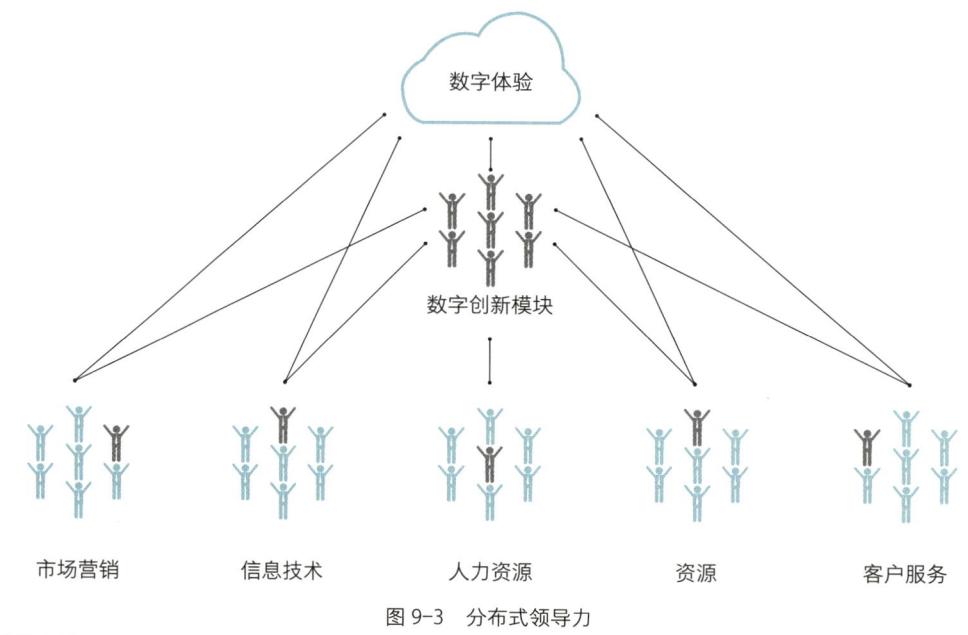

图 9-3　分布式领导力

资料来源：KMG，Entwine Digital.

营销与IT的关系

高德纳咨询公司分析师劳拉·麦克莱伦（Laura McLellan）预言："到2017年，CMO将比CIO在公司的IT工作上花费更多的时间。"这样的预测反映了未来营销与IT职能之间的潜在冲突，因此企业有必要在CMO与CIO之间建立战略合作关系。传统意义上，CMO往往负责吸引市场与行业的注意，建立话语权，而在数字化的今天，CMO 面临着数字化心态转变的必然挑战，需要应对和管理他可能尚未熟悉的数字化技术。

IBM 的一项全球 CMO 调查报告（*From Stretched to Strengthened*）中总结道，全球的 CMO 在履行日渐扩张的数字营销职能时都会感到一些力不从心，这些职能与挑战包括大数据的爆炸性增长，社交媒体、渠道与设备选择的增多，以及如何实现客户协同。

与此同时，首席信息官 CIO 往往负责给出公司所在市场中科技发展的预测，并且制定出与公司战略一致的专家指导与 IT 规划。不管在组织内部还是外部，CIO 在信息的流动、大数据的收集与分析方面的职责与 CMO 在数字化技术方面的职能都有着一定程度的交叠。因此，组织有必要打破营销与 IT 职能之间的历史藩篱，建立起更为混合型的职能与角色。事实上，2012 年，已经有 70% 的被访企业表示它们设置了首席营销科技官（chief marketing technologist，CMT）的职位，一年以后，这个数字增长到了 80%。

百事公司的首席数字官就是在食品饮料行业中营销与 IT 职能融合的一个典型案例，其他组织也出现了一些类似的职能，例如"首席数据官"或者"首席汇合官"，而这些职位的出现也再一次验证了数字时代营销职能与 IT 职能之间关系重新定义的必要性。不管是不是真的需要设定一个专门的职位，企业都应当重视在组织内部不同职能间的协作。

数字时代的组织协同

组织内部的协同需要一些具体的执行方案来充分促进各职能与部门之间的不同思考方式、不同文化与价值取向之间的融合，部门经理日常的工作往往都着眼于自身团队的管控，并不经常接触其他观点与工作方式，因此他们的技能组合往往是比较固化的。在今天这样快速发展与迭代的数字化商业环境中，决策的制定与执行都需要组织通过快速注入新的知识和新的洞察来设计有创造力的方案，从而抓住不断涌现的成长机会。

具体来说,跨部门的沟通协作有这样一些最佳实践可供借鉴与参考。

(1)**耐心**(patient implementation):对于组织内部的很多人来说,数字化整合和转型从某种意义上看是一个有威胁性的主题,因为你不得不放弃一些根深蒂固的习惯,丢失一部分已经建立的控制权和职权,甚至在某种程度上是部门主管的个人身份。因此,数字化的操作必须是耐心且基于共同利益的。

(2)**内部沟通**:从上至下都应当充分打开沟通的渠道,数字化文化中一项核心的价值就是平等,这也意味着沟通的民主化。Twitter 联合创始人、移动支付公司 Square CEO 杰克·多西(Jack Dorsey)就一直在其组织内部推行一项"责任透明度"的政策,通过开放的共享机制充分促进创意与创新的产生。

(3)**管理团队需要清晰的认知与界定**:
◎ 营销与 IT 之间建立牢固的伙伴关系对于组织的益处,不仅对各职能来说是共赢的,而且是可持续成长的关键所在。
◎ CMO 与 CIO 的新职责。
◎ CMO 与 CIO 对于管理各自领域所需要的新技能。
◎ 协作并不仅限于营销与 IT 职能范畴,应当把整合推进至组织的各领域。

(4)**跨职能的协作将会消除客户体验中的偏差**(**数据分析、媒体策略、客户服务等**)。
◎ 数据整合:将数据的采集、分析、定向分布与营销需求和 IT 知识进行整合,从而有效交付用户洞察和实时分析。
◎ 安全性:随着组织在网络、社交媒体、移动端多个平台和渠道的曝光,通过严格的技术监管来保障安全、减少风险就会变得非常重要,营销与 IT 协同起来,积极处理潜在的风险。

(5)**反馈**:客户的任何一个数字化互动行为实际上都是与组织整体所进行的,反馈应当实时地在组织内部进行共享。

寻找达·芬奇：新营销人员和技能

在人类闪耀的精英之星中，达·芬奇无疑是最辉煌的一颗：他因为创作了《蒙娜丽莎》而成为不朽的艺术家；他率先解释流体力学原理而成为"科学家"；他制造出人类第一架直升飞机而成为工程师。在我们今天空前复杂和充满机遇的商业社会中，一个优秀的营销专业人士也要具备达·芬奇的特质，成为达·芬奇式的人才：

◎ "艺术家" 独立的思维和全新的视角，提出创新模式的能力。
◎ "科学家" 观察、总结、求证、优化、归纳和发现知识的能力。
◎ "工程师" 与团队合作推出产品和方案解决问题的能力。

具体到数字时代，从组织层面，我们需要建立"全明星"的数字营销团队（见图9-4）。这些团队成员应该包含如下角色：

◎ **数字原住民** 他们深度参与各个社交网络，而且很可能定期撰写博客/微信文章，因此具备内容生产力。他们知道如何找到及获得关注者，如何与其他用户进行互动并深谙社交媒体的机会及局限。他们也许来自企业中的任何一个部门，不过通常是热心的对话发起者，因此他们更有可能会在营销部门、公共关系（PR）部门、科技部门被找到。

◎ **协调者** 协调者负责社交媒体活动与组织之间的整体协调，尽快向相应的部门转发对话、销售线索、客户询问，因此，他们应当对公司内外部都非常了解。

◎ **传播者** 传播者负责直接与客户及大众进行对话，因此他们必须知道公司希望传达怎样的内容，什么时候传达，以及如何才能最好地进行措词。

◎ **产品专家** 产品专家需要快速及时地响应客户的询问或投诉，因此，产品专家往往来自产品开发团队，或者其他直接与客户接触的职能部门。

◎ **分析员** 分析员负责跟进、分析与统计，他们需要通过跟进和追踪来评估社交媒体活动的ROI，并通过网络分析工具来看营销的工作及团队是否达成目标，这意味着，分析员是确定数字营销活动的基线和指标的角色。

图 9-4 建立你的"全明星"数字营销团队

资料来源：American Marketing Association，Salesforce.

数字化转型加速器

数字化转型于组织内部具体落实的载体在不同企业中可能会有不同的头衔与表现形式，如"数字化转型加速器""快速创新部门""数字化加速团队"等，本质上，这些数字化转型的载体团队可以分为这样两类：内部颠覆团队与外部颠覆团队。内部颠覆通常适用于这样的企业：高层的变革意愿与支持非常强烈，但转型常常遇到企业固有文化所带来的巨大阻力，因此单独分离出一个内部颠覆团队将帮助他们从文化的包袱中解放出来，并且向反对者展示创新的可能性。而当企业同时遭遇文化与架构上的阻力时，应当借助外部颠覆团队的力量，寻求从外部引发创新的机会。内部颠覆团队可以为组织的数字化转型提供可持续、长期的解决方案，而外部颠覆团队则为转型过程提供必不可少的输入。硅谷的沃尔玛实验室就是通过并购初创企业来创造它们的创新团队的，而与之形成对比的是,已经有超过50家世界500强企业成立了"数字化顾问委员会",为企业高层制定公司战略时提供定期的数字化专家建议。

在采用内部颠覆实现数字化转型的过程中,一种值得参考的方式是建立数字化转型加速器(digital transformation accelerator,DTA),它是一个半自治的、直接向CEO或高层汇报的单元,通过快速反馈、客观评估,为企业在数字化转型时遇到的问题及新的商业模式和数字化战略提供全面且整合的方法与思路,成为组织变革与转型的创新源动力。

具体来说,DTA应该由10~15名常务核心成员组成,同时在构成比例上应当是层级代际的:不仅应当囊括来自不同职能部门的资深管理人员,而且应当吸纳千禧世代的年轻员工,同时从组织外部寻找专家领袖以提供关于数字化战略的新视角。DTA内部的文化和工作氛围应当是"初创式"的:开放、灵活、不断寻找新的机会与灵感。

DTA的职责应当包括:
◎ **定义数字化转型路径。**
◎ **为员工提供与数字化相关的培训。**
◎ **探索并发现新的商业模式。**
◎ **重新设计并优化客户体验。**
◎ **为创新与转型打开所有可能的渠道。**
◎ **测试创新的可行性。**

现在,当你作为高管,已经带领你的企业建立好数字营销的组织平台后,结合前面我们一起建立的战略意识、数字平台功能以及4R操作模式,下一步行动计划的核心就是如何建立绩效与数字营销的评估系统,现在,让我们一起进入第10章。

第 10 章
数字营销的绩效管理与测量

KMG 数字化营销战略路径图

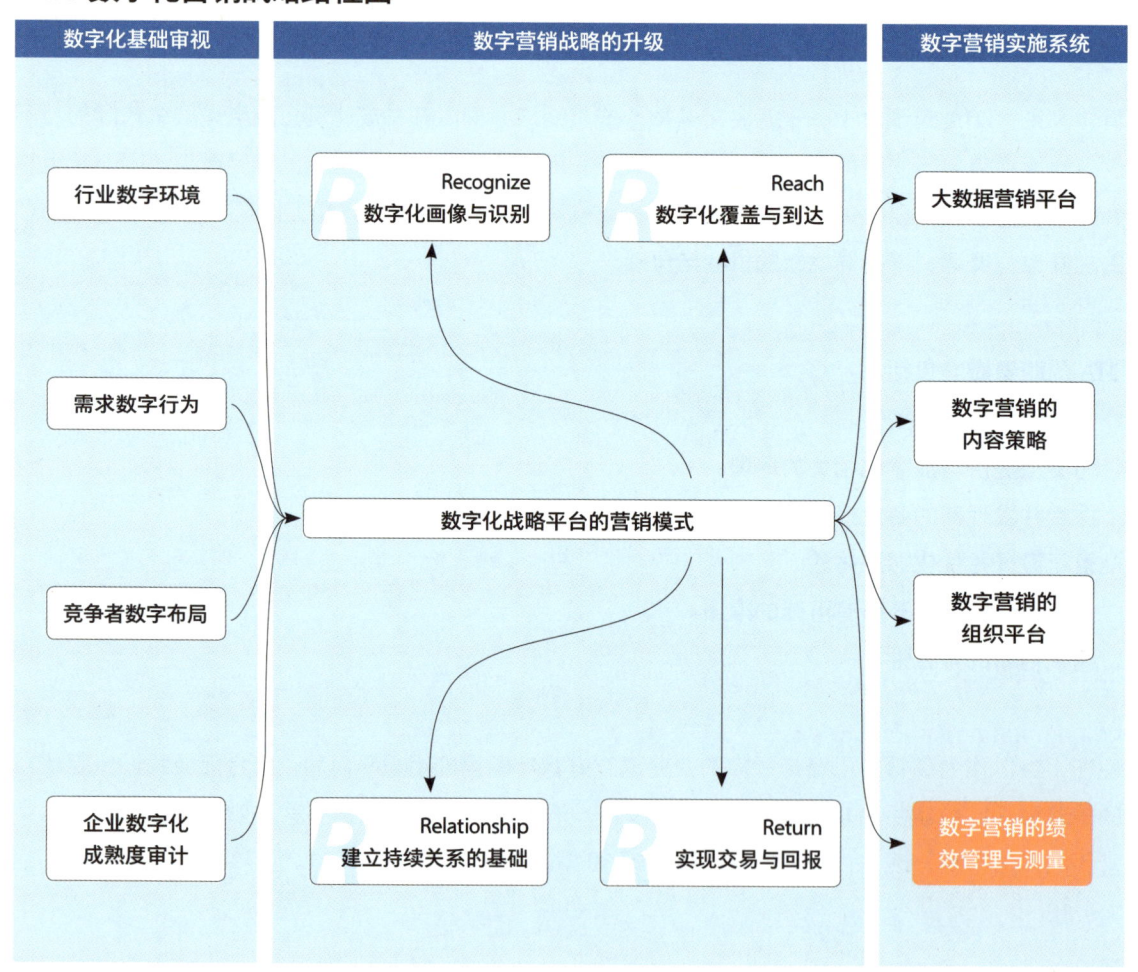

数字营销测量,测量什么

50 个数字营销测量指标

数字营销可以进行"精确化的营销分析与管理"。对于 CMO 和 CEO 而言,能够在一起做营销投入,清晰计算出营销资源投入的 ROI。然而数字营销的测量在业界正处于发展期,对于多数企业而言,只一味地注重"数字"的结果,却不知道数字于营销的意义,甚至不知道如何合理地使用数字来衡量营销。另外一些企业,认识到有必要采取系统的办法来衡量或者评价这些信息泛滥的数字,并把这些数据合理地加工成战略目标和组织目标所需要的专业"好数字"。

现在,我们来看看在数字营销领域,采集到的最流行的 50 个数字营销测量指标,我们将其称为 digital index 50,在实际的数字营销实战中,并不会采用所有的指标,当然,后面我们会具体谈应该如何简化指标,抓住能够动态控制营销效果的指标。

Digital index 50 如下:

lead-to-customer conversion rate
引导客户转换率　可以判断你的引导销售过程是否成功。

share of voice
分享声量　用声量计算出当人们讨论你所在的行业时,显示出你与对手的排名甚至比例。

cost-per-lead
单次引流成本　企业需要尽可能地提高每次引导需求的效率。

social interactions
社会互动　专注于增加你的社会交往以建立你的关系网络。

social media page views
社交媒体页面浏览量　关注于社会媒体对于页面浏览量的引导效果，可以明确地知道哪一个资源是你的受众人群真正关注的。

amplification rate
增幅比例　越高的增幅比例可以带来越长远的传播能力。

lead volume
引导总量　知道哪一个程序是最有效的，进行实时测量。

lead origination
引导起源　了解什么样的活动影响你的管道。

follower growth by channel
渠道的追随者增长　不同的渠道有不同的增长率，企业需要关注并选择在最有效的渠道上投资。

return on marketing investment
营销投资回报率　可以高效、有意义地测量投资成功。

market share
市场占有率　一家企业的销售量（或销售额）在市场同类产品中所占的比重。

cost-per-click CPC：
每次点击的成本　衡量每一则线上广告和产生点击的内容是否有价值。

pagerank
网页排名　当你查找信息时，相关度最高的内容选择。

organic search
自然搜索结果　搜索引擎优化(ESO)驱动更好的有机搜索结果。

unique visits
独特的访问者　营销人员的目标就是增加网站中独特访问者的数量，以扩大营销的范围及效果（独特访问者代表一个群体）。

time on site
网站停留时间　有可能使一个浏览者成为消费者。

page views
页面浏览量　衡量你的网站是否运行良好，足以让观众从一个页面到另一个页面，你有足够的内容让他们参与。

funnel visualization
渠道可视化　渠道可视化可以表现出营销和销售过程中的优缺点。

return visits
回流访问者　返回来的访问者，是一个很好的表示参与程度的指标。

bounce rate

跳出率　跳出率可以评估一个网站或者网页的无效措施。

quality score

质量评分　这是一个由 Google 设计的评分标准，用来给关键字的有效性打分。这个分数越高，说明用更低的花费可以得到越靠前的页面显示位置。

conversion rate (CVR)

转化率　衡量你的网站是否有影响力。

referral traffic growth

推荐流量增长　推荐流量是指通过第三方网站上的链接所带来的访问量，这里不包括用户通过搜索引擎带来的访问量或直接访问量。比如通过导航网站、其他网站上的友情链接或社交媒体上的链接点击访问的流量都是推荐流量。推荐流量的增长，不仅增加了网站的曝光率，而且有助于优化搜索排名，进而带来更多的访问量。

click-through rate (CTR)

广告点通率/点进率　Google 在决定广告的最低点击价格和广告排名时都会考虑 CTR，它会考虑网站的 CTR 和用户停留时间来决定网站的排名。它可以衡量营销人员对于广告内容的把握，有助于内容的成功传播。

inbound link

导入链接　也被称作"incoming link"，是指一个网站在其他网站上设有指向自己网站链接的数量。这一指标考量的是网站链接的广泛程度，有时也被当作搜索引擎优化的一项参考数据。

social media publishing volume

社交媒体发布量　发布总量、平均数量、发布频率都是衡量的指标；人们需要从众多信息中产生有关你的记忆，发布太多会让人记忆麻木，发布过少又会让人淡忘合理的控制和使用社交媒体。

highest trafficked pages

最高流量页面　可以知道哪些页面是访问者最喜欢去的，要保证这些页面可以引导产生转化。

traffic by device

设备流量　网页在不同的设备中显示的效果是不一样的，每一种设备所产生的流量可以衡量出客户的浏览习惯，帮助设定营销重点。这也是近年来响应式网站兴起的原因之一。

total website conversions

网站总体转换量　准确地知道访客对于一个网站的真正价值，是一个总体性指标。

marketing-originated campaign influence

市场行为活动影响　分析什么样的市场行为活动，可以推动或影响客户产生购买动作。

Email campaign open rate

电子邮件活动打开率　打开率是衡量相关性、邮件主题内容是否对动机产生影响。

social reach

社会传播　评价你的信息传播了多远；该指标可以论证相关内容的传递等级。

unsubscribe rate

账户注销率　可以让营销人员判断客户离开的比例，以及进一步追溯离开的时间、触发事件。

total indexed pages

总体页面索引　总体的索引数据可以给我们提供分析不同页面的索引数量占总体的比例，针对性地找出占比高与占比低的页面索引原因。

impressions

印象　评价广告影响力、有效程度的指标。

referring URL

进站前链接网页　访客访问某网页之前所到的上一个网页，该次访问是因为访客点击了上一个网页上的超链接而造成的。URL 就是用户网络行为描述的主要数据，也造成了 URL 方向的网络广告营销。

media coverage

媒体报道覆盖　越多的媒体能提取出你的信息，就会有越多的观众能看到你的信息。

click by channel

渠道点击　因为渠道产生的点击量，可以了解访问者是通过什么知道你的信息，也让营销人员知道更应该聚焦哪些渠道。

average interactions per post

每一个帖子的平均交互作用　衡量帖子的吸引度，帮助你锐化主题的同时了解人们的兴趣点，指导将来帖子的内容信息。

advertising value equivalency (AVE)
广告价值等量　用金钱计算广告与盈利能力的关系指标，可以帮助对营销指标不熟悉的高级管理人员，直接明白广告的价值。

marketing-qualified lead
合格的市场化引导　基于引导指标，与其他的引导动作相比，我们自己的引导作用是不是有效果，是不是有效地把驱动性的市场营销行为影响传递下去。

keyword ranking by position
关键字排名的位置　关键字排名是一个常用的指标，可以衡量人们对于某些关键词的搜索热度和关注点；关键字排名的位置，就是体现定位，准确地知道现行营销活动中的字段是否有效，改善关键字营销的计划。

drop-off rate
下降率　下降率可以预示销售过程上将要停止的部分，经常可以指出一个策略中的弱点。

customer sentiment
客户情绪　忽视消极或者积极的情绪，你将错失关键的机会吸引消费者并建立品牌拥护者。

subscribers
订阅者　这些人让你知道他们想接收你的内容。这些人大部分是你的潜在客户及准客户。

media tone
媒体语气　大多数媒体报道可以保持中立，但是你应该尝试通过使用媒体预期将任何负面报道影响最小化。

data quality

数据质量　数据质量管理不仅是成功的关键营销自动化的关键，也是客户满意度的关键。

visitor demographics

访客的人数统计　访客的人数统计可以帮助你创造特定于某一地区或语言的内容，如果你看到高收视率，你可以明白阅读你内容的人来自什么区域、国家。

marketing- influenced sales pipeline

市场影响的销售途径　一个可以衡量营销活动是否有效地影响销售途径的指标。

acquisition rate

采集率　你提供的信息与内容，能够产生多大的影响？市场采集率越高，说明影响越可观。

看了以上这些指标，你是否从不知道如何测量、如何下手，到上面一下子出现了如此多可以衡量数字营销的指标，开始头大了呢？你记住了多少个？哪个是作为CMO最应关注的？为什么？以后还需要衡量哪些？有哪些上面没有包括进去？

数字营销测量：虚荣指标

上面所列出的指标中有太多的虚荣指标（vanity metrics），所以"乱花渐欲迷人眼"。"虚荣指标"这一概念，是在2011年埃里克·莱斯推出的"精益创业"（lean startup）框架中提到的。虚荣指标是指营销人所用的证明客户是否喜欢上他的传播或产品的"数字"。网站流量或者粉丝数是常见的"虚荣指标"，这些指标往往是裹着糖衣的炮弹，让营销效果看上去很"美"，却体现不出营销的真实状况，而事实上你可能已经离营销目标越来越远。既然如此，那么问题来了：

◎点击率：高点击率有什么意义？
◎单次点击成本：如果回报高，成本也可以高？
◎转化率成本：转化率低，不表示营销失败？

每家企业都会对这些问题有各自的观点和解释，更多的是由这些观点导致的公司行为会产生问题，反观这些问题时，却找不到头绪，无法发现产生问题的原因，所以审核企业或组织，精确测量各种方法和工具，并评估营销投资的回报率显得至关重要。

虚荣指标的主要产生原因之一就是想当然。很多公司喜欢标出大增长数字，新闻也趋之若鹜，"100万下载量，900万名注册用户，每天1亿条推讯"。我们报告这些指标是认为它们能显示出某些迹象，但是通常这些指标没有实际作用，真正的度量指标和所谓的指标之间存在很深的鸿沟。

虚荣指标诸如注册用户、下载和原始页面浏览量（因为企业很容易操纵），不一定是真正重要的数字，比如活跃用户、参与并获得新客户的成本、最终收入和利润。真正的数据是可以保留和重复使用的，专注于真正的度量可以使产品更好，吸引更多的客户。

只跟踪虚荣指标，会获得成功的错觉。你要深入分析才能得到真实的结果。记住这句话，你要衡量什么，首先不要猛然跳进去设计尺子的精确度，而是要问自己：你需要什么，你的战略目的是什么。

数字营销考核的指标：如何做到不"虚荣"

数字指标的类型

我们可以把测量指标分为以公司为中心的指标和以客户为中心的指标（见图10-1）。以公司为中心的指标大多指向公司业务产出的业绩，而按照平衡积分卡的管理逻辑，业绩产出性指标最后都可以归结到以客户变现的方式来做提前判断，如客户的忠诚度、客户的终身价值、客户的满意度、推荐度。

图10-1 数字时代下的营销指标
资料来源：美国市场营销协会（AMA）。

◎ **以公司为中心的营销指标** 销售额、销售增长率、利润率、品牌价值、市场份额。

◎ **以客户为中心的营销指标** 品类需求份额（share of category requirement）、钱包份额（share of wallet）、客户终身价值（customer lifetime value）。

◎ **以公司为中心的数字营销指标** 发帖数量、粉丝数量、KOL数量、传播热度（访问/浏览/转发/评论/下载/点赞数量）。

◎ **以客户为中心的数字营销指标** 净推荐值（net promoter score，NPS）、评论情绪分析（sentiment analysis/ratio）。

结合图表和数据可看出，当收集不同指标时，企业对于营销的测量与评估已经出现了实际应用和方向性的不同。下文会分别讨论数字时代引起的影响方向。

（1）**业绩导向营销**：关注可以明确增长的数据，是传统营销人员衡量营销活动的基础，还会有更多例如商业价值为基础方向的 KPI 数据作为辅助。在数字时代下，客户的想法对于公司的影响已经远远超过市场份额，这种潜在的影响已经不能用销售额和利润说明；传统营销手段也只能覆盖有限的目标人群，这些受众可能已经变为小众甚至是独特人群。

（2）**客户导向营销**：与数字营销相比，存在片面性与不适用性，数字时代产生越来越多的社群化思想。即使做到全面的客户互动，也会产生无转换率、无销售额的虚荣指标。许多潜在客户及准客户都会通过数字方式建立有别于传统的客户关系，数字模式下的客户价值需要加入原本的客户终身价值。数字化客户营销通过大量的实际数据可以推动公司本身创造新的品类需求份额。

（3）**业绩导向数字营销**：已经构成相对完整的营销测评方式，不但明确表示出公司的业绩变化，而且覆盖了数字渠道的投资回报，但不能只关注指标数据，需要通过实际的数据分析得出可以重复使用的判定结果。毕竟，忽视客户重要性类似木桶的短板，粉丝数量、传播热度也一样可能是虚荣指标，无实际作用。业绩导向数字营销比较适合于处于由传统向互联网转型阶段的公司。

（4）**客户导向数字营销**：成功案例相对集中的营销模式，关注更精细的有益指标。它同传统业绩导向营销相比有着天壤之别。对客户需求快速反应、迅速迭代，大数据帮助提高营销效率，推送接近于完全满意的产品与服务。真正成功的营销在于完美整合传统与数字，数字化思想、客户导向在营销过程中无处不在。

我们还可以从另外一个维度来看营销指标的设计：区分三种不同类型的指标——财务指标、以客户为基础的指标、营销实施指标，都分别为数字营销绩效的不同方面提供不同视角的指标测量（见图10-2）：

◎ 财务指标主要评估企业最基本的、只关注利润/成本的营销表现。
◎ 基于客户的指标则衡量企业客户资产的健康程度。
◎ 营销实施指标为企业揭示采取哪些措施可以有效提升客户基础以及最终的财务表现。

管理人员应避免过度关注数据以及分析本身而忽略了数据所指向的意义。我们在做咨询的过程中发现，有些客户在引入绩效考核时的一个思维误区就是指标越多越好，其实完全不然，就连"平衡计分卡"的创始人卡普兰博士也曾在哈佛商学院高管课上反思"平衡计分卡"是否"太平衡"，太平衡往往不适用于很多创新的、追求极致的企业——道理很简单，正如人生，很多人都在补短板，而真正厉害的人却恰恰相反——他们把自己的长处发挥到极致，人的资源、精力毕竟有限，企业也如此。CMO设置目标的时候，应该通过结果倒推，你要什么，你才考核什么，不是指标越多越好，同时评估现有绩效指标可能会对结果产生什么影响，找到指标与企业目标之间的差距。只有理解了绩效指标的意义所指，才能真正驾驭数字营销战略。

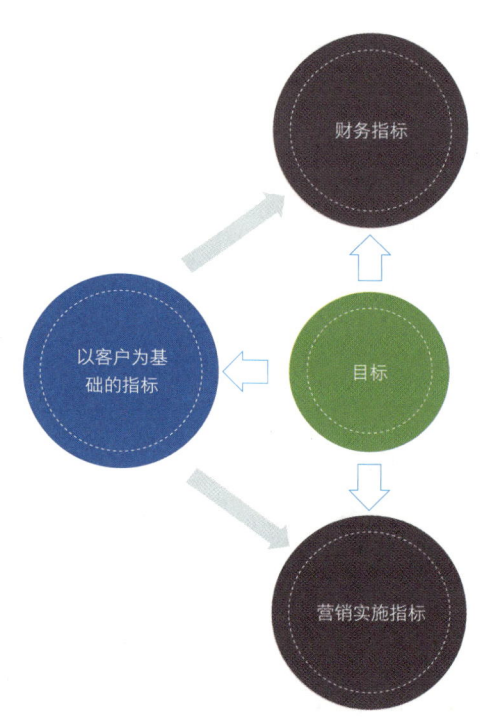

图10-2 营销指标框架
资料来源：美国市场营销协会（AMA）。

你都不清楚你要去哪儿，或者说你们去哪儿的路标都不一样，KPI自然不一样。

数字营销市场评估模型

多年来,评估与测量一直伴随着商业计划和营销活动的发展过程。进入数字技术开始对市场产生巨大影响的时代后,评估和测量数字营销的投资回报率已经成为战略与战术的必要行为。我们需要建立一个有效的、通用化的测量和评价模型。测量是判断组织的准绳,当先评估后使用数据的行为变成企业文化中的一部分,数据驱动决策的好处就会显现。正如彼得·德鲁克常说的,"你不能管理你无法衡量的东西,如果你无法衡量它,你就不能改进它。"

所有的管理问题都必须从目的展开。为了改进与成功,我们需要设置有形的、可衡量的目标。第一步是建立一个测量与评估模型,始终跟踪指标,如投资回报率(ROI)和关键绩效指标(KPI)来量化组织绩效。

数字市场评估模型是结合阿维纳什·卡希克写的《数字营销与测量模型》开发的,其中的五步法则是根据实际的需求,结合数字市场营销的实际现状改进而成的(见图10-3)。

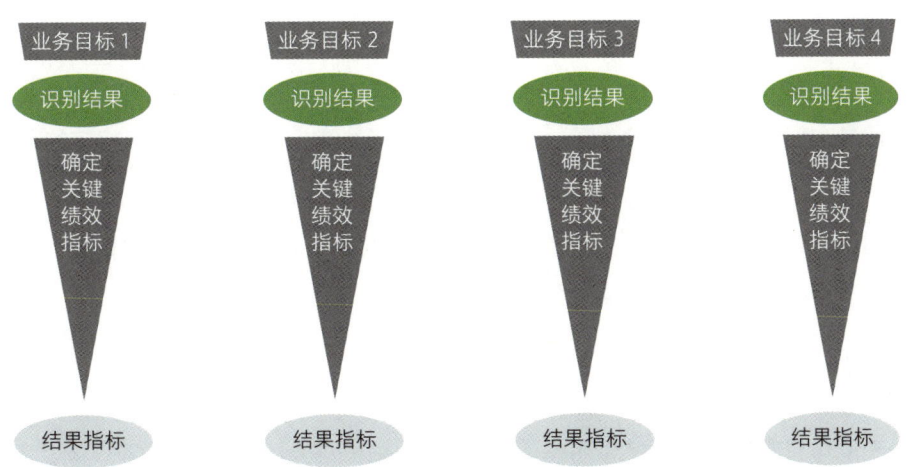

图10-3　指标考核设计维度

资料来源:阿维纳什·卡希克,《数字营销与测量模型》。

模型建立

步骤1：确定业务目标。
为项目设置最广泛的参数，比如营销方式、品牌、渠道。

步骤2：确定每个业务目标下的结果方向。
为每一个业务目标确定可衡量的结果，可以按照特定方面的营销计划来评估，比如在数据收集方向上，公司的数据收集工具、可用于数据分析的资源和平台。

步骤3：确定关键绩效指标。
这些指标能衡量组织的性能和它是否达到目标。KPI是用来测量能力及预测结果的主要工具，它们可能对应于特定的行业或组织，但必须是一致的。对于每个KPI，管理者决定的计算方法和设置的参数将是成功的前提。下面基于对网页的分析，我们用一些指标的分类进行说明：

（1）计数类数据，最容易收集也是经常被用到的指标；这些数据大多是量化的数据，比如在媒体传播当中粉丝的数量、点击的次数、评论的条数等；许多公司都是在大的范围内收集部分甚至全部的数据，但是它们需要理解这些数据，让这些数据能够为整个评估过程做出相应的贡献。

（2）基础类数据，是主要的组成部分，通过不同的组合方式服务于其他方面的测量，比如自有渠道的原始数据、平台代码。这些数据大多都有相应的计算方式。

步骤4：结果指标。
结果指标的理论体系来自数字参与周期模型。在该模型中，主要的关注点是客户体验（customer experience），当数字工具参与营销活动时，分两个部分（营销前行为和营销后行为）、七个阶段，在各阶段中把客户设置为不同的对象，比如目标客户、潜在客户；可以通过不同的数字工具针对这些客户做出影响，从而达到各阶段的目标。举例说明，当目标客户通过营销手段（邮件营销、视频、随意点击）成为潜在客户以后，该客户就会去关注更多的信息，会主动搜集、了解之前接收到内容，这个时候公司的目标是要与潜在客户建立关系（一种可以把他变成真正客户的关系），客户的体验会围绕在产品信息、相关链接、阅读评论、询问朋友关于这个产品或者服务的经验上。一个好的客户体验，就是把这些客户与产品或服务的接触点做好，客户就会自然地向下一阶段过渡。

通过这个模型，给结果指标提供了一个很好的分类标准：
◎意识阶段　接收信息、媒体到达、病毒式传播、发布活动。
◎兴趣阶段　成为新的访问者、引荐链接、关注趋势的品牌主题、关键字。
◎参与阶段　投入时间、浏览过网页、参与活动、下载内容甚至提交问题意见。
◎承诺阶段　就是转换为客户的过程、转换的次数（如事件注册、店内/网上购物）。
◎忠诚度　进行购买后的客户体验、回访、最近访问、访问时长和频率、满意度打分、正面评价比例。
◎分享宣传　内容聚合、喜欢提到相关信息、推荐、产生影响力。
◎冠军　客户自发性产生、社交媒体宣传、客户生成的评论和其他内容受到支持与推荐。

步骤5：业务价值指标。
数字营销活动的结果是否能达到利益相关者的要求，同样有衡量的维度：
◎收入　产品或服务产生的项目收入。
◎市场份额　自己的产品或服务占据市场比例的多少。
◎利润　充分反映出数字营销在基础层面的影响。
◎品牌知名度　前景和客户测量品牌的认知度。
◎客户忠诚度　测量是否达到或超过客户的需求，这个数据将直接关系到数字营销的二次推荐。
◎客户维系　保持跟踪客户，一个保持良好关系的客户，会更容易产生二次购买，并做推荐、分享,吸引更多潜在客户;如果数据表明客户数量在下降,很可能是在客户体验方面的服务、质量、物流等出了问题。

◎员工生产力　一个可以直接显示出效率、销售、盈利能力的数据。

◎可持续发展能力测量　对于长期的经济、环境、社会状况的表现调查。

上文中讲到,CMO设置目标的时候,应该通过结果倒推,你要什么,你才考核什么,基于目的设计指标才能真正驾驭数字营销战略。下面,我们通过几个典型的维度来运用这些测量。

数字营销的绩效管理与测量

基于社交媒体连接的测量

传统时代的消费者成长路径是:从认知、产生态度、购买到再次购买,过去我们曾经用"漏斗"来形象地表示在这一过程中逐渐递减的人数。过去,购买行为是一种B2C、多对一的行为,我们可以将消费者作为较为独立的个体进行对待。

1. 社交媒体时代:消费者成长路径 5A 法则(见图10-4)

在移动互联网的效应下,消费者由独立的个体转变为聚合的群体,因而购买行为也由传统的B2C形式演变为G2G形式(group to group),而社群内部的连接所产生的群体效应对消费者的成长路径产生了巨大的影响,我们将它总结为5A法则:

◎认知(aware)　这是消费者接触产品/品牌的第一步,此时,初步的认知和存在感已经建立,但这样的认知并不具备任何情感依附。

◎吸引（appeal） 吸引的驱动力来自需求，当消费者发现产品／品牌满足了他们的某一个需求或者激发了他们的兴趣点时，吸引便产生了。

◎询问（ask） 一旦对购买需求进行了初步的确认，消费者便会着手进行相关信息的搜索，对信息进行分析，并最终形成方案评价与购买决策。

◎购买（act） 当消费者对产品的分析结果契合了购买动机时，购买意图便最终转化为购买行为。

◎拥护（advocate） 购后最理想的状态、拥护的状态将通过社群内部的相互影响而被扩散和放大，并反馈至 5A 中的其他 A。

图 10-4　消费者在社交媒体下的 5A 成长路径

资料来源：KMG 研究。

2. 由 5A 法则所衍生的指标

（1）购买行动比（PAR）= 购买人数／认知人数。

传统时代的购买行动比保持在一个较高的水平，因而为了扩大销售额，最好的方法就是通过广告战来提升基数——品牌认知人数。过去企业会绞尽脑汁做创意，在大众媒体投放广告以吸引更多的人知道自己的品牌，而在社交媒体的世界中，由于品牌选择多样性的爆炸式增长以及消费者媒体消费习惯的更变，购买行动比出现了大幅的下降。

（2）品牌拥护比（BAR）= 拥护人数／认知人数。

新媒体时代，粉丝经济逐渐成为品牌的关键词，因而 BAR 将代替 PAR 成为更重要的指标，更高的 BAR 代表更高的粉丝经济生产力。通过提高 BAR，企业把营销的部分工作交给自己的"拥趸"们，让粉丝为你自动完成品牌传播、推广的动作。因此，企业应当更敏锐地发现、识别并最终留住自己的粉丝群，同时赋予其有效的工具来帮助他们为你带来更多的效益，例如小米的 MIUI 论坛、Sephora 的 Beauty Talk 社区。

（3）吸引指数 = 吸引人数 / 认知人数。

提高吸引指数需要借助品牌的力量，通过品牌定位及品牌差异化在消费者心中占据的独特地位，创造传播驱动力，并通过具体的营销传播来落实。移动互联网时代崛起的小众品牌就是最好的证明，知乎是小众的"高质量知识型社交网站"，豆瓣是小众的"文艺青年大本营"，《董小姐》是小众的民谣，雕爷牛腩是小众的"轻奢餐"……这些在过去被认为是"冷门"的概念或品牌通过有效的差异化，满足了消费者派生性的细分需求，并借助移动互联网和长尾的双重效应，实现了纵向深度和横向圈层的兼顾发展。

（4）好奇指数 = 询问人数 / 吸引人数。

提高好奇指数需要借助社群的力量，用社交媒体营销来煽动人们的好奇心，用信息的消费者背书来实现好奇指数的爆炸式增长，达到"疯传"的效果。

蓝翔的挖掘机、ALS 慈善的冰桶挑战、Blendtec 的 Will it Blend 视频……似乎在一夜之间，这些病毒式传播内容在我们的所有社交媒体平台被引爆，过去需要花费重金大量投放广告才能达到的效果，今天可以在极短时间内免费完成。

（5）认同指数 = 购买人数 / 询问人数。

认同指数的关键在于渠道管理与销售人员管理，尽管今天我们所谈及的"渠道"在实体之外包含了更多线上的概念，但线下场所依然是非常重要的环节。以站在互联网思维风口的小米为例，其 70% 的销量仍然来自线下渠道。阿里、顺丰、京东"最后一公里"的争夺战，腾讯、万达、百度的联手 O2O 布局……这些都表明了企业 O2O 战略落地之线下渠道的关键性。

（6）亲密指数 = 拥护人数 / 购买人数。

亲密指数的关键词有服务蓝图、客户服务 / 关怀、忠诚度计划。可以看到，越来越多的品牌通过会员制度中的积分累积与兑换、等级奖励等方式，与客户形成了共同利益点，把新客户变成"回头客"。

过去，会员卡是一种最为常见的忠诚度计划形式；到了移动互联网时代，App 实现了会员卡、优惠券、积分系统等的整合，创业公司 FiveStars 甚至将这一切变得更简单，将会员认证与管理系统集成到 POS 机，用客户手机号取代会员卡，因此实现了无须实体卡片甚至无须应用程序的忠诚度管理。

社交媒体的蝴蝶效应影响了消费者成长路径的形状，如图 10-5 所示：

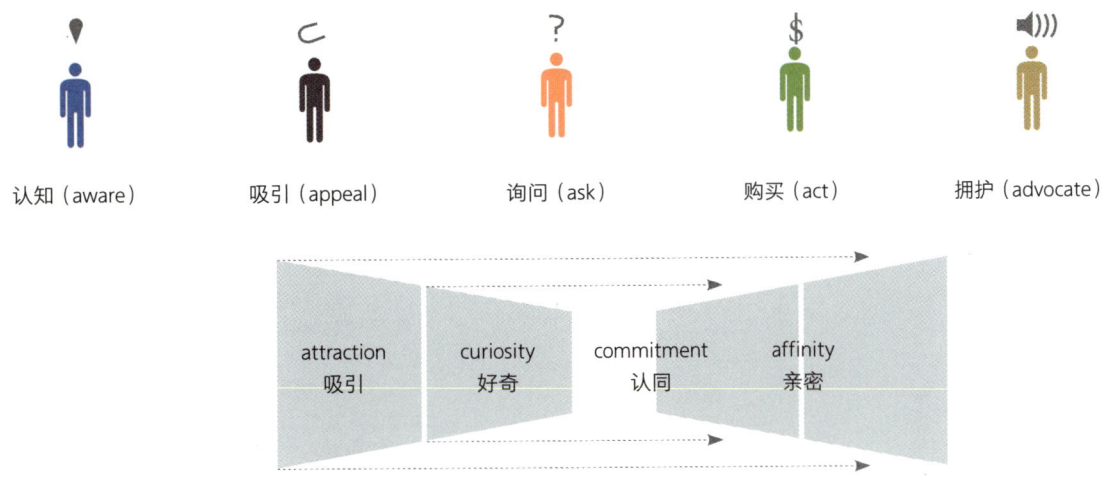

图 10-5　社交媒体时代消费者 5A 成长路径

资料来源：KMG 研究。

在社交媒体时代，理想的消费者成长路径形状应当像图 10-5 中那样呈"领结"型，从认知—吸引—询问—购买—拥护会经历一个人数下降再回升的过程，这与传统思维中递减的"漏斗"型形成了显著差异。

认知—吸引—询问过程中人数的下降，是社群价值观与品牌价值观之间差异性所导致的筛选结果，询问—购买—拥护过程中人数的回升，则归因于互联网的平等性和社交媒体的"蝴蝶效应"：每一个个体的声音和情绪都会被放大，在社群内部产生深远的影响，自下而上地建立并兴起亚文化，因而，甚至在实际购买行为发生之前，你就已经是某个品牌的拥护者了，这也解释了经营粉丝社群的重要性。

基于消费者购买行为的数字营销绩效测量

我们可以先看看传统时代的消费者关系演进层级下的 AKAPPP 模型及相应指标（见图 10-6）：

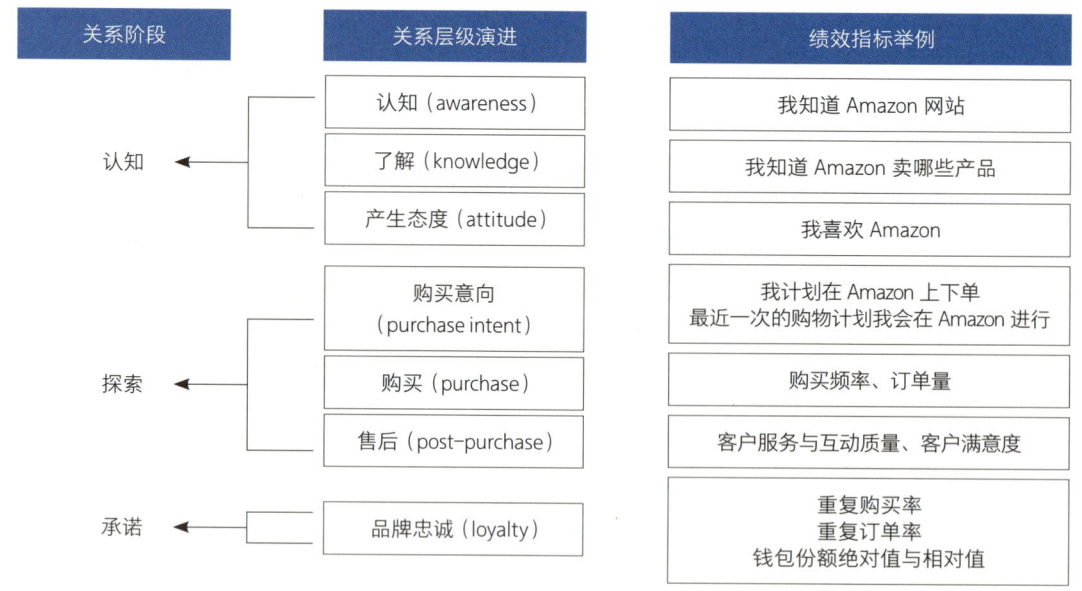

图 10-6　传统时代消费者关系演进层级图

资料来源：KMG 研究。

传统时代的消费者关系层级是线性的：从认知、了解、产生态度、购买意向、购买、售后到品牌忠诚，过去我们曾经用"漏斗"来形象地表示在这一过程中逐渐递减的人数，而对于每个层级阶段都可以设计一些相应的绩效指标，例如评估品牌忠诚度的"重复购买率""钱包份额"等。这七个阶段构成的消费者关系演进层级模型有三个重要特点：连续、线性、自上而下。品牌可以在每个阶段对消费者施加影响。

正因为"品牌认知""了解"是整条路径中不可或缺的起点，整个过程主要由传统广告、推广活动、促销活动等营销手段驱动，而广播式的广告则是核心驱动要素。品牌企划、大众媒体、大众市场、媒介计划与采购是传统营销推广模式中的几个关键词，覆盖率、收视率、到达率等是评估传统时代营销成效的关键。作为品牌商家，最关键的任务是：把品牌成功地广而告之出去。而同时，沟通也是单向性的，消费者在此关系与过程中偏向于被动地接受信息。

数字时代，品牌与消费者在社交网络、移动互联网、LBS位置服务等新型平台上通过分布式、多触点建立动态感知网络，双方对话不受时间、地点限制。对企业来说，能实时感知到用户的体验评论和需求有着重要的意义，在此背景下，消费者关系层级发生了精简式的演变，一个强大的品牌可以大大压缩甚至直接消除消费者的考虑和评估阶段，与之对应的绩效指标也更数字化，如转化率、访问频率、客户情绪语义分析值等（见图10-7）。

新的模式与传统模式相比，最直观而显著的变化在于，信息接收与购前决策的步骤和时间都被大大压缩，其本质原因在于，数字化渠道为消费者主动获取信息提供了条件，使消费者得以从多种渠道获得详尽的相应信息，进行相对透明的消费。消费者从被动接受品牌信息、营销推广，开始逐步转变为主动获取、认知，因此在数字时代的消费者行为模式中，应更加关注消费者从对商品产生兴趣开始的信息搜集，到完成购买后的体验分享以及整个购买过程中的互动。

同时，数字时代消费者与品牌之间关系演进的核心驱动是基于连接的对话，并非过去一对多、广播式的营销推广。对话、小众、部落化、超利基市场、应需、深度关系、感知网络等都是数字营

数字时代的营销战略

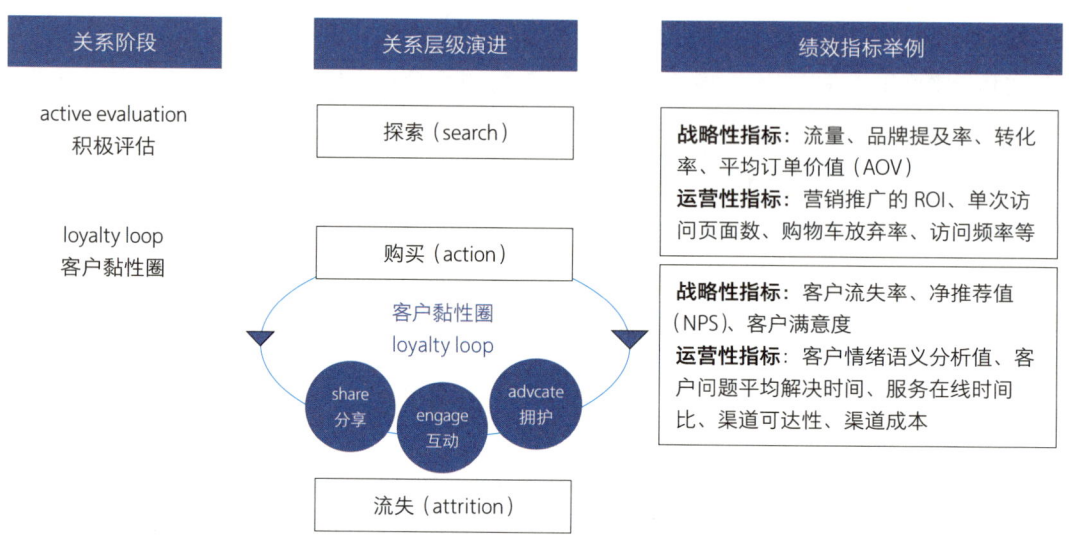

图 10-7　数字时代的消费者关系层级及相应指标

资料来源：KMG 研究。

销的关键词。如何及时、敏锐地捕捉、感知、理解每一个消费个体并与之互动，成为提高企业营销效率的关键。

我们将数字时代的消费者关系演进层级分为两个阶段：积极评估以及客户黏性圈。对于积极评估阶段，企业的最终目标是获得销售、客户基数与市场份额的最大增长，因此新客户的到达与获取应当成为营销工作的重心，与之对应的战略性指标包括流量、品牌提及率、转化率、平均订单价值等；对于客户黏性圈阶段，品牌应考虑如何减少客户流失率，将已获取的客户牢牢地持续锁定于"圈内"，同时增大客户终生价值，充分将客户资产兑现。在社交媒体的影响下，品牌只单纯增强客户忠诚度是远远不够的，还应当充分建立品牌的互动与拥护，将客户变为品牌传播的一部分，实现分享、互动、拥护的良性循环，因此此阶段所对应的指标包括：客户流失率、净推荐值、客户满意度等。

运用 4R 模型测量数字市场营销

我们在本书中给出的数字营销战略的运行框架是"数字营销战略平台+4R 操作系统",同时也可以结合 4R 模型与数字营销评估测量,这里我们提出一个 4R 维度下的数字营销评测模型(见表 10-1)。

表 10-1 4R 维度下的数字营销评测模型

衡量的角度	Recognize 数字化画像与识别	Reach 传播触及受众	Relationship 维护老客户并保持客户增长	Return 销售转化
指标追踪	自有数据 购买数据 识别方式	特别的访客 新访客 访客 (人机)对话量	Email 清单质量 Email 管理质量 交易量	线上销量 通过线上产生的线下销量
业绩驱动(诊断)	画像细节数据 识别数量 识别效率	受众份额 触及份额 品牌/直接访问量	活跃顾客百分比 社交媒体上活跃的粉丝 重复转化率	销售转化率 渠道转化率 目录转化率
客户为本的 KPI	识别客户数量准确度	单次点击成本以及单笔销售成本 品牌知名度 交流的极性(情感)	终身价值 客户忠诚度指数 客户利益代言 单个客户购买的产品量	平均客单价 单笔销售成本 客户满意度
商业价值的 KPI	可识别客户占总体客户的比例 识别后的盈利	自有媒体受众份额或免费媒体上的声音份额	保持销量与销售增长 单个渠道及类别的收入	单次访问产生的源于线上的收入对销售、收入、产品的贡献度

资料来源:KMG 研究。

4R是一个整体性的数字营销模型，衡量的角度是从数字化画像与识别、传播触及受众、维护老客户并保持客户增长、销售转化四个方面展开的。当我们将其实际应用在数字营销评测中时，又会从总评测的四个维度去分别确定评测目标：

◎指标追踪　从海量数据中，找到可被加工的直接性数据。例如，在传播触及受众项目下，每一个特别访客的指标都可能代表一个群体，可以说明信息传播到比以往更广泛的的区域；线上的销量是一个实际的数字，通过销量可以明确知道发生了多少次转换。

◎业绩驱动（诊断）　当收集到明确的实际数据后，从诊断角度分析处理这些数据，以反映实际业绩价值。例如，可以基于销售量分析出销售转化率；分清各渠道的销售额度后，可以得出渠道转化率，这些分析结果都可以表现实际业绩水平，有助于了解营销过程中的问题。

◎客户为本的KPI　从客户方向的重点绩效考核。例如，客户满意度用来衡量客户服务质量，客户忠诚度指数用来说明与客户保持关系的方式是否有效。

◎商业价值的KPI　更关注数字营销行为实际回报的绩效考核。可以在数据的背后看到营销活动带来的具体收入变化、增长或下降。

当然，这些指标在实际运用过程中，可以增加、减少、合并，还是那句话——如果不知道测量什么，请首先聚焦于你的目的和你做事的本质。

投资反馈

投资反馈一直被视为一项挑战，人们尚未发现合理的被证明有效的衡量标准，只能通过是否达到实际的要求目标来衡量过程的有效性和资本投资的成果。可以参考以下一些最佳实践：

1. 明确的目标

通常情况下，市场营销人员都会给数字营销产生的影响设定双重评估结果，这是因为有一些结果不容易量化，比如品牌亲和力，但有的相对很容易，比如衡量销售的相关指标。

2. 初次点击的归因理论分析

根据 Adobe 的调查，在社会媒体 ROI 中，第一次点击的价值是最后一次点击价值的两倍。繁多而没有效果的社会媒体反而会减少 ROI。

3. 购买点定位

当通过数据得到或分析后得到购买点定位时，说明通过点状的分布已经可以找到部分区域性的特征，此时是利用杠杆原理的优秀时机。

4. UGC 地图

UGC 地图是交互时代的重要指向性数据，被谈论和使用了很长时间仍不可忽视，最直接的影响就是 UGC 数据的升高一定会帮助市场 ROI 的提高。

5. 测量通道 KPI 的有效性

每个网页和社会化渠道都是动态体系，处于不断变化的状态中。通过不同方面的 KPI 测量不同的渠道有效性，可以提高整体 ROI 的良性循环。

6. 循环中每个目标阶段的情况

在数字参与周期中，使用每个阶段中的相关数据和策略持续评估市场 ROI。

科特勒咨询集团简介
KOTLER MARKETING GROUP

KOTLERDIGITAL

科特勒咨询集团(Kotler Marketing Group, KMG)是一家国际化的、以营销为视角的战略咨询公司,1981年创立于美国华盛顿,创始人为营销学之父菲利普·科特勒及其胞弟米尔顿·科特勒,其核心理念是以"市场战略为导向"构建企业持续的战略优势,将科特勒的营销战略思想落实到企业的实践与行动中,帮助企业实现"市场驱动型企业"的战略转型。近30年来,我们服务过的客户遍布美洲、欧洲和亚洲,包括300多家《财富》500强"企业、30多个政府机构和国际组织、近100家中小型企业,涉及10多个行业。我们卓越的顾问队伍帮助客户创造了一个又一个商业奇迹。

菲利普·科特勒博士作为科特勒咨询集团(KMG)的首席顾问先后参加了多家美国和国际公司的咨询项目,包括:国际商业机器公司(IBM)、通用电器(GE)、美国电话电报公司(AT&T)、杜邦集团(Dupont)、美洲银行(Bank of America)、默克公司(Merck)、斯堪第那维亚航空(SAS)、米其林(Michelin)、冠军国际(Champion International)、J.P.摩根银行(J.P.Morgan)等,咨询涉及的领域包括:公司层面市场战略、公司品牌战略、业务品牌战略、国际市场营销战略、城市营销战略。

1999年,应时任中国文化部部长孙家正邀请,米尔顿·科特勒首次访问中国。随后,科特勒咨询集团于2000年正式进入中国,在北京、深圳和上海设分公司与办事处。科特勒的营销战略、品牌战略思想被90%的500强企业推荐并广泛采用,形成理论界与实践界的标准,是无可争议的"商业思想领导者"。

科特勒咨询在中国亦服务了大量本土客户,包括大型综合性央企、领先的民营企业集团和上市公司,比较典型的案如:

为平安集团保险业务制定营销战略,帮助其第一次完善与整合对公金融服务的交叉销售能力,完成横向营销战略系统,开中国金融交叉销售战略设计之先河。

为宝钢集团提供公司品牌战略规划,协助宝钢从钢铁企业走向多元化集团,奠定整体公司品牌的基础和系统品牌管理能力。

为华润雪花啤酒提供产品品牌战略服务,帮助雪花啤酒准确定位新一代年轻群体,重新进行品牌整合和定位,使其从2004年到2015年业务增长11倍,达到1168.3万千升,成为全球销售规模最大的啤酒品牌。

为中航国际提供集团化和国际化的品牌战略服务,协助其多元化业务获取品牌层面的母合优势,规划其B2B和B2C业务的整体品牌战略,为中航国际在欧美以及非洲大陆的发展战略提供决策建议。

协助龙腾出行设计商业模式与业务增长模型,帮助其从管理30万名高净值客户增长到1200万高净值客户,全面实现业务的国际化增长,成为机场贵宾出行领域全球第一品牌并成功上市,并进一步在大数据领域展开更深度的合作。

我们追求与客户建立持续发展的战略合作伙伴关系,让市场导向的战略咨询成就每一个企业决策者。当今世界风云变幻,唯一不变的是时刻发生的变化,我们期待与你携手,改变世界,赋理念以发生。

科特勒新营销系列

书号	书名	定价	作者
978-7-111-71337-1	营销革命5.0：以人为本的技术	69.00	(美) 菲利普·科特勒
978-7-111-66272-3	什么是营销	69.00	曹虎 王赛 科特勒咨询集团(中国)
978-7-111-62454-7	菲利普·科特勒传:世界皆营销	69.00	(美) 菲利普·科特勒
978-7-111-63264-1	米尔顿·科特勒传:奋斗或死亡	79.00	(美) 菲利普·科特勒
978-7-111-58599-2	营销革命4.0:从传统到数字	45.00	(美) 菲利普·科特勒
978-7-111-61974-1	营销革命3.0:从价值到值观的营销(轻携版)	59.00	(美) 菲利普·科特勒
978-7-111-61739-6	水平营销:突破性创意的探寻法(轻携版)	59.00	(美) 菲利普·科特勒
978-7-111-55638-1	数字时代的营销战略	99.00	(美) 艾拉·考夫曼 (中) 曹虎 王赛 乔林
978-7-111-66381-2	社交媒体营销实践指南(原书第3版)	69.00	(德) 马克·奥弗· (美) 菲利普·科特勒 (丹) 斯文德·霍伦森

推荐阅读

底层逻辑：看清这个世界的底牌
作者：刘润 著 ISBN：978-7-111-69102-0

为你准备一整套思维框架，助你启动"开挂人生"

底层逻辑2：理解商业世界的本质
作者：刘润 著 ISBN：978-7-111-71299-2

带你升维思考，看透商业的本质

进化的力量
作者：刘润 著 ISBN：978-7-111-69870-8

提炼个人和企业发展的8个新机遇，帮助你疯狂进化！

彼得·德鲁克全集

序号	书名	序号	书名
1	工业人的未来 The Future of Industrial Man	21 ☆	迈向经济新纪元 Toward the Next Economics and Other Essays
2	公司的概念 Concept of the Corporation	22 ☆	时代变局中的管理者 The Changing World of the Executive
3	新社会 The New Society: The Anatomy of Industrial Order	23	最后的完美世界 The Last of All Possible Worlds
4	管理的实践 The Practice of Management	24	行善的诱惑 The Temptation to Do Good
5	已经发生的未来 Landmarks of Tomorrow: A Report on the New "Post-Modern" World	25	创新与企业家精神 Innovation and Entrepreneurship
6	为成果而管理 Managing for Results	26	管理前沿 The Frontiers of Management
7	卓有成效的管理者 The Effective Executive	27	管理新现实 The New Realities
8 ☆	不连续的时代 The Age of Discontinuity	28	非营利组织的管理 Managing the Non-Profit Organization
9 ☆	面向未来的管理者 Preparing Tomorrow's Business Leaders Today	29	管理未来 Managing for the Future
10 ☆	技术与管理 Technology, Management and Society	30 ☆	生态愿景 The Ecological Vision
11 ☆	人与商业 Men, Ideas, and Politics	31 ☆	知识社会 Post-Capitalist Society
12	管理：使命、责任、实践（实践篇）	32	巨变时代的管理 Managing in a Time of Great Change
13	管理：使命、责任、实践（使命篇）	33	德鲁克看中国与日本：德鲁克对话"日本商业圣手"中内功 Drucker on Asia
14	管理：使命、责任、实践（责任篇）Management:Tasks, Responsibilities, Practices	34	德鲁克论管理 Peter Drucker on the Profession of Management
15	养老金革命 The Pension Fund Revolution	35	21世纪的管理挑战 Management Challenges for the 21st Century
16	人与绩效：德鲁克论管理精华 People and Performance	36	德鲁克管理思想精要 The Essential Drucker
17 ☆	认识管理 An Introductory View of Management	37	下一个社会的管理 Managing in the Next Society
18	德鲁克经典管理案例解析（纪念版）Management Cases(Revised Edition)	38	功能社会：德鲁克自选集 A Functioning Society
19	旁观者：管理大师德鲁克回忆录 Adventures of a Bystander	39 ☆	德鲁克演讲实录 The Drucker Lectures
20	动荡时代的管理 Managing in Turbulent Times	40	管理（原书修订版）Management (Revised Edition)
注：序号有标记的书是新增引进翻译出版的作品		41	卓有成效管理者的实践（纪念版）The Effective Executive in Action

定位经典丛书

序号	ISBN	书名	作者
1	978-7-111-57797-3	定位（经典重译版）	（美）艾·里斯、杰克·特劳特
2	978-7-111-57823-9	商战（经典重译版）	（美）艾·里斯、杰克·特劳特
3	978-7-111-32672-4	简单的力量	（美）杰克·特劳特、史蒂夫·里夫金
4	978-7-111-32734-9	什么是战略	（美）杰克·特劳特
5	978-7-111-57995-3	显而易见（经典重译版）	（美）杰克·特劳特
6	978-7-111-57825-3	重新定位（经典重译版）	（美）杰克·特劳特、史蒂夫·里夫金
7	978-7-111-34814-6	与众不同（珍藏版）	（美）杰克·特劳特、史蒂夫·里夫金
8	978-7-111-57824-6	特劳特营销十要	（美）杰克·特劳特
9	978-7-111-35368-3	大品牌大问题	（美）杰克·特劳特
10	978-7-111-35558-8	人生定位	（美）艾·里斯、杰克·特劳特
11	978-7-111-57822-2	营销革命（经典重译版）	（美）艾·里斯、杰克·特劳特
12	978-7-111-35676-9	2小时品牌素养（第3版）	邓德隆
13	978-7-111-66563-2	视觉锤（珍藏版）	（美）劳拉·里斯
14	978-7-111-43424-5	品牌22律	（美）艾·里斯、劳拉·里斯
15	978-7-111-43434-4	董事会里的战争	（美）艾·里斯、劳拉·里斯
16	978-7-111-43474-0	22条商规	（美）艾·里斯、杰克·特劳特
17	978-7-111-44657-6	聚焦	（美）艾·里斯
18	978-7-111-44364-3	品牌的起源	（美）艾·里斯、劳拉·里斯
19	978-7-111-44189-2	互联网商规11条	（美）艾·里斯、劳拉·里斯
20	978-7-111-43706-2	广告的没落 公关的崛起	（美）艾·里斯、劳拉·里斯
21	978-7-111-56830-8	品类战略（十周年实践版）	张云、王刚
22	978-7-111-62451-6	21世纪的定位：定位之父重新定义"定位"	（美）艾·里斯、劳拉·里斯 张云
23	978-7-111-71769-0	品类创新：成为第一的终极战略	张云